直销经营管理系列教材

直销学概论

（第 3 版）

刘金章　编著

东南大学出版社
·南京·

内 容 提 要

本书系统地阐述了直销学的基本原理；科学界定了直销与相关概念的区别与联系；分析了直销形成的原因与发展的趋势；介绍了直销的销售策略、销售方式及特色管理、直销的 CDE 营销、分销渠道组织与掌控；运用经济学的理论解释了直销运行的规律以及它自身建设的法律问题、直销企业文化建设问题和政府监管的诸多问题。每章后附有案例及复习思考题，以加强读者对每章知识的理解、应用与把握。

本书理论联系实际，可作为本科、专科直销经营管理及市场营销专业的教材，也可供直销管理人员及从业人员阅读。

图书在版编目（CIP）数据

直销学概论 / 刘金章编著. —3 版. —南京：东南大学出版社，2019.7
ISBN 978-7-5641-8461-2

Ⅰ. ①直… Ⅱ. ①刘… Ⅲ. ①直销—概论 Ⅳ. ①F713.32

中国版本图书馆 CIP 数据核字(2019)第 126952 号

东南大学出版社出版发行
(南京四牌楼 2 号 邮编 210096)
出版人：江建中
江苏省新华书店经销　　虎彩印艺股份有限公司印刷
开本：700 mm×1000 mm　B5　印张：25.5　字数：515 千字
2019 年 7 月第 3 版　2019 年 7 月再版第 7 次印刷
印数：15001—17000 册　定价：49.00 元

(凡有印装质量问题，可直接向营销部调换。电话：025-83791830)

第 3 版前言

《直销学概论》这部教材,自 2006 年由东南大学出版社出版以来,受到相关行业的高度重视和广大读者的欢迎。一些高等院校及部分职业院校对近年来社会上的非法传销活动及其造成的后果高度关注。目前已有不少院校增设了"直销学"这门课程,目的是使青年学子理解这门学科的真谛及科学的内涵。直销的精髓,是让商品能快速地流通,并且能将中间费用最大限度地节省下来,然后分配给参与促使商品快速流通的创业者。有人将直销的成功称为"销售真理的成功",这不是空穴来风,是有一定道理的。

实践证明,直销业能否在一个国家健康发展,关键是其指引发展的理论是否正确,以及相关法律法规是否健全。直销这种营销方式进入我国以来,之所以曾在一段时间里发展不够健康,暴露出一些问题,其根本的原因则是与我国开始对"直销"这种营销方式的研究较为滞后分不开的。有人以为"直销只不过就是一种营销手段(或方式)"。正是这种肤浅的看法或认识影响了直销业界对"直销"的真正认知,甚至使政府对直销的管理与直销业界的认知发生了某种冲撞!

我们认为,直销涉及的范围是很广泛的。从我国《直销管理条例》对直销的定义看,直销起码涉及直销企业、直销产品(直销员)、消费者三个方面的主体和直销产品、直销市场两个方面的客体。因此,直销不能认为仅仅是一种简单的营销手段。应该把营销学作为直销经济学的一部分来分析处理。本书所讲的"直销"不是简单意义上的直销,而应是"泛直销"的概念。所谓"泛直销",就是指法理意义上的直销,而不是手段意义上的直销。搞清楚这一点,我们研究直销经济理论问题才有基本点,才能在研究过程中不迷失方向,从而与我国颁布的《直销管理条例》和《禁止传销条例》的精神保持高度一致。所谓正确的直销经济理论指导,就是指与我国直销法规精神高度一致的直销经济理论的指导,而不是与中国实际不相符的国外的直销经济理论的指导。用国外的不符合中国实际的直销经济理论指导,就会造成思想混乱,使中国的直销陷入误区。

《直销学概论》这部教材自 2012 年 3 月第 2 版至今,又已过了 7 个春秋,其间虽有修订,但随着我国经济的发展直销业亦有一定的发展,非法传销滋生并在一些地方有愈演愈烈之势,打击非法传销成了重中之重,国家工商管理部门相继出台了规范直销企业经营的规则和打击非法传销的规定,为直销行业迎来了全新的监管局面;当今智能时代的到来,促使直销行业发生了变革;《电子商务法》的颁布助推了直销行业的进一步发展。鉴于此,本次修订再版增加了企业治理结构、整合营销、直销企业的社会责任、智能营销和电子商务等章节,并在附录和参考资料中增加了部分内容。参与本书整理的人员有刘金章、王晓炜和窦宝明等同志。

本书稿的成书并能有幸再版,应感谢东南大学出版社及广大读者的关注与支持。同时,在本书编写、修订再版过程中,笔者曾参阅过一些相关的法律法规文件以及同行专家的研究成果,在此也表示深深的谢意!

鲁迅先生曾说过:"在要求天才的产生之前,应该先要求可以使天才生长的民众。——譬如想有乔木,想看好花,一定要有好土。"我们希望这本《直销学概论》亦能成为这样的泥土——"零落成泥碾作尘,只有香如故。"这就是笔者虽已至耄耋之年,但仍未肯放弃对"直销业"在我国发展情况的关注及研究的缘由。谨祝业界同仁在我国《直销管理条例》的指引下创建出具有中国特色的新型的直销方式。

刘金章
2019 年 5 月

出 版 说 明

目前在我国图书市场上有关直销的图书,除了专门介绍国内外一些著名直销企业的书籍和一些直销普及读物外,从理论上论述直销原理、从实践上讲述直销策略与方式并可作为教材使用的图书真可谓凤毛麟角,有关直销的教科书尚属空白,这套教材能满足我国首批直销经营管理及市场营销等相关专业学生学习的急需,同时亦可为众多直销从业者提供一套系统自学求知的范本。

这套教材的特点主要表现在:一是立足于我国的历史、现状和发展前景,概括介绍国内外一些成熟的理论与做法,坚持"古为今用""洋为中用""有比较、有鉴别"的原则。二是力求全面地介绍与本专业相关的基础知识和基本理论、基本方法,注重理论与实践的结合。拟撰写的系列教材,既注重它们之间的有机联系和分工,同时也注意突出各自的个性特点与实用性。三是从总体上注意使每部教材能在继承前人研究成果的基础上,力求有所发展、有所完善、有所创新。著名管理学家彼得·德鲁克(Peter F. Drucker)曾经说过,对我们的社会来说,管理是一种最显著的创新。在管理领域内部,创新更是推动管理理论与实践不断向前发展的真正动力并指导新的管理理论、学说层出不穷,使人目不暇接。

鲁迅先生曾说过:"在要求天才的产生之前,应该先要求可以使天才生长的民众。譬如想有乔木,想看好花,一定要有好土。"

我们希望这套教材能成为这样的泥土——"零落成泥碾作尘,只有香如故"。这就是直销经营管理系列教材编委们在工作异常繁忙之余,仍愿挤出时间,移情于这个新的研究领域,为直销经营管理及市场营销等相关专业的学生,还有广大直销从业者编著此套教材的真正初衷。

直销经营管理系列教材编委会
2019 年 5 月

目　录

1 直销概述 …………………………………………………………………（1）

　1.1 直销的概念与分类 ……………………………………………………（1）

　　1.1.1 直销的基本概念 …………………………………………………（1）

　　1.1.2 直销的分类 ………………………………………………………（4）

　1.2 相关概念的辨析与界定 ………………………………………………（5）

　　1.2.1 单层次直销和多层次直销的异同 ………………………………（5）

　　1.2.2 多层次直销与直效营销的区别 …………………………………（7）

　　1.2.3 多层次直销和非法传销的区别 …………………………………（9）

　1.3 直销的特征与魅力 ……………………………………………………（11）

　　1.3.1 直销的特征 ………………………………………………………（11）

　　1.3.2 直销的魅力 ………………………………………………………（16）

　1.4 直销产品的特征 ………………………………………………………（25）

　　1.4.1 直销产品同质性高 ………………………………………………（25）

　　1.4.2 直销产品价格的合理性难以确定 ………………………………（25）

　　1.4.3 直销产品实行包退包换制度 ……………………………………（26）

　1.5 直销与品牌建立 ………………………………………………………（26）

　　1.5.1 品牌的本质涵义 …………………………………………………（26）

　　1.5.2 直销有利于品牌知名度的建立与提升 …………………………（28）

　复习思考题 …………………………………………………………………（40）

2 直销的发展历程和现状 …………………………………………………（41）

　2.1 直销的起源与发展 ……………………………………………………（41）

　　2.1.1 直销的产生 ………………………………………………………（41）

　　2.1.2 直销的演进过程 …………………………………………………（42）

　　2.1.3 直销兴起的动因分析 ……………………………………………（44）

　2.2 直销在我国的发展历程及原因 ………………………………………（46）

　　2.2.1 直销在我国的发展史 ……………………………………………（46）

　　2.2.2 直销在我国兴起的背景 …………………………………………（49）

　2.3 直销的发展前景 ………………………………………………………（51）

　　2.3.1 直销的发展趋势不可阻挡 ………………………………………（51）

  2.3.2 我国直销健康发展的保证 ……………………………………… (51)
 复习思考题 …………………………………………………………………… (57)

3 直销学的理论基础 ………………………………………………………… (58)

 3.1 直销的经济学分析 …………………………………………………… (58)
  3.1.1 从"租佃理论"看直销 ………………………………………… (58)
  3.1.2 信息经济学的应用 …………………………………………… (60)
  3.1.3 "委托人—代理人模型"的运用 ……………………………… (62)
  3.1.4 "利益均衡点"的解析 ………………………………………… (64)
 3.2 直销模式的激励原理与奖金制度剖析 ……………………………… (66)
  3.2.1 直销模式的激励原理 ………………………………………… (66)
  3.2.2 多层次直销奖金制度剖析 …………………………………… (72)
 3.3 直销的最新理论支持 ………………………………………………… (81)
  3.3.1 倍增学原理 …………………………………………………… (81)
  3.3.2 财商理论与管道理论 ………………………………………… (82)
  3.3.3 人际学原理 …………………………………………………… (83)
  3.3.4 传播学原理 …………………………………………………… (84)
  3.3.5 网络学原理 …………………………………………………… (84)
  3.3.6 异业结盟 ……………………………………………………… (85)
 复习思考题 …………………………………………………………………… (92)

4 多层次直销销售效率分析 ………………………………………………… (93)

 4.1 多层次直销的优势 …………………………………………………… (93)
  4.1.1 可以从事个性化销售 ………………………………………… (93)
  4.1.2 可以减少中间环节及成本 …………………………………… (95)
  4.1.3 可以提供长期的一对一的售后服务 ………………………… (95)
  4.1.4 可以快速得到市场需求的信息 ……………………………… (96)
 4.2 影响多层次直销销售效率的因素 …………………………………… (96)
  4.2.1 人员销售的适用条件 ………………………………………… (96)
  4.2.2 销售效率的概念及其评估 …………………………………… (97)
  4.2.3 不同销售方式的销售成本比较 ……………………………… (98)
 4.3 提高销售效率和收入的方式 ………………………………………… (100)
  4.3.1 提高售价 ……………………………………………………… (100)
  4.3.2 高差别,高累进奖金比例 …………………………………… (101)
  4.3.3 建立网络 ……………………………………………………… (102)
  4.3.4 销售人员自用 ………………………………………………… (102)

    4.3.5 利用熟人的信任 …………………………………………… (103)
    4.3.6 大量培训 ………………………………………………… (104)
  4.4 多层次直销目前在中国不能放开的主要原因分析 ……………… (105)
    4.4.1 社会信用体系尚欠发达 ………………………………… (105)
    4.4.2 消费者理性的缺失 ……………………………………… (106)
    4.4.3 法制环境尚不成熟 ……………………………………… (106)
    4.4.4 直销理论研究有待加强 ………………………………… (107)
    4.4.5 民族企业群的缺位 ……………………………………… (107)
  4.5 多层次直销在中国放开的前提条件 ……………………………… (107)
  复习思考题 …………………………………………………………… (109)

5 直销策略 ……………………………………………………………… (111)
  5.1 直销策略概述 ……………………………………………………… (111)
    5.1.1 直销策略的层次 ………………………………………… (111)
    5.1.2 直销策略制定的框架与态势分析 ……………………… (112)
    5.1.3 目标市场营销 …………………………………………… (113)
  5.2 直销产品的定价策略 ……………………………………………… (115)
    5.2.1 产品组合定价策略 ……………………………………… (115)
    5.2.2 新产品定价策略 ………………………………………… (116)
    5.2.3 对产品价格的调整策略 ………………………………… (119)
  5.3 客户名单策略与关系策略 ………………………………………… (119)
    5.3.1 客户名单策略 …………………………………………… (119)
    5.3.2 关系策略 ………………………………………………… (121)
  5.4 履行策略与创新策略 ……………………………………………… (123)
    5.4.1 履行策略 ………………………………………………… (123)
    5.4.2 创新策略 ………………………………………………… (125)
  5.5 现场营销策略与发盘策略 ………………………………………… (127)
    5.5.1 现场营销策略 …………………………………………… (127)
    5.5.2 发盘策略 ………………………………………………… (129)
  5.6 客户服务策略 ……………………………………………………… (130)
    5.6.1 客户服务的要求 ………………………………………… (130)
    5.6.2 客户服务可以收集营销信息 …………………………… (131)
    5.6.3 客户服务与互联网 ……………………………………… (131)
  复习思考题 …………………………………………………………… (136)

6 直销的营销方式 …………………………………………………… (137)
  6.1 上门投递与直邮 …………………………………………………… (137)

   6.1.1　上门投递 ………………………………………………(137)
   6.1.2　直邮 …………………………………………………(138)
  6.2　电话营销与网络营销 …………………………………………(140)
   6.2.1　电话营销 ……………………………………………(140)
   6.2.2　网络营销 ……………………………………………(143)
  6.3　产品目录营销 …………………………………………………(145)
   6.3.1　目录营销概述 ………………………………………(145)
   6.3.2　目录营销成功的关键因素 …………………………(146)
  6.4　直接回复广告 …………………………………………………(147)
   6.4.1　直接回复广告概述 …………………………………(147)
   6.4.2　直接回复广告成功的关键因素 ……………………(149)
  6.5　宣传册与广告单营销 …………………………………………(150)
   6.5.1　宣传册与广告单营销概述 …………………………(150)
   6.5.2　宣传册与广告单营销成功的关键因素 ……………(150)
  6.6　邮购订单与现场营销 …………………………………………(151)
   6.6.1　邮购订单 ……………………………………………(151)
   6.6.2　现场营销 ……………………………………………(152)
  复习思考题 ……………………………………………………………(158)

7　直销企业争奇斗艳的特色管理 ……………………………………(159)

  7.1　天狮的"六网互动"与知识管理 ……………………………(159)
   7.1.1　人力资源网是母网 …………………………………(160)
   7.1.2　国际教育网是保障 …………………………………(160)
   7.1.3　国际物流网是基础 …………………………………(161)
   7.1.4　国际资本运作网是动力 ……………………………(161)
   7.1.5　国际旅游网是资源 …………………………………(161)
   7.1.6　国际互联网是工具 …………………………………(162)
   7.1.7　知识管理创新是源泉 ………………………………(162)
  7.2　仙妮蕾德平衡型的管理哲学 …………………………………(165)
   7.2.1　平衡管理的内涵 ……………………………………(165)
   7.2.2　平衡管理的作用 ……………………………………(166)
  7.3　安利科学严密的组织管理 ……………………………………(166)
   7.3.1　系统复制 ……………………………………………(167)
   7.3.2　层级体系 ……………………………………………(168)
   7.3.3　"四位一体" …………………………………………(169)
  7.4　如新的"成功八步"与"三多" ……………………………(170)

　　　　7.4.1　如新的"成功八步" ………………………………………… (170)
　　　　7.4.2　"三多"的管理方法 …………………………………………… (172)
　7.5　立新世纪的十二步管理曲 ………………………………………… (173)
　复习思考题 ……………………………………………………………… (175)

8　直销企业的文化建设 ……………………………………………… (176)

　8.1　直销企业文化概述 ………………………………………………… (176)
　　　　8.1.1　直销企业文化的内涵 ……………………………………… (176)
　　　　8.1.2　直销企业文化的要素 ……………………………………… (177)
　　　　8.1.3　直销企业文化的基本特征 ………………………………… (178)
　8.2　直销企业文化的功能、作用及现实意义 …………………………… (180)
　　　　8.2.1　直销企业文化的功能 ……………………………………… (181)
　　　　8.2.2　直销企业文化的重要作用 ………………………………… (184)
　　　　8.2.3　建设直销企业文化的现实意义 …………………………… (186)
　8.3　科学构建直销企业文化 …………………………………………… (188)
　　　　8.3.1　科学的直销企业文化的内容 ……………………………… (188)
　　　　8.3.2　构建直销企业文化中需要处理的几个关系 ……………… (194)
　8.4　直销企业文化的传播与沟通 ……………………………………… (195)
　　　　8.4.1　传播与沟通概述 …………………………………………… (195)
　　　　8.4.2　直销企业文化的内部沟通 ………………………………… (200)
　　　　8.4.3　直销企业文化的外部传播 ………………………………… (202)
　复习思考题 ……………………………………………………………… (210)

9　直销立法和商业道德 ……………………………………………… (211)

　9.1　直销立法概述 ……………………………………………………… (211)
　　　　9.1.1　直销立法的目的与应该解决的核心问题 ………………… (211)
　　　　9.1.2　部分国家和地区直销立法的现状 ………………………… (214)
　　　　9.1.3　我国的直销立法 …………………………………………… (215)
　9.2　各国直销法中的两项重要立法——反金字塔法与
　　　　冷静期法规 ………………………………………………………… (225)
　　　　9.2.1　反金字塔法 ………………………………………………… (225)
　　　　9.2.2　冷静期法规 ………………………………………………… (228)
　9.3　直销企业的商业道德和社会责任 ………………………………… (231)
　　　　9.3.1　道德和法律 ………………………………………………… (231)
　　　　9.3.2　商业道德的标准 …………………………………………… (232)
　　　　9.3.3　多层次直销经营者的道德问题 …………………………… (233)

9.3.4　企业的社会责任 …………………………………… (235)
　复习思考题 …………………………………………………………… (239)

10　直销的监督管理 ………………………………………………… (240)
　10.1　国家对直销的监管 …………………………………………… (240)
　　　10.1.1　直销监管的概念 …………………………………… (240)
　　　10.1.2　我国《直销管理条例》中有关监管的规定 ………… (240)
　　　10.1.3　直销监管的必要性 ………………………………… (241)
　　　10.1.4　有效监管直销企业的措施 ………………………… (242)
　10.2　直销的辅助监管——行业自律 ……………………………… (244)
　　　10.2.1　直销企业协会的概念 ……………………………… (244)
　　　10.2.2　构建直销企业协会的必要性 ……………………… (245)
　　　10.2.3　直销企业协会构建的相关问题 …………………… (245)
　10.3　直销企业的内部监管——企业自律 ………………………… (246)
　　　10.3.1　直销企业自律经营的必要性 ……………………… (246)
　　　10.3.2　直销企业自律经营的具体方法 …………………… (246)
　复习思考题 …………………………………………………………… (252)

11　直销发展升级的替代渠道——CDE 营销 ……………………… (253)
　11.1　连锁经营及发展中的"C"化模式 …………………………… (253)
　　　11.1.1　连锁经营概述 ……………………………………… (253)
　　　11.1.2　连锁营销中的"中国式直销模式" ………………… (254)
　11.2　直销发展趋势中的"E"化之路 ……………………………… (255)
　　　11.2.1　直销与电子商务结合可优势互补 ………………… (256)
　　　11.2.2　电子商务可给直销业带来新的变化 ……………… (257)
　　　11.2.3　直销与电子商务 B2C 的结合符合未来营销发展的方向
　　　　　　 …………………………………………………………… (258)
　11.3　直销"D"网与"C"网和"E"网的结合 ……………………… (259)
　复习思考题 …………………………………………………………… (262)

12　直销分销渠道组织与渠道行为掌控 …………………………… (263)
　12.1　直销分销渠道组织的概念 …………………………………… (263)
　12.2　直销分销渠道组织的特征——渠道的扁平化 ……………… (264)
　12.3　直销分销渠道的模式 ………………………………………… (267)
　　　12.3.1　以安利为代表的渠道模式:营销代表＋网点负责人＋营销部
　　　　　　 主管 ……………………………………………………… (267)

        12.3.2　以雅芳为代表的渠道模式：零售＋单层次直销 …………(268)
        12.3.3　以如新为代表的渠道模式：销售员工＋直销员＋直营店
            ………………………………………………………………(269)
        12.3.4　以天狮为代表的渠道模式：分支机构＋销售网点＋销售人
            员＋直销超市 ………………………………………………(270)
    复习思考题 …………………………………………………………………(276)

13　直销企业的治理结构、整合营销、社会责任、智能营销和电子商务 ……(277)

    13.1　直销企业的治理结构 …………………………………………………(277)
        13.1.1　直销企业治理结构的定义及内涵 …………………………(277)
        13.1.2　直销企业治理结构分类 ……………………………………(278)
        13.1.3　中国直销企业治理结构要体现市场规则和现代企业制度
            ………………………………………………………………(281)
    13.2　直销企业的整合营销 …………………………………………………(284)
        13.2.1　整合、营销与整合营销 ……………………………………(284)
        13.2.2　营销整合与整合营销 ………………………………………(285)
        13.2.3　整合营销的市场观 …………………………………………(285)
        13.2.4　直销企业的高级阶段：整合营销 …………………………(287)
    13.3　直销企业的社会责任 …………………………………………………(289)
        13.3.1　企业经理人对社会责任态度的三个阶段 …………………(290)
        13.3.2　中国直销企业的社会责任分类 ……………………………(291)
        13.3.3　直销企业的社会责任 ………………………………………(291)
        13.3.4　非价格竞争：直销企业社会责任的重要体现 ……………(294)
        13.3.5　构建和谐社会是直销企业的重大社会责任 ………………(295)
    13.4　智能时代直销企业的未来 ……………………………………………(296)
        13.4.1　人工智能的冲击 ……………………………………………(296)
        13.4.2　智能导购 ……………………………………………………(297)
        13.4.3　智能客服 ……………………………………………………(298)
    13.5　电子商务与直销企业 …………………………………………………(299)
        13.5.1　电子商务是网络直销的高级阶段 …………………………(299)
        13.5.2　《电子商务法》助力直销企业 ……………………………(300)

14　《直销管理条例》解读 ………………………………………………………(303)

    14.1　总则 ……………………………………………………………………(303)
    14.2　直销企业及其分支机构的设立和变更 ………………………………(311)
    14.3　直销员的招募和培训 …………………………………………………(318)

14.4　直销活动 …………………………………………………………(327)
　　14.5　保证金 ……………………………………………………………(336)
　　14.6　监督管理 …………………………………………………………(339)
　　14.7　法律责任 …………………………………………………………(342)
　　14.8　附则 ………………………………………………………………(348)
　　复习思考题 ………………………………………………………………(350)

15　《关于进一步加强直销监督管理工作的意见》的相关解读 …………(351)
　　15.1　推进"直销员"与"经销商"双轨监管 ………………………(351)
　　15.2　加强对直销企业合作方、关联方的监管，严查"挂靠"行为 ………(352)
　　15.3　分级分类监管机制，提高监管效率 ……………………………(352)
　　15.4　强化舆情事件的事前事中介入，严控群体性事件 ……………(353)
　　15.5　直销行业迎来全新监管局面 ……………………………………(353)

附　录 ………………………………………………………………………(362)
　　附录1　《直销管理条例》………………………………………………(362)
　　附录2　《禁止传销条例》………………………………………………(369)
　　附录3　《直销企业保证金存缴、使用管理办法》……………………(373)
　　附录4　《直销员业务培训管理办法》…………………………………(375)
　　附录5　《直销企业信息报备、披露管理办法》………………………(377)
　　附录6　世界直销商德约法有关顾客之营业守则 ……………………(379)
　　附录7　世界直销商德约法有关直销人员及直销公司之营业守则 …(382)
　　附录8　《关于进一步加强直销监督管理工作的意见》………………(386)
　　附录9　《关于进一步加强打击传销工作的意见》……………………389

1 直销概述

直销(Direct Selling)是一种古老而先进的营销模式,但是在现实生活中"直销"又是一个常被误解的概念。有些人会把直销和直效行销(Direct Marketing)混淆,更有些人把直销和非法传销、"老鼠会"相提并论。通过本章的学习,理解直销的确切含义,了解直销与相关概念的联系与区别,明确认识非法传销鱼目混珠、扰乱直销市场的行为,澄清直销被误解了的科学内涵。

1.1 直销的概念与分类

>>> 1.1.1 直销的基本概念

1) 直销的定义

直销又名"无店铺销售",是不通过商场或零售店直接向消费者推销产品的销售方式。但是,具体来讲,到底应该怎样定义直销,恐怕还不是一件简单的事。关于直销的定义众说纷纭,见解各异,主要有以下几种说法:

(1) 直销的一般定义 直销的常见定义是:直接在消费者家中或他人家中、工作地点或零售商店以外的地方进行商品的销售,通常是由直销人员在现场对产品或服务做详细说明或示范。直销以服务为目的,直销员与潜在顾客进行一对一的沟通;而直销所背负的社会使命就如同一般生意人一样,除了尽量生产开发最理想的产品,以满足消费者需要之外,更希望能引起消费者"再次消费"的动机。也就是说,直销过程中很多促销工具的使用目标都是使公司保持与顾客之间的公开对话,并且和顾客之间建立一种长期的良好关系。在此前提之下,售货前、售货中及售货后的服务,就成为直销员的工作重点。

除了这个定义之外,关于直销的定义还有以下几种:

① 直销就是跨过中间环节直接把产品推向渠道终端和消费者见面的销售形

式,即产品和劳务不通过中间商而直接由生产者到达消费者。

② 直销就是某企业的产品依靠人与人之间的诚实口碑,传输商品信息,使传输者从中获取利润的一种营销方式。

③ 直销是以市场倍增学原理为基础,以人际传播为基本形式的商品营销方式。通俗地说,直销就是直销员在推荐产品取得报酬的同时,还建立、发展直销员网络,并根据这个网络的销售业绩获取经济收入的一种营销方式。通过这种销售,直销员还可以广交朋友。这种方式又称多层次直销。简言之,通过人的口碑相传加上奖金利润就形成了直销。

(2) 美国直销协会(American Direct Marketing Association,ADMA)和世界直销协会联盟(World Federation of Direct Selling Associations,WFDSA)对直销的定义 ADMA 将无店铺销售定义为:"在固定的零售场所以外以面对面的方式出售消费品或提供服务的行为。"ADMA 的这个定义是很有价值的,它表明了直接营销的范围、特征以及其他的一些参量,但是未将直销所能带来的好处完全解释清楚。

据 ADMA 有关资料,直销是指在固定零售店铺以外的地方(例如个人住所、工作地点或其他场所),独立的营销人员以面对面的方式,通过讲解和示范方法将产品和服务直接介绍给消费者进行消费品的营销。这些营销人员通常被称为直销员(Direct Sellers)。而世界直销协会联盟讨论报告将直销定义为:直销是将产品与服务直接营销给消费者,是一条充满活力、充满生气、迅速扩张的销售渠道。

世界直销协会联盟对直销的立场是强烈反对诈骗性的金字塔销售法①而支持制定与世界直销商德约法②一致的法律来对之加以取缔、禁止。为此目的,世界直销协会联盟乐于与政府管理者和立法机关合作,协助制定适当的法规,以将金字塔式的销售法与直销事业划分清楚,保护直销事业的消费者。

(3) 我国台湾地区学者及直销协会对直销的定义

① 台湾地区学者认为:"直销是人的事业,所有直销成果与活动的推动,都以人为基点,直销商、供应者、消费者,无一不是由人所组成,直销乃为服务人、满足人的需要和兴趣而存在。"

② 台湾地区直销协会对直销的一般定义,与前面介绍的在直销界通行公认的一般定义是基本相同的,在此不再重复。

(4) 我国香港地区直销协会对直销的定义 多年来,香港市民推许直接销售(简称直销)为一种方便的购物方式。直接销售与其他如通过电子媒介或邮递的直销模式不同,直销商将产品直接送到顾客家中或工作的地方,为个别顾客或众多顾客对象详细介绍、示范产品的特点与效能,并一一解答他们的疑问。亲切周到的个

---

① 金字塔销售法参见本书第 9 章第 2 节和本章第 2 节。
② 世界直销商德约法参见本书第 9 章第 3 节。

人化服务令顾客感到称心满意,可说是直销的主要特色。

对香港数以万计的人来说,从事直销业务是一个创业良机,而且这项工作有许多优点,如增加额外收入、工作时间不受限制、经营方式独立自主等。

(5) 直销的广义定义　其实,广义的直销所指的范围非常大,一句话,直销就是无店铺销售。凡是推销员推销产品、厂家拉起横幅以"出厂价"售货、电视商场、邮购服务等,都属于直销范畴。但众所周知,最有魅力也是最有争议的直销方式是多层次直销。

(6) 我国新颁布的《直销管理条例》中关于直销的定义　我国国务院于2005年8月10日第101次常务会议通过的《直销管理条例》(即温家宝总理发布的443号令)及《禁止传销条例》(即温家宝总理发布的444号令),对直销的概念以及传销行为分别作出了权威性的表述:"本条例所称直销,是指直销企业招募直销员,由直销员在固定营业场所之外,直接向最终消费者推销产品的经销方式。"又称:"本条例所称直销企业,是指依照本条例规定经批准采取直销方式推销产品的企业。本条例所称直销员,是指在固定营业场所之外将产品直接推销给消费者的人员。""本条例所称传销,是指组织者或者经营者发展人员,通过对被发展人员以其直接或间接发展的人员数量或者销售业绩为依据计算和给付报酬,或者要求被发展人员以交纳一定费用为条件取得加入资格等方式牟取非法利益,扰乱经济秩序,影响社会稳定的行为。"

对于直销,更简单的定义则是:"将产品不经过店铺而销售到消费者手中。"在这个意义上,直销员直接把产品卖给消费者或工厂经营零售店均属直销范畴。

总之,不论是哪一种定义,都可以得出一个结论:直销的直接渠道是商品流通的简单形式,它不通过中间商,是生产者直接与顾客见面,直接进行产品交易。具体说,就是企业或生产者根据供货合同直接将产品提供给顾客,或者企业直接向顾客或消费者销售产品。

2) 我国直销定义的内涵及特征

通过上述对中外直销的比较分析,可以看出,我国在颁布的《直销管理条例》中对直销定义的表述体现出三个明显特征[①]:

(1) 以人为本　这是我国直销法规的灵魂。我国对直销的法律定义与西方国家根本的不同点,就在于国外对直销法定义是以"物"为本,就是为直销而确定直销定义,而我国的直销定义是以"人"为本,就是从人民的根本利益出发而确定对直销的法律定义。从《直销管理条例》和《禁止传销条例》制定的宗旨看,我国直销法规制定的目的就是为了维护社会稳定,保护消费者的合法权益。像美国、日本等国的直销法规制定的宗旨,是维护他们国家的资本主义经济制度,没有完全把人民利益放在首位,所以,这些国家在直销过程中的消费者受骗的情况从总体上比我国更

---

① 此部分参考了:欧阳文章著.中国直销经济学.北京:北京大学出版社,2007

多,问题更严重。因此,与国外直销定义来比,我国直销法规的优越性就在于真正做到了以人为本。

(2) 以法律为准绳　这是我国直销法规的精髓。在以人为本的同时,我国对直销法规的定义坚持了以法律为准绳的立法理念。国外的直销法规一般都是把规范直销和打击"金字塔"式的传销放在一部法规里,而我国在制定《直销管理条例》的同时,还专门制定了《禁止传销条例》。这就通过表明我国政府依法保护直销和依法打击传销的决心,来演绎我国直销的法律定义。同时,我国直销法规在与我国《宪法》以及其他经济法规的衔接上,真正做到了相得益彰。比如,对违法的处罚上既参照了国外的成功做法,又与我国相关的经济法规的处罚规定保持了同一性。由此可见,我国的直销法律定义的精髓就在于真正体现了以法律为准绳的立法理念。

(3) 以文为基　这是我国直销法规的内涵。法规一定要体现一个民族的文化内涵,这是立法的一个基本要求。我国的直销法规体现这一点,可以从我国直销的法律定义中发现和体悟。美国、日本等国的直销法规体现的是西方文化,而我国的直销法规则体现的是五千年悠久历史的中华文化。我国现阶段禁止多层次直销的规定,就体现了中国追求社会稳定的"和为贵"的儒家思想,凝聚了直销法规的民族情绪。可见,以文为基是我国直销法规定义的深邃内涵。

1.1.2　直销的分类

简单地说,直销可分为单层次直销和多层次直销两类。

1) 单层次直销

单层次直销又称为传统直销,是最古老的销售方式之一,即由直销人员从厂商处直接进货,然后直接卖给消费者,而且无论他们是依据卖货额领取佣金还是领取工资,都与直销公司是合同关系,也就是说,由厂商到消费者之间只经过一个层次。比如入户访问推销或地摊销售,都属于这个范畴。由于流程简单,单层次直销减少了许多中间利润的转嫁,这也就是为什么同一品质、同一厂牌、同一款式的物品,在地摊上卖的比百货公司便宜得多的原因。而且,减少了中间环节,所销售的产品也可以减少被仿冒的几率。美国雅芳公司在20世纪90年代初刚刚进入中国的时候,采用的就是典型的单层次直销的模式。

2) 多层次直销

多层次直销是指直销公司通过多层的、独立的直销员来销售商品。多层次直销是目前争议最大的一种直销方式。在这种销售方式下,每一个直销员除了可将商品销售之后从公司得到佣金外,还可以向公司推荐新的业务人员,发展自己的多层次直销网络,并根据其网络销售业绩的大小从公司得到一定的奖金。而且,每一个被推荐进入网络的新成员亦可循此模式,通过推销产品和发展自己的销售网络所取得的销售业绩而得到更多的奖金。

无论是单层次直销还是多层次直销,都属于直销的范畴。

销售方式的分类,可用图1-1予以表示。

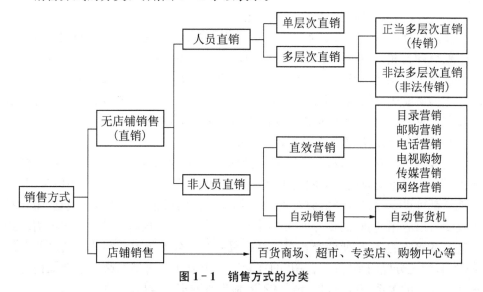

图1-1 销售方式的分类

这个分类,体现了直销定义的两个特点:一个是从有无店铺方面进行的区分,另外一个就是进一步通过是否人员销售加以区别。这基本上反映了不同直销方式的特点。

1.2 相关概念的辨析与界定

>>>1.2.1 单层次直销和多层次直销的异同

单层次直销(Single-level Marketing)是指直销人员直接从生产厂家拿货卖给消费者。这在世界商品史上自古有之,并且持续至今。从古代走街串巷的货郎到今天登堂入室的销售人员,都属于这种销售模式。

多层次直销(Multi-level Marketing)制度是直销中很重要的一种营销手法,又称为"网络营销"(Network Marketing)、"结构营销"(Structure Marketing)或"多层次传销"(Multi-level Direct Selling)。多层次直销是能够成功地将产品与服务直接销售给消费者并使独立销售人员或直销商获得收入的方法。多层次直销的最佳优势是其奖金制度。多层次直销人员有两种取得奖金的基本方法:

① 直销人员可以经由销售产品及服务给消费者而获得零售奖金。

② 直销人员可以自直属下线的销售额或购买额中赚取奖金,也可自直属下线之再下线组织的总销售额中赚取奖金。

因此,多层次直销提供直销人员独立创业的机会,不但销售产品及服务给消费者,也发展及训练下线组织从事直销事业。

多层次直销在国际市场又叫传销或者多层次传销。实际上直销刚刚进入中国的时候就叫传销,这两个词都是由英文 Direct Selling 翻译而来的,后来被我国主管部门禁止的"非法传销"实际上在海外称为"金字塔销售"(见 1.2.3 节)。

本书所要研究的是以销售一般消费品为主,并以人与人之间的关系作为渠道实现其销售目的,也就是所谓的单层次直销和多层次直销。

1) 单层次直销与多层次直销的相同点

与其他营销方法比较,人员直销,无论单层次还是多层次,都具有一些共同的优点:第一,它不受时间与空间的限制,随消费者与直销商的方便,在任何时刻、任何地点都可进行;第二,经由面对面的沟通,所有的沟通感官,如听觉、视觉、嗅觉和触觉都可以应用,同时消费者可以说明自己的需求,而由直销商针对客户的需求提供产品或服务的信息,使消费者对产品或服务有充分的了解。因此从活动的角度来看,直销充分应用到"关系营销"的理念。一个成功的直销商必须学会如何和顾客建立长久的关系,并通过现有顾客不断地重复购买来维持稳定的业绩。

但是,正是由于人员直销的这些特点,给人员直销带来了很多争议。如由于直销人员可以在任何时间、任何地方销售产品,对其管理就是一个大问题。直销人员在没有监督时,为了销售产品,往往会对产品的功效夸大其词,引起人们的普遍不信任和反感,甚至投诉至管理部门;有的直销人员甚至有欺诈嫌疑,可能触犯相关法律。

(1) 直销公司和直销人员的关系一般是经销关系,而非雇佣关系,即销售人员不是公司员工,而是独立的直销商。由于采用独立的直销商可以省掉一大笔固定的人事费用,所以绝大多数直销公司都采用独立的直销商。但是独立的直销商不是公司的员工,公司对他们的要求或控制管理较难。

(2) 直销商是全职或兼职。由于独立直销商的工作很自由而且很有弹性,吸引了很多兼职的人加入。据美国直销协会 1995 年的一份调查,有超过一半以上的直销商有其他的工作;有大约 8% 的直销商是全职做直销(全职是以每周花 30 小时以上做直销工作为依据);另有大约 42% 的直销商是兼职的方式(没有其他工作,但每周花不到 30 小时做直销)。

2) 单层次直销和多层次直销的不同点

(1) 不管是多层次还是单层次,其直销都是一种人员销售。单层次直销人员一般是公司的员工。但多层次直销有独立自主的中间商,可以享有与其能力、技术、投入精力和时间成正比的利润收入,或称奖金。这个方式可以加上直销商管理自己建立的另一直销网,只要销售良好,上层直销商将可获得管理服务报酬。

(2) 单层次直销属于单纯性系统,就是销售层(又称作业层)只有一至二层,连同管理层不超过三层次的直销系统。单层次直销人员一般仅负责销售工作,公司有相应的市场促销活动和专门的售前支持及售后服务。多层次直销是比较复杂的组织,简单地说,就是销售层与管理层超过三个层次以上的直销系统,有时候其直销网非常复杂,此种多层次的作业,没有地区的划分,但以直系直销商为单位来管理。多层次直销人员要完成发现顾客、洽谈、签约、送货和售后服务,几乎没有公司促销广告及售前售后的支持。

(3) 多层次直销奖金制度采用多层制度,即直销人员除了销售产品之外,还可以吸收、训练下线,借着奖金制度的设计,直销商可以自其下线的业绩中获得部分的奖金。多层次直销又称传销或多层次传销,其实就世界上通用的名词,单层次或多层次都是属于直销。由于多层次制度有更高的激励效果,使得大部分的直销公司都采用多层次制度。但是多层次制度的设计与执行必须非常小心,因为稍有不慎就会成为猎人头敛财的"老鼠会"或称非法的金字塔销售(Illegal Pyramid Operation),一般经济发达国家和地区都有有关法律来管制类似的营销公司。起初多层次直销制度风行于美国,后来拓展到加拿大、日本以及德国、意大利和中国香港等地。

>>>1.2.2　多层次直销与直效营销的区别

"直效营销"起源于美国,也称"直复营销"、"直接营销"(Direct Marketing)。它是个性化需求的产物,是传播个性化产品和服务的最佳渠道。它以1872年蒙哥马利·华尔德创办第一家邮购商店为代表。20世纪二三十年代,直效营销由于连锁店的大力兴起而衰落,80年代以后,又由于信息化社会的迅速发展和人们图方便的购物心理而再次兴起。现在"直效营销"几乎遍及全球所有市场经济成熟和发达国家。

根据美国直效营销协会(ADMA)的定义,直效营销是一种相互作用的营销系统,它利用一种或多种广告媒体,在任何地方产生一种可衡量的反应或交易,如目录邮购、电视购物、网络购物等。

如前所述,直销是由英文Direct Selling翻译而来的,从这个意义上说,直销更确切地应该翻译为直接销售。直效营销的英文是Direct Marketing,有学者将其称为直接营销,台湾学者也将其称为直接行销。从名称上可知,两者并不是浑然一体的。

根据市场营销学的理论,Selling和Marketing是两个完全不同的概念。学术界有一句比较经典的话清晰地阐明了 Selling 和 Marketing 两者的关系：Selling 只是 Marketing 冰山上的一角。

理解直效营销这个概念应注意把握四个重点：① 互动性；② 一种或多种广告媒体；③ 可测量的反应；④ 不受地域限制。从定义上来看，直效营销与多层次直销相异的两点是广告媒体的运用和不受地域的限制。而实际上多层次直销在运作中也会运用一些媒体工具，但更强调面对面的人员因素。

当前对多层次直销最大的误区在于将其与直效营销混为一谈。目前，人们对多层次直销存有不解甚至误解，尤其是有些居心叵测之徒利用多层次直销来进行非法传销诈骗。本章对直效营销、多层次直销的本质区别进行分析和阐述，目的是让人们正确区分，从而推动营销创新活动的真正进步和发展。

之所以要把"直效营销"划归为"无店铺销售"，是因为"直效营销"公司与消费者交易的本质特征是通过"非人员的媒体来完成交易"，这个交易的行为和过程"不是在店铺内"完成的。尽管有时"直效营销"公司的商品是让顾客去零售店铺购买，但是，这个购买行为的实质是顾客去零售店铺购买（某个）商品之前就已经完成了交易的行为，零售店铺只不过是顾客"领取"商品的一个场所（而不是"在零售店铺内进行交易"），这一点很重要。

直效营销作为一种商业模式，与多层次直销商业模式一样，具有 5 个特征：第一，经营者销售的商品不一定是自己直接生产的；第二，它也有自己或者第三方完备的物流配送系统；第三，它具备高度现代化和信息化的信息处理和交换系统；第四，它建立有庞大的顾客数据库；第五，它建立有完备的"顾客满意服务体系"。直效营销与正当多层次直销均属"无店铺销售"，但直效营销有以下三个显著区别于多层次直销的特征：

1）形式上的区别

多层次直销是绕过较多的中间环节，由生产厂家或是专门组建的直销公司招聘专职和兼职的销售人员，并进行严格培训，组成直销网络，形成一套严格的管理和激励制度，由销售人员把商品直接销售给顾客的一种零售方式。

而直效营销是指生产商不经过任何层次的中间商而直接将产品销售给消费者，采用直效营销方式的生产商承担了营销流程中所有环节的工作和风险。

直效营销不存在人员相互间的"推荐和被推荐"关系，由于商品的最终交易达成并不需要销售人员去对个体消费者进行"面对面"或者"一对一"的促销说明，所以也就没有必要通过人员相互间的激励模式——推荐和被推荐的利益关系去激发销售人员的热情。

2）媒介物的区别

多层次直销强调人，多层次直销的主要媒介是具有丰富经验的销售人员。按照营销学的观点，它是属于产品促销策略中的人员推销。

而直效营销强调的不是人,它基本上没有销售人员参与,并且尽量将销售人员数量降到最低限度。它的主要媒介是邮寄目录、电话、电视、直接响应广告或最近兴起的网络等,通过这些媒介来销售产品或服务。

消费者接触直效营销公司商品的"桥梁"是非人员的"媒体",比如直接邮件(邮递品或信函)、互联网、购货目录、VCD盘等,并且直效营销公司与消费者商品交易达成的"载体"不是销售人员,而是高科技媒体,比如网络、电话、电子商务等。由于消费者接触商品和购买商品均没有销售人员出现在消费者的"面前"(注意:即使销售人员出现在消费者面前也不是去完成商品销售,而是完成诸如送货、调查等服务工作),所以,就不存在销售人员为了完成商品销售与消费者进行"面对面"或者"一对一"的促销说明。

直效营销不存在对人员的培训,没有必要通过对销售人员采取培训这种方式来最大限度地提高其忠诚度、综合素质和销售技能。

3) 情感上的区别

多层次直销是通过企业培训的销售人员与顾客面对面的交流来完成整个交易过程。从这个意义上来说,多层次直销不仅仅是一种销售方式,它同时也是一种情感沟通方式。通过这种销售方式,达到企业与顾客的互动。多层次直销更强调情感的付出与投入、交流和响应的快速性。

直效营销包括购货目录营销、邮购营销、电话营销、传媒(电视、杂志、报纸)营销以及最新出现的(计算机)网络营销。企业通过这些没有任何感情色彩的媒介,完成整个产品营销过程。直效营销更强调的是择货和购货的便利性,不带人员沟通的感情色彩。

由此可见,直效营销与其他"无店铺销售"方式相区别的关键点是:在完成商品销售或者服务时,是否是销售人员与消费者进行"面对面"或者"一对一"的促销说明,而并非是一些人所言的"双向交换信息"等。"双向交换信息"是任何一种营销方式都具备的基本特征,因为没有双方的双向信息交换,就不可能轻而易举地完成一种商品或者服务的交易。多层次直销公司可以采用直效营销中的某些营销行为,如顾客可以通过公司的购货目录了解商品,然后再通过电话、互联网等高科技载体向公司订货,最后由公司的直销员送货,但却不能够认为它的经营模式是直效营销。也就是讲,多层次直销中可以有直效营销,但是直效营销中却没有多层次直销。

>>>1.2.3 多层次直销和非法传销的区别

在上面曾提到的"非法传销"就是海外所称的"金字塔销售(Illegal Pyramid Operation)"。那么什么是"金字塔销售"呢?"金字塔销售"实际上是一种骗局。

其架构为:由所谓某"投资"或"买卖交易"办法来推广组织,利用几何级数的方式,赚取加入这些办法的新成员所缴交的费用,借以牟利。各国(地区)司法部门所发现的相关的诈骗方式,名称琳琅满目,包括"连锁信"(Chain Letters)、"滚雪球"(Snowballs)、"连锁式销售"(Chain Selling)、"金钱游戏"(Money Games)、"推荐式销售"(Referral Selling)、"投资乐透抽奖"(Investment Lotteries)、"老鼠会"(Rat Club)等等。全球有无数立法机关均明令禁止金字塔销售。

世界直销协会联盟在很早以前,就对假借正当多层次直销名目进行商业诈骗的"非法传销"的定义和行为做出了说明,并指出其辨别特征。

从国外的法律用语上讲,"多层次直销公司"属合法,"金字塔销售公司"属非法。美国法律是这样限定的,一般国家和地区也采用这种区别术语。但对金字塔销售公司在定义内容上进行清楚限定则很不容易。从多层次网络销售组织形式上看,金字塔销售公司和多层次直销公司两者是没有区别的。

加拿大《多层次传销法》说:"金字塔销售是一种多层次销售方式。"也就是说,两者在销售形式上是一样的。这种相似性往往使一些人真假难辨,鱼目混珠。

美国在20世纪70年代初打击金字塔销售公司时,在如何区别金字塔销售公司与多层次直销公司的界限上下了很大的工夫进行甄别。因为许多公司表面上是多层次直销公司,而暗中却实施金字塔销售阴谋。两者很相似,两者都要求购买一定的商品,都强调发展直销商,都根据下线直销商的销售额给予上线直销商佣金。由于这种区别的难度,所以美国联邦贸易委员会在打击金字塔销售公司时,于1975年3月也判定世界上最大的多层次直销公司安利公司是金字塔销售公司。对此指控,安利公司不服,双方争议不下。这种争议持续4年时间,直到1979年,美国联邦贸易委员会才最后判定:安利公司不是金字塔销售公司。

这几年的争论中,美国联邦贸易委员会经反复研究,认为金字塔销售公司有如下特征:

(1) 传销商要支付一大笔加入费(俗称猎人头费)。
(2) 传销商购买较多的商品(俗称存货负担),而且这些商品不能退货。
(3) 作为交换,传销商从发展下线获取佣金。

同时联邦贸易委员会判断安利公司有如下特征,因而不是金字塔销售公司:

(1) 没有要求传销商交纳猎人头费用。
(2) 传销商没有存货负担。
(3) 传销商没有从发展下线获取佣金。
(4) 传销商手中的未销售出的可卖商品可以被公司买回。

综观世界各国(地区)对金字塔销售公司的研究界定情况,一般认为,隐蔽的金字塔销售公司表面上与正当的多层次直销公司一样都是直售商品,但金字塔销售公司往往有如下特点：
(1) 传销商加入时要投入很高的入会费。
(2) 公司不是根据销售额给予传销商奖励，而是根据发展下线给予奖励。
(3) 硬性规定传销商要买大量的商品(存货负担)。
(4) 对传销商退货予以限制(存货负担)。
(5) 夸大收入，骗人入伙。

正当的多层次直销公司的入会费都不高，不是根据发展下线给予奖金，而是根据销售额给予奖金，没有存货负担，不限制退货，不夸张骗人。

需要重点说明的是，对于非法传销，人们已经能够进行判断，本书研究的重点是多层次直销，不仅从是否合法去鉴别，而且侧重于从市场营销学和经济学的角度去探讨、分析。

1.3 直销的特征与魅力

》》》1.3.1 直销的特征

有一位营销专家说过："直销是一种传播与销售相结合的销售形式。就方式而言，没有是非问题，只是选择如何做好工作的问题。直销是一种文化，培训是文化，组织管理也是文化，很值得研究。"确实，直销是一种文化，其独特的文化内涵主要表现在以下几个方面：

1) 直销推广的是新的经营理念

直销作为一种新兴的营销方式，它所要推广的不仅仅是一种信息，还是一种新的经营理念。经营理念是创建一家直销公司时要着力刻画的大手笔。

(1) 健康理念　加入直销行业，只要肯去努力，方法适当，就可以获得丰厚的物质回报。无论对于消费者还是对于直销员来说，健康才是人生中最大的财富。而充足的休息、适当的锻炼和均衡的营养是获得健康的三大要件。因此，一些直销公司正是抓住这一点来设计自己的产品。如日宝来福公司设计了磁性健康床垫；麦花田公司设计了一种室内锻炼器材；仙妮蕾德公司设计了健康食品。促进人类健康是他们共同的追求，但各公司都有不同的做法。仙妮蕾德依据其"再生哲理"，希望通过食品使人体得到调理；麦花田希望该公司生产的锻炼器械使人们在室内得到锻炼，以此来促进健康；日宝来福希望该公司生产的床垫使人在睡眠中获得健康。

以健康为经营理念,容易使人们特别是中老年人接受。就连销售日用品的安利公司也在销售其旗下的纽崔莱营养品时打出"有健康,才有将来"的口号。许多人正是以健康为导向购买了公司的产品,并进而加入了公司直销员的行列。

(2) 财富理念　每个人都希望拥有一笔属于自己的财富,但都苦于无路获取,芸芸众生也只有靠上班或打工来谋求生路。每个人都需要机会,每个人也都在寻找机会。多层次直销的倍增原理使他们看到了快速积聚财富的希望。以积聚财富为导向加入直销事业的人为数不少,他们无不希望能通过自己辛勤的劳动创造奇迹,来改善自己的生活。也许,对财富以及对美好生活的追求正是人们的天性,正所谓"水往低处流,人往高处走",人们没有一天不在想着提高自己的生活水平,而生活水平的提高是以财富的增长为基础的。直销也正是抓住了人们的这一本性,向人们不断灌输一种新的创造财富的理念,以吸引更多的人才加入到直销行业中。

(3) 合作理念　人只有在一个共同的目标下才能合作,这就是所谓志同道合。人们在本性上是热爱合作的,可是,市场经济和金钱往往会破坏人的这种天性。合作往往被金钱关系所取代。例如,老板与雇员之间的合作就是金钱的交易,甚至于兄弟之间、父子之间、夫妻之间的合作也都可能染上金钱的铜臭。而且,金钱对人的灵魂的侵蚀是任何社会中都存在的。合作既是人类所追求的,又是目前经济社会中所缺乏的。而在直销企业中,由于经营采取的是那种以商会友、以友促商的方式,因此顾客均是在发展朋友中发展的。甚至有的直销企业还特别强调,发展顾客必须首先从亲戚、朋友、熟人、邻居做起。这种做法创造了一种合作的氛围,而且,在多层次直销企业中,公司对直销员的奖励不仅要考察他本人的销售业绩,还要考察他整个网络的累计销售额和直接下线所处的级别。因此,直销真正体现了"上线帮助下线"和"帮助别人成功,自己才能成功"的理念。

虽然直销员在组织上不属于直销企业的员工,但是在感觉上却似一家人一样,因为大家从事的是一个职业,大家走到一起,互相帮助,而不是尔虞我诈的竞争。

(4) 成功理念　成功是人生的一大追求,人人都希望自己在事业上有所建树,尽管这个概念听起来太空洞,但每个人对成功都会有自己的理解。成功是有条件的。假如你要创办一家企业,首先需要有资金,其次还要有人才来管理和使用资金,最后还要有机遇,而这些条件是常人很难都达到的。而多层次直销可以使人们在无资金、无风险和无经验的情况下创业。所谓"无资金",就是指直销事业不需要你很大投资,只需你购买一套本公司生产的产品,并成为产品的"使用者",然后将消费产品的感受介绍给朋友就可以了。所谓"无风险",就是指在多层次直销事业中没有失败者,只要你付出时间和努力就一定会有收获。况且,不论你是怎样理解成功的含义的,只要做成一件事,这本身就是一种起码的成功。而直销事业并没有给每个人定下一个成功的指标,但那些从最基层的直销员做起的人都会在每一笔生意成交、每一个自己推荐的人加盟中体味到成功的喜悦。所谓"无经验",就是指直销不需要你有多强的推销经验和技巧,它只需你将朋友带到创业说明会场,其他工作都由公司或上线为你做,或是教会你怎样去做,使直销受到社会大众的广泛接受。人人都希望成为一个成功者,受到人们的尊敬,而直销这个行业正好给了人们成功的机会。

(5) 自由理念　每个人都有追求自由的天性。从人性角度来讲,谁都愿意自己说了算,都不愿意被别人束缚、被别人管制。然而,这在传统的工商企业中是不可能的。对于一个上班族来说,上班打卡,下班打卡,如无建树,可能一辈子就被"卡"在别人的公司里而毫无转机。而在直销企业中直销员可以自己掌握自己的命运,自己做自己的老板,自己争取想要达到的收入,自己决定是干还是不干,自己决定是大干还是小干,想在什么时间干就在什么时间干,可以边工作边娱乐,轻轻松松,自在逍遥。如果你想在这个行业中出人头地,就要多付出、多努力;如果你只想通过直销这个行业来改善自己的生活品质,结交更多的朋友,你也可以不去努力,这全凭你自己的想法和意念决定。总之,你从事了这个行业,其余的事都在于你自己。当然,这种自由并不是绝对的,你不可能全凭自己的爱好去做每一件事,如果你想利用直销来骗人,那是法律所不容。自由是相对的,只有把握好自己的行为,才能真正地享受自由。

2) 销售者、消费者、经营者三位一体

社会化大生产将再生产过程分解为生产、流通和消费三个阶段,这应该说是社会的一大进步,从此,生产者专门管理生产,销售者专门管理销售,社会分工体现得很明显。然而,问题由此产生。首先,生产者要花很大精力去调查市场,研究消费者需求,从而开发出适应市场需求的新产品;产品开发出来以后,又要花大笔费用去宣传产品,以争取在市场上占有一席之地。其次,销售者要以消费者为导向,购进产品,再向消费者推销产品,这就冒着产品积压可能造成损失的风险。这样,无论是对生产者还是销售者,甚至是消费者,都是极其不利的。

那么,是否有一种能使生产者、销售者和消费者都各有所得而又不冒太大风险的经营方式呢？那就是直销——多层次直销。

应该说多层次直销是吸收了单层次直销和传统经销方式的优点而产生的一种销售方式,是对单层次直销和传统经销方式的综合和升华。其突出的表现就在于,让消费者参与销售,让经营者与销售者沟通,消费者、销售者以及经营者合三为一。

(1) 产品的消费者　是指使用产品的人。作为一个直销员,应首先是所推销产品的使用者,一个人只有使用了一种产品以后,才能对产品有最权威的印象,才能切实感到产品的优良之处,信心十足地向你的顾客介绍产品。

直销中的直销员首先应该作为消费者来推销产品,这样才能取得消费者的信任。雅芳公司对自己的直销员的要求则更高:"使用雅芳的化妆品和香氛品,并告诉顾客:我是一位雅芳美容大师。"因此,在销售化妆品时,雅芳小姐与顾客的关系就不像是在谈生意，倒更像是在开美容座谈会。而且，直销员作为消费者，这本身就是一个巨大的消费群体。况且，直销员由于经常使用产品，可以说对产品的特点，包括优点和缺点均有全面的了解，他会随时把自己使用后的感受反馈给公司，督促公司改进产品的包装和质量，或者开发新产品，以便适合消费者的需求。所以，直销员作为消费者，无论是在消费产品还是在促进公司进一步改进产品方面，都起着极其重要的作用。例如，雅芳公司在全世界拥有几十万个直销员，而这些人至少都是雅芳化妆品的忠实消费者。

（2）产品的销售者　是指最终销售产品的人。在现代工商企业中，一切与顾客打交道并取得订单的人都是产品的销售者。自然，作为直销员，必定要与顾客打交道，取得订单，把产品销售出去，扩大市场需求量。作为销售者的直销员要使自己的产品卖得更多，最好的办法就是自己去推销产品。

当然，作为直销员的销售者，会比其他意义上的销售者能更好地销售产品。因为，他们已经使用过产品，对自己所推销的产品更有信心，也就更能感染潜在顾客，更多地销售出产品。

消费者消费完产品后，也会成为直销员，又可以将对产品的感受介绍给新朋友。消费者变为直销员，直销员又变为消费者，如此循环往复，倍增发展，公司和直销员或消费者都会大大受益。

（3）产品的经营者　是指独立出资来经营产品的生产与销售的人。经营者这一概念所包含的意思主要是资金关系或是财产关系。传统企业的销售人员并不是经营者。经营者从本质上讲是独立出资并管理企业的人或组织。但是，在直销企业中，销售者也可以成为经营者。在直销企业中，一般在直销员购买了一套产品之后，即可以成为产品的经营者，而不是像一般的经销商那样需要有一定的资本实力。直销员不需付出太多资金就能成为经营者。

总之，单独作为一个消费者很容易，只需买下产品使用一次；单独作为一个销售人员也不难，找到一位老板，说你很能干，他也许会雇用你；单独作为一个经营者，比起前两者来说可能会难一点，主要难在资金上，无论你做什么样的老板，你总得有一点资金然后再到工商局注册领个执照，才能享受当老板的滋味。最难的是，把这三者集于一身。而直销，尤其是多层次直销，正好可以把这三者集于一身。这也是直销这种营销模式的一个最显著的特征，是其他传统经营方式无法比拟的一个优势。

3）直销是一项合乎人性的事业

（1）直销特别是多层次直销与传统销售方式的不同之处就在于它是利用人际关系来销售产品的，即在亲朋好友中销售产品。这不免会引来"杀熟"、"骗人"的指责，但事实上以这种心态去从事直销是不会长久的。直销界有句名言："好商品与好朋友分享"，就是要让你的朋友感受你是在给他介绍一个好商品和好机会，大家来一起分享产品的好处和创业的乐趣。别人的误解都是暂时的,作为一个直销员,如果能够做到凡事以朋友的利益为前提,真心真意地为对方着想,那你一定会得到朋友的认可。

(2) 在传统的企业中,工作通常是面对机器或者威严的上司,这很容易让人产生抵触情绪。但直销却不同,它是以人为中心,以人的需求为中心,以人际关系为纽带的,让你有一种团体归属感。而且,多层次直销是以互利互爱为出发点的。因为每个人都需要机会,每个人都在寻找机会,而直销上线正是在给下线提供机会。所以,对朋友们而言,向他们推销、推荐他们入网,是在帮助他,而非利用他。所以说,多层次直销又是一个互惠互利的事业。

(3) 做直销最终就是做人,是对人性的一种考验。你的私心杂念越少,你的结果就越好。随着组织的壮大、级别的提高,你的一言一行就得十分注意。做直销,最终不是做产品,也不是做制度,而是做人,是完善你的人格,使你珍惜自己的信誉。多层次直销最珍贵的是什么? 不单是你的业绩和收入,而是你的下线,你的直销网。最终,你收获的不仅仅是财富,还有自己符合人性的改进。直销让你的人格趋于完美。

4) 直销是以商会友,以友促商

多层次直销与其他销售方式的一个重要的区别在于销售后的行为。无论何种销售,包括一些采取上门推销方式的销售,其目的都仅仅在于把商品销售出去。当一次销售完成后,销售者或生产者至多再打电话或上门问一下使用情况,而不会有更多的售后服务了。而多层次直销的销售者除了商品销售之外,尤以"交友"为主要目的。简单地讲,就是在多层次直销的情况下,每一位直销员在达成一笔交易将商品销售出去以后,要使消费者深信自己所买的产品是真正优秀的产品,然后建议消费者也参加到销售这种产品的行列中来。即销售出产品只是其中的一项目的,而直销员们的最终目的是和顾客成为朋友,以便使其永续地消费产品,甚至最终加入到直销的行列中来。直销正是通过这种人际关系的不断扩展来发展自己的事业的。

直销的人际传播原理很简单:假定有一位商人要将商品销给155位客人,那么,他与这155位客人最快的联络方法只能是通过电话,以电话来确定客人的需求和如何购买。如果他知道这155位客人的电话,并在通话以后就能销售产品,那么他只能依次拨通客人的电话,与之取得联系,最终销售产品。但他要重复155次同样的工作,这需要大量的时间和精力。如果他换一种方法来联系,即最初联络5个人,让被联络的5个人再分别联络5个人,这便联络上了25个人。再让这25个人重复上述过程一次,这便又联络上了125个人,这样155(5+25+125)个人就全部联系到了。

用数学的语言来讲,多层次直销是按乘式法则的销售方式,它的增长是按几何级数而不是算术级数进行的。正是因为这个原因,直销员想要保持这种倍增原理带来的好处,就必须保持好的人际关系,与顾客成为朋友。只有这样,才能保证倍增过程持续下去,直销员才能更快更稳地获得成功。

　　5) 直销给每个人的机会均等

　　市场竞争给人们的最大感受就是其残酷性。许多人在竞争失败后才想到要寻找新的机会。还有一些人本来就缺乏竞争中所需要的学历等条件,传统企业不能给他们一个公平的机会,让他们去展示自己的才华,因而,许多有能力的人都被埋没了。然而,在直销行业中,无论你的学历如何,背景如何,你都可以进去试一试,在平等公正的规则下,尽情发挥自己的才干。可以说,多层次直销开创了一个全新的天地,它选择自己的中间商——直销员时,给了他们一条同样的起跑线,让他们只花微不足道的资金就可以实现自己的经商梦。这也就是说,无论何人,无论他从事何种职业,无论他有多大的经济实力,只要他愿意,都可以成为直销员。机会对任何人都是一样的。然而这个梦做得如何,那就靠个人的努力了。只要你肯努力,肯付出,直销就会给你一个满意的结果。

　　6) 直销中可以兼享天伦之乐

　　在传统事业中,住家与店面或公司通常是分开的,这是为了人们的私生活不受干扰。当然,为了享受天伦之乐,把住家与店铺结合在一起,也无可厚非,但因传统生意是无法选择顾客的,所以居家安全性也会相对降低。而在直销行业中,夫妻搭档是最普遍的事,也是最佳组合。不少男人觉得面子上过不去,其实不然,在直销里,夫妻店最好开,做起来最好。

　　直销事业的经营者最重视人际关系,如果家庭都不和睦,怎么待人接物?所以,做直销的人通常都要取得家人的同意后才会做得很好。尤其是夫妻亲密合作,搭配良好,在向外人作产品推荐时,更容易取得信赖,同时,也就促进了夫妻关系的改善。夫妻两个人共同分担直销过程中的困难,共同享受直销所带来的喜悦,这也使得夫妻之间更加密不可分。成功的直销者在接受嘉奖时,很少见到一个人单独出来领奖的,原因也就不难理解了。

　　与家人同心协力做直销,不像做零售一样要盯牢店面,却可以有"在家开店面"的优点。只要保持适当的产品库存量(不必囤货,但最好有一些样品供参观),随时可以邀人到家中喝喝茶、聊聊天,轻轻松松就把生意谈妥了。这也可以说是令传统行业望尘莫及的一个特点。

>>> 1.3.2　直销的魅力

　　直销能蓬勃发展,缘于它的巨大的适应力。随着社会的发展,一些重要的科技成果正在从根本上改变整个社会的生活方式和规则。直销以它巨大的适应能力,在自我否定、勇于学习的基础上,旧貌换新颜。

直销创造了不少商业传奇。它成功造就了像安利、玫琳凯、雅芳、天狮等大型跨国公司,而且这些公司的成功案例及其卓越的营销理念和蕴涵在这种理念之中的丰富的管理哲学已经入选哈佛大学 MBA 必修教材。直销虽然是一种新兴的营销方式,但它以其顽强的生命力在世界上扎根成长起来。

直销为什么会拥有这么大的魅力呢?究其原因,可以从以下几个方面加以分析:

1) 直销是一种双赢体制

当今市场已经由卖方占优势的市场演变为买方市场,在这种形势下,一个生产型企业要成功,必须抓住两点:研发和市场。市场离开研发就失去了基础,研发离开市场就失去了翅膀。从企业内部管理来讲,要做好市场,最主要的一个因素就是员工,如何激励销售人员的积极性、创造性和认同感是营销学的一个重要课题。所有的企业都希望更有效地管理员工,在一定程度上达到双赢。而所谓的双赢体制就是所有解决方案的一个共同理论基础。

双赢体制其实很简单:将员工的利益和公司的利益紧密结合起来,荣辱共存。"双赢"就是指"企业赢利"和"员工获利"所达到的一种平衡关系。原理虽然很简单,但具体形式却有很多种,效果也相去甚远。不同的企业管理体制当然会有不同的管理效果。

在销售领域,公司的立场当然是希望能扩大市场,销售尽可能多的产品,从而赚取更多利润,提升公司的品牌价值。为了促使每一位员工也以此为奋斗目标,根据双赢体制,就应该将销售人员的待遇和其销售业绩联系起来,充分调动销售人员的积极性,使他们奉献更多的精力到工作中去。在实际操作中该怎么办呢?不同营销方式的区别就在于对这些问题的解决途径不同,而直销体制应该是其中对双赢体制贯彻得较好的一种。

在营销过程中,对于普遍存在的问题,直销往往会提供很好的解决方法。

(1) 关于员工间的恶性竞争问题 在传统的企业中,职位等级非常明显。作为高级管理者的销售处长、销售经理、销售部长都只有极少的名额,即使很多人都能做得很好,也仍然只有极少数人能坐上显赫的位置。

在这种情况下,同事之间的竞争就会更加激烈,甚至趋于恶化。当只能有一个人做皇帝时,为了争权夺势,连亲兄弟都要互相残杀,何况没有血缘关系的同事。很多员工不去努力工作,而是想尽办法排挤他人。这样既不利于企业的发展,也会耽误员工的成长。

直销方式却避免了这一点。直销从最底端到最高端都有无数的位置为所有达到公司考核指标的员工准备着。只要你肯努力,到达一定的标准后,就可以上升到另一更高职位。事实证明,当市场足够大时,大家都有可能坐上销售皇帝、销售皇后的位置,且仍是好兄弟、好姐妹。这一点是传统的营销方式无论如何也办不到的。

（2）关于营销过程中的抢地段问题　对于销售人员来讲,销售区域的好坏对于其销售业绩的影响是极大的。好的销售区域人员流动量大、顾客多,人们的购买能力也较强,自然也就会有更多销售产品的机会。而差的销售区域就正好相反了,销售者可能因为顾客少、购买力弱等客观条件而影响其销售业绩。因此,为了争夺好的销售地段,往往会引起销售者之间的恶性竞争。

在传统的销售方式下,为了遏制员工之间的恶性竞争,解决这个问题时,往往会从地理位置上划分出一个个销售区域,分别由不同的销售经理领导,并以该片区的销售额或者市场占有率作为对该销售经理的考核标准。而现实中,由于地区经济发展的不平衡等原因,非法抢地段的行为屡禁不止,企业管理者对这种现象也束手无策。

这种情况在直销企业中根本不可能发生,因为直销企业取消了地域限制。直销企业认为,地域限制在制约恶性竞争的同时,也打击了员工的积极性和能动性,因此是不可取的。对于直销企业来说,所售产品一般是在当地市场上知名度不是很高的一般消费品,要不断开拓新市场,以所有可能的方式进行市场渗透,就必须充分发挥员工的能动性,这才是重中之重。如果员工的积极性受到打击,就不利于企业的长远发展。只有当员工的积极性被调动起来后,企业才能充满生机和活力。直销企业中,每一位员工都有权力在任何允许公司经营的地区进行销售或者发掘有潜力的销售人才,来扩大自己的销售力量。当看见隔壁退休老大妈向你兜售"安利"牙膏,小姨子向你推销"玫琳凯"神奇面膜时,你就会知道在这种体制下,直销企业的渗透力有多么的惊人,而这种效果正是任何营销方式都无法比拟的。

（3）关于新老员工间难以沟通问题　教会了徒弟,饿死了师傅,这正是传统销售领域的写照。在传统销售领域中,晋升机会有限,同行便是冤家。一般来说,老员工虽然有丰富的经验,却不愿意传授给新来的小徒弟；新员工精力充沛,却免不了生手生脚,还要不断遭受老员工的作弄。即使很好的师徒关系,师父最后也要留一手,以防徒弟学成后抢了自己的饭碗。这就使得员工之间总是剑拔弩张、气氛紧张,精力都花费在尔虞我诈、互相攻击上了。这样的情况当然不利于企业的发展了。

这个问题在直销企业中却可以得到很好的解决。在直销企业中,你会发现每一位老员工都非常真诚地欢迎新员工加入自己的团队,而且还会以老师教学生一样的热情,把自己所有的经验、教训、心得毫无保留地与新来的员工分享。新员工不但学会了知识,吸取了老员工的经验,还和老员工交上了朋友,从而也就减轻了心理压力,可以更好地投入到工作中去。

这种喜人的结果来源于一个制度创新:团队考核。在直销企业中有无数个团队,大团队里面又有小团队,一层层地往下套。每一个团队领导的考核标准不仅要看个人的销售业绩,更重要的还要看他领导的团队的销售业绩,看他的部下是否被晋升,这就使得新老直销员间互相帮助,达到一种互利的效果。

在直销企业中,每一名员工都有权力推荐新员工加入,而且这位新员工一旦被录用,即成为这位推荐人领导的团队中的一员,同时也隶属于推荐人所属的大团队,他的业绩和晋升也将和他直接隶属和间接隶属的团队领导者的考核直接挂钩。在这种制度下,领导者自然会对新员工特别关注,带领新员工迅速健康成长。这种设计可谓把"双赢体制"发挥到了极限,也终结了一个时代——师徒竞争的时代,彻底扫除了师徒之间由于名利分歧造成的感情沟通障碍。同时,由于师徒同心,直销企业也省去了大笔激励费用和协调费用,真可谓一举数得。

(4) 关于晋升机制不透明问题 每个人都向往着成功,向往着达到更高的职位。晋升对每位员工来说都是一种希望和机会。但是,在传统的企业中,晋升并不是一件容易的事。晋升的机会本来就少,除了销售指标外,还要考核工龄、学历、政治面貌等与销售能力没有直接关系的指标。而所有这些举措都对那些学历不高、出道不久、没有背景但却具有销售天分的员工极为不利,这也会在一定程度上打击员工的积极性。但是,在直销企业的销售领域中,员工没有传统意义上的高低贵贱之分:下岗女工、退休老大妈,甚至小学没毕业的人都有可能做得很好,甚至成为顶级销售者。直销公司并不排斥任何一个有热情有能力的人,而且晋升的机会对每个人来说都是平等的,连游戏规则都是透明的。每一个人都能看清楚悬在不同高度的一顶顶越来越炫目的桂冠;每个人都知道只要领导自己的团队做到什么样的业绩就能摘下那顶桂冠,戴在自己的头上;任何人都可以凭借自己的能力达到想达到的高度。只要你做得到,直销公司就会给你机会。

2) 直销为企业发展带来新的商机

作为一种新颖独特的营销方式,直销是企业在营销实践中不断探索和总结出来的。许多企业利用直销并且结合企业自己的情况因地制宜地加以改造,在市场营销实践过程中推动了企业的高速成长。

关于这方面的成功案例可以总结出许多,有国际上的知名企业,也有国内发展风头甚劲的企业。这些企业在寻找出路、寻求变革的过程中发现了这种新型的营销方式并大胆地运用,找到了自己新一轮的发展机会。那么,直销到底能给企业带来哪些新的商机呢?

(1) 营销渠道缩短 在传统的营销过程中,产品生产出来以后要经过批发商、代理商、零售商等多个环节才能到达消费者手中。而这种传统的渠道模式与市场经营从粗放型向集约型转变的新环境是无法相适应的。渠道长、层次多,就会使产品的价格也随之一层层增加。

在直销过程中,企业生产出产品后,可以直接和消费者进行一对一的沟通,还可通过专业化的销售团队快速高效地找到末端消费者,并通过口碑推动来实现销售。它将传统的多环节的营销渠道"消肿"后,从根本上加快了产品的流转速度,进而提升了销售效益。

（2）产品质量有保证　渠道是商品分销活动的载体,而商品分销就是在产品从制造商到消费者的传递过程中所涉及的一系列活动。在这一过程中,中间环节的多少不但影响着产品最终卖给消费者的价格,也影响着企业的声誉。在传统的营销过程中,由于其中间环节众多,使得不法分子有许多可乘之机来仿冒产品,给企业造成损失。

在直销企业中,由于生产者与消费者之间通过直销员这一个环节就可达成交易,这就大大减少了产品被仿冒的机会。直销员自己先直接从生产厂家买进一定的产品,再直接转卖给消费者。这个过程中由于没有第三者的介入,也就不可能被人仿冒,这样也就维护了企业的名誉。

（3）资金循环加快　在营销过程中,很多企业总是陷入资金周转的危机中。这主要是由于企业的销售环节多,结算环节多,使得结算过程中的工作量加大,结算过程中的效益降低,进而就出现了资金回笼慢的状况。

在直销企业中,影响资金运转的两大原因恰好转化成了促进企业资金循环走向良性发展道路的优势。因为营销渠道变成了零渠道,这就阻绝了营销资金在流通渠道中滞留的可能性。同时,销售者和消费者都在进行着一对一的有效沟通,这就使得销售行为本身就转化成了一种一对一的结算,而这种结算对企业来讲就意味着"一手交钱、一手交货"。在这种情况下,企业自然不会存在营销流程中资金回笼慢的问题了。直销能克服传统的结算过程本身所不能克服的毛病,实现资金良性循环,从而为企业提供了更多商机。

3）直销能让直销员实现自我价值

直销这种新的营销模式不仅给企业带来了无限商机,也给直销者个人带来了在传统行业中所不能带来的好处,这些好处概括起来有以下几个方面：

（1）直销可以给你一颗敢于做梦的心　姑且不论每一个人的人生理想是什么,最起码你会希望家庭幸福美满、身体健康、有钱有闲、享受人生、享受自由。但很多时候你可能会对这些理想抱消极态度,因为你觉得实现它是遥远的梦。

在传统的行业中,实现这些梦想的确是件很难的事。但是,在直销行业中,你可以去尽可能地梦想,直销会帮你把这些梦想一一实现。如果你是一名直销人员,只要你敢于去梦想,只要你努力,只要你用心,你就有可能同时拥有物质和精神财富。可以说挖掘人们的潜力和自信是直销企业做得最棒的一点。直销企业相信每个人都有潜在的无限的才智与能力,通过引导员工挑战一个个的"极限",让员工认识到自己的力量,可以让员工通过自己的力量来实现自己的梦想。看见一些人,特别是许多下岗员工和许多低学历、没背景、已不再年轻的人从畏缩自卑走向成功和自信,真的是一件很让人感动的事情。

(2) 直销有可能带给你财富　人一出生之后就开始不断地去学习和成长,其目的就是为了能生存于这个社会,从最初的"获得温饱",进而"赚取大量的财富",最终"实现自己的理想","享受幸福的人生"。

"获得温饱"虽然不是什么困难的事,但也是要有金钱才能办得到的。在这个现实的社会里,人人都知道"金钱并非万能,但没有金钱却是万万不能的"。金钱的多寡往往是影响与决定生活品质优劣的关键。尤其是有些时候,当你想向你的家人朋友表示你的关心和祝福时,却拿不出钱来,这会让你感到无奈和心酸。但是在现实社会中,要赚取大量的财富又谈何容易。如果你只是一个普普通通的打工者,你的收入是固定的,即使有薪水上的变动,也只有一小部分,不可能突然致富,就算你很认真地工作,所得仍然有限;即使你从事的是自己投资的事业,也背负着一定风险,你要有一笔足够的资金,还要选对行业,认真管理,如果选择行业错误的话,不但不能获得财富,可能还要背上一身的债务。

但是在直销事业里,它不但提供了一个良好的工作环境,而且有一套丰厚的利润制度,更重要的是你所需要投资的是非常少的资金。只要你肯付出,就很可能成为伟大的直销员或经营管理者,获取丰厚的利润。因为直销是运用团体紧密合作的力量,所以你的利润不仅来自零售,还包括你建立个人小组每一层次辅导所应获得的利润差额奖金,甚至公司红利等,高业绩还可获得公司赠送的进口车、海外旅游等待遇,于是熟知内情的人曾说:"做直销可赚取合法的暴利。"

(3) 直销会带给你无比荣耀的成就感　人的需求分为很多层次,包括从最低的生理需求到最高的被社会所尊敬、所认可的需求。当人们获得了财富之后,想要的便不仅仅停留在物质阶段,而是要上升到更高层次了。每个人都需要被尊重、被认可。但是,在现实中,有些人为了达到这个目标,用了许多昧良心和不道德的手段。这些人在事业上、财富上或许会如愿以偿,但由于巧取豪夺及不择手段,他们将失去许多益友。每当夜深人静时,良知悄悄地爬上心头,正义的谴责将会使他们陷入痛苦的煎熬中,这样,即使他们在事业上、财富上创造了一些成绩,却也无法在良知下去享受那份成就感。

而在直销事业中,你的成功却是在分享的原则下所建立的,你将一些好的产品与亲友分享,使他们的生活品质得以提高;你将一种好的制度与亲友分享,使参与直销事业的亲友能得到好的专业训练,使他们在一个公平合理的机会中施展自己能力的同时也获得了同等的回报;你更在一个良性而公开的竞争环境下创造了一个属于自己的事业,用你的努力去改善你和你所爱的人的生活,这种成就才真正是无比荣耀的。

(4) 直销公司是人才成长的好地方　在直销企业中,很多直销员都是在公司的培训中慢慢成长起来的。直销企业可以说是一个培养人才的摇篮,每一个新员工都可以受到公司关于产品基础知识和沟通技巧的培训。如果业绩提升并开始有了自己的团队,新员工会得到晋升,这时员工可以享受到更高级的业务技巧和管理培训,公司会教会员工管理现在的团队所需要的各种技巧。当个人业绩和团队业绩进一步上升时,需要更高级的管理技巧来激发员工向同一个目标努力,这时公司会有相关的培训及时跟进。无论你处在哪一个成长阶段,直销公司都将会为你提供相应的培训。培训是直销事业发展的命脉。

这种有挑战的阶梯式免费培训正是除了物质收入之外激励员工的另外一个要素。特别是对于那些把工作更多地视为学习机会的年轻人,都会因为这一点而成为直销公司的员工。

(5) 直销可以让你有机会结交许多朋友　每个人都需要朋友,都乐意去结交新的朋友。而在市场竞争的社会中,人与人之间的关系越来越冷漠,很多人都对别人抱着一种防备的心理。尤其是在商战中,任何人都可能成为你的对手,就更甭提做朋友了。人们在埋怨人情冷漠的时候,都没有考虑原因。事实上,是一种不健康的竞争心态让人们不敢相信别人。尤其是在传统的企业中,这种现象更为明显。

那么,人和人之间真的就只能这样吗?当然不!在直销行业中,你不仅仅可以从直销过程中获得大量的财富,还可以结交到许多朋友。不论是你的同行还是你的顾客,只要你愿意,他们都可以成为你的朋友。

在直销行业中,即使是直销员之间也是相互帮助、真诚相待的。因为在直销行业中,尤其是多层次直销中,你的介绍人只有帮助你获得成功,他自己才能成功。所以,他会尽他所能,把他知道的所有知识全部都教给你。这样,大家都是真心相对,毫无欺骗可言了。而且,当直销员向顾客销售完产品后,通常会提供给他们更多的售后服务,这会让顾客感到欣喜,再加上直销员在销售商品前多半以顾客的客观需求为出发点来进行推销的,当顾客的烦恼困难解决后,他们也会由衷地感谢直销员的。时间久了,顾客不但会长期购买该产品,还会和直销员成为朋友。

(6) 直销的成功可以让人生享受幸福的生活　幸福对于每个人来讲,涵义可能都不大相同,但对一般的人来讲,幸福无外乎富裕的生活、稳定的家庭、成功的事业、甜蜜的爱情、知心的朋友、健康的身体等等。在直销过程中成功的人,对此是深有体会的,这是因为:

在直销事业中成功的人必定有一个美满的家庭;
在直销事业中成功的人必定会安排好自己的工作及生活;
在直销事业中成功的人必定有良好的财务能力;
在直销事业中成功的人必定有良好的人际关系;
在直销事业中成功的人才是真正懂得如何享受幸福人生的人。

4) 直销会给消费者带来很大实惠

无论是什么样的营销方式,如果其不能适应消费者的需要,得不到消费者的认可,都不可能发展起来。那么,直销又能给消费者带来什么好处呢?

(1) 直销能充分满足顾客的需求　首先,由于社会经济的发展和生活水平的提高,消费者的消费形态产生了很大的变化。例如,个性化的消费趋势,对新产品的接受程度的提高,对商品与购物服务要求的提高,这些都使商品信息在消费市场显得格外重要。而直销本身正具有满足消费者这些购物需求的特性,因为直销基本上就是利用商品信息的传送促成顾客购买意愿的一种销售形态。以直销中最常见的邮购而言,它正是借着商品目录而将商品信息传送出去的营销方式。

(2) 直销会使顾客的购买变得更方便　在提供方便方面,直销可说具有很大优势。例如,自动售货就是利用自动化机器使消费者以最简便、迅速的方式完成购物;又如,电视销售也是掌握了"方便性"的特点,将商品信息主动传送到顾客面前,让顾客能以便捷、高效率的方式完成购物。这其中还包括直销中的上门推销,更可以节省顾客的时间和精力,在家中就可以享受到购买的乐趣,而且还省了在商场付费所引起的麻烦。直销员非常重视自己与顾客之间建立的联系,这通常会让顾客感到自己受到公司的重视,因而产生一种优越感,这是其他零售方式所无法比拟的。

(3) 直销服务能提高产品的附加值　直销具有一种独一无二的功能,就是能将单一的产品转变成一种综合的服务和令人满意的享受。在直销过程中,直销员不仅能为顾客送货上门,还可以为顾客提供免费咨询,保证退货等售后服务。尤其是当直销员在向顾客介绍产品时,不但可以向顾客详细地介绍产品功能,还可以请顾客免费试用,增加顾客对产品的好感。更为重要的是,直销员非常重视与顾客之间的联系,因此不会只求卖出商品而不顾其他。他们不仅会给顾客留下联系方式,以方便顾客有问题时可以及时找到他们,还会在售出产品后主动与顾客联系,询问其使用情况。

5) 直销有着广阔的发展前景

目前,直销的发展呈现出一种世界性的趋势,尤其在零售业高度发展的当今社会,其消费市场日臻成熟,直销在零售业中所占的比重也愈来愈大。那么,在21世纪中,直销的发展又会呈现出什么样的趋势呢?对于我国的直销行业来说,又能从中吸取哪些经验和教训,以更好地发展我国的直销呢?

(1) 未来直销的特征　根据专家的预测,未来的直销将会具有以下特征:

① 加入直销行业中的妇女将会越来越多:这也是世界性的趋势。随着妇女地位的提高,职业妇女的数量不断上升。而有许多女性并没有受过高等教育,她们需要机会,但社会可能缺少足够的机会。直销以其起点低、资金投入少而吸引了很多女性的加入,尤其是在化妆品直销,女性更是如鱼得水,也有大量女性在直销行业中取得了举世瞩目的成就,如玫琳凯的创始人。

② 人们消费意识和购物方式的转变使得直销越来越受到欢迎:随着生活节奏的加快和工作越来越繁忙,消费意识和生活形态的改变以及个性化的要求,人们越来越重视商品的品质,日常购物越来越求取简便性,同时对于价格也不那么看重

了。直销以其特殊的销售服务方式,可以为消费者节省大量的购物时间,而且,采用直销方式销售的产品大多是价廉物美的,这些都使得消费者越来越钟爱直销这种销售方式。

③ 直销技术不断改善:由于信息技术的发达,利用高性能电脑设备来处理信息的通讯系统已逐渐普及,这种高科技在商业上的应用也对直销的发展起着促进作用。人们可利用的直销工具越来越多,包括电脑、电话、多媒体等。随着人民生活水平的提高,拥有电话、电脑的家庭愈来愈多,而且互联网正以惊人的速度发展着,各国都在掀起网上购物的热潮。消费者只要接入互联网,坐在家里就能从荧屏上显示的样品或商品目录中选购商品,订完货,还可以利用网上银行支付货款,不久后,所选购的商品就会送到家里。无论是利用哪种工具的直销方式,都很有可能在将来压倒其他零售形式而成为零售业的老大。

(2) 直销的发展为我国提供的借鉴　当然,直销也并非尽善尽美,从世界各国直销的发展情况看,仍有一些不足之处,这些不足也正是值得我们引以为戒之处,只有这样,才能引导直销在我国更好地发展。

① 任何一个企业,其生产产品一方面是为了盈利,另一方面也是为了满足广大人民的需求。因为只有满足人们需求的产品才有可能长久地受到人们的欢迎。但是,许多公司直销的产品实用性不强,不能满足大多数人的需求,像钻石、金表、臭氧发生机、电子净水器及各种健康食品等,消费者接受不了。这些东西虽然可以提高个人或家庭的生活品质,但并不是缺一不可,因此不能保持长久的发展。

② 对于直销这个行业来讲,产品价廉物美可以说是其最大的特征。因为直销省去了很多中间环节,节省了流通费用,可以把中间商的利润让给消费者。但事实上,许多直销公司采取高价位政策,使得产品销售受阻,失去了普通大众的支持。产品功能多、使用方便,的确很诱人,但使人望价兴叹,望而生畏。很显然,这也是不利于直销发展的。

③ 由于直销行业的起点低、投资少,使得绝大多数人都可以加入到这个行业中来,事实上,这也加大了公司管理的难度。有些直销员素质低下,唯利是图,为了达到目的不择手段,不顾对方的需求、喜好、地位和身份,穷追不舍,大肆吹嘘自己的产品,且不分场合喋喋不休;有的达到目的之后便换了一副嘴脸,不闻不问,令人心寒;还有的任意夸大自己产品的功能,迷惑顾客,使其上当受骗。这样,不仅让顾客对该直销员所代表的公司感到失望,也会对整个直销行业失去信心。所以,在今后的发展中,每个直销企业都要注意以上问题。企业要对商品质量严格把关,对直销人员进行系统培训,用相应的法律加强管理,这样,直销在未来的经济生活中将会有越来越大的魅力,吸引众多人的目光,带着众多人的祈盼蓬勃发展。

1.4 直销产品的特征

>>>> 1.4.1 直销产品同质性高

根据统计,2004年多层次直销市场600亿美元的销售额中,有将近50%的产品为保健品、化妆品,总计有195家公司销售这类产品,产品同质性相当高。

看到这个统计数字,你可能会以为卖这几类产品的直销公司一定市场饱和没前途。但是并非如此,因为全世界仅是化妆品市场,全年销售额就在200亿元以上,直销化妆品的成长空间还很大。

可是,产品太相近,竞争必然会激烈,这时,除了多方比较品质、价格以外,就要看制度规定了。以单层次直销为例,美国雅芳公司与玫琳凯公司,都是销售化妆品为主,雅芳则多了些服饰、皮件、饰品。这两家公司的直销员都是以美丽大师的姿态工作,可是两家公司在维持直销员资格的规定则宽严不一。比如玫琳凯公司规定,一加入就要购买3 500元的各项辅销道具及书面资料等,每月业绩要维持在10 000元以上,才能延续直销员资格。而雅芳大都采用的是自用型直销员(自己购买自己使用),但是玫琳凯美容顾问的能力较强,新加盟的直销员可以依自身需求进行选择。

>>>> 1.4.2 直销产品价格的合理性难以确定

直销公司的产品,通常以生活必需的日用消费品为主,因为容易消耗,有利于提高商品回转率,创造业绩。而直销公司通常都会刻意开发与市面上相近但是有较多功能或特性的产品,以免直接遭受消费者的比价压力,利于直销员开展零售。

不过,直销通路不像零售通路,有明显的店面招牌,固定在大街小巷随时等待消费者上门;此外,直销公司也不像一般制造商那样,大打产品广告、降价促销。但是,正因为直销公司为避免比价的压力,找市面少见或功能不同的产品经营,所以很容易让消费者在"对产品行情没概念"的情况下,对产品价格合理与否、功能效果如何等产生疑虑。因此许多人对直销产品的印象一直是"东西不知道好不好,但是价格很贵",这相对加深了人们对直销是"暴利行业"的看法。

按照直销的精神,将省下来的广告费、通路销售成本反馈给消费者来看,直销产品的定价应该要比市售同质商品便宜,但是在各家公司纷纷强调"产品特别"的情况下,也很难认定直销产品定价是否合理。

直销是长远的事业,产品品质与价格以及制度设计是否有利于发展庞大组织后获得回报,才是直销商选择直销公司的重点。

>>> 1.4.3　直销产品实行包退包换制度

根据消费者权益保护法,对所购产品,顾客享有15天犹豫期,15天之内可以自由退货还钱。所以直销员登门销售的产品,顾客都有退货的权利。

不仅产品可以退货,加入时所缴的入会费也可以退还。有的直销公司规定,直销员所缴的入会费,在一定期限内决定退出,则入会费可退还100%,如果超过一定期限,则是退还90%。有的直销公司则没有时限的规定。这也是直销者常自诩为"风险最低的创业途径"的原因。试想,假如你加入一家直销公司的入会费是1 000元,做了一年你觉得成功机会不大的话,还可以拿回900元,这和开店做生意动辄数十万元甚至上百万元,生意失败一毛钱都拿不回来相比,风险非常低,因此很多人都想尝试直销。

不过,值得注意的是,虽然直销公司支持直销员无条件接受顾客退货,但是每次退货都会在公司的直销员档案留下记录,如果退货频率过高,公司可能就会跟踪了解直销员的工作情形,寻找可能的解决方案,以降低直销员蓄意退货的几率。

1.5　直销与品牌建立

长期以来人们认为,与传统的大众传媒广告宣传相比,直销的目的不在于树立品牌形象,而只是快速达成销售。如Bob Stone在其经典著作《成功的直销方法》中写到,正是因为把"达成销售"作为目标,于是下列这些原则就变成了直销的金科玉律:要巨细无遗地介绍产品特性;要克服人们的拒绝;给对方提供一个立即行动的理由,比如截止日期就要到了或者限量供应等。

现在审视一下,直销是否仅仅是一种"一锤子买卖"的营销方式?直销是否具有建立品牌的长期"资产"的作用?如果有,又是怎样实现的?

>>> 1.5.1　品牌的本质涵义

尽管其定义千差万别,但是"品牌资产"一般而言用来描述一个品牌在财务意义上的"资产价值"。这种价值来源于品牌在顾客心中树立起来的良好声誉和忠诚,而这些声誉和忠诚则是高知名度、品牌的感知质量、品牌的形象与个性方面带来的联想,其分销体系以及其他难以模仿复制的资源所带来的。而总体的资产价值,通常则相应地取决于所考察的品牌与假设中具有同等"客观的"、功能上的价值的竞争品牌相比,是否有更强的能力来订立更高的价格,获取更高的利润。即便一个高资产的品牌的价格或市场份额低于它"应该"达到的水平,该品牌仍然会拥有比客观水平上更经常购买的顾客群,这样该品牌保留顾客的营销成本就低于竞争品牌(而其顾客的"生命周期价值"就要高于竞争品牌),因此这个品牌作为一项资产而言,其价值依然很高。这将再度给该品牌带来"超常"盈利水平。

这种强烈的偏好和忠诚之所以存在,并不是因为这个品牌客观地来说拥有功能上更加出色的产品或服务,而是因为消费者在感知上了解和察觉到该品牌的一些特点。这种客观事实与人们主观感知上的差距成为一个品牌的"本质"。品牌作为一个主观的、"想象意义的"概念存在于消费者的头脑中,它是诸多感知到的事实以及情感糅在一起的产物。除了在目标细分市场上必须具备"最低限度"的必需知名度水平外,一个强势品牌通常能够在目标顾客中引发很多积极而又一致的"想法与情感",通常称之为"联想"。这些"主观上的无形存在"的相对重要性,取决于产品类别以及个体特点。比如,其相对重要性在那些消费具有社会性的"招牌型"产品类别中就比较大,在那些具有高度相互影响力的细分市场中的重要性也比较大,如青少年群体中。

品牌的本质,就是品牌的名称、象征、包装颜色等在消费者头脑中所唤起的种种联想。这些联想可能有关产品的功能性特性和利益(它是干什么用的,怎么实现功能的);在总体上或者具体属性水平上的质量与可靠性;品牌自身所代表的使用者或者使用情境;制造该品牌的公司(该公司在质量、创新、对社区和环境的关注倾向等方面的声誉);该品牌发源自哪个国家(比如,如果该品牌来自意大利,那么人们就认定它是流行的、时尚的);或者多种其他种类的象征性的和文化意义上的内涵与价值观(比如,这是一个"时髦的"或者"有趣的"或者"代表高身份的"品牌)。这些联想也产生出一种"亲密"的感觉以及和品牌之间的"关系"或者"距离"。这样就给品牌资产高的品牌带来更高的忠诚度。

这些联想就其本质而言可以而且事实上也确实在消费者和细分市场之间存在差异。从这个意义上说,一个"品牌"就是由那些被其目标细分市场普遍认同并且强烈接受的联想所组成。显然,直销、广告以及其他营销人员发起的传播活动的作用,都是为了建立知名度从而传播高品质,在目标细分市场中创造或者改变所期望的品牌联想,最终建立品牌忠诚。

>>> 1.5.2　直销有利于品牌知名度的建立与提升

强势品牌在其目标消费者构成的细分市场中具有高知名度,这已经成为人们的共识。而这其中最强的品牌则是那些拥有高"非提示"知名度的品牌,就是说一提到该品牌所在的产品类别,该品牌就第一个浮现在人们的头脑中,而不需要提示该品牌的具体名称(比如,在隔夜送达速递行业中的联邦快递)。营销人员用来建立品牌知名度的工具称不上是什么秘密:花钱在大众传媒上做广告,通过公关活动树立公众影响,赞助多种多样的活动,通过口碑传播扩大影响,等等。

显然,直销传播也可以用来建立和维护品牌知名度。不过乍一看来,似乎大多数的直销工具(比如直寄邮件或者电话营销)并不是建立知名度最合适的营销传播手段,因为要接触每一个对象所花费的成本(如在美国寄1 000封邮件要花费700美元)要远远高于大众广告媒体(如在美国的有线电视网每千次展露机会只需花费20美元)。这种计算对于大宗营销的消费品而言(如食品和化妆品)显然是正确的,但是当目标细分市场狭窄并且难以通过大众传媒接触到(如追求某种特定时尚风格的消费者)的时候这种计算就值得怀疑了。在这种情况下,由于大众传媒造成的浪费,接触到每一个目标顾客的真实成本可能要高得多,而直销所具有的高针对性的能力则可以在一定程度上抵消原先的成本劣势。

更重要的是,建立高知名度通常并非是品牌建设工作中最重要的部分,树立一个在质量和价值方面的强大声誉才是最重要的,而这正是直销大放光彩的地方。

1) 通过直销树立质量声誉

建立一个强势品牌最重要的要素就是创造极高品质和价值的声誉。"质量"究竟意味着什么,显然因产品和服务的类别而异,而且常常更多地取决于制造完成后的种种因素(如配送的速度、信贷购买的容易程度、安装上的支持以及售后服务),而不是产品或者服务自身或者技术层面的因素。对于"质量"和"价值"的理解与解释显然在不同的消费者细分市场之间或者组织购买的不同决策者之间(如组织内的财务人员和技术人员)也存在差别。为了树立质量上的声誉,有关质量方面的种种说法一定要能清楚地被人们理解,并且让人们相信。在这些方面,直销都大有作为。

(1) 传播质量　很多直销媒介(如直寄邮件)具有超出大众传媒广告(如电视和印刷媒介上的广告)的优势,因为直销媒介能够就产品的特点和利益提供更大的空间以供详细说明,并找出种种支持这种品牌产品的理由,从而提升品牌的声誉。而且,由于"质量"和"价值"的含义可能在顾客与顾客之间相差甚远,那么具有高度针对性的直销传播就可以特别强调对于信息接收者而言最具价值的那些产品特性和利益,从而使顾客在传播中所感知到的价值和质量水平达到最大化。直销媒介在这方面的传播效果要大大好于针对性差的大众媒介。

(2) 获得可信度　自称具有高质量,这很容易,而要被人们相信,则是件难事。在这个问题上,直销媒介也比大众媒介具有优势,因为通过直销可以有时间来了解消费者的拒绝,针对消费者的拒绝做出应对,而且可以从满意的那些顾客的现身说法提供满意担保,而这些对于在一定程度上受到空间约束的大众媒介来说是力不能及的。

(3) 售后接触的频率　就高质量的声誉来自于售后高频率的接触这一点而言,直销使企业能够通过低成本的电话直销访谈来跟踪和提高顾客满意度,并且促使企业内部提高在技术和质量方面的领先水平。

2) 通过直销建立品牌联想

除了在质量方面拥有声誉之外,强势品牌还经常在目标消费者心中拥有独特的、特别的、高价值的以及与整个产品类别相关的品牌联想。很多美国人在想到皮夹克的时候就会想起哈雷·戴维森;想到百威啤酒,就会想起一个工作劳累的人在一天的长时间劳作之后的彻底放松。很多营销工具都被用于品牌联想的构建,尤其引人注目的是广告、包装和活动赞助。

如果想让直销传播品牌联想,那么直销传播在设计的时候就不能仅仅传达产品特点、利益、价值方面的内容,不能仅仅消除接收者的惯性而让他们立刻下订单,还应当策略性地使用那些具有顾客所需要的"文化内涵"的一些要素。这些要素可能包括代言人和品牌的个性、活动和赞助、原产地等。

比如,星巴克的产品目录不仅仅提供其出售的各种咖啡豆的详细情况,还花费大量篇幅突出介绍每一种咖啡豆产地的独特性,并且讨论星巴克的采购人员在选购咖啡豆方面的专业技能以及星巴克烘焙咖啡豆的特别方式。这样一来,消费者就不仅仅是下订单购买一磅咖啡,也开始相信来自星巴克的咖啡豆的确能够带来更好的口味和香味,而且认为星巴克是人们购买咖啡的一个独特的、具有专家水准的地方。

3) 通过直销建立忠诚

采用以数据库为支持的新直销模式,营销人员能够使用数据库来建立与当前顾客之间的经常、适时而又有针对性的联系,从而提高产品或者服务的销量或者开展交叉销售,提高购买的频率以及顾客由该直销商所满足的"需求份额",并且通过各种各样的积分方案来提供奖励,从而提高忠诚度。

在这里有必要提醒大家,事实上存在着两种忠诚:一种是由高"转换成本"造成的忠诚。比如,当选择乘坐某一个航空公司的航班只是因为这样做会增加在这家航空公司常客方案中所累积的里程,可以更快一些换到免费机票。这种"行为忠诚"是重要的并且有其价值,但是如果没有由衷地对这家航空公司的喜爱作为基础的话,这样的忠诚将是脆弱的。更重要的是创造第二种忠诚:一种真实的、态度上的、发自内心的忠诚感和关系。有了这种忠诚,即便你提供的产品和服务贵那么一点点或者不那么方便,但是顾客依然坚持选择你。但这种忠诚也更加难以建立。数据库营销和直销的神奇优势就在于,营销人员有能力向顾客提供更出色的、定制化和及时的服务,顾客因此会形成更深层次上的态度忠诚并且与直销商形成一种类似亲情的联系。但是形成这种忠诚需要理解顾客服务当中的"人性化因素",而不仅仅是使用上百万条记录的数据库,然后用复杂的软件去计算一番。所以,这种忠诚的得来也更昂贵,这显然限制了它在高利润和多重购买情况下的使用。

总之,从很多方面来说,直销在品牌建设方面的作用被人们低估了。在传播高品质和价值方面以及在树立顾客忠诚方面,直销媒体和方案可能会比其他营销传播工具效果更好。如果运用得当,直销传播在建立品牌差异化的联想方面也能够发挥宝贵的作用。尽管直销传播工具可能不如大众传媒效率那么高,但是直销传播依然可以构建所有强势品牌赖以立足的"知名度基础"。

【关键术语】

直销　直效营销　"老鼠会"　ADMA　WFDSA　单层次直销　多层次直销　非法传销　品牌

【案例】

【案例1】

"老鼠会"的来历及其在世界各国的猖獗

1)"老鼠会"是非法传销的代名词

美国的直销模式是从20世纪60年代开始发展起来的,到了1972年,直销形式的销售额已经高达40亿美元。巨大的利润使一些不法商人对直销形式进行深入分析、研究,设计出许多制度,其中最为著名的就是以诈骗消费者为根本目的的"金字塔销售"(Pyramid Sales Scheme),也就是现在所说的"老鼠会"。他们利用"金字塔销售"来蒙骗大众,牟取暴利。

业界公认最早的"老鼠会"为"假日魔法公司"。据美国联邦贸易委员会提供的资料显示,它成立于1964年,创始人是威廉·派屈克。在这个公司成立之后短短8年的时间里,其业绩就从第一年的52万美元迅速达到1972年的2.5亿美元。

"老鼠会"还有一项杰作,那就是与"假日魔法公司"同时成立的"佳线产品公司"。这个公司也是利用这种方法欺骗善良又渴望致富的大众,充分利用其三寸不烂之舌,进行极为诱惑性的鼓动和暗示。他们的宣传让人们感觉只要拿出一点资金,就可以在家坐等滚滚财源。而那些入会后的会员所要做的唯一事情,就是再鼓动其他人入会。这种经营模式,理论上每个人都能赚到钱,因为下线是无限的,但现实生活中总有终极用户,这些人就是金字塔的基座。能得到高额财富的,只有最高层的少数几人,但这些钱全都是下层会员的入会费,并不是靠销售产品得来,所以最底层的会员在投入一大笔金钱后永远也不可能有任何收入,他们所交纳的入会费也是肉包子打狗——有去无回。

由于"金字塔销售"打着丰厚的获利制度旗号进行宣传,它很快在世界各国崛起,敛取暴利,进而引发严重的社会问题,就连安利公司也几乎被人认为属于"老鼠会"之流。

1971年,美国联邦贸易委员会鉴于"老鼠会"在全美各地流窜发展,并带来许多社会问题,于是率先控告"假日魔法公司"违反联邦贸易委员会会法。同年,加州政府也检举了"佳线产品公司"的非法行为。

由于美国政府的打击,"老鼠会"无法在美国立足,于是开始跨国发展,在加拿大、欧洲、日本、中国台湾等地都出现了"老鼠会"的足迹。随着直销模式进入中国大陆,直销的变异品种"老鼠会"也在中国迅猛发展。

传销组织对其会员往往采取暴力和精神双重控制,使参加者很难脱离传销组织。不少人被"洗脑"后,深陷其中,不能自拔,对传销和变相传销理念深信不疑。有的参与人员被解救后,仍不听劝阻,再次参加传销活动,从受骗者变成骗人者,把同乡、亲戚、朋友、同学甚至家人也骗入传销组织,形成"滚雪球"式的恶性循环。

纵观世界各国的传销业,它们都有一个共性,那就是:抓住一些人急于发财、不劳而获、一夜暴富的心理,以许诺高额的回报为诱饵吸引其加入。而这些受骗者大都是经济弱势群体,为了挽回自己的损失,他们又不得不加入公司的骗人行列,欺骗其他人来收回自己的投资。

这种滚雪球式的发展,使得受骗的人越来越多,公司的头目与"上线"们赚的钱也越来越多。相反,成千上万的人却陷入了无尽无休的传销陷阱。为了骗人成功,每个进入"老鼠会"的人都要学会一套骗人的技巧。

"老鼠会"不仅严重扰乱社会正常的经济秩序,而且还严重危害到社会稳定,对商业诚信体系和社会伦理道德体系也造成了巨大破坏。

(1)扰乱市场经济秩序,侵害多个法律客体 "老鼠会"活动往往伴随着偷税漏税、制假售假、走私贩私、非法集资、非法买卖外汇等大量违法行为,不仅违反国家禁止传销和变相传销的规定,还违反了税收、消费者保护、市场秩序管理、金融、外汇管理等多个法律规定。

(2)给参与者及其家庭造成伤害 "老鼠会"给参与者造成经济损失的同时,给其家庭也造成巨大伤害。

(3)引发刑事犯罪,给社会稳定带来危害 "老鼠会"造成绝大多数参加者血本无归的惨况,一些人员流落异地,生活悲惨,甚至跳楼轻生,还有一部分人员参与偷盗、抢劫、械斗、强奸、卖淫、聚众闹事等违法行为，给人民生命财产安全和社会稳定造成严重危害。

（4）对社会道德、诚信体系造成巨大破坏 由于"老鼠会"人员发展对象多为亲属、朋友、同学、同乡、战友，其不择手段的欺诈方法，导致人们之间信任度严重下降，引发亲友反目，父子相向，甚至家破人亡。

2) "老鼠会"受到各国的围剿

1971年，"假日魔法公司"、"佳线产品公司"、"卡司可国际公司"、"格连特纳公司"、"佳洛马公司"等数十家所谓传销公司的违法行径，引起了美国联邦贸易委员会的注意。

经多方查证核实后，联邦贸易委员会对这些公司处以严厉的惩罚措施，并勒令他们立即停止不法活动。1975年，美国联邦贸易署取缔了这些非法的传销公司。

由于对直销与"老鼠会"没有严格的区分，美国联邦贸易署把当时包括安利在内的一些正规直销公司也推上了法庭，安利公司也被指控有非法经营的行为，他们指控安利公司共有五条"罪状"。

经过4年的调查和无数次的访谈、辩论，积累的相关文件已经多达上万份，安利的直销计划终于得到了联邦贸易委员会的认可。这也算是各国对传销的打击中出现的一个小小的插曲吧。

在美国政府的打击下，"老鼠会"在美国得到遏制。现在美国政府通过立法和大量的打击活动，使"老鼠会"在美国已经无法立足。据世界直销协会联盟主席、美国安利公司前总裁狄克·狄维士介绍，美国每个州都有相关的法律，此外还有联邦贸易委员会法案的第五款，被称为"欺诈交易行为处理法案"。联邦法律赋予政府打击商业行为中任何欺诈行为的权力。

狄维士坦承，"老鼠会"在美国依然存在。随着直销公司海外扩张的进行，"老鼠会"在全球到处横行，严重地危害了世界各国的经济和社会安定，所以"老鼠会"被不少国家视为公害，继美国之后，各国政府在认识到其危害后，纷纷对"老鼠会"的传销组织进行严厉打击。

当直销模式进入日本市场后，"老鼠会"亦变得非常猖獗。1972年，日本"天下第一家会"的"老鼠会"面目被揭穿，该会宣布解散，随后日本政府制定了《访问贩卖法》《无限连销防治法》对其进行规范。

1972年，韩国"天星三家会"被揭穿，受骗会员90万人；1980年，我国台湾台家公司被揭穿，受骗人员1万多人；1990年，"宏源投资公司"欺诈案将台湾"老鼠会"推到被告席，数十万人受害，980亿元台币血本无归。1992年，台湾立法规范直销经营活动，台湾直销协会也相继成立。

3) "老鼠会"在中国内地的猖獗

直销在20世纪80年代末90年代初传入中国大陆，兴起不久就被不法分子利用,成为了一种非法融资的诈骗活动,对我国社会和经济造成严重危害。

传销(老鼠会)作为一种经营方式,由于其具有组织上的封闭性、交易上的隐蔽性、传销人员的分散性等特点,加之目前我国市场发育程度低,管理手段比较落后,群众消费心理尚不成熟,使得不法分子利用传销进行欺诈、骗取钱财、走私产品、牟取暴利、偷逃税收,严重损害消费者的利益,干扰正常的经济秩序。

任何有良心的人都不可能喜欢传销,不只是中国人,其他国家的人也不喜欢它。西方国家的经济法规比较健全,不允许传销无限制地为所欲为,国外也不止一次地打击过它,所以西方国家的传销并不像在中国这样肆无忌惮。为此,国务院于1998年发布通知,禁止在我国从事传销经营活动。

1996年初,广东省工商局首次查处了东莞市某公司的"爽安康"摇摆器非法传销案,此案涉及全国28个省市,案值1.24亿元。

1997年初,云南省工商局查处德国"王牌88"网络层递式博彩活动,参加这一活动的人首先要支付50马克(人民币300元),这是我国有关部门查处的首例国内外勾结的非法传销案。

1998年国务院十号令下发,禁止任何形式的传销经营活动。

1998年至今,海南省工商部门共清查登记传销人员5万多人,打掉传销窝点1 000多个,抓获从事传销头目280人。

2001年上半年,全国各地工商行政管理机关共查处非法传销案件1 219起,端掉非法传销窝点1 183个,清理遣送参加人员11万多人。

2001年,朱镕基总理在视察国家工商行政管理总局工作时强调,要彻底揭露传销和变相传销活动坑人害人的诈骗实质,要从维护广大人民群众切身利益的角度出发,加大舆论宣传工作,彻底铲除其赖以生存的土壤。

2001年,国家打击传销办公室成立。

在我国,政府侧重于对下列传销行为进行严厉打击:

(1) 经营者通过发展人员和组织网络从事无店铺经营活动,参加者之间上线从下线的经营业绩中计提报酬的。

(2) 参加者通过交纳入门费或以认购商品(含服务,下同)等方式,取得加入、介绍或发展他人加入的资格,并以此获取回报的。

(3) 先参加者从发展的下线成员所交纳的费用中获取收益,且收益数额由其加入所谓先后顺序决定的。

(4) 组织者的收益主要来自参加者交纳的入门费或以认购商品等方式变相交纳费用的。

(5) 组织者利用后参加者所交付的部分费用支付先参加者的报酬维持运作的。

(6) 其他打着"双赢制"、"电脑排网"、"框架营销"等旗号,或假借"专卖"、"代理"、"网络营销"、"特许加盟"等名义,或采取会员卡、储蓄卡、彩票、职业培训等手段发展人员、组织网络从事传销和变相传销活动的。

【案例2】

界定直销与传销及变相传销的十项标准

安利(中国)公司在经营运作中总结出对直销与传销及变相传销严格界定的十项标准,请读者分析参考。

1) 是合法经营不是非法运作

1995年,安利经官方批准以直销方式在中国开业。1998年传销禁令发布后,安利又符合455号文的各项要求而率先获得官方批准,以"店铺销售加雇佣推销员"方式转型经营。开业至今,安利一直积极、主动地接受各级官方部门的监督和管理。安利不仅与那些专门从事传销欺诈的非法经营者有着天壤之别,而且与其他打擦边球的企业也有着本质的不同。

2) 是永续经营不是短期投机

作为一家拥有40多年历史的著名跨国企业,安利致力于在中国的长远发展和永续经营。安利在中国的总资产额超过1亿美元,在广州兴建占地9.1万 m^2 的现代化基地;累计投入2.4亿元人民币,在全国设立了百余家店铺;投巨资建设现代化的物流系统,设立全新的技术研究中心。而传销及变相传销组织一般没有投资或只有少量投资,在进行短期的市场投机捞到钱后或在遭受官方打击时,组织者便会卷款潜逃。

3) 是公开透明不是隐蔽蒙骗

安利在中国的营运公开透明,相关内容均报请官方批准。遍布全国的店铺,可为想了解安利的人士提供指引,并提供周到、细致的服务。此外,安利还突破口碑相传的传统,采取广告宣传、产品展示等大量传统企业的推广方法,让社会大众认识安利、接触安利。而传销及变相传销的经营方式和运作手段极具隐蔽性和欺骗性,往往通过各种"地下"方式进行运作,以规避官方监管和社会监督,从而实现快速敛财的目的。

4) 是销售产品不是拉人排网

安利是一家产销合一的企业,拥有稳定的消费群体,销售产品是公司收益的唯一来源。公司积极引导销售代表销售产品、服务顾客。同时,为配合中国官方现行政策环境,公司明文规定销售代表不得介绍他人加入成为销售代表,以避免产生令人误解的网络。传销及变相传销的出发点和经营方向是靠拉人头获利,参加者通过交纳高额入门费或认购一定数量的产品作为加入条件,公司的利润主要来自入门费,其实质是一种人为排线布网的金钱游戏。

5) 是明码标价不是层层加价

安利直销的所有产品的价格与自己到店铺购买的价格完全一致。公司守则制度明文规定，销售代表必须按照公司统一制定的价格向最终消费者推销产品，不得自行定价。传销及变相传销往往歪曲产品的市场价格，任意定价，并以远远偏离市场价格的高价推销产品，更有甚者将产品层层转手、层层加价。

6) 是劳动所得不是层层盘剥

安利提供的是一个多劳多得的创业机会，不存在一夜暴富的可能。安利销售代表的报酬完全基于个人销售额，在公司代扣代缴各项税款后统拨统发，报酬的多少与其加入的时间先后无关，根本不存在先参加者以后参加者的购货或销货金额回报为诱饵招揽人员加入，上线从下线的入门费或所谓的业绩中提取报酬并层层盘剥的现象。

7) 是规范管理不是无序流窜

安利与每位销售代表均签有劳务合同，所有销售代表直接接受公司的规范管理。每位销售代表均隶属于公司的某一店铺，接受所属店铺的管理指导，并只能在该店铺所属的行政区域内推销产品，服务顾客。公司严禁销售代表跨区流动经营。传销及变相传销为了达到敛财的目的，大多通过各种手段煽动或强制加入者聚集一地，组织传销人员进行大规模、跨地域的无序流窜，极易造成各种社会危害。

8) 是务实诚信不是夸大欺骗

安利要求销售代表树立务实诚信、勤劳致富的观念，消除不劳而获的思想。销售代表在销售过程中，严禁夸大产品的功效。公司全面主导所有培训，培训中不得涉及政治、宗教、信仰或有违背社会主义精神文明的内容。传销及变相传销的一个突出特点是经常召开秩序混乱、煽动性极强的聚会。会上，组织者或演讲者多以浮夸、蛊惑的言语大力鼓吹不切实际的梦想，诱惑新人参加。

9) 是完善保障不是欺诈敛财

安利销售代表可以自由地加入或退出，完全基于其个人的意愿，没有任何限制。与此同时，公司制定有完善的退货保障制度。安利的一般顾客在购货后7天内退回仍具有销售价值的产品，可获100%现金退款。安利的优惠顾客在购货后10天内退回具有销售价值的产品可获得100%现金退款或等值购货额。传销及变相传销大多没有或只有极为苛刻的退货条件，参加者所购产品往往极难退还，没有任何制度保障。

10) 是造福社会不是危害社会

进入中国以来，安利秉承"为您生活添色彩"的经营理念，以优质的产品和优良的服务为广大消费者送去了健康和美丽；本着"同享丰盛"的理想，为7万多名销售代表提供了就业机会；坚持诚信纳税的原则，累计向社会缴纳了22.6亿元税款；怀着"回馈社会、关爱民生"的热忱，累计向社会公益事业捐款4500万元。

这些都是以欺诈敛财、危害社会为主要特点的传销及变相传销不可能做到的。

从以上10个方面可以看出,安利与非法传销及变相传销是有根本区别的。它告诉人们,一个直销企业只要严格按照这10个标准去做就是依法直销、依法创业、依法创新、依法创富的。

【案例3】

直销与品牌
一个以女人为主流品牌形象塑造的直销企业——玫琳凯

40多年风雨兼程,你很难想象,一家以女性为主流,以"你希望别人怎么待你,你就怎么待人"为法则,奉行"你能做到"的如此"妇人之见"的公司,是如何在这个以男性为主导、以激烈无情的竞争为标杆的商业世界里生存、发展并获得非凡成功的。但是,玫琳凯做到了。

玫琳凯的创始人玫琳凯·艾施女士是美国玫琳凯化妆品公司的创办人兼董事长,也是当今美国企业界最成功的人士之一。玫琳凯早年在挑战男性世界时就曾有一些名言警句:"这个世界上存在着四种人:第一种人是促使事情发生;第二种人是看着事情发生;第三种人是不清楚所发生的事情;第四种人是完全不知道发生了什么事。"在玫琳凯很小的时候,她就一直想成为第一种人。她知道,一个人是否能获得成功,往往是由其个性决定的。她牢记母亲经常说的一句嘱托:"你能做到!"

1963年,玫琳凯从服务了25年的直销公司退休。为了适应退休生活,她决定将自己的经历写成书,当她看着写出的提纲时,一个梦想在她的心中逐渐形成:创建一个化妆品公司。

创业之初,玫琳凯用毕生的积蓄5 090美元,在她20岁的儿子理查及9位热心妇女的协助下,在美国达拉斯成立了一个有500 ft^2(1 ft^2=0.093 m^2)店面的公司。这是玫琳凯梦想的公司,提供给妇女不论在收入、事业发展及个人抱负等方面无限成长的机会,是帮助女人实现梦想的公司。她除了变传统的销售方式为面对面销售,直接为顾客提供最好的服务,帮助女人更有自信心以外,更希望公司所做的并不仅仅是制造和销售产品,而应该为广大妇女做更多的事情,公司要以"丰富女性人生"为己任,"创建全球女性共享的事业"。

在玫琳凯公司的经营管理实践中,始终致力于塑造以女性为主流的品牌形象。她努力为广大的妇女提供前所未有的经济独立、无限的个人发展和个人成就的机会,这些曾经都是她作为一名成功的职业女性生涯中从未获得的机会。玫琳凯在全球拥有一支超出100万人的美容顾问队伍,这些人基本上都是女性。

"我并不是对金钱感兴趣",玫琳凯·艾施说,"很多男人根本不相信女人能做什么,他们不相信女人有商业头脑,不改变这些,女人就永远得不到机会。""我的兴趣在于将玫琳凯公司办成一个其他地方所没有的专门向妇女提供事业机会的公司。"在忙于公司业务的同时,玫琳凯也在不停地写作。1981年,她的自传出版,至今在全世界已卖出了100多万册。1984年出版的《玫琳凯谈人的管理》和1995年出版的《你可以拥有一切》都是很热门的畅销书。她把自己的故事记下来,希望以自己的经历来鼓励其他妇女投入到开创人生业绩的行列中。

玫琳凯·艾施希望她能够作为一名帮助女性知道她们自身有多么伟大的人而被人们铭记。这一点,她确实做到了。如果要评论玫琳凯一生所作出的最重要的贡献,莫过于玫琳凯以她的企业激励了千千万万妇女纷纷成为小型企业经营者。在她自创的管理风格下,她以不断的鼓励及物质报酬来提升妇女的自尊和自信,有杂志惊叹:玫琳凯所解放的妇女比美国女权运动领袖格劳瑞娅·史能解放的还要多。

玫琳凯的品牌形象深深地刻在了人们的心中。当玫琳凯·艾施2001年11月22日与世长辞时,全球成千上万的玫琳凯公司成员和许多人士都对她的离去表示沉痛哀悼。美国的各大媒体给予她极高的评价:"玫琳凯·艾施是当今世界为数极少的对世界商业形态产生重要影响的企业家,也是一位伟大的商业女性,她不仅成功地建立了一个自己的商业王国,而且开创了妇女发展自己个人和事业的新天地,其成就堪与任何一位妇女解放运动领袖相媲美。"美国销售协会总裁汤姆·华特立说:"玫琳凯的离去使我们每一个人都深深地沉浸在失去精神基石的悲痛中。然而,令我们感到欣慰的是我们看到玫琳凯服务女性的事业正在全世界不断发展,通过向女性提供从未有过的个人和事业成长的机会,玫琳凯正在丰富数百万女性的人生。"

玫琳凯公司的以女性为主流的品牌形象,既体现在创始人——玫琳凯·艾施高尚的企业家形象,同时也体现在她用先进的企业理念所带出的良好形象的团队。在面对非法传销中,玫琳凯(中国)公司表现出很高的觉悟,向世人展现出良好的品牌形象。为了配合中国政府关于禁止传销、整顿直销的专项行动,维护共同的良好品牌形象和事业基础,玫琳凯要求自己的经销商和美容顾问必须加强自律,继续保持规范的经营,一如既往地提供优质的服务,合法地从事玫琳凯事业。玫琳凯提醒经销商和美容顾问特别要注意以下几点:

一是遵守国家法律法规;

二是发扬玫琳凯文化精神、维护公司形象,树立良好的个人形象;

三是尊重和支持公司各项政策、制度;

四是遵守营销人员行为规范和其他各项公司纪律;

五是信守与公司签订的营销人员协议;

六是严格按公司统一定价推广产品,不参与打折放货;

七是如实介绍产品情况,做好售前、售后服务;

八是友善乐施，与其他营销人员友好相处；

九是参加公司举办的各项活动，及时了解产品信息和公司政策；

十是自觉维护公司的权益和声誉。

1998年，玫琳凯公司成功转型，成为我国有关政府部门批准和认可的采用"店铺＋推销员"销售模式的专业化妆品公司，并依据政府部门批准的经营范围合法经营，包括在公司内部建立一整套严格管理的自律机制，公开接受消费者及社会各界的监督，定期检查国家有关法规和公司规章制度的执行情况并组织相关培训，以提高推销员的法律意识和观念，也确保公司的业务经营活动沿着法制的轨道运行。目前玫琳凯在中国17个城市设有美容中心，也就是所谓的"店铺"。

为了符合中国政府有关外资企业"必须在国内生产才能在国内销售"的规定，玫琳凯于1994年斥资2 000万美元在中国杭州建立了其在海外的第一个生产基地，全力进军中国市场。但由于中国加入WTO，使得有关外资企业"必须在国内生产才能在国内销售"这一硬性规定不复存在，与众多较早进入中国并建立了自己的生产基地的跨国公司一样，玫琳凯发现自己正在面临新的竞争环境。

2003年7月，美国玫琳凯公司通过其中国全资子公司——杭州玫琳凯有限公司投资约1亿元人民币，建设一座全新的化妆品生产、技术支持和物流配送中心。公司有关负责人表示，玫琳凯公司按照美国达拉斯总部全球生产中心的标准配置建设该中心，取代原玫琳凯杭州工厂成为玫琳凯公司开拓亚太市场的生产和技术支持中心，功能辐射整个亚太市场，成为玫琳凯公司在全球的第四个工厂。从整个亚太地区来看，中国市场是玫琳凯做得最好的市场，但仍有很长的路要走。相信几年以后，玫琳凯中国公司将会成为玫琳凯在美国以外最大的海外公司。

玫琳凯为了更好地塑造以女性为主流的直销品牌形象，始终注重贯彻"以顾客为中心，保护消费者合法权益"这一根本原则。品质谱写华章，芳菲润生和谐。面对消费环境实在不容乐观的众多事例，世界化妆品行业的传奇品牌玫琳凯认为，现阶段起码可以先从消费链条中最重要的一环——企业做起，从领袖型企业做起，从每个细节做起。星星之火可以燎原，当每一个企业都能尽职尽责，每一位消费者都能从此无忧，就能成就人们梦寐以求的"和谐社会"。

1）品质篇——让产品质量从热点话题中消失

自玫琳凯1995年进入中国市场以来，一直是质量先行的企业。1998年，玫琳凯的中国工厂通过了ISO9002质量管理和质量保证体系认证；2000年，鉴于玫琳凯在中国以卓越产品品质为根基取得的辉煌成就和作出的贡献，玫琳凯美国总部还特别赠送一尊蟠龙雕塑以示表彰。正因为如此，玫琳凯在中国尽管拥有9个产品线共200多款产品，每一款产品都取得了成功。

2）教育篇——让消费者睁大慧眼

当消费者购买玫琳凯产品时遇到任何问题，都可采取两个办法：一是咨询玫琳凯当地城市的办事处或分公司；二是拨打玫琳凯免费咨询热线。玫琳凯的员工、经销商和美容顾问都会提供及时、有效的服务与帮助。

3) 透明篇——让消费简单、透明

在玫琳凯那充溢着粉红色的网站上，消费者甚至能清晰地了解到玫琳凯的广告投放计划，这种透明不仅意味着企业的一种态度，更意味着玫琳凯与消费者、客户、市场、社会之间已经拥有充分的信任。在玫琳凯，一切都如此简单而透明。

4) 服务篇——让消费者全程无忧

玫琳凯式的客户服务内涵非常丰富，包含品质控管和客户服务多个方面。除此之外，玫琳凯还把重点放到了人员素质上。事实上，在所有工作当中，人应是最关键的因素。玫琳凯双管齐下，一方面从培训入手；另一方面从规则入手。早在1995年刚进入中国市场时，玫琳凯就要求授权经销商必须为消费者提供完善的售后服务，并公布了《玫琳凯满意保证》。另外，玫琳凯开通了免费咨询热线，2003年，又在公司职员中大力推行玫琳凯式的客户服务。

5) 关怀篇——让消费者有家的感觉

玫琳凯积极参与中国社会公益事业，参与的领域主要有三个方面：一是妇女的创业；二是助学；三是对消费教育机构的温情捐助。玫琳凯于2001年和中华全国妇女联合会合作设立"玫琳凯妇女创业基金"，这项基金已从当初的30万元滚动发展至数百万元。如今，受该基金的帮助，全国共有数千名贫困妇女自立创业，走上了小康的道路。而在助学方面，玫琳凯与北京大学、浙江大学等名校都合作设立了"玫琳凯奖学金"，为中国的教育事业添砖加瓦。

玫琳凯的品牌形象塑造，具有鲜明的特点：

一是从对象上看，以女性为主流，这在重男轻女的社会背景下，有着很强的现实针对性；

二是从组织上看，以企业家为重点，用企业家的形象影响和带动一般员工，玫琳凯的创始人——玫琳凯·艾施形象的塑造给人以极大的激励与导向；

三是从内容上看，以"打传立直"、顾客满意为重点，重塑了新形势下的玫琳凯形象，有很强的号召力、影响力。

玫琳凯塑造品牌形象的做法和经验，对于直销企业品牌形象的塑造很有指导意义。

直销与品牌建立是同步而行的。直销品牌的开发与创新，目的在于创造与积累强大的品牌实力，而塑造良好的品牌形象，将与品牌实力共同构成直销品牌的"基石"。同时，品牌实力与品牌形象必须密切联系在一起，仅有雄厚的实力，没有良好形象，无法创名牌；而仅有良好的形象，没有雄厚的实力，所谓"金玉其外，败絮其中"也无法创名牌。

当然，就品牌实力与品牌形象的关系而言，一般来说，品牌实力是基础，它决定和影响着品牌形象,而品牌形象又一定程度上表现为品牌实力。因此,对实施名牌战略的直销企业来说,也必须十分注意品牌形象的塑造。

所谓"品牌形象",是指某个品牌在市场、社会公众中所表现出的个性特征。它体现为社会公众及顾客对品牌的认知与评价。因而,它必然反映着品牌的信誉与知名度。品牌形象按表现形式分,可分为内在形象与外在形象。其中,内在形象主要是产品形象及文化形象,外在形象主要是品牌标识系统形象与品牌在市场、社会公众中的信誉。

品牌形象是赢得顾客忠诚的一个重要途径,品牌形象直接影响着企业对员工的凝聚力的大小,影响着企业良好的外部环境的优化,品牌力能够产生商品力、销售力、生产力。为此,直销企业必须努力塑造良好的品牌形象。特别是在直销与非法传销是非难辨、"打传立直"、直销企业之间竞争日益激烈的情况下,塑造直销企业品牌形象实在是当务之急。

——选自:陈乃兆主编.直销案例剖析.北京:中国经济出版社,2005

复习思考题

1. 何谓直销?直销与非法传销有何根本区别?
2. 直销如何分类?各类别之间有何不同?
3. 多层次直销与直效营销有何区别?
4. 直销具有哪些特征?
5. 直销这种新兴的营销方式,为何具有如此大的魅力?
6. 直销与品牌建立是何关系?

2 直销的发展历程和现状

任何事物的出现都有一个产生、发展直到成熟的过程,直销也不例外,它也经历了产生(或称起源)、演进(或称发展)到逐步成熟规范的历程。通过本章学习,重点了解直销产生发展的客观规律,弄清它产生的社会背景和客观条件,以科学的态度认识它、对待它,保证它的健康发展。

2.1 直销的起源与发展

>>> 2.1.1 直销的产生

广义的直销历史悠久,可以追溯到物物交换的年代,而且千百年来一直兴盛不衰。

本书所说的直销指现代直销,是指生产者直接向消费者销售产品的一种营销方式。据有关资料记载,现代直销最早产生于20世纪40年代末的美国。

第二次世界大战(简称二战)以后,美国的经济由于战争的刺激有了较大的发展,产品日益丰富,品种也日益齐全。同时,电视、广播等广告媒介发展日趋完善,使得传播信息的渠道越来越多,效率也越来越高。这些都为直销的产生提供了客观条件。

当时,经过二战的灾难,国民手中持有的货币并不多,收入分配的极端不平衡现象较为严重。这样一来,传统的商店经营遇到了挑战,传统的经营方式已经不适应当时的情况。在这以前,传统的工商业采取的巨奖销售十分普遍,他们利用中奖的诱惑来增加销售量,但是,由于奖励销售本身并不能使消费者省钱,而只是让他们有中奖的机会,时间一长消费者就不再感兴趣。这时,有些企业将以往的推销方式运用到改革零售商业上来,形成了一种新的零售商业形式。其特点在于企业不采取商店销售,而是以直销商销售为主,这就使直销的销售方式发展起来。

当时在美国属于直销的有定制产品营销、路边货摊、邮购销售和工厂自销等形式。这几种早期的直销形式与现代直销不同，他们的特点是广泛借助广告媒介，或等顾客上门求购，直销员们并不主动上门推销。而以直销员销售为主的现代直销方式则是以上门寻客为主。

据资料显示，在美国，第一家采用直销方式销售产品的公司是成立于20世纪40年代初的健尔力(California Vitamins)，其创办人是加州直销商的祖师——麦亭格及卡谢伯里。这家公司的直销人员除推销产品外，还负责建立销售组织。1945年，该公司改名为纽崔莱(Nutrilite Products)。该公司以销售维生素丸为主，酬金分配采用多层式制度，这便是美国直销企业的雏形。20世纪50年代，在美国较早采取这种方式的公司是专门销售一般生活用品的夏克丽公司。

20世纪50年代后期，纽崔莱公司的两位直销员吉·温安洛(Jay Van Andel)及理查·狄维士(Rich Devos)自立门户，成立了安利公司，销售他们制造的清洁剂和洗衣粉。1959年，安利公司在密执安州正式成立，总部设于温安洛家里的地下室。1972年安利收购了纽崔莱公司。至今，安利的营养补充食品仍以"纽崔莱"作为品牌。1960年以后，美国采取这种直销方式的公司如雨后春笋般发展起来。到1972年，采取直销形式的公司的销售额已达40亿美元。

到20世纪70年代后期，直销有下降的趋势，其中一个主要原因是，美国联邦贸易委员会在1975年控告了安利公司，称它为"采用非法经商手段的企业"，欲加以取缔。而在当时，也确实有不少企业，他们采取直销方式的目的在于赚一笔钱就散伙，所谓的金字塔销售公司或叫"老鼠会"给直销的信誉造成了极坏的影响。安利公司被控告，使得许多这类企业纷纷转型，现代直销的成长速度急速减缓。

自从安利公司受控告后，公司花费400多万美元，历时4年之久，经过一番磨难，终于在1979年获得胜诉，该公司所采用的直销的销售方式被认可为一种合法的销售模式。这一事件成为直销发展的里程碑。安利公司的胜诉显然在法律上支持了直销公司，使社会大众逐步转变对它的看法，也使许多其他企业对直销刮目相看。

>>>2.1.2　直销的演进过程

度过了20世纪70年代的黑暗期后，直销开始复兴。1979年6月，美国只有200家直销公司，到1983年时已增至2 000多家。当时人们已把自动售货、邮购和直销看做是21世纪最有发展前途的营销方式。

直销在美国的成功极大地鼓舞了美国的企业家。当今几家叱咤风云的美国直销大企业都是创立于20世纪80年代，如仙妮蕾德创立于1982年，并且，他们开始像美国的可口可乐、汉堡包一样向外输出直销。他们要把这种新兴的营销方式传播到世界上更多的国家。70年代末,美国的大直销商雅芳公司、安利公司、夏克丽公司等纷纷在日本登陆,向日本进军,这在日本企业界引起了不小的震动。美式的直销与日本东方式的管理相结合,成就了不少直销企业。

日本国土面积狭小、店面租金昂贵,同时人口众多、讲究人情世故。因此直销一进入日本,就开始了疯狂的分裂与发展。

日本人特别善于学习别人的发明创造并加以发扬,而直销又恰恰符合了日本当时流行的"无库存销售管理"理念。所以到了80年代末,日本即成为世界直销第一大国。据世界直销协会联盟统计,1993年世界直销销售总额为609亿美元,亚洲为330亿美元,占54%,其中日本直销额294亿美元,堪称世界第一。

和大多数国家的遭遇一样,在直销进入日本后,一批"老鼠会"企业也同时诞生了。日本的金字塔销售是在1965年,内村健一在熊本市成立了"天下一家会"。该会以"投资2 080元,吸收4名子会员,即可获得102.4万元"为口号。到1970年底该会会员已达43万人,并有多家分会,在全盛时期,该会会员高达180万人,所吸收的资金高达300亿日元。1972年开始,会员向官方控告该会,到1979年,日本正式立法对这种"老鼠会"行为加以打击,同年,"天下一家会"宣布解散。

为了规范行业的健康发展,日本制定了一系列的相关法规。1980年,日本成立了直销协会,到1992年该会已经拥有206家会员公司。直销协会是个半官方机构,协会的资金是通产省赞助的,主要理事和工作人员也大都是通产省委任的。近20年来,日本经济陷入发展泥潭,日本直销却以30%的平均速度高速增长。据日本直销协会统计:1980年日本的直销销售额为120亿美元,有100多万的从业人口;到1993年,日本的直销营业额为294亿美元;到21世纪初,日本的直销额已超过300亿美元,占到了世界直销年营业额的40%以上。

作为亚洲经济大国的日本,过去只注重资本和技术的输出,现在已有不少成功的直销公司,也开始把直销作为"经济输出"的新内容。一时间,在东南亚,在我国的台湾、香港地区都开始盛行直销。

新加坡对直销最早的认识,是来自食物储存盒"特百惠"(Tupperware)。早在上世纪70年代初,源自美国的特百惠,以家庭聚会(Home Party)的方式,由主持聚会的人邀约朋友上门,在家中示范及推销这种保鲜盒子。一直到今天,此种销售方式仍延续着,常见的直销产品以美容品、护肤品及保健品为主。

与其他地方相似,在直销进入新加坡的同时,金字塔销售模式也迅速跟进。在20世纪70年代,随着美国来的"假日魔法公司"等"老鼠会"公司的崩溃,一些新加坡人丧失了他们毕生的积蓄。人们对于挨家挨户访问的推销员非常反感,加上公众媒体在旁边推动,新加坡当局禁止了多层次直销。

为了重新培育、保护、规范直销的经营方式,新加坡商界于1976年10月8日成立了新加坡直销协会(DSAS)。当时DSAS成功地制定出一系列直销规范,强制性地督促公司执行。再后来,DSAS又引进了"7天无条件退货期"的规定。

虽然DSAS做了大量的工作,但直到近年新加坡政府才对多层次直销解禁。

2002年12月6日,如新企业集团新加坡分公司正式以多层次直销方式运行。随后,安利、立新世纪等跨国直销公司先后进驻新加坡,带动了当地直销行业的蓬勃发展。

成立于1997年的新加坡本土企业世界商务集团(WBG),原来以传统的方式经营保健食品,2001年1月WBG转型为直销企业,11月在韩国首都开设了第一家海外分公司。

新加坡解禁直销,其邻国马来西亚的示范作用功不可没。

自20世纪70年代安利等公司在马来西亚开展业务以来,直销在马来西亚得到了迅速发展。但与此同时,"金字塔销售"也开始大行其道,引起了社会经济的混乱,并造成了众多社会问题。当时的马来西亚正处于高速发展期,社会秩序和经济秩序急需规范,于是,直销的立法便提上了日程。

1993年,马来西亚在多年管理直销的基础上,制定了详细的直销法,在其国内通称为《1993年直销法令》。由于此法典是在直销混乱局势下催生的,使其更多地带有整顿直销的功能,因此其一大特点便是立法非常严。《1993年直销法令》付诸实施后,马来西亚国内的直销行业迅速规范起来,并取得了一定的发展。目前马来西亚的直销公司超过700家,年营业额超过了50亿美元。

随着亚洲各国纷纷放宽零售业的限制,外资引入越来越多,各种新的流通方式也随之逐步发展起来。其中作为一种现代化营销手段的直销,为亚洲各国和一些地区的商人所重视,直销行业已成为一种极具发展前途的新兴行业。

>>>2.1.3 直销兴起的动因分析

直销作为一种新兴的营销方式,其发展初期经历了大风大浪的考验,但毕竟整个直销行业还是蓬勃地发展起来了。究其原因,可以从以下几个方面进行分析:

(1) 由于市场竞争日趋激烈,国际保护主义抬头,导致外销萎缩,制造商为了寻求产品出路,只能转向内销市场发展,因此扩大销售渠道便成了增大商品营销的主要途径。制造商为了扩大销售渠道,尽可能多地占领国内市场,就要寻求一种更新、更为有效的销售方式。而直销作为一种极富生命力的营销方式,正好可以适应这种市场状况,因此也就成为了制造商占领国内市场的最有效的手段之一。

(2) 传统的经销制度经过数百年的沿用都未有新的突破,且其生产利润的微薄已不足以负荷层层中间商的盘剥,加之仅凭中间经销商已不足以完全掌握市场,因此制造商不得不改变传统的经销渠道,开展直接销售,以尽可能多地减少中间环节,尽可能地缩减费用。而直销最大限度地减少了流通环节,营销渠道最短,正符合制造商减少费用的心理,因此也就被广泛地应用。

(3) 城市集中化日益迅速,使得城市更加地窄人稠,获取店面更加困难,店租高涨,人工费用也不断上升,传统的店面销售方式在这种情况下面临着越来越大的考验,这也促使直销迅速发展。直销企业采用雇用直销员推销的方式,节省了大量租用办公室或店面的开支。这不仅适应企业的发展需要,也适应了社会的发展趋势。

(4) 在工商业发达的社会里,就业率较高,尤其是职业妇女的就业率不断升高,她们可支配的时间相对减少,无暇经常光顾商店购物,这也是促成直销发展的原因之一。直销这种送货上门的营销方式满足了她们的这种需求,也受到妇女们的欢迎。

(5) 流通领域的变革也对直销的发展造成很大影响。例如,美国零售业经过长时期的不景气,1984年以来,业界致力于企业体制的改善及追求合理化经营,包括积极更新商店的营运,淘汰不具经济效益的部门,参与新形态的经营投资以及价格策略的改变等,均取得显著的效果。这种转变有助于直销的销售方式迅速发展。直销这种营销方式改变了以往流通领域的复杂混乱的状况,它使得流通变得简单、明了,也使得企业得到更多的利益。

(6) 如今的消费者已逐渐不看重多余的服务,而较为重视商品的实用价值。直销提供给消费者的是更为实惠的价格和服务。直销的方式即是配合消费行为的改变而产生的,同时它无须负担商店的经费,并以最少薪金与服务费用来达到低价销售的目的。此种背景也有利于直销趋向繁荣,消费者通过直销得到的实惠多了,自然也就会认可这种新的营销方式。只有有了消费者的支持,直销才能继续发展下去。

(7) 技术的进步也使得直销作为一种营销方式而得到迅速发展壮大。首先,计算机的应用使得直销的效率更高。计算机能更快速、更精确地储存并处理大量的数据。如果没有计算机,那么直接邮寄的实用性将会大大降低。其次,电话的运用也对直销起了很大作用。电话网络效率的提高使得通信业务蓬勃发展。数字电话系统为市场营销者和消费者提供了灵活选择的方便,如录音电话可以留下姓名和地址,如需询问信息可与接线员通话;消费者可以按指示拨打电话号码告知他们的决定,直销员可以通过电话直接向顾客介绍商品,也可以通过电话与顾客联系,询问其使用效果等等。总之,电话拉近了直销员和顾客之间的距离。第三,计算机网络也对直销的发展起了很大作用,并且为直销提供了更广阔的发展空间。利用互联网进行直销已经显示出强大的生命力,顾客可以在互联网上直接购买到他们所需的产品。

2.2　直销在我国的发展历程及原因

>>>2.2.1　直销在我国的发展史

据资料记载,在中国,早在1929年王星记扇庄的第二代当家王子清就曾用一种类似直销的方式招揽生意:无论是什么人,只要给王星记介绍业务,均可得到成交额5%～10%的佣金,而那些介绍者无意中就成了早期的直销员。

1) 台湾是我国直销市场的缩影

从20世纪70年代至今,直销在台湾走过了30多年。根据台湾直销协会的统计:2002年,台湾直销人员为326.9万人,年营业额431.77亿元新台币。平均每100人中就有14人从事直销事业,20～69岁的人中更是每4.5人就有一人从事直销。

据台湾直销协会的分析,台湾直销的发展可分为4个阶段:导入期、成长期、暴涨期与成熟期。1980—1986年为直销导入期,1987—1991年进入成长期,1992—1995年为暴涨期,1996年至今为成熟期。

台湾多层次直销的发展,是由"金字塔销售"开始的。1975年6月,中华保康促进会成立,每一个会员投资6 500元新台币,介绍两名会员入伙,至第8代时即可回收32万元的暴利。由于暴利的吸引,该会成立不到3个月,即拥有会员近5 000人,吸收金额高达2 500万元新台币。

1978年1月,日本诈骗集团佳线公司(Best Line)宣告破产。由佳线公司出逃到台湾的川喜田昭雄和裁田顿明久于同年6月成立了台家公司,依靠猎人头获利。这就是台湾直销史上最著名的丑闻"台家事件",受害人1.1万余人,敛财超过4亿元新台币。台家事件后,台湾直销市场上一直笼罩着老鼠会的阴影。

1992年2月4日,台湾实施的《公平交易法》,将直销事业规范在内,使台湾的直销行业突破了"无法可依"的历史。因为法令的颁布实施,台湾直销进入了暴涨期。在1992—1995年的暴涨期中,台湾从事直销活动的人员年年攀升,登记的直销公司家数与年营业额也逐年增长。据台湾公平会每年年终公布的调查报告显示,1991—1995年,直销的经营情况只能用"一路涨红"来形容,1995年的总营业额甚至高达448亿元新台币。从1996年后,台湾直销进入成熟期,无论新旧公司都进入重新调整市场的盘整期。反映在数字上的便是1996年的总营业额降为408亿元新台币,但直销公司的家数,仍由210家增加为275家。随后几年台湾直销总营业额连年下降,到1999年时总营业额降至357亿元新台币,公司数只剩209家。

2）香港是直销进军内地市场的跳板

香港的直销起源于 20 世纪 70 年代。因为城市本身较小,居民素质较高,加上法制建设完善,香港的直销并没有太多的波折。

1974 年,美国安利公司进入香港市场,迅速成为香港直销行业的代表企业,对于香港直销的发展产生了巨大的影响。

1979 年,安利、雅芳、时代生活三家直销公司成立了香港直销协会,香港政府也制定了一系列相关法令来规范直销市场。

1986 年,美国永久生活产品公司(Forever Living Product)香港分公司隆重开业,迅速掀起了香港直销行业的第二次浪潮。

1987 年,美商仙妮蕾德在香港开拓业务,正值香港直销发展的黄金时期。从 80 年代末到 90 年代初,仙妮蕾德的业务气势如虹,一个月营业额数千万,顶级直销商月收入酬金上百万。而此时仙妮蕾德通过香港渗透中国内地市场也取得了不凡的业绩,为后来进军中国内地市场打下了良好的基础。

20 世纪 90 年代初,美商如新公司又在香港开业,吸引了大批的销售人员投身其中。

20 世纪 90 年代后期,香港经济一度发展缓慢,失业率增加,同时随着科技发展,市民生活节奏日益加快。香港的直销行业又迎来了一次发展的高潮。

2002 年,香港 AC Nielson 调查公司关于直销调查的结果显示:香港有超过 144 万的人有意从事直销行业创业,占人口总数的 35%,而恰恰此时香港的失业率高达 7.4%。

特别是在最近的两三年时间里,许多国际性直销公司如立新世纪、雷克瑟丝等因为看好中国内地直销市场,纷纷把香港作为进入中国内地市场的桥头堡,在香港进行战前演练。

2003 年 6 月 6 日,安利公司在进入香港将近 30 年的时候,于香港的商业中心地带铜锣湾开设了其全港第一家旗舰店,用于产品展示和物流配送。

3）直销在中国内地的发展

直销在许多国家和地区的发展都经历过混乱的局面。在中国内地也无法避免类似混乱情况的发生。

20 世纪 80 年代末期,日本一家磁性保健床垫公司"偷渡"进入中国改革的前沿阵地深圳,并开始按直销制度来销售床垫。虽然这家日本公司没有取得直销的经营许可,但是由于中国政府在改革开放的初期,对市场化的商品如何分销还处于探索阶段,这家日本公司又是第一家登陆中国内地的外国公司,所以相关管理部门并没有太多去干预,而是给予了这家公司更多的宽容。这家公司首先从深圳开始,然后进入广州发展,当时其发展速度之迅猛,连这家日本公司自己都深感震惊!不长的时间内很快就有很多的地下直销公司相继出现。

1990年11月14日,第一家正式以直销申请注册的公司——中美合资广州雅芳有限公司正式成立。这标志着直销以合法的身份正式踏入中国市场。随后,直销风起云涌、泥沙俱下,非法传销借此风行大江南北。其中最臭名昭著的当属福田公司,它以广东淡水为基地,诱惑内地人们进行非法传销,据报载,被骗到淡水做非法传销的内地民工竟有数十万之多!一夜之间爽安康摇摆机成了"老鼠会"的代名词,福田公司成为了中国国内最具破坏力和影响力的非法传销公司。

1993年,随着非法传销引起的纠纷被媒体从正反两方面不断曝光,政府管理部门开始关注传销行业。1994年8月11日,国家工商管理局发出233号《关于制止多层次传销活动违法行为的通告》,9月2日再次发出《关于查处多层次传销活动违法行为的通知》。由于这两个通知只是查处传销过程中的违法行为,并未完全得到贯彻,没有对遏止传销的混乱局面起到有力作用。

1995年,传销热潮开始从沿海向内陆地区转移,主要集中在郑州、沈阳、重庆等地,造成混乱。1995年3月28日,国家内贸部办公厅发文,宣布正式成立"多层次传销的管理条例"的立法机构,正式起草有关多层次传销的管理条例。这一年,据业内人士估计,中国的传销规模达到200万传销商和200家传销公司。1995年9月,国务院办公厅发出《关于停止发展多层次传销企业的通知》,对国内再次过热的传销进行规范。

1996年4月,中国官方首次批准了41家企业可以开展传销业务。由此,中国传销开始进入一个相对平静期。

1997年1月10日,国家工商总局颁布了中国传销业第一部法规——《传销管理办法》。但由于这个办法缺乏操作性,传销公司乘机疯狂发展。随着传销愈演愈烈,负面效应不断增大,新闻媒体大量报道,人们进入了迷惑阶段,再加上传销企业鱼龙混杂,传销已经到了失去方向的地步。

1998年4月21日,国家相关管理部门发布了《国务院关于禁止传销经营活动的通知》(国发[1998]10号)和《关于外商投资传销企业转变销售方式有关问题的通知》([1998]外经贸资发第455号),通知规定,不得以任何形式从事传销或变相传销活动,所有从事传销业务的公司全面停止经营,等候国家相关政策的出台。中国传销业开始进入一个低谷阶段。随后,国务院要求所有传销企业全部转型为传统批发、零售式企业,实现过渡性的转制工作。

1998年7月,国务院颁布了成功转型的10家规范直销企业的名录,从此,"传销"二字人们一般都不再使用,而改用"直销"。

1999年以后,非法传销公司及"老鼠会"转入地下,采用各种变形方式发展。

2000年,国务院又发布了《国务院办公厅转发工商局等部门关于严厉打击传销和变相传销等非法经营活动意见的通知》(国办发[2000]55号)。

2002年3月,国家工商行政管理局、外经贸部、国家经贸委(简称三部委)又联合发出《关于〈关于外商投资传销企业转变销售方式有关问题的通知〉执行中有关问题的规定》(工商公字[2002]第31号,以下简称"31号文")。"31号文"强调:"……转型企业不得将雇佣的推销人员以部门、团队、小组等名目组成网络……推销人员只能按其个人直接推销给最终消费者的产品金额计提报酬,不得以介绍加入等名目为由计提任何报酬……",并强调该"31号文"自2002年4月1日起执行。

2003年年底,随着中国加入WTO,承诺在3年内取消对提供商业服务的市场准入限制的日期临近。根据中国入世协议,中国政府承诺要在3年(2002—2004)之内为无店铺经营立法。

2005年8月,国务院总理温家宝签署的第443号国务院令所公布的《直销管理条例》及第444号国务院令所公布的《禁止传销条例》就是中国政府对承诺的具体行动。

>>> 2.2.2 直销在我国兴起的背景

直销在我国内地的产生和发展并非偶然,它是与我国社会生产力水平的空前提高相适应的。从它产生的背景以及内在优势看,可以将其兴起和发展的原因归为以下几个方面:

1) 直销是我国经济体制改革的必然产物

从我国的改革和国际经济的融合来看,直销在中国的产生是这种改革与经济融合趋势下的必然,它是中国经济与国际经济在营销方式上接轨的必由之路。20世纪70年代末,中国开始了史无前例的改革开放进程。这个过程是建设新的经济秩序,推动社会生产力发展的过程;这个过程是对世界文明成果的学习、引进和实践的过程,学习发达国家的先进知识、先进经验,引进先进技术、先进的管理方式、先进的经济运行模式,包括各种先进的产销模式,经过甄别和改造,不断运用到自己的经济建设之中。纵观整个改革过程,其实质都是要创造条件,使中国经济和世界经济相接轨并得到更快的发展。

直销作为一种新兴的营销方式,在全世界范围内已经迅速发展起来。自其诞生时起,它在各种市场实践中的表现就受到众多企业和市场推广人员的高度重视。在这些直销形式支持下,产生了一批又一批成功的企业,锻造了一个又一个国际品牌。这种营销方式伴随着中国的改革开放迅速扎下根来。在中国,这种营销方式还要经过中国的本土化检验、改革,才能被中国的企业界和市场营销人员所接受,并得到推广和运用。所以说,直销在中国的产生是改革开放的必然结果,是中国经济与国际经济接轨的必然产物。

2) 直销符合我国市场经济的发展要求

作为一种产品营销渠道和销售方式,直销符合我国发展市场经济的要求。直销发展与否是不以人们的意志为转移的,直销在我国发展市场经济规律的要求下,必然得到发展。我国的市场经济发展得还不很完善,但是已经基本上形成了主要以价值规律来决定的价格体系。要适应我国市场经济的发展要求,企业就必须采取适合的营销方式。直销正是在这种市场经济中产生和发展起来的。

3) 直销更适合于东方文化

直销这种销售方式起源于美国,但却在东方的日本和东南亚国家有了较大规模的发展,这说明了直销更适合于东方文化。因为,东方文化更讲究"人情",而这正是直销所必需的。直销正是利用"人情"、"人际关系"来销售更多的产品。在我国,人们更是注重"人情味",传统的那种纯粹的买卖关系让顾客感受不到人情味。顾客需要销售人员更多的关心,而不仅仅是赚他们的钱。在直销中,直销员为了更为持续稳定地销售产品,必然会对顾客提供更多的服务,让他们感受到人情味。

4) 直销符合大众心理和社会需求

每个人都有很多需求,例如创业需求、致富需求、寻找第二职业的需求以及追求自主的需求等。在我国,一方面,直销产品以其独特性迎合了某些收入较高者追求更高层次生活品位的需要;另一方面,近几年由于经济结构的调整,很多下岗工人要寻找新的工作,而直销公司正好可以解决这部分人员的就业问题。据统计,直销公司的直销商中,这类人员的比例达 $40\%\sim50\%$,而且这种安排不需国家花费一分钱。直销公司以其独特的文化吸引了很多直销员加入,也为我国解决就业问题找出了一条新的出路。

5) 直销为一些产品开拓了市场

为产品开拓市场是需要投入大量资本的。而在我国,许多企业开发的产品很有特色,却缺少资金,他们无力为产品打开市场,特别是无法承担巨额的广告费支出。直销方式既可以节省流通环节的费用,又能使消费额实现倍增式发展,而且无需大量的投资,所以特别适合为新产品打开市场。从目前通过直销销售新产品的企业情况看,效果不错。他们的产品价格比采取传统销售渠道的产品价格低,销量比传统销售渠道多,真正实现了生产、开发、销售一体化。直销能为企业带来这么大的好处,企业当然会采用这种新的营销方式。

6) 直销发展的世界性趋势吸引

如前所述,目前直销的发展已呈现出一种世界性的趋势,尤其在零售业高速发展的当今社会,其消费市场日趋成熟,直销在零售业中所占的比重也愈来愈大。人们消费意识和购物方式的转变,使直销越来越受欢迎,尤其能有效地解决社会就业压力,使直销更加适应国民经济的发展和社会的全面进步。

2.3 直销的发展前景[①]

>>>2.3.1 直销的发展趋势不可阻挡

如前所述,直销自二战后最早出现在美国,至今已有 50 多年历史。这期间,世界经济大潮的潮起潮落,使许多行业因经受不住风浪而"葬身"。直销则因其具有传播与销售合一,友情与经商并重的特性,一直保持着稳定的市场,并得以不断发展。

纵观世界市场经济的发展历程,可以得出这样一个结论:

直销作为一种先进的营销手段,是一个国家市场机制成熟的产物。通过直销方式进行商品流通,对销售商品的场所、设备没有太多的要求,流通成本比较低,主要通过人际关系进行商品交换,主要依靠推销员的推销,正是这些特点决定了其发展需要良好的社会经济、文化、法律的外部环境。而且这些特点也决定了发展直销能够降低社会商品流通的成本,改善和促进社会的就业状况。根据世界直销协会联盟 2002 年的统计,全美已经有 1 220 万人参与了直销,全球也有 4 368 万人参与了直销。资料显示,世界每 100 个人中就有一个直销人存在,如果扣除未成年、非就业人员,每 60 个人中就有一个直销人。

半个多世纪的发展和实践证明,直销这种以消费者为中心的面对面、一对一的销售方式在走过 20 世纪曲折的探索之路后,必将在 21 世纪借助信息时代经济发展的趋势,以一种更加人性化、科学化、网络化的形象进入未来分销(包括零售)的新经济时代。

中国加入 WTO,对内地来说,这标志着经济的发展不仅真正开始走上市场经济的轨道,而且也开始真正按照国际惯例来发展市场经济。分销渠道的变化可以说是加入 WTO 后中国经济领域最大的变化之一。可以预言,守法经营、规范管理的直销必将成为中国市场经济的一个有机组成部分。

>>>2.3.2 我国直销健康发展的保证

任何一个行业的发展前景,都必须与当时相应的社会环境联系起来,没有哪一个行业能够脱离现实社会而独立发展,直销也是如此。目前的中国正处在一个"转

---

① 邢淑清编著.直销本质揭秘.北京:中国经济出版社,2005

型"。转型期社会有双重特点,一方面是市场经济正在蓬勃兴起,产生了一批弱势群体,这些人形成了"急于求富"、"改变自己"的心态,这种心态比较容易被利用;另一方面是人际关系中还保留着大量的信任资源。前者,就会形成直销动力;后者,容易成为直销对象。两者结合,就可以形成无数的直销网络。对这些自发突起的网络,如不及时地加以规范与管理就必然会形成对正常市场运行的冲击力。为了正确地引导、规范直销的健康发展,就必须争取一些有力的保证措施。这些措施包括:

1) 法律法规的出台——真正做到有法可依

纵观全球直销的发展,在任何一个国家或地区都有相似的发展经历,经过导入期、混乱期、成长期,最后走上法制化从而规范发展。中国直销也是一样,每个阶段都要走过。相信我国直销在党和政府的领导下,会更快导入法制化阶段。

没有规矩不成方圆。2005年《直销管理条例》与《禁止传销条例》的公布、实施,为我国直销的发展指明了道路。

2) 建立健全有效的组织形式——进入有序管理状态

(1) 建立政府主导的领导机构,或确定主管部门具体负责,行使组织、管理、领导、检查、指导等职能,彻底扭转无政府状态。股票证券有"证监会",保险业有"保监会",针对直销行业有必要成立个"直监会"。

(2) 成立直销企业协会,进行行业的研究、探讨、教育、传播消息,进行内、外、上、下沟通,保护各方权益。

3) 树立典型——榜样的力量是无穷的

可把行业内的企业分为四种类型:一是遵纪守法,规范操作,以图长远发展;二是打擦边球,钻法律空子,侥幸取胜;三是打游击战,捞一把就跑;四是不顾法律法规,肆意疯狂敛财。当然要树第一种为榜样,一是带动其他企业效仿,二是引导从业人员选择公司。政府也可以在全面考察、综合评定后搞试点企业。

4) 狠抓教育,提高素质——规范行业的基础

国家不能没有教育,民族不能没有教育,一个行业、企业也不能没有教育。

我们强调要建设和完善符合中国国情的直销行业,其前提是要有符合中国国情的直销教育。符合中国国情的直销教育就是要符合中国优秀的传统文化,要符合党的方针政策,要贯彻"三个代表"重要思想,要弘扬民族精神。

直销这个行业,是一个非常独特的行业,但又是一个非常有前景的行业,而且又是一个确实对很多中小型规模的投资人有着强烈吸引力的行业。中国直销在经历了十几年风雨坎坷之后,已见光明。加入WTO、北京申奥成功、直销法的颁布,都为中国直销提供了千载难逢的发展机遇。

5) 必须探索符合中国国情的直销之路

直销来源于国外,但同其他一切经验一样,也不可盲目照搬照抄,依葫芦画瓢地去发展,而要究其本质,取其精华,实事求是地为我所用。

探索符合中国国情的直销之路主要是两个方面的问题：一是存在形式；二是业内教育。

就形式而言，自政府号召"转制"以来，大势渐渐已明确，重点如下：不违反国家对商品销售范围的控制管理，要有店铺，强调奖励公开合理，不夸大宣传产品功效，从业人员持证上岗……

就业内教育而言，主要是道德建设，包括政治品德、社会公德、职业道德。坚持四项基本原则，贯彻"三个代表"重要思想的主线决不能丢，同时爱国主义、民族精神也不能少，还应在提高素质方面下大气力。通过教育使之树立价值趋向。道德建设是立人之本，也是立业之本。

6）大力扶持民族企业、民族品牌

这是多年以来很多仁人志士谈得最多的话题，在直销也不例外。目前，真正称得上民族企业、民族品牌的又有多少呢？面对国门大开、外企涌入的局面，我们只能有两种选择：一是被征服、被吃掉，把这块阵地拱手相让；二是与其拼争，当然最好就是有能力、有实力变成其首领。在这场不闻枪声、不见硝烟的战争中，我们的民族企业应在这块阵地上力挫群雄，永远立于不败之地。

7）走"三网合一"战略

三网是指互联网（电子商务）、商业网（加盟店、连锁店）、人际关系网（服务）。

众所周知，电脑对加速直销的发展起到了至关重要的作用，而互联网更是信息化社会的重要标志。因为互联网为商家制造了更多的竞争，同时也为潜在客户提供了与商家接触的更多机会。21世纪是网络经济时代，直销公司、直销人若运用好互联网无疑比其他行业更具优势。互联网具有传播速度快、传播面积广的优点，但它难以解决配货与支付的矛盾，难以解决供货和服务问题。店铺具有可信性，可满足人们的传统购物习惯，但相对被动、影响面小、受地域限制。人际关系网具有快速传播、快速渗透、良好服务的特点，但个别情况下，它代表着庞大的训练有素的营销团队以及忠诚的顾客群体。"三网合一"既可发挥出他们各自的优势，又可同时弥补其缺陷。

直销企业的发展最容易构成"三网合一"模式，而"三网合一"也会对直销企业起到更大的推动作用。

8）强强组合

纵观世界知名企业，为了增加竞争能力，为了在残酷的商战中常胜不败，相互联手、强强组合者不乏其例。

当今中国，直销及其未来发展也应依此而行，一个巴掌打出去总不如一个拳头有力量。何况，站在国际市场的高度，我们的企业资本还不够雄厚，实力还嫌不足，运作经验也还欠缺，尤其在国际贸易运作方面更显稚嫩。在国内，虽各路"诸侯"能各领风骚，但真正在国际舞台上，就很少有胜似闲庭信步、潇洒自如的了。唯此必须走强强组合之路,打造航母舰队,迎大风、斗大浪、取大胜。

【关键术语】

"天下一家会" "假日魔法" "台家事件" "三网合一"战略

1994年《关于制止多层次传销活动违法行为的通告》

1994年《关于查处多层次传销活动违法行为的通知》

1995年《关于停止发展多层次传销企业的通知》

1997年《传销管理办法》

1998年《国务院关于禁止传销经营活动的通知》(国发[1998]10号)

1998年《关于外商投资传销企业转变销售方式有关问题的通知》([1998]外经贸资发第455号)

2002年《关于〈关于外商投资传销企业转变销售方式有关问题的通知〉执行中有关问题的规定》(工商公字[2002]第31号)

2005年《直销管理条例》(第443号国务院令)

2005年《禁止传销条例》(第444号国务院令)

【案例】

【案例1】

公安部通报:5年中查处的传销案件

公安部2006年5月9日召开新闻发布会,通报了2001年至2005年打击传销的战况:

全国公安机关共侦破传销犯罪案件	2 848起
涉案金额	42.1亿元
打掉传销团伙	3 800多个
抓获违法犯罪分子	20 500余人
教育劝返受骗群众	336 590余人

2005年5月公安部和国家工商行政管理总局开展了打击传销犯罪的"鲁剑"行动,战况如下:

全国公安机关共侦破传销犯罪案件	516起
涉案金额	10多亿元人民币
抓获传销的组织者和骨干分子	3 408人
扣押、冻结涉案资金	9 000余万元
打掉传销团伙	1 147个

(摘自《每日新报》2006年5月10日)

【案例2】

传销组织洗脑三部曲

1）煽情授课——初步"洗脑"

封闭环境中,通过授课、"成功者"经验介绍等,勾画"光辉前景",以短期即可达到的"高额回报率",点燃"新朋友"加入非法传销团伙的狂热欲望。

2）课后沟通——强化"洗脑"

在聚居的寝室营造"大家庭"氛围,由"培训员"继续"传授",反复灌输传销快速致富理念,将传销致富的梦幻进一步巩固、放大。

3）答疑解惑——完成"洗脑"

以答问形式消除成员残留的对传销不理解的想法,解决其付诸行动的各种障碍,消除欺骗人的内疚感。

（摘自《每日新报》2006年5月10日）

【案例3】

雅芳是在中国"依法生存"、"依法创新"的一个典型

雅芳于1990年以直销方式进入中国市场,被誉为"中国直销鼻祖"。同年与广州化妆品厂合资成立"中美合资·广州雅芳有限公司",即雅芳（中国）有限公司。作为一家"比女人更了解女人"的企业,在其开展业务的所有国家和地区中,中国的发展是最快的。虽然取得了令人瞩目的业绩,但是其发展也并非一帆风顺。

在1990—1997年,雅芳采用单层次直销方式,也是最早采用直销模式在中国经营的跨国性企业,其独具特色的直销培训,不但为公司提供了优秀的人才,同时还使公司整体素质与形象得以全面提升,也使得雅芳事业"蒸蒸日上"。到1997年,雅芳在中国的市场销售额达到了7亿元人民币。

1998年4月21日是中国直销史的一个转折点,这一天国务院颁布了《关于全面禁止传销经营活动的通知》,对传销（包括直销）活动全面禁止。这一天,雅芳正在广州召开亚太经理会议,当时的CEO查尔斯·佩林、高寿康刚好也在中国,当接到消息后所有人都"目瞪口呆"。雅芳高层连夜召开会议研究方案,决定立即歇业整顿。于是,经过雅芳公司一系列政策调整,1998年6月,雅芳成为中国政府宣布的10家符合转型条件的直销公司之一。

在中国市场零售模式全面推广——"只要认同雅芳的理念,有5万元左右的资本金,30 m² 左右的店铺,就可以加入雅芳"。在这种策略的指导下,雅芳快速完成了转型,在全国设立了1 000余家专柜、2 000余家专卖店。转型成功的背后是雅

芳损失了4个亿的营业额。

1998年5月,雅芳第一个专柜落户东莞。

1998年9月,雅芳公司获得政府批准,转型为店铺经营。

1999年3月,雅芳第一个专卖店在广州建立。

1999年11月,雅芳的新掌门人华裔女士钟彬娴接印,开始打造雅芳的"四维营销",雅芳(中国)正式进入由单层次直销方式向"店铺+雇佣推销员"模式的转变。

2000年4月,雅芳调动其全国的经营管理人员正式进军零售市场。已有118年直销史的雅芳在中国放弃了最具竞争力的直销,全面开拓批发零售的通路。雅芳(中国)几乎变成一个纯粹的批发零售商,大卖场、百货公司专柜的零售额占雅芳(中国)总营业额的25%左右,专卖店占75%左右。

至2004年10月,雅芳已经在中国开设了6 000多家产品专卖店,近2 000个商场专柜,100多个仓储式专柜,网上购物也已经开通运营。面对雅芳事业在中国蓬勃发展的势头,雅芳董事会主席兼首席行政长官钟彬娴说"没有人会认为我们能做到,这更激发了我们努力做好的信心,以证明他们的判断是错误的。"

可以说,1998年中国政府的禁令给了雅芳(中国)一次调整经营模式的机会,使雅芳获得时间,从而思考公司在中国未来的经营发展战略以及直销方式是否适合中国这块土壤的问题。实际上,1998年以后的雅芳,每年的营业额一直保持着40%的递增速度,不过,直到2001年才开始实现赢利。

雅芳进入中国后,曾投资2 795万美元与广州化妆品厂(1996年12月31日,中方股东由美晨股份有限公司吸收合并)合资成立"中美合资•广州雅芳有限公司",即雅芳(中国)有限公司,并在1998年,再次投资4 000万美元,在广州从化开设生产基地。这两次投资均是与美晨公司合作。

在合资的雅芳(中国)有限公司中,美国雅芳掌控75%的股份,美晨公司持20%的股份,个人股占5%。多年来,雅芳与美晨的合作一直非常融洽。1998年中国政府全面封杀直销和传销,雅芳实现转型后,美晨大力帮助雅芳在中国市场建立传统的销售渠道和网络,使雅芳分公司遍市全国74个大中城市。同时,美晨也从雅芳身上学到了国际企业运营和管理的知识和经验。

2004年3月9日,美国雅芳化妆品公司在一份全球年度公告中披露,公司以5 000万美元的价格收购旗下中国合资公司20%的股份。美晨宣称:"从中获得可观的回报,双方是一次愉快的分手。"美晨认为,"对雅芳(中国)合资公司有深厚感情,希望她能在广州继续做强、做大。这对于雅芳、美晨和广州经济都是一个三赢的局面。"

雅芳(中国)在中国的营销环境中为生存、要发展、更是为了不放弃这个巨大的中国市场,经历了主动与被动的多次转型。

1990—1998年实行的是单层次直销模式;1998年转为"四维营销"模式。所谓

"四维营销"是指：加盟专卖、美容专柜、网络直销和顾客俱乐部这四种模式。这些种模式的特点：一是保证了产品质量，通过这种新的直销模式，杜绝假冒伪劣产品进入消费领域；二是提供了很好的销售渠道，店铺的存在让消费者更加放心；三是可直接受益于各公司的市场推广；四是服务更加专业化，更方便消费者。

从1999至2003年的4年中，雅芳的销售业绩每年以30%的强势攀升。雅芳已成为中国女性中的第一护肤品牌，也是中国女性最钟爱的三个化妆品品牌之一。

2005年9月，中国直销立法的出台，对雅芳来说震动并不大，众所周知，雅芳现在做的是批发零售。1998年以后雅芳在中国开辟了适合中国国情的销售模式，并且尝到了甜头。2006年2月，雅芳公司获得中国首张直销营业执照。

雅芳在中国营销模式的变更转换，尽管给雅芳的发展带来了巨大的挑战，但同时它也获得了不菲的效益和提升品牌形象、创造新面孔的机会。雅芳的成功经验说明，无论国际直销巨头，还是本土新兴的直销企业，谁的市场营销活动也不可能超越或游离于法规之外，只能依法生存，依法创新。

（根据陈企盛主编《最成功的直销经验》等有关资料改写）

复习思考题

1. 直销是如何产生与发展的？其兴起的原因是什么？
2. 直销发展历程中为什么会出现诸多曲折与坎坷？
3. 直销在中国兴起的背景是什么？
4. 保证我国直销健康发展应采取的措施有哪些？

3 直销学的理论基础

理论产生于实践,而且理论一旦形成就要反过来指导实践,这是人人皆知的道理。现代直销已有了六七十年的发展历史,时至今日,直销已成为一种经济潮流,在世界商品营销领域内大有奔腾之势。中国的直销也正是在这样一个大背景下,迎来了一个大好的发展机会。如何构建具有中国特色的直销体系,已成为一个迫切需要研究的课题。其前提是必须有一定的理论做指导来科学地认识、分析、鉴别直销的各项实践活动。通过本章学习,读者可学会客观、科学地探析和解读直销所依存的相关理论知识,能运用直销学的相关理论来理解风起云涌的直销大潮。

3.1 直销的经济学分析

诺贝尔经济学奖得主萨缪尔森认为:"经济学既是科学,也是艺术。"这就意味着经济学包含着科学和艺术的两种成分。直销,作为现代商品流通的一种新的营销模式,它不是一种纯粹的由经验支持的操作体系,而是科学艺术的时代结晶,它的产生是有一系列理论作基础的。

>>>3.1.1 从"租佃理论"看直销

1)"租佃理论"的涵义

在经济学里,"租佃理论"主要研究在不同租佃制度下资源利用的效率问题。地主和佃农之间主要有三种合约形式:定额地租合约(规定每亩土地的现金或谷物地租)、分成合约和工资合约。

分成租佃制是一种土地租佃方式,在该制度的安排下,合约规定了每一时期佃农按其产出的多少缴纳一定比例的地租,一般说来,地主提供土地,佃农提供劳动力;其他投入可由当事人任何一方提供。

传统的租佃理论认为,分成租佃制是无效率的。这意味着,当地主与佃农对土地的产出是分成关系时,由于每一产出佃农都要与地主分成,而且当达到一定投入后,产出的增长低于投入的增长,同时还要给地主分成,因而,在达到一定的产出后,佃农不愿再投入,从而不能达到土地资源的最大产出。传统的经济研究者认为,分成租佃制与定额地租或自己耕作情况下的产出分配是不一样的,在后一种情况下,耕作者获得了所增加的全部产出。因此,由于佃农没有动机在所承租的土地上进行更多的投资或更努力地工作,分成租佃制被认为会导致较为粗放的耕作,因此,耕作效率较低。但是,近代经济学研究表明:无论是从理论上,还是从经验上来说,这种无效率的观点都是一种错觉。在私人产权的条件下,无论是地主自己耕种土地、雇用农民耕种土地,还是按一个固定的地租把土地出租给他人耕种,或地主与佃农分享实际的产出,这些方式所暗含的资源配置都是相同的。换句话说,只要合约安排本身是私人产权的不同表现形式,不同的合约安排并不意味着资源使用的不同效率。

究竟定额地租与分成地租之间有什么差别呢？差别就在于,在不考虑交易成本和风险的条件下,如何选择劳动力对土地的比例(或非土地投入对土地的比例)。在定额地租下,佃农自己决定非土地投入。但在分成租佃制下,地主与佃农共同决定非土地投入对土地投入的比例。由于对两种类型的合约来说,对决策的约束条件是相同的,因此,这也就意味着资源使用的效率是相同的。

可是,在交易成本和风险不为零的情况下,人们为什么会选择不同的合约？人们选择不同的合约安排,是为了在交易成本的约束条件下,从规避风险中获得最大收益。"规避风险"在这里定义为:在预期平均收入相同的情况下,人们宁愿选择较小的风险变化而不是较大的风险变化。

所有这些土地租佃制度都是在特定条件下风险分担和提供激励的两难冲突之间的最优折中,所以不存在一种制度在所有条件下都比所有其他制度坏的情况,也不存在一种制度在不同条件下都比所有其他制度好的情况。

2)"租佃理论"在直销中的运用

如果将企业和销售人员分别看作"租佃理论"中的"地主"和"佃农",他们之间的利益(收入)分配方式是否相似呢？

一般来说,企业和销售人员的利益分配关系也有三种方式:奖金、固定工资、固定工资与奖金结合。

当销售风险很高时,销售人员的努力程度很难监测,企业与销售人员会通过奖金体现收入,这时没有工资;当销售风险很小时,企业给销售人员固定工资,如果这时销售人员的努力比较容易监测,双方会形成雇佣关系,奖金演变为固定工资;当销售风险一般时,固定工资和奖金会同时采用。

哪种方式对企业和销售人员最有利,要看具体的销售情况和销售风险。

这个原理可以很容易解释在传统的企业中,销售人员的工资(不包括奖金)为什么低于技术人员和行政人员的工资。如在一个公司,行政人员工资 2 000 元/月,销售人员工资 1 200 元/月,800 元的差额是销售人员承担的销售风险,1 200 元是公司承担的风险,销售人员如果能够销售更多的产品,获取奖金,可以降低双方的风险。

对于多层次直销,由于销售效率低,销售成本高,销售风险也相对高。在这种情况下,企业给销售人员的报酬只有奖金,而没有工资,这就是多层次直销公司对于销售人员有奖金、有分红,就是没有工资的原因。

从上面的分析可以看出,多层次直销方式,在销售风险很高的情况下,是最有效率的一种销售方式。但是,在后面第 4 章的分析结论是,多层次直销是一种低效率的销售方式,这不是和"租佃理论"互相矛盾了吗?其实,这两个结论互相并不矛盾,第 4 章说多层次直销是一种低效率的销售方式,是针对销售人员的个人销售效率而言的,本章推断多层次直销有效率,是从整体的产出情况来说的。即前者是销售人员的个人销售效率,后者是多层次直销公司的整体销售效率,两者不是一个概念。

可能有人会问,销售人员的个人销售效率低,为什么没有导致直销公司整体的销售效率低呢?关于这个问题,如果把多层次直销作为经济学的研究模型来看,正是这种模型和租佃理论模型不同的地方。

在租佃理论模型里,地主要和佃农共同承担风险。因为,地主投入了土地,土地是有限的自然资源,同一块土地,是不可能同时租给两个或多个佃农使用的。如果年成好(没有自然风险),佃农种得好(没有经营风险),收成好,地主分得也多;如果年成不好,或佃农付出不够,收成少,地主分得也少。在这里,地主存在机会成本的风险。

而在多层次直销模型里,多层次直销公司与"地主"不同的是,多层次直销公司投入的是产品,可以供多个销售人员共同销售,甲卖不掉,乙还在卖,乙卖不掉,还有丙,虽然大家的效率都不高,但是每个销售人员多多少少还是可以卖出去一些。由于多层次直销公司不用负担卖不出产品而产生的成本和风险,却可以从卖出的产品中获取收益,如果销售人数足够多,虽然每个人销售的不多,但销售的总量还是很可观的。销售量上去了,直销公司由于不用承担风险和成本,整体销售效率就提高了。多层次直销公司正是利用这种"人海战术"规避了这种销售方式的高风险,但是,对于销售人员来说,这个高风险没有消失,只能自己承担。

>>> 3.1.2 信息经济学的应用

1)信息经济学原理

既然多层次直销人员的销售效率低,而多层次直销公司没有与销售人员分担这种风险,那么,为什么还有这么多人员参与直销呢?这个问题可以用信息经济学来进行分析。

在自由契约下,自发出现的多样化制度都是在不同条件下对各种复杂两难冲突的最优折中。分成地租制度曾被经济学家认为是不利于经济发展的制度,因为佃农没有得到他的努力所产生的全部边际收益,生产积极性会受到打击。

信息经济学证明,当测度农民努力程度的交易费用很高,且生产有不确定性时,会有风险分担和提高激励的两难冲突。

当低产量出现时,从分担风险出发,地主不应该对佃农有很大惩罚,但从提供激励考虑,产量不高时地主就应惩罚佃农。而当佃农的工作努力很难测度,生产中的风险很高时,分成地租就是这个两难冲突的最有效折中。因此在一个自由契约制度中自发产生的分成地租制度是一种有效率的土地制度。

可是,地主和佃农如何选择不同的租佃制度呢?

经济学是研究如何将稀缺资源进行有效配置的科学。资源在一定的控制内是有限的,这是人们从事经济活动所面临的基本前提。如果将人们的经济行为过程解释为在一定的局限条件下,运用什么样的资源,实现何种目标就存在着一个选择问题。理性的经济人参照收益与机会成本进行选择这毫无疑义,但是,选择的困难在于如何准确地预期收益与成本。所以说,对于经济决策最有价值的部分不是选择本身,而是预期。

人的行为体现了其选择,而选择取决于其预期。

预期一词的字面意义不难理解,经济学当中有理性预期的假定,即假定个人总是能够有效运用可获得的信息进行决策。但如果将预期本身拿出来研究的话,理性预期就显得相当片面,真实世界的情况显示,理性预期相当困难。

预期的有效性与主体的认知能力有着直接的联系。预期的意义在于对事物发展趋势的认识,这种认识愈贴近实际,那么预期越有效率。

人们在真实世界中做到理性预期相当困难,是什么原因呢?答案是信息的不完全性。人们在做出预期时总希望获得尽可能多的信息,但实际上能否获得用以支持高质量的决策所需要的信息则是另一回事,中间的差距在于获取信息的成本。如果所有的信息都是"免费"的话,那么人人都可以轻而易举地得到完全的信息,从而实现理性预期;而现实中恰恰由于获取信息成本的存在才令预期成为决策行为中的关键环节。

2)信息不对称及多层次直销中的信息隐瞒

参与市场的不同主体,对信息的了解是不相同的,这就存在信息不对称的问题,表现在以下几个方面:

(1)掌握信息离事实最接近的一方,往往在谈判时处于有利的位置,而掌握信息离事实较远的一方,在谈判时会处于劣势。

(2) 掌握信息传播渠道的市场行为主体能够有效地影响其他主体的预期,进而影响其选择,所用的手段便是向市场发出"信号"。

(3) 掌握信息较全面的一方,不会将完整信息都透露给谈判中的另一方,一般只会传递有利于自己的信息。

因此,掌握信息较多的一方存在隐瞒信息的道德风险。

对于多层次直销,直销公司对这种销售方式的信息有全面的了解,但不会将所有信息都传递给销售人员,在培训中,往往会传递以下信息:

(1) 事业机会 这种销售方式,对销售人员是一个事业机会,销售人员可以不需要资金投入,风险很小,一旦达到一定级别后,可以有丰厚的回报。

(2) 多劳多得 从事这种销售,也需要去努力,努力越多,收入也越多。

当然,这些信息的真实性是不容怀疑的,但这些信息不是全部的信息,前面也分析了,多层次直销是一种低效率、高风险的销售方式,和传统方式比较,即使多劳,也未必比传统方式多得。

正是由于信息不对称,通过熟人的介绍,使许多人加入了直销的行列,可是,这些人在加入以后,经过亲身体验,发现还不如其他行业,又退出这个行业。直销人员高达70%的流失率,也说明了不少人认为这个行业的机会和收入还不如传统的行业。

>>>3.1.3 "委托人—代理人模型"的运用

1) "委托人—代理人模型"的涵义

由于市场经济中信息不对称是普遍存在的,由此发展的信息经济学就是有关在非对称信息情况下,参与经济活动各方交易关系和契约安排的理论。

在信息经济学的发展中,一个很重要的研究内容是如何在非对称信息情况下解决最优激励的问题。在现实中很容易观察到的一个现象是,在雇主和雇员之间,由于雇主无法或者很难监测雇员是否努力工作,那么,采用什么样的激励方式(合同)可以使雇员努力工作,是雇主要认真研究解决的问题。当然,雇员接受这种方式(合同)的前提是,接受这个方式比不接受这个方式的效用高。

为了解决这个问题,经济学家詹姆斯·莫里斯提出了"委托人—代理人模型"。在信息经济学文献中,常常将拥有私人信息的参与人称为"代理人"(Agent),不拥有私人信息的参与人称为"委托人"(Principal)。据此,信息经济学的所有模型都可以在委托人—代理人的模型下分析。

在经济学上的"委托—代理"关系泛指任何一种涉及非对称信息的交易,交易中有信息优势的一方称为代理人,另一方称为委托人。简单地说,知情者(Informed Player)是代理人,不知情者(Uninformed Player)是委托人。当然,这样的定义背后隐含的假定是,知情者的私人信息(行动或知识)影响不知情者的利益,或者说,不知情者不得不为知情者承担风险。这一点也表明,非对称信息问题与"委托—代理"问题是等价的问题。

在"委托—代理"理论中,霍姆斯特姆等人对研究方法作了进一步发展,被称为"莫里斯-霍姆斯特姆模型方法"(Mirrlees-Holmstrom Approach),从这个方法中可以推导最优激励合同的基本条件。这个条件证明在信息不对称条件下,如果你能观察到当事人活动的结果,但不能观察到活动本身,那么,对当事人支付的报酬就必须以能观察的结果为基础,即必须对当事人激励。这就导出了"委托—代理"理论的一个基本问题,即激励(Incentive)与保险(Insurance)之间的矛盾。激励与保险是有矛盾的,如果一个人害怕风险,那么最优的风险分担是让他不承担风险而拿一份固定工资。但这时又会产生多劳和少劳一个样的问题,那么这个人就会偷懒。因而,为了让他有积极性努力工作,必须让他承担一定的风险。这就是"委托—代理"理论的一个基本结论。

还有另外一个问题,就是委托人希望效用最大化。但是,委托人的效用需要通过代理人来实现,因而,委托人面临着来自代理人的两个约束:第一个约束是参与约束,即代理人从接受合同中得到的期望效用不能小于不接受合同时能得到的最大期望效用。代理人"不接受合同时能得到的最大期望效用"由他面临的其他市场机会决定,可以称为保留效用,也可称为机会成本。参与约束又称个人理性约束(Individual Rationality Constraint)。第二个约束是代理人的激励相容约束(Incentive Compatibility Constraint),当委托人不能观测到代理人的行动和自然状态,在任何的激励合同下,代理人总是选择使自己的期望效用最大化的行为,因此,任何委托人希望的都只能通过代理人的效用最大化行为实现。另外,还有一个条件,委托人和代理人都是风险规避者或风险中性者,努力的边际负效用是递增的。委托人和代理人的利益冲突意味着委托人希望代理人多努力,而代理人希望少努力。因此,除非委托人能对代理人提供足够的激励,否则,代理人不会如委托人希望的那样努力工作。

这就是"莫里斯-霍姆斯特姆"最优合同条件(Mirrlees-Holmstrom Condition)。

具体分析这个最优条件,先来分析当委托人可以观察到代理人行动时的最优合同。此时,激励相容约束是多余的,因为委托人可以通过强制合同使代理人选择委托人所规定的行动,比如说,如果委托人希望代理人选择,他可以通过如下合同做到这一点:如果你选择了,我将支付你,否则我将不支付你。那么,只要风险足够小,代理人就会选择。因此,当委托人可以观察到代理人行动时,只须考虑个人理性约束。

这就是所谓的帕累托最优风险分担条件(Pareto Optimum Risk-Sharing Condition)。这意味着,当委托人可以监测代理人的行动,而且,风险很小时,代理人获取固定收入,委托人承担全部风险(拿剩余收入)。这个结论与前面通过"租佃理论"的分析结果相同。

当委托人无法观察到代理人的行动,非对称信息情况下体现了激励相容约束的作用。这个时候,代理人的行动只能通过产生的结果来判断,就是说,当委托人不能观察代理人的行动时,帕累托最优风险分担是不可能达到的;为了使代理人积极地努力工作,代理人必须承担一定的风险。这就是所谓的激励与保险的矛盾。特别地,代理人越努力,高产出出现的"概率"越大,因而,较高的产出是较高努力的一个信号。

"莫里斯-霍姆斯特姆模型方法"对最优激励合同的设计有着重要含义。对代理人实施监督是有意义的,因为监督可以提供更多的有关参与人行动选择的信息,从而可以减少代理人的风险成本。当然,此时,监督本身的成本必须考虑。如果监督成本过高,监督可能是没有意义的,即使它可以提供更多的信息。

2) 运用"委托人—代理人模型"剖析直销奖金制度

从上面的结论来分析多层次直销的奖金制度,可以看作激励合同。当销售人员掌握信息不全面时,这个激励合同使销售人员愿意参与其中。但是,经过实际的工作,销售人员选择离开,是激励相容约束起到了作用,即当代理人从选择中得到的期望效用大于不选择这种方式得到的期望效用时,才选择这种方式,反之不选择。经过实践,销售人员的收入不如其他行业的收入,所以,销售人员选择了离开。

另外,由于多层次直销人员的收入(行动)完全通过销售额(结果)来计算,意味着代理人承担了所有的风险。因为,多层次直销公司无法对销售人员的行动进行监督,对代理人没有产出的行动也就不需要支付报酬,不用承担风险。这与"对代理人实施监督是有意义的,可以减少代理人的风险"的结论是矛盾的,就要求多层次直销公司对销售人员进行监督,但是,由于发展的销售人员太多,多层次直销公司的监督成本太高而监督力度不够,因而多层次直销公司反馈的监督信息意义不太大,无法减少销售人员的风险。从这个分析也可以看出,为什么直销企业很混乱,就是无法有效监督。当多层次直销公司无法监督众多的销售人员时,这个问题就抛给了社会,形成了很多社会问题。

>>>>3.1.4 "利益均衡点"的解析

1) "利益均衡点"的涵义

在租佃理论中,地主投入土地,预期获得最多的地租;佃农投入人力及非土地投入,也追求收入的最大化,因而,双方经过一系列的谈判,会采用某种形式的地租方式。这个时候,双方的利益都达到约束条件下的利益最大化,即达到利益均衡点。

地主和佃农一系列的谈判过程的费用,可以看作交易成本,双方愿意采用何种方式,是由自己的预期来决定的。双方的预期来自于几个方面,包括:土地肥沃情况、佃农的技术、自然的风险、市场的风险等。显然,地主对土地的情况最了解,佃农对自己的能力最了解,双方都难以预期的是风险。因此,双方对风险的认识是双方采用哪种制度的关键因素。当双方对风险有共同的认识后,形成一种租佃形式,达到双方共同认可的利益均衡点。

这个观点,也可以从信息经济学中得到相同的结论。由于委托人的收益最大化要通过代理人来实现,代理人就对委托人有两个约束:参与约束和激励相容约束。委托人在设计激励合同时,必须考虑也让代理人的收益不低于从事其他行业的收入,否则,这个激励合同是没有作用的,即没有最优激励合同。

经过上面的分析,对于多层次直销,假设直销公司和直销人员对风险信息有相同的认识和预期,双方会达成利益均衡点吗? 如果能达成,这个利益均衡点是一种什么样的情况?

我们先来分析第一个问题,由于多层次直销与租佃制度不同,因为租佃制度中地主和佃农共同承担风险,地主的土地是有限的,当他决定给哪个佃农使用时,是有机会成本的。对于多层次直销,由于多层次直销公司可以通过"人海战术"规避风险,没有与销售人员共同承担风险,因而,多层次直销的利益均衡点与租佃制度有很大的不同。

当双方认为风险很高时,采用分成租佃,为了激励佃农,地主会给佃农很高的分成比例,直到佃农的收入不低于从事其他经济活动可能获得的收入。当然,地主为了化解由于佃农个人原因造成的风险,倾向于把土地分给多个佃农耕种,而不是只给一个佃农。但是,土地的面积是有限的,不可能无限地分给佃农。在一定的分成比例和佃农耕种面积的条件下,双方可以达到一种均衡状态。

由于多层次直销公司的产品相对(于土地)是无限的,可以分给相对无数的销售人员来进行销售,如果双方共同承担风险,直销公司将给销售人员更高的分成比例,随着人员的增多,产品成本和人员成本很高,当达到一定量时,直销公司将不会再发展销售人员,这时,双方达到利益的均衡点。但是,如果直销公司不承担风险,而销售人员承担全部风险,直销公司会无限制发展销售人员,直到直销公司无法生产出更多的产品为止,这个时候,双方无法达到利益均衡点。

2) 达到利益均衡点的前提条件

从上面的分析可以看出,直销公司和销售人员要达到利益均衡点的前提条件是双方共同承担销售风险。如果有任何一方不承担风险,就无法形成利益均衡点,双方就不会形成有制约的合约。

事实上,目前国际上发展的多层次直销公司,没有哪家公司会和销售人员分担风险,除非有政府干预(法律规定)。

因此,解决这个问题的两个办法就是:① 信息透明:这需要大众媒体来传播信息,当信息充分传播后,当事双方会根据信息去判断,对分成方式讨价还价,直到双方达到利益均衡点,这时候完全是市场来决定,没有政府干预。② 政府干预:政府直接通过法律规定,直销公司和销售人员都承担风险,对于没有完成的销售,直销公司也承担风险。具体通过何种方式来承担风险,可以规定双方是一种雇佣关系,既有分成还有固定工资。

3.2 直销模式的激励原理与奖金制度剖析

3.2.1 直销模式的激励原理

在任何一个行业、任何一个企业,绩效考核都是企业最核心的机密,同时,也是一个企业乃至一个行业最重要的资产。在直销行业也不例外,直销模式之所以在全世界受到数千万人的高度推崇,最根本的原因之一就是因为直销模式普遍推行了有效的激励制度。激励制度是直销运作的灵魂,而奖金制度则是直销激励制度的核心。一个直销企业的奖金制度,关系到直销公司是否合法,能否迅速成长,发展前景如何以及直销商能否热情地投入和稳定发展。所以奖金制度是动力,激励是源泉。

所谓"激励",是整个直销制度设计的核心。在整个直销的心路历程中,无论是物质激励还是精神激励,都是直销人员迈向成功标杆的最重要食粮。

激励作用是指个体愿意为直销组织付出努力的意愿,但这种意愿则受制于努力能否满足个体的某种需要。从心理学角度讲,激励就是激发人的动机的意思,当代激励理论,基本上是从阐述人的心理行为规律展开研究的。针对直销而言,主要有6种激励理论。

1) 激励制度设定的6个理论基础

(1) 需要层次理论 美国人本主义心理学家马斯洛在其1943年所著的《人的动机理论》一书中,把人的需要归为5个呈阶梯状的层次,如图3-1所示。

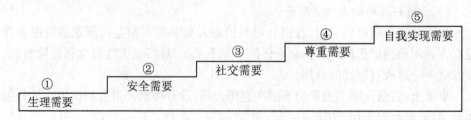

图3-1 需要的层次

生理需要也就是人赖以生存的基本需要，它包括衣、食、住、行、运动、休息等方面的需要。如果不能满足这些需要，人就无法生存。所以它是推动人们行动的强大动力。"如果一个人所有的需要都不能得到满足，这个人就会被生理需要所支配，而其他需要都要退到隐蔽的地位。对于一个处于极端饥饿状态的人来说，除了食物没有别的兴趣。在这种极端情况下，写诗的愿望，获得一辆汽车的愿望，对历史兴趣，对一双新鞋的需要，则统统被忘记或退到第二位，这个人做梦也会梦见食物，看见的只是食物，渴望的只是食物，充饥成为独一无二的目标……"。而较高层次的需要则属于个体内在的满足。

为什么直销制度会那么迷人？如果从激励的角度来看，国外大多数的直销制度几乎都合乎马斯洛的需要层次理论，有很多直销人员之所以加入直销行列，毋庸置疑的是想要实现其获得财务自由的梦想，这也可满足其最基本的"生理需要"。

关于高层次的需要，也同样可以在直销事业中获得满足。"爱的需要"，即社交需要，正是直销事业中最容易获得满足的。因为每一个人都想得到别人的接纳、友情、爱与关怀，也想归属于某个团体，而在直销制度的设计中，就隐含着此种人际关系在内。任何一个人若想在直销行业中出人头地，必须学会关心、爱护和激励自己的上下层直销商，因为"帮助别人成功，自己才能成功"。

每个人都想获得别人的尊重，而受尊重的最好来源在于自己努力而获得某项成就、名誉、地位、声望、赞美等。直销制度在此方面的设计显然比其他薪酬制度高明。当一个人加入直销行列，他会经过推荐、努力和绩效逐步建立自己的销售组织网，也会因为其业绩获得应有的报偿和尊重。

"自我实现的需要"，这是一种实现自己理想、梦想或发挥个人潜能，使自己有所成长的高层需要。从事直销事业的人员都有各种各样的梦想，梦想自己将来能够事业成功，生活幸福和美满，而直销制度的设计，正以此为诱因。

(2) 存在、关系、成长需要理论(ERG 理论) ERG 理论是马斯洛的需要层次理论的进化。该理论认为，人的需要可以分三个核心，即存在(E)、关系(R)、成长(G)。"存在需要"是指人们自下而上所需的物质条件；"关系需要"是指人们对于特殊人际关系的一种欲望，此种欲望的满足则需人际关系的互动；"成长需要"是指个人追求自我发展的欲望。

ERG 理论与马斯洛需要层次论的区别在于：① 各种需要可以同时具有激励作用；② 如果高层次的需要未能获得满足的话，则较低层次的需要期望获得满足的欲望就会加强。

很明显，ERG 理论更能解释为什么有那么多的社会人士想要加入直销行列。加入直销行列的人几乎遍及各行各业，且无论职位、收入高低，其真正原因在于直销制度能够满足这些人的不同需要。

(3) 增强理论 增强理论属于"行为塑造"的一部分，所谓"行为塑造"，是指采取有系统的增强方式,使员工的行为逐步接近理想的行为。一般而言,行为塑造的方法有4种:① 正面增强;② 负面增强;③ 惩罚;④ 减弱。就行为塑造的工具而言,前两项都会有很好的效果。不过,正面的增强显然比负面的增强来得有意义。因此,直销制度的设计应尽量避免使用惩罚或减弱的方法作为塑造员工或直销商行为的工具。

到目前为止,在有关探讨增强作用对于组织行为效应中,已经有3个重要结论:① 若要导致行为的改变,则某种增强作用是不可或缺的;② 在组织中某些形式报酬要比其他形式报酬有效;③ 产生学习效果的快慢以及学习效果能够延续多久,则决定于增强的时机。就直销制度而言,第三点显得特别重要。增强作用可以依时间上的过程划分为"连续性"与"间歇性"两种。所谓连续性增强,是指只要有良好的行为出现就给予增强。间歇性增强并不是每一次出现良好的行为时都给予增强,但是间断地给予增强却足够使良好的行为因受到鼓励而重复出现。除此之外,也可把增强分为"固定增强"与"变动增强"两种。

在直销制度的设计过程中,除了舍弃连续性的增强而采取间断性的增强以外,也摒除固定式的增强,而采用变动式的增强形式。因此,直销人员的报酬与其业绩有直接关系,而且可以获得较长的持续时效,这是直销制度优于其他薪酬制度的地方。

(4) 公平理论 公平理论也称为社会比较理论,是由巴纳德的观点扩充而成。巴纳德认为,员工需将他们得到的与付出的做比较。但公平理论则更进一步认为,员工衡量的不只是他们自己的情况,而且也衡量别人的情况。人之所以被激励,不但由于他们自己所得到的,而且还同他们看到别人或以为别人得到什么有关。他们会做一个社会比较,比较自己和别人的"付出"与"回报",当他认为不公平时,内心会升起一股惆怅感,促使他们讨回公平。

直销制度的设计无疑在公平理论上独占鳌头。公平理论认为,人们不仅关心自己的努力得到多少回报,也关心自己和他人之间的差距。直销制度的回报完全取决于直销人员的绩效,并假设个人的努力和绩效成直接的关系,它使直销人员不能从主观上认为自己的投入或努力显然比别人多,而要从客观结果(绩效)上衡量自己的努力。但努力因素毕竟包含心智上的努力和体能上的努力,所以直销制度的设计巧妙地去除此一部分,而直接在回报方面建立各种不同的奖金,对于体系内的直销人员而言,这是极为一致而公平的。

(5) 期望理论 期望理论是由佛罗姆提出的,是目前被大家广为接受的一种激励理论。期望理论认为:人们之所以努力工作或采取某种行为,是因为他这样做会得到某种成果,而这种成果对他而言是具有吸引力的。

期望理论中包含3种关联性:① 努力与绩效两者间的关联性:是指个体对于他所付出的努力是否可使绩效达到某一特定水准的相信程度;② 绩效与报偿两者

间的关联性：是指个体对于其绩效达到某特定水准时,能否获得期望中报酬的相信程度；③ 报酬能否满足个体目标的吸引力：是指个体对于工作中所获得的潜在成果或报酬的重视程度。

由此可见,期望理论的重点在于个体的目标、努力与绩效之间的关联性,绩效与报酬之间的关联性以及报酬能否满足个体的目标。

由于期望理论在解释个人的激励作用上相当有效,所以获得广泛的支持。在直销公司中,"绩效与报酬"绝对成直接的关系,任何人均无法更改,只要你能够确定自己的目标,想出达到目标的方法,努力奋斗,一旦目标实现,则"绩效与报酬"也自然产生。至于"努力与绩效"是否成直接的关联,则因人而异。有人对于其努力所产生的绩效相当满意,也有人可能会感到失望,这也难怪会有人说,每个人都可以从事直销,但究竟能坚持多久则存在疑问。因此,如何在尽可能大的范围内找到一个直销公司与直销商之间都满足的平衡点,才是直销制度设计时所要考虑的关键。

（6）整合型理论　在国外直销实践中,并不是单一地运用某种激励理论,而是整合性运用,将各种激励理论结合起来,发挥各自的效能,结成最佳组合,运用于直销中。其基本构架以期望理论为主,再把其他的激励理论串联在一起,如图3-2

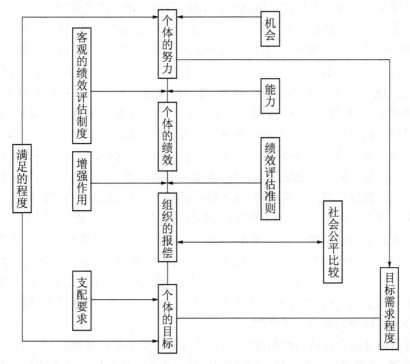

图3-2　整合型的激励理论模式

所示。首先,从最右上角的"机会"说起,就每一个体而言,随时存在着各种机会,这些机会包括所能提供的一些资源、设备等,不但可以促进个体的努力,也可能因为资源的不足而阻碍个体的努力。当然"个体的努力"会受"个体目标"的影响,而其间的联结箭头则形成一个网络,其代表的意义是个体会衡量其目标达成或满足程度,以此来影响或引导其行为。当然,个体努力程度也会受到其对于目标的需要或重视程度的影响。

个体付出努力后,还会受到"动力与绩效"、"绩效与报偿"以及"报偿与个体目标"之间的联结关系的影响。当然,这些联结关系也可能受到其他因素的影响,以"努力与绩效"的联结关系而言,客观的绩效评估则能够简单而客观地鉴定绩效,对于"绩效与报偿"之间联结关系亦然。当然,组织中设计的奖金制度如果能够让员工觉得公平,则会带来更进一步的"增强作用"。最后,则要看"回报"与"个体目标"满足之间的关系,若能满足个人目标中潜在的重要需求,那么激励作用就会很高。

整合型激励理论模式,对于直销制度的设计无疑是相当有用的参考。一个公平合理的奖金制度,必须建立在有效激励的基础之上才能达到激励目的,否则,"死线"将难以避免。

2) 奖金制度设定的基本思想

业绩提成是国外直销的奖金制度的本质,即按销售额提成的制度。

由于直销的本质是销售产品,即将产品销售给最终消费者,这是直销的本义。与其他的销售工作不同的是,直销是通过人与人组成的销售网,将产品销售出去,而不是传来传去的销售——一个产品从 A 到 B 再从 B 到 C 式的传递,这是老鼠会。直销是以人为本的事业,也就是说,首先要发展组织网。其报酬发放形式,虽然多种多样,但万变不离其宗,都是根据个人及整组业绩提成的。业绩大,则提成多,业绩小,则提成少,这是常识。其本质应该着眼于如何倍增销售组织,然后才是倍增业绩。所以,网络直销便应运而生,并很快在直销领域引起巨大震撼从而被直销界广为采用。但同时也应当注意到,在很多直销计划中,迅速倍增人数的目的达到了,但是,都没有解决组织延伸、收入倍增、公平、合理、永续及"死线"问题。

有一些奖金制度,从表面上来讲,它是很合情合理的——完全以每个人完成的销售额和发展的直销商人数为依据,随着等级的不同,直销商可以享受不同的奖励,等级越高,得到的奖金越高。问题不在于这些奖金制度设定的透明度、公平、合理、永续性等,关键在于制度在操作上有多大的透明度。奖金制度对人际网络延伸起着推动作用,它有合理与不合理及操作难易之分。当然,难易是相对的,关键是如何使网络延伸和奖金公平合理。

除了慎选适合直销的产品之外,就是慎重制定奖金分配比例制度。目前,就国外直销奖金制度而言,普遍存在的问题是,直销商无法控制网络左右均衡地往纵深拓展。奖金制度设定的指导思想应该是全方位考虑,尽量做到公平合理。

(1) 从公司角度考虑

① 坚持走直线：不要在直销的"高速公路"上设障碍，影响销路，影响赢利。

② 制度要简单易懂：不能让直销商因制度难以操作而放弃。因此，附加条件不要苛刻，否则公司的努力会徒劳无益。

(2) 从直销商角度考虑　直销商是直销公司的"上帝"，公司一定要保证他们的利益，信誉第一，承诺一定要兑现。他们若认为自己受到蒙蔽，就会跳槽到其他公司。公司花大力气培训他们等于为他人做"嫁衣"。

(3) 从双方理解角度考虑　为处理好公司和直销商之间的利益关系，奖金应该定在产品销售价格的40％左右。这个数字是国外直销界公认的。多了，公司亏损；少了，直销商不干。直销毕竟是生意，公司与直销商应该都赢利，才能合理合情，两厢情愿，皆大欢喜，永续经营。

3) 设立奖金制度的原则

为了避免传统企业中论资排辈、任人唯亲等现象发生，体现"多劳多得"的公平原则，充分发挥每个从业人员的潜能，海外直销企业的奖金制度通常会遵循如下原则：

(1) 充分体现多劳多得、一分耕耘一分收获的销售思想。

(2) 充分体现公平原则，保证下层可以超越上层，无先后顺序差别。

(3) 充分体现合理性原则，适当照顾上层利益，对组织发展和建立所付出的劳动给予一定的回报，即发放领导奖。

4) 奖金制度合理性标准

直销奖金制度有多种，有些合理，有些不合理，究竟什么样的奖金制度是合理的，这应由法律来判断。世界上许多国家在其直销法规中都规定了直销奖金制度是否合理的标准。

(1) 奖金支付方式能够决定一个组织的性质　直销最终是销售产品，直销商的利益来源于销售产品，这是直销的本质特征。推广—销售—服务—培训，从教育培训入手，提高直销商的推广销售能力，从而建立一个有良好人际关系网络的营销通路，然后将产品通过这个健全而稳固的营销通路销售出去，这才是健康的直销公司。否则，以倍增的快速效果，行金字塔销售式诈骗、"猎人头"、倾销假冒伪劣产品，都会对社会与经济造成重大伤害。为避免不法分子炒作直销制度，使最底层或新加入者受到伤害，或导致"庄家"操纵，对直销商形成不公平竞争，破坏市场机制，设计奖金制度时，应注重公平竞争并考虑公司能够长久生存，做到奖金在上层和下层之间分配合情合理，绝不能让"炒短线"者坐收渔利，同时，还必须保证在奖金分配上，下层因努力可以超过上线。

(2) 合理原则　仅有公平还不够，还必须合理。所谓合理，主要是指直销商、公司、消费者几个方面的所得都有理有据。企业应该将节省的流通费用用来奖励直销员,这个比例大致在30%～50%,而有些海外直销公司奖金比例低于30%,甚至低于20%,都很不合理。

(3) 简单明白,易懂易做　直销既然是人的事业,那么直销公司的分配制度应能让直销商和局外人很容易地了解其全貌,了解其分配格局,才能真正被社会大众及管理部门认同。有些直销公司制度过于复杂,以至直销员从事直销一二年后还搞不清自己应得多少,这样太缺乏透明度,更有甚者把奖励分配制度神秘化,更为不妥。

>>> 3.2.2　多层次直销奖金制度剖析

"奖金制度"(Commissions Plan)在直销事业的经营过程中扮演了相当重要的角色,也是社会大众对直销抱有争议的一个重要因素。因此,要想深刻了解直销的内涵,客观、全面认识各种直销奖金制度就显得尤为重要。

1) 奖金制度的含义

奖金制度即奖金发放方式。从"销"的角度来看,直销的奖金也就是"销售"产品的收入。每个加入者可以通过一定的手续取得销售权,并同时取得商品一定折扣的权利,然后再将这个商品销售给一般的消费者,取得一般传统销售方式中通称的"零售利润",而这个"销售奖金"随着销售业绩提升,即通过更多的销售行为产生更高的销售奖金。

在多层次直销的概念中,每个直销人员除了销售产品外,也可以通过推荐他人加入,共同经营事业,然后在协助伙伴销售产品和发展组织的过程中获得额外的奖金,作为"组织发展与管理"奖金。

奖金制度所代表的意义包括几个不同的层次:

(1) 奖金的分配　奖金制度本身就是奖金的分配,同样的奖金发放比例,往往因为制度设计的不同,而产生不同的分配模式。

举例来说,有的制度讲究销售,所以相对地将比较高的奖金百分比放在直接销售的部分,因此,其制度的精神就在于鼓励更多直销商将产品分销出去;有的制度设计的方向在于强调组织发展,因此,放了较少的奖金比例在销售的部分,而相对把奖金大部分放在组织发展与管理奖金上,那么这个制度的精髓就在于强调组织发展,而非单纯的零售。

(2) 操作与发展模式　每种制度设计的精神不同,奖金分配的方向也不相同,不同奖金制度之间设计精神的差异,各自体现出的经营行为便各不相同。着重"消费网"建立的奖金制度,将奖金的设计放在奖励发展"消费网"上,自然会引导直销商的经营行为趋向大量开发和建立消费网;反之,如果该制度的设计着重在组织网的建构上,直销商的行为自然被引导往该方向进行。

（3）制度必须与产品相对应、相结合　制度只是一种奖金的分配方式,其实只要符合公平、公正与合理的基本原则,并没有绝对的好坏之分,过度在乎制度而忽略其他因素,往往容易形成本末倒置。

此外,一个制度的设计和采用必须配合产品属性,如果奖金制度和产品属性互相矛盾,就算产品和制度分开来看各自都相当具有优势,合在一起则会产生相互抵消的情况。例如,着重消费网建立的矩阵制(Matrix),就比较适合价格较低但循环性较高的产品。

2）直销奖金制度的基本类型

每种制度都有其独特的精神和设计理念,没有绝对的优劣之分,制定一个适合产品属性的制度,再加上正确的经营心态,就是直销企业胜出的关键。

在多层次直销兴起的这几十年中,出现过不下百种的奖金制度,尽管几乎没有任何一种奖金制度是完全相同,但还是可以根据制度设计的精神与基本原理将奖金制度分成 5 个基本类型：阶梯制（Stalr step）、混合制（Hybrid）、阶层制（Unilevel）、矩阵制、双向制（Binary）。这 5 种基本类型,均是经过长期市场验证且有着极为成功案例的制度。当然,有些研究者对奖金制度的分类也许不尽相同,但作者认为这 5 种基本类型大致包含了不同的制度设计精神,或许有些公司宣称他们的制度看起来并不在这 5 种基本制度类型内,但大多是采取其中一种或两种的混合,其基本精神没有脱离这 5 种原型。

（1）阶梯制　阶梯制可以说是目前主流制度中时间最久、采用公司数最多的制度。阶梯制从开始应用到现在,已经超过半个世纪。

事实上,阶梯制最早是源自于单层次直销,所以早期的阶梯制有时看起来和单层次直销的奖金制度似乎没有太大的差异。

一般传统直销企业的奖金制度比较单纯,随着经营的时间、表现或是等级不同而有不同的奖金发放比例。例如新进人员的奖金为销售利润的 20%,经营了一段时间或业绩达到某种程度则可获得晋升,而奖金也相对提高到 25% 的水准,同样的道理,再增加到 30%、35%,一直到最高比例。

当然,传统的直销制度也有团队奖金的概念,只不过通常是以整组业绩计算,例如当直销商做到某个管理级别时,可以得到某个百分比的奖金,例如 3% 的"销售管理奖金"。

① 阶梯制的基本精神与概念：既然名为阶梯制,顾名思义就是有很多"阶梯"让经营者爬,作为鼓励经营者向上的动力。销售的绩效越好,阶梯也就爬得越高,相应的折扣或销售奖金也就越高。

阶梯制的奖金主要可以分为两类：第一类是奖励经营者销售产品的销售奖金,这部分奖金可能因为销售量的不同而有所差异；第二类是奖励组织辅导的领导奖金,多用代数奖金来计算,每一代便是一个小组而非个人业绩量,用来奖励组织领导者将组织发展壮大。

阶梯制重视的是直销的基本精神,以商品销售为业绩计算的标准。因此,它非常鼓励产品销售行为,同时,阶梯制的基本假设是组织由众多销售者所组成,故而,制度中首要的奖金是用来支付销售者销售产品的报酬,而且销售越多,所得到的报酬越高,因此,不同的业绩量对应不同的奖金。

当然,既然是多层次直销而非单层次直销,发展组织网也相当重要,为了奖励组织领导者(salesleader),必须有辅导奖金。在阶梯制中,销售奖金之外便是组织辅导奖金了。

既然阶梯制的基本假设为组织是由众多销售者所组成,销售者自然要有一定的销售业绩才会稳固,因此,阶梯制中通常有着不低的责任额,通常分成个人责任额和小组责任额,在阶梯制中必须不断地销售才能维持甚至创造高收入。

相对的,因为阶梯制的经营者通常有较高的小组责任额,也就有了更强的动力维持业绩,从而避免不劳而获的情况出现。

② 阶梯制的基本架构:阶梯制的基本架构分为两个部分,分别是脱离前与脱离后。

当经营者开始经营直销事业,他们一边销售产品一边推荐下级,当下级还未达到脱离(Breakaway)的标准时,他的业绩就会并入上级的小组计算,这时,奖金的计算以整组业绩的标准对应相对的百分比。

在阶梯制的奖金制度中,按照其原始设计的精神与原则,通常有几个特色:

a. 业绩在脱离前是以整组业绩计算。

b. 业绩以浮动方式计算,也就是随着每个月的小组业绩不同对应不同的奖金百分比。

举例来说,W 做到 10 万元的销售业绩,而 W 的两个下级 A 和 B 分别做到 5 万元的业绩,因此,W 的小组业绩总和为 20 万元,而 20 万元业绩的奖金标准是 20%,整个小组奖金为 4 万元。然而,A 和 B 各 5 万元的业绩对应的奖金百分比则是 10%,因此,他们俩得到的奖金分别为每个人 5 000 元。所以,W 的奖金则是 3 万元(整组的 4 万减掉 A 和 B 总和的 1 万元)。而下个月整组产生的业绩可能和这个月不同,因此,相对应的奖金百分比也不相同。简单来说,阶梯制的销售奖金分为两个部分:自己的销售奖金和与下级的差额奖金。可是,一旦当 A 和 B 达到一定业绩标准,如连续 3 个月他们的下级组织业绩超过 10 万元,或是累积超过 30 万元,则他们晋升为某个等级,这时,他们开始脱离 W 的小组,业绩不再并入 W 的小组计算,W 对 A、B 领取的奖金也不再是所谓的差额,而是代数奖金,或是超越奖金。

A、B 脱离后,则成为 W 在领代数奖金的第一代,而 A 或 B 的小组中在未来也有伙伴因为达到标准而脱离,则成为 W 的第二代。

阶梯制的原始设计重点放在鼓励产品销售,因此,大部分的奖金放在阶梯之间的折扣部分,有时高达40%~50%,然而,对于下级超越上级脱离后奖金则比较少,最早时还有下级和自己同级或超越之后就没有奖金了,后来随着观念的慢慢修正,阶梯制也开始将部分奖金转移到脱离后的"代数奖金",用来弥补以往阶梯制不重视组织发展的缺陷。因此,阶梯制现在的代数通常从三到七代都有,奖金百分比由上往下递减,如第一代5%、第二代4%、第三代3%,然后依次递减;也有每一代百分比相同的。近年来,甚至有些直销公司的代数奖金由上往下递增的,如1%、2%、3%、4%、5%等,希望以不同的诉求创造更大的吸引力。

在阶梯制中要获取更深的代数奖金,往往必须相对符合其他的条件,如有多少条的"实动宽线",而且正统阶梯制采取的是累积和归零的设计,因此,等级并非固定的,往往随着每个月产生的业绩和组织状况不同而领取不同深度的代数奖金。

阶梯制还有一些额外的福利来吸引伙伴,如全国分红、赠车奖励、购房基金、旅游奖励等,希望能刺激经营者以更大的动力追求更好的业绩表现。

在谈到阶梯制的奖金制度时,有另外一个非常类似的制度——Unigen必须提及,因为这个制度的设计理念和原则与阶梯制非常类似。只不过,当阶梯制在下级脱离前,上级的奖金是以整组计算,并获得未脱离下级的差额奖金,而在Unigen制度中,伙伴未脱离前一样领代数奖金,只不过代数没有脱离之后那么深,但是相对比例较高,如第一代6%、第二代7%……一旦当下级到达某个业绩程度或具备脱离资格,则开始和阶梯制一样领代数奖金。Unigen制度应用最成功的例子是如新(Nuskin)公司。

(2) 混合制　随着制度的演进,许多公司根据阶梯制的精神加以调整与改变,融合成新的观念和做法,便有了现在许多公司采用的"混合制"。

其实,很多人并不将混合制当成一个特别的制度种类来看,因为就奖金种类和基本精神而言,它实在和阶梯制有着太多的相同之处。然而,现在除了少数美国公司依然保留阶梯制的原始精神,绝大多数直销公司采用混合制,因此,本书依然把这个制度单独列为一个类型加以探讨。

① 混合制的基本精神与概念:混合制源自于阶梯制,因此它保留爬阶和代数奖金的概念,只不过,混合制的设计有以下几个基本的精神和原则:

a. 无限期整组累积:相对于美式阶梯制在爬阶的过程采取归零计算,混合制在爬阶的过程中往往采取累积的方式,也就是说,假如上个月W的小组业绩为20万元,达到20%的奖励标准,则从这个月开始W的业绩继续累计下去,并且适用于20%或是更高的奖金百分比。

b. 差额与代数奖金并存:在阶梯制的设计中,当下级伙伴尚未达到脱离标准时,上级所领取的奖金为差额奖金;当下级脱离之后,上级所领的则为代数奖金。然而,在混合制中,可能分为5个等级,奖金百分比分别为15%、20%、25%、30%、

35％,而伙伴整组业绩累积到第三级之后开始脱离,之后可以领差额奖金以及到达第三个等级的代数奖金。当自己到达第四和第五个等级之后,不但可领第三等级以上伙伴的代数奖金,且可以同时领取所有下级的差额奖金。

  c. 特别分红奖金:为了鼓励经营者往高阶冲刺,给予伙伴持续往上的动力,混合制通常设计了"高阶分红奖金",如总业绩的 2％给予某个等级的经营者作为分红。然而,在设计这类分红奖金的同时,通常也设定了比较高的挑战资格和分红资格。

  例如,要达到具备全国或全球分红 2％奖金的等级,必须具备数条某个等级的组织宽度,并且在某个期限内达到一定的业绩量,同时,在每个月(或一季、半年、一年)分红时也必须达到分红的业绩资格。

  ② 混合制的基本架构:混合制的奖金种类大约分为以下 4 种:

  a. 销售奖金:随着聘阶的不同,对应的奖金比例也不同,因此,所得到的销售奖金自然也就不同。如果相对应的奖金百分比为 25％,则每做到 10 万元业绩的销售奖金为 2.5 万元。

  b. 差额奖金:除了产品的销售之外,混合制为了鼓励伙伴做推荐的工作,也设计了差额奖金,也就是自己相对应的奖金百分比减掉下级相对应的百分比计算出的奖金,一般认为的无限代奖金指的便是差额奖金。

  c. 代数奖金:当伙伴到达某个等级或者是和自己同等级时,混合制和阶梯制一样领取代数奖金,通常以某个等级"划代",组织中未达这个等级的伙伴并入小组计算。

  d. 分红奖金:混合制和改良后的阶梯制一样设计了许多不同的特别奖金,尤其是高等级的分红奖金,通过分红制度鼓励伙伴往高等级迈进,也通过集中奖金的发放,创造高收入者,激发更多伙伴向高等级努力。

  (3) 阶层制与混合式阶层制 相对于混合制是"延伸"阶梯制而来的,阶层制则是"改变"阶梯制而产生的。

  就像前面所说,阶梯制基本上是假设组织是由许多销售者形成,销售者在爬阶过程必须不断零售产品并且推荐新的销售者,直到到达某个等级后脱离,开始领取代数奖金。

  在阶梯制的观点中,唯有销售者可以爬得上去,消费者根本不可能到达脱离的阶段开始领取代数奖金,就算在混合制中长久累积到领取代数奖金的聘阶,因为他只是消费者也没有下级可供领取。因此,阶层制设计了"消费与销售并重",甚至两者可以并存的制度。每一阶层只要很少的业绩,就是消费者也能通过某月消费从而达到设定金额,而不是像阶梯制有比较高的"小组责任额"。然而,如果每个消费者都是"一层",那么不管多少层,很快,经营者能够领取的奖金代数就会被拉到规定的代数之外,加上消费者的责任额都非常低,相对的意义就是"单位产值"也就很低,那么真正的经营者就很难赚得到钱,或者说只能赚到小钱。因此,绝大多数阶层制都是混合式的阶层制,很少纯阶层制的,要么是阶层制结合无限代奖金,要么就是阶层制结合快速激活奖金,再不然就是阶层制结合特别分红,甚至有些阶层制只是较低责任额的阶梯制。

混合式阶层制出现在 20 世纪 90 年代中期,首先应用的成功案例是 New Vision International,这家公司从 1995 年开始运作,短短 3 年间会员超过 100 万人;另一个著名的成功案例则是美商慕立达公司(Mofinda),3 年时间业绩从零开始成长到每个月超过 3 000 万美元的营业额。

① 阶层制的基本精神与概念

a. 摈弃阶梯,采取单一阶层的概念:在阶梯制或是混合制的概念中,伙伴创造的业绩越多,自然获得折扣越多,也就是奖金百分比越高。然而,阶层制却打破了这个观念,取消不同的奖金百分比,在阶层制中购买产品或是销售产品,不管是什么等级都是相同百分比,譬如从第二箱开始每箱都是 20%的折扣,无论是什么等级都相同。

这样的观念是鼓励经营者不要着重于零售,如果遇到认同的消费者一样鼓励他加入,放在自己的组织网中领取阶层奖金(类似阶梯制的代数奖金,可是通常依据个人业绩而非像阶梯制的小组业绩)。

b. 销售者与消费者并重:既然是单一层次,而责任额通常低得让消费者也能顺利达成,因此,无论消费者或是销售者都能加入销售网。在阶梯制中每一代伙伴都是销售者或是经营者,而阶层制不只重视销售,同时将消费者纳入组织网中,阶层制的精神就是通过每个人都消费(或销售)一点点商品,长久累积成消费网以产生大量业绩,再由大家来分配利润。

c. 通过更宽更深的销售网创造高收入:相对于阶梯制个人努力的销售与拓展,阶层制的高收入则是通过组织网规模的扩大,通过一个更宽、更深的组织网来创造,因此,在阶层制的设计精神中,大量分享、持续不断壮大销售网是经营的主要概念。

尽管阶层制不同于阶梯制的设计精神,然而,许多人却非常容易将这两种制度混淆,因为它们同时都有代数奖金。

在研究阶层制时不要被它的英文名称 Unilevel 搞混,以为既然叫做单一层次,是不是就没有所谓等级? 其实不是的,单一层次意思是指销售产品时都是一视同仁,一进来所得到的产品折扣就和高等级一样,都是一样的折扣,而不用爬阶获得高折扣。

和阶梯制一样,阶层制中随着等级越高所领的代数(阶层数)越深,只不过因为阶梯制是以小组计算而阶层制多以个人计算,因此,阶层制领的代数通常较阶梯制深。

此外，阶层制也很容易被误认为矩阵制，其不同点在于矩阵制有限制发展的下线数而阶层制没有。

② 阶层制的基本架构：尽管采用混合式阶层制的公司模式都不完全一样，其中往往还有极大的差异，大致上还是可以归纳出三个共同的特点：

a. 混合式阶层制通常比纯阶层制有更多的等级，并且在高等级创造较高的利润，但是相对达到高等级较为困难。

b. 除了阶层奖金之外，通常会设计特别的奖金种类给予高等级领导者，鼓励他们向更高等级层挑战，例如：无限代奖金，如到达某个等级，整个组织多领 3% 的奖金，直到组织中有下级达到同样标准，则以无限代奖金做切割，特别领袖分红，例如 A 等级以全球业绩 2%，B 等级以全球业绩 3% 作为符合资格的领导者分红，不合格紧缩制，让实际领取代数达到更深的销售网。

c. 设计其他的奖金给尚未达到领导等级的伙伴，如快速激活奖金。刚加入的伙伴，在尚未达到较好业绩时，在一定时间之内给予他们特别的奖金，让新人更容易赚到钱，激发他们的动力；同时，也让老伙伴有动力不断开出新线。给予销售业绩达到某个业绩量的伙伴一定的奖金或折扣。对特别杰出的伙伴，给予特别的奖金。当伙伴晋升新的等级时，让奖金比例有所提升。

（4）矩阵制　在 20 世纪 80 年代，一种全新的制度开始流行，就是所谓的矩阵制。这种制度设计的精神有别于以往的制度，着重在建立以下几个重点上：稳定忠实消费者；更高的收入来自更深的稳定组织网；稳定的收入来自固定重复消费的组织网；消费者互助，强者帮助弱者。

① 矩阵制的基本精神与概念：矩阵制的精神和其他制度不同的地方在于，它的运作焦点放在整个组织的结构上，而不像其他制度，着重在如何取得较高的奖金比例。因此，矩阵制强调的是一个完全消费导向的组织网。

为了充分发挥互助精神，矩阵制通常会限制第一代的组织网线数。例如"3×8"，意思就是限定每个人最多只能拥有 3 个第一代的下级，奖金可以领到第八代。同样的道理，如果制度是"5×7"，则是最多可以拥有 5 个第一代的下级，奖金发放到第七代。"3×8"和"5×7"也是最常见的两种矩阵模式。

矩阵制强调的互助精神，就是通过资源更为丰富的人将多余的消费者安排到资源较为紧缺的人的组织中，大家互相帮助，建构一个庞大且稳定的消费网，并通过重复消费产品，产生利润，再由大家共享。因此，可以看得出，矩阵制强调的是消费者的稳定、重复的消费，也就是强调"回头率"，进而产生庞大的利润。

矩阵制和一般制度最大的不同就是组织网概念的改变，在所有实施矩阵制的企业中，建立组织网的目的就是建立"消费群"。只要能建立一个完整且会不断使用产品的庞大消费网，每个月便会产生很大且稳定的业绩，于是就会有利润产生，这些利润再以制度的方式回馈给组织网内的消费者。

特别值得注意的是,在矩阵制中,零售已经不重要了,因为每个消费者都被假设应当要加入并且不断地重复消费。

② 矩阵制奖金架构:矩阵制的奖金大致上可以分为两类:

a. 消费者回馈奖金:因为在矩阵制中往往鼓励消费者加入,而非经营者不断地零售,因此,在其他制度中的零售利润或销售奖金,在讲究消费者同时也是经营者的矩阵制中,多半被称为"消费者回馈奖金",也就是成为会员后每次购买都可以得到一定的折扣。

b. 组织网代数奖金:这可以说是矩阵制中最大的奖金收入来源。因为矩阵制中没有所谓的爬阶,所以没有所谓的差额奖金,奖金都集中在代数奖金上。如果是一个 5×7 的架构,则可以领到第七代的奖金,而且通常每一代都是相同的百分比。

矩阵制不同于其他制度的特色,就是低额的个人责任额。因为矩阵制是以消费者作为建构组织网的基础,因此,通常没有"小组责任额",而用"个人责任额"取代,而且为了要让消费者同时能够维持消费,所以责任额往往很低。因此,要在矩阵制中赚取高收入,必须发展大量的消费者。

(5) 双向制　双向制是目前备受争议的一种奖励制度,持支持和反对意见的人士比例相当。在此,我们作为一种现象给出客观研究,让读者对这种备受争议的制度有更为全面的了解。这里提出双向制的案例,仅仅是为了更全面、客观地介绍不同类型的直销奖金制度,至于双向制到底是否符合直销的健康发展需要,则要看它本身在实际运作过程中能否真正为行业创新。

双向制曾经在直销界掀起一波前所未见的风潮。然而,因为部分直销企业人为干预,以制度为诉求,将产品虚化,严重违背双向制原始精神的做法,使双向制受到直销界的一致排斥并沉寂了相当一段时间,甚至部分人士认为双向制是违法的。

近年来双向制似乎又有逐步复活的趋势,许多新公司都采用了此种制度,因此,未来双向制的发展是否能真正回归设计初衷,值得观察与期待。

双向制是 20 世纪 90 年代之后产生的制度,它采用了全新的观念,因而产生了和其他制度截然不同的设计方向。既然叫做双向制,它的主要设计理念在于"用两条线来发展组织",尝试让制度变得更易懂和易做。

此外,为了让经营的难度降低,双向制排除了阶梯制常用的个人与小组责任额,并且采用了"无限代"的概念,以整个组织业绩作为计算奖金的标准。

目前采用双向制的公司,在美国比较知名的为 MarketAmerica 和 USANA。

① 双向制的基本精神与概念:双向制基本上是以"周"作为计算周期,经营者有两个第一代下级,当他们发展一定的组织规模并产生一定的业绩量,这个经营者便可以领取奖金,称之为一局;而一个月有四周,在经营顺利的情况下,一个月可以完成四局。

举个简单的例子,假如甲的两个下级各产生 30 万元的业绩,则甲便可以领到

10万元的奖金,但这并不代表甲的下级总计产生60万元的业绩,甲就可以同样领取10万元的奖金。如甲的一个下级产生40万元的业绩,而另一个下级产生20万元的业绩,虽然和两个各做30万元一样是60万元的业绩,可是甲却无法获得相同的10万元奖金。然而,当甲的两个下级一个做到30万元,而另外一个业绩超过30万元,则在甲领取10万元的奖金之后,两边的业绩都归零重新计算,这就是所谓的"局归零"。现在也有部分双向制公司让多出来的业绩继续累积,不过大多数双向制仍采取局归零的方式。

双向制有个极为特别的地方,就是每个经营者都可拥有一个以上经营权,甚至在达到一定业绩或是循环数之后,可以拥有新的经营权。

基本上来说,双向制奖金制度的设计概念来自于以下几个方面:

a. 完全消费网的建立:和矩阵制相同的部分在于,双向制基本设计的精神就是着重在消费网的建立以及大部分奖金通过组织网的形式来发放,而并非以较高的销售奖金鼓励经销商成为销售高手,它更希望以稳固的消费网来取代销售网。

b. 均富的概念:双向制和其他制度不同的地方在于,它原本的精神并不在于创造组织中少数的超高收入者,而希望能够创造更多"中高"收入者,尽管这一点在现实中很难实现。

c. 更稳定的收入来自于更深的稳定组织网:因此,以制度炒作为重点的公司通常寿命并不长久。

② 双向制的基本架构:双向制奖金架构的设计完全不同于以往的制度,并非以奖金比例作为基础,因此,许多以往曾有直销经验但初次接触双向制的人,在开始时都会因为双向制截然不同的设计而难以理解。

双向制最特别的地方就在于业绩计算方式,它包含以下两个特点:整组无限代累计,组织网永不脱离。因为双向制的根本精神是打破"阶梯",所以没有所谓脱离的问题。因此,双向制的业绩计算是整组往下累计而不管代数。

a. 业绩无限期累计:因为双向制奖金发放大多以完成循环为主,一个循环通称为一"局",因此,除了早期一些双向制公司实行"周归零"的设计,现今大多双向制的公司实行"局归零"的设计。故而,在完成一个可领取奖金循环之前,业绩可无限期累积,直至到达领取奖金的标准。

b. 循环式的特别设计:不同于一般制度,双向制采用"循环"作为奖金计算的设计。

c. 利润的分配与计算:不同于一般制度的奖金比例,许多初次研究双向制的人常会受困于不知到底发放多少奖金。双向通常分为"平衡双向"和"不平衡双向"。平衡双向是指左右两条线各做到一半业绩为完成循环的标准,如60万元的业绩为左边和右边各达成30万元为一个循环。然而,在实际运作过程中,很少会两条线的状况和业绩都相当,因此,达成的困难度极高,并且当小线达成业绩标准时,通常会造成大线比较多的业绩浪费,因此,"不平衡双向"应运而生,如一边 2/3、另一边为 1/3 业绩的"不平衡双向制"。

d. 责任额与再生制度:双向制和矩阵制相同的地方在于强调互助,因此,既然叫做双向,自然规定第一代只能开发两个下级,如果推荐到第三个朋友,必须和矩阵相同向下放置;但双向制在某些情况下,每一个人可以有好几个分身,或是叫做"再生制度"。

目前也有些实行双向制的公司开始采用修正后的双向制,允许直销商开第二条线之外的宽线,或是增加其他的奖金种类,包括推荐奖金或是零售奖金等,希望在保持双向制的优势同时减少双向制的一些先天性缺陷。

3.3 直销的最新理论支持

时至今日,直销形成了一种经济潮流,在世界商品营销领域内有奔腾之势。中国直销正是在这样一个背景下,面临大好发展机会。如何建立有中国特色的网络营销体系,已成为一个较为迫切的课题。在一定的理论高度探讨和认识中国直销的实质,这不仅有利于规范发展中国直销,同时亦对直销商们开展网络营销起到支持及指导作用,使之更加稳健地朝着理性的方向发展。

〉〉〉3.3.1 倍增学原理

"倍增"本是数学上的一个概念,把倍增的原理应用到市场营销领域就形成了一个分支——市场倍增学。市场倍增学研究的是,在产品销售过程中,运用几何级数理论来迅速扩大产品销路,把传统的各级批发、零售体制变成一个以人际关系为网络基础的营销体制。倍增学探讨的是人、事、物等因素在几何级数状态下是如何倍增的。在这里可以通过一个故事说明倍增的原理。

传说有一天阿基米德与国王下围棋,国王输了,国王问阿基米德要什么奖赏,阿基米德对国王说:"我只要在棋盘上第一格放 1 粒米,第二格放 2 粒,第三格放 4 粒,第四格放 16 粒……按这个比例放满整个棋盘就行了。"国王以为要不了多少粮食就一口答应了,可一个粮仓的米摆完还未摆满一半的棋格子,如果全部摆满,将是一个惊人的天文数字。

这个故事说明倍增的力量是巨大的。将倍增原理应用到市场销售上,就形成了所谓的市场倍增学,即怎样在市场销售中运用倍增原理,迅速扩大产品销量,使销量倍增。

多层次直销就是利用倍增原理,发展销售网络,打破了传统批发零售的销售体系,实现了销售倍增。

假设一个直销公司发展8个直销商,每个直销商再发展8个直销商,依此发展,到第八代时这个直销公司将拥有16 777 216个直销商,到第十代时,高达1 073 741 824人,即10亿多。由此,可想而知倍增原理的威力。可是,这些多层次直销人士忘了,总有人处在这个网络的低层,网络越大,处在低层的人也就越多。在低层的人是永远都存在的,高层人士的成功,永远都有低层人在支持,而这些低层人的"事业机会"在哪里呢?那就是继续发展更多的人成为自己的低层。

当有人跟你说,多层次直销是个机会时,实际上,这不是你的机会,而是他的机会,你将成为他的低层!如果你不愿做他的低层,要求作为他的上线发展的销售人员,即和他处在一个层级上,他再也不会向你推荐这个"事业机会"。

另外,这个"倍增原理"也与多层次直销的优点相矛盾。直销相对于传统批发零售方式的优点,即直销中间环节少,直接把产品销售给顾客,没有广告宣传费用,将实惠留给客户。那么,这个市场倍增的越大,中间的层数也越多,中间的层数多了,又怎么能说中间环节少呢?

其实,对于消费者来说,不会关心通过什么方式买到产品,关心的只是性价比,就是实惠。而多层次直销说是将中间环节节省的费用优惠给顾客,但经过多层倍增以后,中间商的层级反而更多。我们知道,人的成本是最高的,不然也不会有工业时代的机器大革命了,工业革命的本质就是用机器替代人,降低成本。多层次直销经过多层发展,中间人数剧增,这个成本是巨大的,而这个成本,最终还是要转嫁到顾客身上。这样,对于直销公司而言,市场是倍增了,销量也倍增了,同时,价格也上去了;对于低层的销售人员而言,他只是别人"倍增"的"米粒"而已,并且绝大部分销售人员将扮演这个角色;对于顾客而言,不仅没有享受到直销带来的实惠,反而可能会支付更高的费用。

>>>3.3.2 财商理论与管道理论

财商概念是最近几年才被人们认可和引进的。有一本书风靡一时,书名为《穷爸爸·富爸爸》。作者在书中描述:人在生涯规划中以取得财富的方式来划分可分为4种角色,如图3-3所示。

左上角E象限内为工薪族象限,出租自己的劳动力,被别人雇用来换取生活费用的人群,就叫工薪族。左下角S象限叫自由职业者象限,自己雇用自己进行个人创业的人就是自由职业者。右

图3-3 生涯规划中的4种角色

上角B象限称为生意拥有人象限,即拥有一个企业或拥有一个生意的人。右下角I象限称为投资者象限,通过货币运作方式让自己的财富保值增值的人,叫投资者。财商理论指出,在左边的E、S象限的人在现实生活中是缺乏安全感和稳定性的,干就有收入来源,不干就没有。而所有的人都应力求往右边的B、I两个象限发展。因为这两个象限有一个基本特点,那就是:不通过自己的体力和时间赚取收入,即自己直接干与不干都有收入,有财富上的自由,不会为了获得财富而花费时间。

那么,一个人怎么向财富自由方向发展呢? 多层次直销给了一个参考答案,即管道理论。

管道理论指出,人们的工作方式可与喝水方式相比较,喝水的方式有两种:一种是天天用桶挑水喝,去挑就有水喝;另一种是先铺管道,一旦管道建设好,就可以坐在家中喝水。

管道理论形象地说明了财富自由理论。挑水喝的人,是坐标左边的人群(即E、S象限人群);通过管道喝水的人,就是坐标右边的人群(即B、I象限人群)。

从事多层次直销的人认为,多层次直销方式就是建立管道的过程,建成管道后就可以一劳永逸。

可是,一个管道的建立,靠一个人就够了吗? 显然不是,需要更多的人共同来建造这个管道;管道建成后,人人都有权力从这个管道畅快地喝水吗? 显然也不是,人人都能喝到水的前提是管道接在一个有充足水源的源头上,否则,源头没有水,光有管道有什么用呢?

多层次直销的销售人员都去建立自己的网络,去推销梦想,而所有的收入,都是建立在销售产品上,这才是获取收入的来源。可想而知,销售人员都愿意去建立自己的团队,建立自己的"管道",渴望一劳永逸,那么,谁去发掘"水源"呢?

多层次直销公司正是用这种理论保护高层人士的高额奖金,来维持庞大的网络,而忽视了作为低层的大部分销售人员的利益。

从上面的分析可以看出,多层次直销的事业机会,关键在于它的奖金制度。当一个人加入直销的时候,不可能并且也不期望通过销售产品有很高的收入;一个人获取很高收入的来源,显然不是这个人能销售多少产品,而是能发展多大的团队,从而实现梦想。

经济学家张五常有一个论断:一种制度决定了人们的价值取向和行动。从这个论断可以看出,多层次直销的奖金制度决定了人们获取高收入的行动是发展下线,而不仅仅是自己去销售产品!

>>> 3.3.3 人际学原理

人际学是专门研究人际关系的一门学科,它认为,人是生活在关系之中的,联结关系的纽带叫人际链。人际链是以每一个个体为中心向周围呈放射状倍增发散的。人际关系研究者认为,人际关系有4个层次,其中第一层叫知音层,这是无话不谈的知心朋友;第二层叫挚友层,是时有接触,可以信赖的朋友;第三层是朋友层,彼此有所了解,有一定的交情;第四层是熟人层,是由于工作关系、相邻关系和新交关系中认识的人,谈不上是好朋友,但见面却打招呼,无事不往来,有事也可以相托。这四个层次通过人际链联结,也借助人际链来传达信息和提供帮助。

在人际链上进行的信息传达,其效果远比一般的大众传播要好,这种现象称为"自己人效应"——接收信息者将发出信息者视为自己的朋友,作为与自己有共同利益的团体,因此,对他传出的信息,总是给予最大的信任。

直销基于人际学的理论,借助人际链的放射状倍增发射和"自己人效应"来实现产品销售的目的。直销首先是从人际关系的知音层开始的,作为一个生意机会,人们首先要考虑给自己最好的朋友分享,于是知音层的朋友被发展成为伙伴直销商。然后是挚友层或朋友层,直至把人际关系资源开发完毕。当然,每一个直销人并不一定是按这个顺序来联络的,但他们几乎都是先从人际链开始的,因此,在一定程度上讲,直销也被称作人情销售。

>>> 3.3.4 传播学原理

传播学是一门研究信息共享的新兴学科。传播学家亚历山大·戈德说:"传播是使原来一个人或数人拥有的化为两个或更多人所共有的过程。"传播一词的英文为commumcation,此单词来源于拉丁文的communicare,意为"使共同"或"共享"。传播学的"共享理论"认为,人都有了解信息的"认知动机"或"认知内驱力",刚懂事的小孩总爱向大人问个没完就是这一原始动机的体现。另一方面,人也都有向他人传播信息以求信息分享的"交往动机"(也称附属内驱力)。这样,一方乐意接收信息;另一方乐意发出信息,两方一拍即合,信息传播也自发产生了,所以,人与人之间的信息传播具有自动、自发和自娱的特质。

直销也借助于传播学的原理,让直销商的每一个朋友、熟人都与直销商一起共享这一生意机会。一个乐意传播这个生意机会,另一个乐意接受这个生意机会,于是直销就向纵深发展。

>>> 3.3.5 网络学原理

网络学是研究网络的建立与有效运作的一门学科。根据网络学的原理,网络的建立阶段是投资阶段,这个阶段不仅没有效益,而且还需要大量的人力、物力和财力投入。网络的运作阶段则是效益回收阶段,一方面回收建网时的投资,另一方面收获超额利润。

一只蜘蛛在织网之前,它绝不去捕蚊子,而是一心一意地投入时间、体力,忍受着饥饿孜孜不倦地编织其经纬线,直到疏而不漏时,它便躺在网心等待自投罗网的蚊子。蜘蛛在织网阶段仅有投资没有收获,或收获甚少而投入甚多,一旦结网完毕,就是投入甚少,收获甚多,蜘蛛可算是网络学的实践家。

直销也是一个把网络学发挥得淋漓尽致的新型营销方式。在直销之初,首先要发展下属,建立自己的直销网络。这一阶段,需要投入足够的时间和金钱,而回报可能很少,甚至没有,但只要你像蜘蛛一样不知疲劳,不图立即回报,一旦网络建成,你可以完全靠你建立的那个庞大的网络来获取成功。

>>>3.3.6 异业结盟

异业结盟可以说是管道理论的进一步升华,并扩大到形成商业化模式地位的一种形态。下面来看看这样一个故事:

美国的一家航空公司(A公司),乘坐率只有60%,在残酷的市场竞争中,面临倒闭的危机,公司高层为此头疼不已……

某日,该航空公司门口悄然出现一张公告,公告云:凡乘坐该公司航班的顾客,请注意在购买机票时,向售票员索要编码卡,你将有意想不到的惊喜。

Tom是一家公司的职员,因工作原因经常出差。某日,Tom又将出差,无意识地选择了这家航空公司。购买机票时,售票小姐给了他一张卡。Tom并没在意这张卡的作用,以后的出差有时也选择A公司。过了一段时间,Tom出差又选择了A公司,他例行将钞票和A公司的编码卡交给了售票员。一会儿,售票员递给他一张机票和他所付的现金。Tom愣住了,售票小姐解释说,因为你在本公司已经累计消费了10次,按公司规定,将免费送你一张机票。Tom惊喜若狂。

Tom兴奋地将他的故事告诉亲戚、朋友和同事,并且以后每次出差都乘坐这家公司的飞机。Tom的故事像长了翅膀,在城市的每个角落里流传着,也兴奋着每个听到这故事的市民。选择A公司的乘客越来越多,A公司现有的航班已经不能满足顾客的需求,不得不增加航程和班次。

A公司的复苏奇迹引起了一家石油公司(B公司)的注意,打听到原委后,石油公司的老总陷入了沉思。

不久,B公司的老总来拜访A公司的老总,并希望能合作,将A公司乘客的资料共享,并表示,如果有顾客持A公司的编码卡购买汽油,B公司将八折优惠。A公司的老总知道,这加大了编码卡的含金量,欣然同意。A公司的门口出现了另一张公告,公告云:凡持该公司编码卡到B公司购买汽油的顾客,B公司将八折优惠。又一轮兴奋热潮席卷着城市的每个角落,到B公司购买汽油的顾客越来越多,B公司销售额猛涨。

A公司和B公司的故事被一家服装公司（C公司）知道了，C公司的老总也来拜访A公司的老总。

A公司的门口又多了一张公告……

来找A公司老总的老总越来越多，A公司门口的公告也越来越多。有市民为得到A公司的编码卡，本不乘飞机的，也来买了一张机票……

故事讲到这里，并没有结束。

Tom看到他的口碑给这些公司带来了巨额的利润，就来找A公司老总，希望能得到奖赏，A公司老总如他所愿。同时，A公司的门口又多了一张公告，公告云：凡介绍乘坐该公司航班的顾客，公司将按介绍人数的多少，给予不同的奖励……

A公司推出编码卡是想吸引顾客，这原本是传统商业运作中促销的一种手法，但是如果A公司是一家直销公司，则整个营销模式将发生极具魅力和戏剧性的变化：B公司、C公司和A公司的合作成为异业结盟；Tom则是A公司的直销商。他不但可以营销A公司的产品获得收益，而且可以通过A公司进而代理B公司、C公司的业务。事实上，A公司的直销商队伍已经成了前述的庞大的商业管道，通过这个管道，直销公司、与之进行异业结盟的公司和直销商都达到多赢的目的。

我们已经欣喜地看到在直销发达市场已经出现了上述局面：在美国，在我国台湾、香港等地，很多直销商除可以代理其直销公司产品之外，拨打电话、手机可以省钱，银行存款还有奖金拿，可以代理保险、世界其他知名品牌产品，等等。

我们有理由相信，随着中国内地直销市场的成熟，直销商最快乐的日子不久会来到……

【关键术语】

租佃理论　信息不对称　"委托人—代理人模型"　利益均衡点　需求层次理论　存在、关系、成长需要理论　增强理论　期望理论　整合型理论　倍增学　人际学　传播学　网络学　财商理论　管道理论　异业结盟

【案例】

【案例1】

天狮的工作设计中的业绩奖励制度

直销事业有一个激励性很强的个性化的奖金制度，正是因为有了这一套物质奖励制度，才将成千上万直销商凝聚到一起，才使直销风行世界。各直销公司在奖金制度上近年来都有不同的创新，天狮（香港）国际发展有限公司（以下简称香港天狮）的"工作设计中的业绩奖励制度"就很有特色。

工作设计也就是职务(岗位)设计,它要将每个职务设计中的内容,与所取得的业绩也就是绩效挂起钩来,对不同职务的不同业绩,实施不同的奖励,以便更好地调动每个岗位人员的积极性,形成共创佳绩的团队整体合力。

下面是香港天狮的事业计划(执行版),实际上也就是它的工作设计激励机制的重要内容。

1) 名词解释

① 直销员:年满18周岁,具有法定行为能力,经推荐,在两个月内,个人累计购买价值2 000港元以上的产品,并填写直销员申请书,经公司核准后为直销员。

② 直接下级:由个人直接推荐的所有直销员。

③ 间接下级:直接下线推荐的所有直销员。

④ 下线网络:全部直接下线与间接下线。

⑤ 个人业绩:以个人名义购买的产品总额。

⑥ 个人加入业绩:以个人名义购买额超过800港元以外部分的产品总额。

⑦ 直接业绩:所有直接下线个人购买的800港元以上、2 000港元以内(不含2 000港元)及本人购买的2 000港元以外的产品总额。

⑧ 间接业绩:所有间接下线的个人入网业绩与直接下线个人购买的2 000港元以外(不含2 000港元)的产品总额。

⑨ 累计业绩:个人加入业绩(2 000港元以内部分)、直接业绩与间接业绩之和。

⑩ 小组业绩:下线网络同级职以外的网络业绩。

⑪ 个人发展业绩:发展直接下线个人加入业绩之和。

2) 直销员晋级标准

① 准直销员:一次购买800港元以上、2 000港元以内(不含2 000港元)为公司准直销员,可获得直销员编号,若两个月内个人累计购买额未达到2 000港元,视为其自动放弃直销员资格。

② 初级直销员:自加入之日起两个月之内,个人累计购买2 000港元以上产品者(即个人加入业绩达1 200 PV以上),当月晋升为初级直销员。

③ 一级直销员:累计业绩达5 000 PV以上者,当月晋升为一级直销员。

④ 二级直销员:累计业绩达25 000 PV以上者,当月晋升为二级直销员。

⑤ 三级直销员:累计业绩达70 000 PV以上者,当月晋升为三级直销员。

⑥ 四级直销员:三名直接下线累计业绩分别达到50 000 PV、50 000 PV、50 000 PV或80 000 PV、80 000 PV、30 000 PV或150 000 PV、30 000 PV、30 000 PV均可晋升为四级直销员。

⑦ 五级直销员:三名直接下线累计业绩分别达到100 000 PV、100 000 PV、100 000 PV或150 000 PV、150 000 PV、50 000 PV或300 000 PV、50 000 PV、

50 000 PV 均可晋升为五级直销员。

3) 公司业绩奖励计划

（1）市场开拓奖　天狮直销员成功地推荐一位初级直销员以后可一次性获得公司按初级直销员业绩 2 000 港元标准额的 21% 的奖励。

（2）加入业绩奖　当你或你的小组成员推荐新朋友加入天狮事业，便会享受累计业绩升级和所有小组成员个人加入业绩 1 200 PV 以内的业绩提成（逐层深提）。

（3）超额优惠　当你或你小组伙伴个人加入业绩超过 200 PV 时，超过部分将享受超额优惠。

（4）领导奖 4.5%　凡三级以上活跃直销员其直销或间接下线网络中出现同级活跃直销员者所享受的奖金额。公司拨出月总网业绩 4.5% 由下列直销员分享：

① 三级：活跃同级以外业绩达 1 000 PV，享受同级二代以内业绩（PV）的 0.5%；

② 四级：活跃同级以外业绩达 2 000 PV，享受同级二代以内业绩（PV）的 0.5%；

③ 五级：活跃同级以外业绩达 3 000 PV，享受同级二代以内业绩（PV）的 0.5%。

（5）荣誉奖

① 铜狮级荣衔：培养两名直接下线成为五级直销员，获得铜狮级荣衔称号及胸章一枚。获得铜狮级荣衔者，当月保持两条不同网络活跃的五级网络且五级网络之外业绩达 5 000 PV，可获得银狮级荣衔奖。

② 银狮级荣衔：培养三名直接下线成为五级直销员，获得银狮级荣衔称号及胸章一枚。获得银狮级荣衔者，当月保持三条不同网络活跃的五级网络且五级网络之外业绩达 5 000 PV，可获得金狮级荣衔奖。

③ 金狮级荣衔：培养 4 名直接下线成为五级直销员，获得金狮级荣衔称号及胸章一枚（注：凡个人批发零售完成的业绩，可作为荣衔奖五级网外业绩，以个人名义上报）。

④ 荣誉董事：在直属 4 条不同网络中各培养一名金狮级荣衔直销员，即可获得公司颁发的荣誉董事杯一个。获得荣誉董事杯者，当月保持直属四条不同网络中各有一条活跃的金狮网络，即可获得荣誉董事奖。

（6）发展奖

① 一星金狮：培养 5 名以上直接下线成为五级直销员，且保持 5 条不同网络活跃的五级网络，可获得一星金狮发展奖。

② 二星金狮：培养 6 名以上直接下线成为五级直销员，且保持 6 条不同网络

活跃的五级网络,可获得二星金狮发展奖。

③ 三星金狮:培养7名以上直接下线成为五级直销员,且保持7条不同网络活跃的五级网络,可获得三星金狮发展奖。

④ 四星金狮:培养8名以上直接下线成为五级直销员,且保持8条不同网络活跃的五级网络,可获得四星金狮发展奖。

⑤ 五星金狮:培养10名以上直接下线成为五级直销员,且保持10条网络活跃的五级网络,可获得五星金狮发展奖。

(7) 特别奖

① 锦绣中华风光奖:当你成为五级直销员后,一个财政年度内6个月或连续3个月活跃,且五级以外业绩5 000 PV可获得该奖项。

② 东南亚休闲奖:当你成为铜狮级直销员后,一个财政年度内有6个月且连续3个月保持获得铜狮奖励可获得该奖项。

③ 成功英雄名车奖:当你成为银狮级以上直销员后,一个财政年度内有6个月且连续3个月保持获得银狮奖励可获得该奖项。

以上特别奖励,公司将在天狮每个财政年度内,根据销售额情况,在下一财政年度内,在符合条件者中选择业绩优秀者给予一次性奖励。

(8) 基本业绩

① 二级直销员:每月必须完成70 PV个人业绩。

② 三级直销员:每月必须完成200 PV个人业绩。

③ 四级直销员:每月必须完成300 PV个人业绩。

④ 五级及以上级别直销员:每月必须完成500 PV个人业绩。

说明:顾客价为BV值,业绩价为PV;会员价=BV×0.6;业绩(PV)=会员价。

(9) 各级活跃条件

① 三级:月个人业绩200 PV,且下线网络业绩达8 000 PV。

② 四级:月个人业绩300 PV,且下线网络业绩达15 000 PV。

③ 五级:月个人业绩500 PV,且下线网络业绩达30 000 PV。

④ 铜狮级:月个人业绩500 PV,且保持两条不同网络的活跃五级网络。

⑤ 银狮级:月个人业绩200 PV,且保持三条不同网络的活跃五级网络。

⑥ 金狮级:月个人业绩200 PV,且保持四条不同网络的活跃五级网络。

(10) 基本业绩遗漏处理

① 二级及以上级别直销员当月未完成基本业绩不能晋级,按原级别认定资格。

② 二级及以上级别直销员当月未完成基本业绩不能参与所有奖金分配,当月网络业绩归入上线。

③ 各级别只升不降,若当月未完成业绩者取消各项奖金领取资格,同时影响活跃条件时,按不活跃处理,奖金计算按上述各项条款对应处理。

④ 初级及以上级别直销员,个人再购买产品享受相应的直接奖金,购货单中仍填写本人的直销员编号。

⑤ 三级以上(含三级)直销员如当月未完成级别个人业绩额的,不能升级。

天狮的事业计划即工作设计激励机制,对所涉及的工作职务(岗位)类别、直销员晋级标准、业绩奖励计划规定得明确、具体,相互对应的非常好,并且随着职务、业绩的提升而逐步进行奖励升级,这非常有利于直销员工作积极性的调动、工作计划实际与完成、工作业绩的提升。这种工作设计的理念、思路、方案值得借鉴。

【案例2】

夸大倍增,"圈圈变零"

传销时期,几乎每一家传销公司都把公司的奖励制度当成创业说明会的重中之重来介绍,而在其奖励制度的介绍中,必然要把倍增原理当成快速致富的成功秘诀加以大肆渲染!

客观地说,倍增原理是科学的,正因为有了倍增原理,才有了原子弹、氢弹,才有了核电站!市场倍增学正是倍增原理在经济领域的应用,而直销也确实是在利用人际关系网络的基础上,应用了倍增学原理,这是直销先进性之所在。但是,倍增分为完全倍增和相对倍增,或称之为理论倍增和实际倍增。世界直销史已证明,没有任何一家公司和任何一种制度可以做到完全倍增,哪怕仅仅是2的完全倍增。再优秀的直销公司和团队都只能做到相对倍增,但这种相对倍增已经是一种相当惊人的速度了!

下面,以最小基数2的倍增举例说明:

第1层	1	2^0
第2层	2	2^1
第3层	4	2^2
第4层	8	2^3
第5层	16	2^4
第6层	32	2^5
第7层	64	2^6
第8层	128	2^7
第9层	256	2^8
第10层	512	2^9
第11层	1 024	2^{10}

第 12 层	2 048	2^{11}
第 13 层	4 096	2^{12}
第 14 层	8 192	2^{13}
第 15 层	16 384	2^{14}
第 16 层	32 768	2^{15}
第 17 层	65 536	2^{16}
第 18 层	131 072	2^{17}
第 19 层	262 144	2^{18}
第 20 层	524 288	2^{19}
第 21 层	1 048 576	2^{20}
第 22 层	2 097 152	2^{21}
第 23 层	4 194 304	2^{22}
第 24 层	8 388 608	2^{23}
第 25 层	16 777 216	2^{24}
第 26 层	33 554 432	2^{25}
第 27 层	67 108 864	2^{26}
第 28 层	134 217 228	2^{27}
第 29 层	268 435 456	2^{28}
第 30 层	536 870 912	2^{29}
第 31 层	1 073 741 824	2^{30}
第 32 层	2 147 483 648	2^{31}
第 33 层	4 294 967 296	2^{32}
第 34 层	8 589 934 592	2^{33}

由上列数字不难看出,仅仅是基数最小的2的完全倍增,到了第15层,人数已经过万,达到16 384人;到了第21层时,人数已经过了百万,达到104万多;到了第25层时,人数已经过了千万,达到1 677万多;到了第28层时,人数已经过了1.3亿;到了第31层时,人数已经过了10亿,达到10.7亿,接近中国人口总数;到了第33层时,人数已近43亿,接近全球人口总数;到了第34层后,就已近86亿,超过全球人口总数!

也就是说,如果按完全倍增的速度去发展下线,发展到第31层时,全中国人几乎都是你的下线!发展到第33层时,全世界的人几乎都是你的下线!这肯定是不可能的!

但是,一些传销商自己已被完全倍增迷住了!令人遗憾和可笑的是,一些传销商一讲到完全倍增就可以暴富时,每每兴奋不已,两眼放光。有的传销商一讲制度、讲倍增、画圈圈、算奖金,就可以忘记吃饭,忘记睡觉,如同吃了"精神"鸦片!

物极必反,乐极生悲!成也萧何,败也萧何!直销的优越之点,被无限夸大,走向反面,成为了导致传销走向失败、死亡的爆炸之点!结果是导致传销先以倍增的速度走向混乱,然后又以倍增的速度走向死亡,令那些迷恋倍增暴富的传销商们兴奋不已的传销"圈圈"(下线),最后真的变成了数学"圈圈"——零!

复习思考题

1. 如何运用租佃理论分析直销经营?
2. 如何运用信息理论分析直销经营?
3. 什么是多层次直销的利益均衡点?实现利益均衡点需要哪些前提条件?
4. 直销行业的激励制度设计的理论基础有哪些?

多层次直销销售效率分析

市场经济存在的原因之一是资源有限,包括自然资源、资金、人力资源等。因此,市场经济的主要功能之一就是解决资源有限的问题,使资源优化配置,提高资源的使用效率。通过本章学习,主要了解多层直销的优势,弄懂销售效率的概念、计算公式及其影响因素;通过不同销售方式的销售成本比较,掌握提高销售效率和收入最大化的途径。

4.1 多层次直销的优势

直销之所以能以惊人的速度在全球推广,是因为直销自身拥有其他传统销售方式所不具有的明显优势。首先,直销的优势在于省去了传统销售中的中间环节,商品价格相对便宜,满足了人们对物美价廉商品的消费追求。其次,直销既为消费者节约了时间,又提供了方便,使人能在短时间内简单明了地获取商品信息,而且足不出户便能得到称心如意的商品。第三,直销改变了传统销售方式,发展为高层次的关系营销,可形成基本而稳定的最终消费者和用户,或使消费者成为公司产品的习惯购买者,双方之间创造了更加紧密的工作关系和依赖关系。第四,直销突破了营业场所和地理位置的局限,变坐店等客为广泛寻客,由被动销售变为主动销售,既弥补了市场发育方面存在的某些不足,又实现了商品从企业到用户的最快流通。第五,通过直销,厂家还能准确了解顾客信息,更好地跟踪服务。

归纳起来,直销除了上述几个最基本的优势外,在营销过程中还具体表现出以下四个方面的优势特征:

>>>4.1.1 可以从事个性化销售

1) 引导消费者正确选购

有些商品,例如保健品和护肤品都有它独特的功效和功能,这些功能并不是在包装盒上能够很清楚地说明的。面对商店琳琅满目的同类商品,在没有人介绍,甚至没有看到广告的情况下,顾客一般都不会主动购买某种不了解的保健品。

帮助消费者选购产品,不仅仅局限在对产品的介绍方面,直销员还可以根据顾客的需要有针对性地推荐产品。销售人员在向顾客推荐保健品的时候,先要了解顾客的身体状况,然后才针对性地帮顾客挑选产品配合使用,并详细介绍产品的各种功效。这在一般的商场售货人员是无法做到的。

2)指导产品的正确使用

理性购买仅仅是第一步,接下来的使用方法是否恰当仍会影响产品的效果。尤其是美容护肤用品,不但讲究使用的"程序",也非常讲究使用方法。正如一位直销公司的负责人在谈到这种指导性的重要时所说:"我们在销售的时候,并不只是把一个产品卖给顾客,我们会教顾客怎么使用护肤品。正确使用是非常重要的,否则,如果使用方法错误的话,不仅得不到好的效果,甚至会有反作用。"

在一般人看来,保健品一般是吃得越多越好,但某公司曾就其产品做过白鼠实验,每次服用量超过一定限度后,效果反而变差。

直销由于采用的是面对面的销售方式,直销人员便可以详细地指导消费者正确使用产品。尽管有些商场售货员或者促销员也可以做到,但往往不能与顾客充分沟通。而直销人员在长时间的交往中,往往会与消费者形成信任关系,在使用方法方面的指导效果会更好。

3)减少或避免了假冒伪劣产品的可能性

由于直销采用的方式是与顾客面对面地进行交流,产品本身就是最直接的推销员,再加上直销员本人就是产品的消费者,而眼前的消费者又有可能成为公司以后的直销员。这样的关系使提供优质的产品已不仅仅是一种责任,而是公司实现自我扩大的必然手段。

4)直销从业人员可以得到专门的培训

同样是销售人员,直销人员相对于商场售货人员的优势之一,就是可以接受专门的、较多的培训。

对直销人员进行培训是直销管理的核心之一。这种培训除了业务拓展培训外,更重要的是产品相关知识及健康知识的培训,以便能更好地服务消费者。

某公司总裁介绍说:"在我们的系统教育里,都要做护肤培训,甚至我们的专卖店还常驻一个美容师。每开一个专卖店,都必须要有一个店员到总公司来接受美容护肤的培训。"

有的公司提出:"业务人员是消费者的健康顾问","销售代表是消费者的'美容顾问'"。要成为"顾问",不但要对公司产品有相当程度的了解,而且对相应的健康知识、美容知识也要有充分的了解。

在公司,除了通过专职讲师对业务人员进行培训外,还会制作大量教育光盘、文字资料等作为培训之用,这在业内称为"辅销资料"。正是有了这种培训,销售人员才能指导顾客正确选购和使用产品,并提供相应的售后服务。

>>>4.1.2　可以减少中间环节及成本

在传统营销方式里,各级批发商都是按公司组织的。一级批发企业的科室设置有内贸、外贸、生产加工、保卫、行政、后勤、外联等,像这样的庞大机构,需要多少的人力、物力和财力？即使二、三级批发公司规模稍小,但也五脏俱全,费用不会低,况且各级批发还要占用大量的流动资金,所有这些费用最终都要转嫁到顾客身上。对于直销而言,上述费用就不会发生。直销公司仅需要一批精干的直销商组成一个庞大的网络就可以完成对产品的销售。当然,公司得给直销商付直销费,但这比传统销售环节中发生的费用要少 1/2～2/3。

另外,现在的产品,尤其是新产品,如果不借助强有力的广告等促销手段来推进,要想全面占领市场,几乎是不可能的。而广告促销需要投入大量资金,一个企业每年投入几百万元甚至上千万元做广告是常事。而直销,则根本就不用做大量广告,仅需少量的资料费、组织费和培训费就可以把产品销售出去,只需在销出产品后,给予直销者业绩奖励即可,无需投入大量的促销费用。

>>>4.1.3　可以提供长期的一对一的售后服务

有位化妆品直销公司总裁说:"消费者买了护肤品,80％会遇到问题的。不是说皮肤会出现什么问题,而是她一定要提出很多问题,例如使用的问题、效果的问题等。但消费者不可能隔三差五地跑到商场来咨询,而我们一直有人跟踪做售后服务,所以我觉得直销的优势就在这里。"

提供售后服务的一个重要目的在于跟进了解产品的使用效果。许多消费者对产品寄予厚望,也希望能很快见到效果,但使用一段时间后没明显的感觉,往往会对产品失去信心。事实上,产品使用时间的长短也会对效果带来影响,有时候因为更换产品,而导致了功亏一篑的结果。不过,对某种产品来说也不是使用时间越长越好。比如使用护理用品一段时间后,肤质会发生改变,这就需要更换新的产品来继续护理,而有的消费者并不了解,长期使用同一种产品,结果事与愿违。部分产品在使用过程中会出现排毒等状况,这会使消费者在使用过程中感到不适,如果没有专人指导,往往会担心是产品的问题而不再使用,对产品失去信任。

直销对企业和消费者来说,是一个双赢的选择。从消费者角度来看,企业对其进行健康咨询,使健康知识得到普及,不但进一步增强了顾客的保健意识,而且还为其选购保健产品提供了科学的指导,使之购买到适合自己的保健产品；从企业来说,通过对消费者的健康咨询,可以促进其对健康产品的需求,带来市场容量的扩大,而通过指导消费者科学地选购产品,使其从产品中受益,则有利于培养企业的忠诚顾客,给企业带来销售的良性增长。

"吸引一个新顾客所耗费的成本大概相当于保持一个老顾客的 5 倍",这已经是营销界的共识。在大多数企业正在绞尽脑汁去吸引新顾客的时候,直销无疑给市场提供了一份佐证:无论对于企业还是消费者,直销都是一种理性的选择。

4.1.4 可以快速得到市场需求的信息

一个直销公司总是拥有成千上万个直销商,有的公司达几百万人之多,这些直销商又面对着上亿的消费者,因此,他们可以把市场上的最新需求迅速地传达给公司,公司便根据这些需求来组织生产或改进产品,以满足市场需求。可以这样说,直销网络就是公司最大的市场调研网络。它深入到了市场的每一个角落里,可以自动地把市场中任何新信息及时反馈到公司,即使公司并未组织调研。凡做过直销的人都知道,直销商几乎无时无刻不在关注市场、关注顾客的动向,然后及时报告公司,以促进公司改进产品,为自己的直销创造最好的条件。

总之,直销为人们展开了一幅新的营销模式,这也符合社会前进的必然趋势。人们跟着广告走的时代已经过去,人们需要更直接、更清楚、更简捷地认识产品,直销正好满足了人们的这种需要。直销也使得商家可以用最简捷的方式了解用户的需求。直销使消费者和商家有了直接的对话,使消费者把自己对产品的感受呈现给商家,真正做了"上帝"。在这个过程中,商家和消费者都得到了自己想要的,而且省去了诸多步骤,提高了效率。由此可见,直销有着旺盛的生命力,是双赢几率最大的营销模式,并且与每个人的生活息息相关。

4.2 影响多层次直销销售效率的因素

4.2.1 人员销售的适用条件

不可否认,多层次直销具有人员直销的优势,但并不是所有产品都适合使用人员直销的方式。对于何种情况适合人员销售,布恩和库尔茨在其《当代市场营销学》中进行了分析。他们认为,人员销售适用于以下情况:

(1) 消费者在地域上相对集中。

(2) 订购的数额较大。
(3) 产品价格昂贵,技术复杂,需要进行特别处理。
(4) 产品分销渠道短。
(5) 几乎不面向潜在客户。

表 4.1 是对人员销售和广告促销的影响因素比较。

表 4.1 影响销售的重要因素比较

变 量	有利于人员销售的因素	有利于广告的因素
消费者	地域相对集中、数量相对较少	地域相对分散、数量多
产品	技术复杂、使用复杂 需特别处理 客户定制	标准化、使用简单 不需特别处理
价格	相对昂贵	相对较低
渠道	相对较短	较长

然而,直销公司的目标客户广泛,产品使用也不算复杂,为什么这些公司还要使用人员直销的方式呢?

直销具有优势,这种优势在于销售人员能够面对面地与顾客进行深入沟通并提供周到的服务。但是这种优势的获得,需要考虑它的成本,如果是通过较高成本获得的优势,那么这种人员销售的效率是不高的。

》》》4.2.2 销售效率的概念及其评估

对于直销而言,销售人员要完成寻找目标客户、谈判、成交、送货、服务全过程,并进行促销活动(如产品演示),同时还要建立销售网络,进行培训等,这些都会影响到销售人员的销售效率。在这里通过对直销的销售效率进行研究,希望能进一步加深对直销的理解。

对于销售效率这个概念,在销售领域讨论较少,一个主要原因是销售概念不断扩大化,不像企业利润通过财务报表可以准确计算,销售效率很难定量分析。

一般而言,销售效率是指在单位时间、单位销售成本下产生的销售额,简单用公式表示就是:

$$销售效率 = 销售额/销售成本$$

式中:销售额是指销售商品的总收入;销售成本是指为了销售商品所支出的费用。

对于一个企业的整体销售效率,销售额主要是指卖出产品(或服务)收回的资金,简单地说,销售额＝销售数量×产品价格。销售成本是指企业为了销售商品所支出的费用,包括销售部门薪资、奖金、市场费、电话费用、餐饮费、交通费、差旅费等直接用于销售方面的费用。

对于个人销售效率,销售额就是销售人员的业绩,销售成本是销售人员薪资、奖金、电话费、交通费、差旅费等。

影响销售效率的原因主要是销售额和销售成本两个方面。

对于传统销售方式,要想检验企业的销售效率,首先需要明确销售结构中的几个要素。每个企业的销售部门都可以通过以下三个基本要素来进行评估:

(1) 对销售人员和销售支持的投入　人员支出包括工资与津贴。销售支持的支出通常包括聘用、培训、销售会议、销售资料、销售系统及相关设备等支出项目。对于只有为数不多的销售人员的小型销售部门来说,全年总支出大约只需几千元,而一个大型的多层次的销售队伍其支出可以达到几百万元之巨。

(2) 销售活动所需的资金投入　销售活动通常是指企业采取的销售程序。这种活动作用于市场并能够为企业带来销售额与利润。销售程序中一般包括获取客户线索、市场调研、需求分析与客户拓展。

(3) 销售队伍创造的企业销售业绩　通常用销售额、利润额和市场占有率来表示,在衡量标准上有绝对数量、预期目标完成比例或者与上年相比的增幅。由于销售部门的决策会对企业产生长期与短期的影响,因此有必要对这些数据进行短期与长期两种分析。

传统销售方式有专门的市场部、技术支持部、客户服务部,因此,传统营销讲究整体配合、分工合作,使销售效率大大提高。

提高销售效率的要点应是:低支出、高销售额与高利润、销售活动得当、销售活动单位回报率高并具有高度的成本效率。

>>>4.2.3　不同销售方式的销售成本比较

对于不同销售方式的销售成本,目前我国还没有具体的调查资料,可以从各种不同销售方式的顾客接触成本来分析。

表4.2是加拿大营销人员对不同方式接触客户所需要成本的统计分析结果。虽然这个表不是销售人员所有销售成本的统计,但也客观地反映了各种销售成本之间的差异。从这个表中,能直观地看出通过不同方式接触客户平均成本的高低。这个表仅反映了接触成本,没有体现最终交易成功所需的成本,但是在一定意义上,还是反映了一定的结果。

表 4.2　不同方式下接触客户所需成本费用分析表[①]

方　式	每次接触客户所需成本费用
个人销售访问(出城)	250 美元
个人销售访问(当地)	52 美元
举办商品交易会	40 美元
推销员分别给客户写信联系	25 美元
展室销售或柜台销售	16 美元
电话号码簿插页广告	16 美元
直接信函广告	0.30 美元
商业刊物广告	0.15 美元
大众传媒广告(电台广告、报纸广告、电视广告)	0.01~0.05 美元

由此可见,人员销售是各种销售中成本较高的方式。另一方面,对于多层次直销企业,采用人员直销,而销售人员要完成整个销售过程,他所能接触的客户数量有限,因而个人难以提高销售数量,销售额也就有限。对于单个直销销售人员来讲,提高销售效率,通过增加销售数量的办法很难行得通,因为一个人的时间、精力总是有限的,面对茫茫市场,寻找目标客户并成交,难度相当高。而对于多数采用传统销售方式的企业来说,在销售方面的投入都是一项主要的投入。这部分支出往往会占企业销售收入的 5%~40%。销售部门可能是企业中获得授权最多的部门,它们对外代表企业的形象,并掌管着企业最重要的资产——客户。

对于直销的销售情况,可以从国际资料来分析,世界直销协会联盟(WFDSA)统计显示:1988 年全球参与直销的人员 848 万人,全球直销年营业额 333.2 亿美元;到 2000 年,参与直销的人员增长到了 3 871 万人,平均每年增长速度超过 10%,全球直销年营业额 822.6 亿美元;2002 年,全球直销人员为 4 727 万人,年营业额 857.6 亿美元。而这只是参加世界直销协会联盟的直销公司的统计数字。据该联盟估计,目前全球有超过 1 亿的人从事直销工作,这与近年来全球经济不景气所带来的高失业率形成了鲜明的对比。

在对直销人数和直销额快速增长感到兴奋的时候,我们再来进一步分析,对照上面的数据:1988 年,参与直销的人员平均每年的销售额是 3 929 美元;2000 年,参与直销的人员平均每年的销售额是 2 125 美元;按 2002 年的数字计算,参与直销的人员平均年销售额为 1 814 美元。

这个结果显示,随着销售人员和销售额的增加,人均销售额却在降低。无疑,

[①] 何全胜编著.直销的本质.北京:新华出版社,2004

从以上分析可以看出,多层次直销人员的个人销售效率并不高。

另外,也可以从中国台湾地区直销的数据资料,分析得出相同的结论,如表4.3所示。

表4.3 台湾地区直销经营情况表

年 份	营业额 (亿元新台币)	参加人数 (万人)	人均营业额 (元新台币)
1994	394.06	161.9	24 340
1995	448.45	198.6	22 580
1996	407.57	236.4	17 240
1997	380.79	272.4	13 979
1998	391.96	278.1	14 094
1999	357.34	281.1	12 712
2000	380.86	283.4	13 439
2001	385.73	313.6	12 300
2002	431.77	326.9	13 208
2003	519.91	381.8	13 671

注:此表根据台湾直销协会《台湾地区多层次传销事业经营概况调查》及相关数据整理而成。

4.3 提高销售效率和收入的方式

许多公司采用人员直销的方式进行销售,这种销售方式一般适用于销售价格较高的产品。由于交易金额高,销售人员的销售额也高,因而可以提高销售人员的效率。

多层次直销也是一种人员销售。多层次直销公司提高销售人员效率和收入的方式主要有6个方面。

>>>4.3.1 提高售价

由于多层次直销人员的销售效率不高,直销人员每笔成交成本高,如果成交价格低,收入也就少。直销公司为了激励销售人员,就必须提供给直销人员价格较高的产品,这样,产品的售价高,单笔交易提成相对较高。

直销方式没有店铺,几乎没有广告,没有中间环节,提供给顾客的产品,价格应该比较低,这是人们的共识。就像普通旅馆和五星级酒店,人们已经认可他们有较大的价格差异,不会认为有什么不合理的地方。同样,在人们的预期中,直销的产品价格也应该低,可是,多层次直销公司为了使销售人员的收入有所提高,将产品价格定得较高,与人们的共识差别较大,因而引起人们对直销公司产品价格的质疑,也就在情理之中了。

从顾客心理分析,一般而言,顾客购买产品时的心理主要有5个方面。一是逆反心理:产品的价值对于客户越重要,客户越不重视,反之亦然;二是预期心理:是指客户对价格的未来变化趋势作出预测后所产生的心理;三是"高质高价"的心理:把产品的质量和价格想象为"一分钱一分货";四是求名心理:他们把产品的价格与个人身份、名望结合起来;五是"先入为主"心理:是指客户事先已设定的心理价格标准。这就是为什么很多名牌产品价格很贵,但是买的人却以此为荣的道理所在。基于顾客对商品成本构成信息的缺乏和顾客本身追求商品价值最大化的心理,顾客在购买时会对商品形成一种价值期望并根据它们来做出行动反应。而满足顾客这种心理需求,就迫使销售人员必须说明自己所提供的商品实现了最高顾客让渡价值——顾客从本类产品或服务中获得的一系列利益与评估、获得和使用该产品或服务而引起的预计费用之差。

>>>4.3.2 高差别,高累进奖金比例

1945年,美国加利福尼亚州的李·麦亭格(Lee Mytinger)和威廉·卡谢伯里(William Casselberry)为销售营养补充品设计了一种新的直销方式,并于1948年成立纽崔莱(Nutrilite)公司,这种新方法将一代计酬改为多代计酬,将直销员之间的放射性结构改为具有链式反应的网络结构,也就是多层次直销,又称为网络销售(Network Marketing)。每个直销员的计酬方式不再局限于他本人所直接吸收培训发展的直销员,由他发展的直销员所发展的其他直销员所销售的商品也将在一定程度上计入他的名下。例如,A发展了B、C、D三个直销员,在前述一代计酬制中,B、C、D各自发展的直销员的销售额本无需计入A名下,而在多代计酬中B、C、D所发展的第二代直销员和这些第二代产生的第三代、第四代……的销售业绩都将在一定程度上计入A的名下,而B、C、D以及第二代、第三代也都享有同样权力。

这在直销历史上是一个创举,通过这种分配制度,使得上线可以通过他人的销售来获利,这种分配方式会直接导致直销员采取两种行为:招收更多的下线和培养下线。这种制度的激励作用是非常有效的,一个直接的效果是销售网络迅速扩大了——直销公司在发展中非常头痛的问题,即分销渠道的扩大问题,被顺利解决了,它的效果甚至超出了人们的原始预期。

直销人员销售效率不高,收入也不高,通过这种制度得到了一定的补充。提高销售人员的收入,比较直接的做法就是从销售人员发展的下线中提取销售奖金。

从直销公司的奖金制度就可以看出,一般奖金制度有两个特点:一个特点是差别化;另一个是高累进。有些直销公司的差别化奖金比例从3%到21%不等,如此高的差别奖金比例,可以形成多层次的奖励制度,使高层销售人员从低层销售人员的差别比例中获取较高的收入。同时,高差别奖金比例还可以形成高累进奖励比例,如果将所有奖励制度计算在一块,累进奖励比例可高达30%~50%,甚至更高。

在相对成熟的传统行业,产品出厂价与最终客户购买价,一般差别在5%~15%之间,这部分的利润是由渠道来赚取的,而直销的奖金比例,比传统方式高很多,这也是导致直销产品价格高的主要原因。

▶▶▶ 4.3.3　建立网络

一般直销公司不仅要提高佣金和产品价格,还要考虑从其他方面提高销售人员的收入。例如,从销售人员发展的下线产生的销售额中给予销售人员提成,就是一个可行的方式,自然而然,发展直销网络成为每个销售人员必然的选择。

在多层次直销中,直销员除了依靠销售产品获取利润外,更可以通过自己招募培训其他的直销员来共同销售产品,其收入的来源不仅包含其本人的销售收入,还包括其名下所构建的网络产生的销售额按一定比例计算出来的收入。这就是多层次直销和单层次直销最显著的区别。

直销效率不高,对于处于网络最底层的销售人员来说,因为还没有形成自己的网络,收入自然很低。随着网络的扩大,处于网络低层的人数量会越来越多,而对于这些抱着极大热情加入的人来说,无疑是不公平的,而这种不公平,正是多层次直销制度所决定的。

▶▶▶ 4.3.4　销售人员自用

如果说直销人员的收入向销售产品转变,那么这些产品都是怎么销售的?在上面介绍过,单纯的销售网络扩充,如果没有销售量的扩大,带来的价值很小,而且要面临极高的会员流失率,对直销人员而言,这反而是不合算的。于是,将这些销售人员变为消费者,也就成了扩大销量的一个办法,庞大的销售网络也就形成了庞大的消费网络,这就是多层次直销公司不断强调"自用"的原因。

某直销公司总裁在一次演讲中对此有一个说法,就是"销售队伍的人员结构其实比较松散,大部分都是独立的消费者。90%加入直销行业的人其实都是消费者,都是希望能够用比较便宜的价格,用直销员价来买东西用;销售型的人大概占8%,真正在经营生意的只占2%"。从这段话可以看出,直销公司的销售人员中90%同时也是直销公司的消费者。

>>> 4.3.5 利用熟人的信任

有人说,多层次直销是一种关系营销,直销人员首先面向自己熟悉的人,亲戚、朋友、同事(以前的)等,为什么很少或者没有销售人员采用陌生直销的方式进行产品销售?先看看熟人销售的好处。熟人之间,已经产生了一定了解,如果客户对你这个人比较信任,他就会相信你说的事情。他的经验是,你这个人是熟识的,以往经验是可信的,所以你说的事情也是可信的。这很容易从博弈论中的信息不对称的原理中得到论证:从理论上讲,具有足够理性和足够知识与信息的人能预知事情的结果。但现实中的人或者因为没有足够的信息或者不具有足够的理性(或算计)的能力,而往往不能预知结果。

熟人销售,正是利用这一点,跨越信任的障碍,直接进行销售。当直销人员向熟人销售产品时,直销人员本身对自己销售的产品很信任,再通过熟人对自己的信任,将对这个产品的信任传递给熟人。可以这样说,销售人员在向熟人销售时,不仅销售的是产品,还销售了信任关系。这种熟人销售,销售人员名曰"分享"。

那么,既然销售人员对产品是信任的,为什么采用向熟人销售,而不能信心十足地向陌生人销售呢?我们再来看一下这个熟人的销售链条:

销售人员—熟人—熟人—熟人

链条可以一直链接下去,不会中断。如果向陌生人销售,链条就会发生改变:

销售人员—陌生人—陌生人—陌生人

这个链条很难链接下去。

对于一个销售人员来说,为了提高销售量,他总是尽可能将产品卖给更多的客户。但是,他的熟人数量肯定比陌生人数量少,如果是一个理性的销售人员,对自己的产品又很有信心,他为了扩大销售量,肯定会向陌生人销售,但是在直销的销售人员中很少看到这种情况。是销售人员不愿扩大销售量吗?肯定不是。在有的商场门口和地铁口,常遇到拿着某直销公司宣传单的销售人员,这种站街销售的行为,也是一种面对陌生人的销售方式,据说成功者并不多。为什么销售人员很少甚至基本不向陌生人进行销售呢?这是由直销制度决定的。

前面已经论证过了,向熟人销售比向陌生人销售容易。销售制度安排,销售人员可以从自己发展的销售人员的销售中获得奖金收入,因此,理性的销售人员肯定愿意把产品销售给熟人并把熟人发展成销售人员获利,而不愿意采用直接向陌生人销售获取收入的方式。这就存在一个现象，直销公司的销售人员往往会通过发展销售人员来获取收入，而不仅仅是通过直接销售产品获取收入。事实上，直销人员基本也是采取这种方式进行销售。

直销队伍里曾经有一句豪言壮语：可以将石头当成金子卖。很奇怪，石头怎么能当成金子卖呢？就算你想卖，又有谁会买呢？但是有一天，当你的朋友向你推销"石头"时，如果你能买得起，你有什么理由不买吗？因为，中国人有句古语：情义无价。

>>> 4.3.6 大量培训

一个直销企业其高绩效的获得与直销团队高水平的建设都离不开直销人员、团队成员的参与。而所有这些人员又必须是素质与能力比较高的人。那么，这些人是怎么得来的呢？肯定不是自然形成的，而是有计划地、持续地、有效地进行人员教育培训的结果。企业员工的教育培训，是指企业为了使员工获得或改进与工作有关的知识、技能、动机、态度和行为，以利于提高员工的绩效以及员工对企业目标的贡献，从而做出的有计划的、有系统的各种努力的过程。由此可见，培训的主要目的应该是提高员工的绩效和有利于实现企业的目标；培训的直接任务是为获得或改进与工作有关的知识、技能、动机、态度和行为。多层次直销公司的大量培训把直销说成是一种事业，是未来的趋势，围绕这一点进行，直到你认同这个观点，相信公司，相信产品，相信直销的魅力，通过微笑、点头、鼓掌、相互鼓励、相互肯定，形成直销神话。由于一对一的销售很难显著提高业绩，为吸引更多的下线，直销公司便进行大量培训，利用现身说法，吸引还在犹豫的人们。一次培训，少则二三十人，多则上千人，加之培训现场热烈的气氛，大大提高了销售人员发展下线的效率。

有些培训的内容可能会导致夸大其词，甚至引诱人们走向非法传销的歧途。例如，经销商会告诉你，辛苦一阵子，享受一辈子，只要发展几百上千名网络结构的下线，以后每个月就可以稳稳地有几万、几十万、上百万的进账。他们还会告诉你，除了要发展下线外，还要学会"套狼"，要套狼就要先舍得"孩子"，即花钱买产品。一旦买下产品，唯一的解脱方式就是发展下线。就这样，一个庞大的网就有可能逐渐编织起来。

在直销，有一个现象很有意思，就是直销的营业额的增长幅度与经济的景气呈反向的关系。就是在经济不景气的情况下，直销的营业额会保持增长，也就是说，它不会随着经济的不景气下跌。有些人说，可能这个行业对于经济的不景气有一种抵御的做法。这其中的主要原因，就是在经济萧条的时候人们比较迷茫，受到多次培训，容易认可这种"事业机会"，直销高达70%的人员流失率，说明了这并非是一个能够被普遍认可的就业机会，也说明多层次直销并不能提高有效就业，反而是社会人力资源的一种浪费。

以上6种提高销售效率和销售收入的方式,实际上并没有改变人员销售效率不高的本质。但是,这些方式有效地提高了多层次直销公司的整体销售效率,公司不发工资,没有店铺,几乎没有广告,人员成本和经营成本大幅降低,却利用人性化销售的优点获取了市场,销售额大幅增长,使直销公司整体效率得到了飞速提高。多层次直销的发展,可以说是以牺牲效率、浪费人力资源为代价的。

4.4 多层次直销目前在中国不能放开的主要原因分析[①]

在2005年8月,国务院总理温家宝签署的第443号国务院令《直销管理条例》及第444号国务院令《禁止传销条例》公布后,直销界企盼政府放开多层次直销的愿望已不能成为现实,许多直销企业积极调整发展模式的消息不断见诸媒体。

我们认为,政府取消多层次直销是从我国目前政治、经济、社会等方面综合考虑才作出决定的,我们应该不折不扣地执行。但是,目前我国法规对多层次直销的限制开放,并不意味着永远不会放开多层次直销。事实会证明,在一定的环境条件具备之后,多层次直销在中国必会成为直销的主流模式。美国有80%的直销企业、全球有85%的直销企业、我国亦曾有90%的直销企业搞过多层次直销,比例如此之大,其存在的合理性是不言而喻的。可是,具有合理性并不等于就有合法性。直销法规取消多层次直销就很明白地告诉我们,在现阶段,如果有企业搞多层次直销就是传销,就是不合法,就要遭受打击。所以,多层次直销虽有合理的成分,但在中国现阶段就不能存在、不能放开,其主要原因有以下几点。

>>>4.4.1 社会信用体系尚欠发达

社会信用体系是一个国家经济、政治正常运行的基本保证。与西方国家相比,我国的信用体系还十分不发达。诸如美国信用体系对其经济现代化起着十分重要的保障作用。美国是世界信用交易额最高的国家,也是信用管理业最发达的国家。美国的社会信用体系涉及社会的方方面面。无论是企业的员工、政府机构中的公务员、商人,还是自由职业者,都要受到信用管理工作机制有形与无形的约束。美国的社会信用体系的特点鲜明:一是把信用当做商品;二是信用信息公开;三是信息服务企业有成熟的市场;四是有健全的法律;五是信用中介服务机构发挥重要作

---

① 禹路著.直销在中国之命运.广州:广东经济出版社,2005

用;六是市场主体(包括企业和个人)有较强的信用意识;七是对失信者进行惩戒;八是对信用行业进行有效的管理。正因为美国高度重视企业信用管理,现在美国企业的平均坏账、呆账率只有中国企业的5%～10%,也就是说获得1亿美元的销售额,美国企业比中国企业少花了1 100万美元的成本。

而我国的信用体系由于传统文化存在的内在缺陷,加上计划经济时代过于简单的信用结构与信用体系遗留下来的影响,致使不讲社会诚信的现象遍及社会生活的各个层面,尤其在经济生活中表现最为显著,在目前这样的一种环境条件下,如允许多层直销方式的开放必然会使一些传销商陷入非法传销的歧途。

〉〉〉4.4.2 消费者理性的缺失

近年来,随着我国对外开放力度的扩大,西方商业文化的涌进,一些欧美发达国家在消费时代出现过的种种"恶俗"也在传入中国消费市场。中国的一些"白领新贵",也在步其后尘,表现出种种消费理性的变异或缺失。他们的消费行为不再是生活的需要,而是在刻意追求着"炫耀性消费"——借以显示个人的身份、地位、兴趣以及变异性的爱好等。我国自改革开放以来,随着人民生活水平的逐步提高和财富的积累,新出现的一批"暴富阶层"以及城市的"中产阶级"正在以他们的所谓的新的生活方式炫耀着多种多样的时尚、高雅和格调。

畸形的非理性的消费,实际上在中国消费市场上助长了制伪造伪行为,对诚信企业和公共社会产生着伤害。

〉〉〉4.4.3 法制环境尚不成熟

国外的直销之所以发展迅速,主要是由于其法制环境相当成熟。在法律上,世界上首次承认多层次直销是在1978年,当时美国联邦贸易委员会与美国安利公司的官司以后者的获胜而告终。日本于1979年发布《无限连锁防止法》,禁止"老鼠会"行为,并于1991年制定了直销法,规范直销企业和直销商行为。马来西亚于1993年开始实施直销法令。中国台湾地区1993年制定实施《多层次传销管理办法》。而韩国制定的直销法令被誉为目前世界上最详尽的直销法。

我国新近出台的《直销管理条例》相对以前政府颁布的法规要明确,但在阐述直销模式时仅将直销模式中的相对较窄的单层直销界定为合法直销,而把国际公认的营销面较宽的多层次直销排除在合法直销范围之外,这就难免引起人们异议,多层次直销究竟合法不合法?《直销管理条例》这种明确的直销界定,明显与国际直销法规概念相悖。

直销法是一个敏感而重要的问题,它是直销市场能够向前发展不可缺少的环节。制定一部完备的适合中国国情的直销法,并且很好地执行,是直销立法的两个核心问题。应当说,一部完备的直销法并不仅仅是法律条款上的完整性,它更隐含了市场本身的成熟。因此说,中国目前的直销法制环境并不成熟。

强化社会监督,是坚持执政为民,坚持依法行政,做好政府工作的根本保证。而中国的直销监督,与国外相比,社会监督明显缺位。国外发达国家一般都有直销协会来监督行业的正常运行与发展,这种还监督权力于社会的做法,既减轻了国家政府干预的负担,又能发挥市场自动调节的作用。而我国将直销市场监管由目前的政府控制过渡到行业完全自律还需要一个过程。

>>>4.4.4 直销理论研究有待加强

理论滞后是经济领域里的一种普遍现象,在直销领域中就表现得更为突出。原因有两点:一是直销这种从国外泊来的营销模式,由于它集科技、经济、文化色彩于一身,增加了它的神秘色彩,增加了它的社会两面性,致使政府难以界定与控制;二是直销在我国的几起几落而造成的负面后果,致使理论界不愿涉足对这一领域中问题的研究。直至 2005 年在酝酿《直销管理条例》出台的前后,我国直销界对直销问题的研讨才又开始复苏和活跃起来。

>>>4.4.5 民族企业群的缺位

从政策层面上看,中国任何一个行业都没有像中国直销那样,民族企业严重缺位。目前在中国土生土长的民族直销企业还非常少。民族直销企业的缺位,民族心声的缺失,导致中国民族直销企业的失落。

"发展是硬道理",邓小平同志提出的这一基本国策,至今仍是中国经济发展的指导性纲领。中国现代经济要发展,就必须走市场化道路,必须将自己的市场经济融入全球一体化,因为这是市场经济之必然。正因为有了这一经济的必然性,我们断言,多层次直销在中国的放开也是一个历史必然。

4.5 多层次直销在中国放开的前提条件

根据我国国情,经直销主管部门与学界、业界的论证分析,一致认为多层次直销放开在我国至少应具备如下条件:

(1) 社会信用体系高度发达。

（2）民族直销企业的生产、销售规模占比要在60%以上。

（3）传销产生的社会基础不复存在。

（4）中国的经济已成为完全意义上的法制经济、国际社会能普遍承认中国的市场经济地位。

（5）全社会行业监督管理体系较为完备。

（6）中国直销行业学界、业界与主管部门能在"中国直销学"体系构建上达成基本共识。

根据当前中国经济发展势头，中国离世界经济、政治强国目标已不是很远了，人们的精神文明程度得到空前提高，法制意识、诚信意识已成为社会交往的主流意识，在这样的社会信用体系有了一定高度发达的环境中，我国的民族直销企业凭借具有历史悠久的中国文化的独特优势，必定会得到空前的大发展，并会占据中国直销市场的大半江山。同时，通过直销理论界与业界的共同努力，具有中国民族特色的直销学理论体系，已经初步开始形成。笔者坚信，再过10年左右的时间，伴随着中国市场经济地位在全球的确立，影响放开多层次直销因素的不断减少，中国政府必将会适时考虑对多层次直销的解冻问题。

中国不仅是世界上直销市场最大的国度，而且也是世界上直销资源最多的国家，同时还是世界上销售环境最好的一块宝地。直销业虽然自我国《直销管理条例》和《禁止传销条例》（2005年8月）颁布至今才6年多的时间，中国直销市场已开始步入一个较为规范化的发展时期。我们坚信，中国的直销业在不久的将来就会迎来中外直销企业完全可以接轨，直销产品尽可争奇斗艳的新时代。

【关键术语】

多层次直销 销售效率 逆反心理 预期心理 炫耀性消费

【案例】

直销成功的秘诀

现在的商业管理越来越重视成功经验的科学总结和推广，所谓复制就是把成功的经验科学总结之后，形成标准化的模式，然后按照统一的模式广泛地推广应用。连锁经营是商业上比较成功的案例，如麦当劳、肯德基等，他们将店铺销售形成标准化的模式，按复制的方法广开分店，成功地将生意拓展到世界各地。

直销的市场开拓同样使用了复制的方法，但是直销复制不是一种店铺经营模式，而是一种业务员推广产品的模式。公司将成功直销员分享产品和推广业务的经验总结成一套简单易学的统一方法，然后"复制"给更多的直销员，大家都按统一的方法开展业务。

下面介绍一个复制钓鱼的故事。

两个钓鱼高手一起到鱼塘钓鱼。这两个人各凭本事,一展身手,隔了不多久的功夫,均大有收获。忽然间,鱼塘附近来了几十名游客,看到这两位钓鱼高手轻轻松松就把鱼钓上来,不免感到有几分羡慕,于是都到附近买了钓竿来试试。没想到,这些不善此道的游客,怎么钓也是毫无结果。

话说那两位钓鱼高手,两人的个性相当不同,其中一人孤僻而不爱搭理别人,只顾自己独钓之乐;而另一位高手却是一个热心、豪放、爱交朋友的人。

爱交朋友的这位高手看到游客也在钓鱼,就说:"这样吧!我来教你们钓鱼,如果你们学会了我传授的诀窍,而钓到一大堆鱼时,每10尾就分给我1尾。不满10尾就不必给我。"对方欣然同意。

教完这一群人,他又到另一群人中,同样地传授钓鱼术,依然要求每钓10尾须回馈他一尾……一天下来,这位热心助人的钓鱼高手,把所有时间都用于指导垂钓者,他从游客处得到的回馈竟也是满满一箩筐的鱼,而且迎接他的都是一阵阵兴奋的叫声、惊叹与赞美,还因而认识了一大群新朋友,同时,左一声"老师",右一声"老师",备受尊崇。而同来的另一位钓鱼高手,却没享受到这种服务人群的乐趣。当大家围绕着其同伴学钓鱼时,那人更显得孤单落寞。闷钓一整天,检视竹篓里的鱼,收获远没有同伴的多。

直销商正如故事中热心的钓鱼高手,当他把绝活传授给那些有缘的"徒弟"时,即是一次直销的复制行为。

与这些"徒弟"的约定,由他们分教给"徒孙"时,师傅可以每20条鱼再分得1条鱼,那便是二次"复制"行为。

三次复制、四次复制……以此类推。

另一位个性孤僻而不与人分享的钓鱼高手,则相似于运用"传统"事业经营方法钓鱼。

所以,直销可以说是一种逆向营销的生意之道。直销的特色,也正在于帮助别人成功,然后自己才成功。最初,你通过你的人际关系,创造一个营销网状的组织,由你与这些人共同分享一种产品;然后,再由这组织网中的人向外分别推荐给另一批人,而构成他们新的组织网。这一层层向外扩展的网络,就是通过"复制"而达到了"倍增市场"的营销网络。

凭借一个简单的"复制"动作,直销成了现时代最令人注目的快速创富之道。

(文/甄刚 胥皓然)

复习思考题

1. 多层次直销具有哪些优势?
2. 影响销售效率的因素有哪些?

3. 多层次直销公司采用哪些方式来提高销售人员效率和收入?
4. 试分析为什么直销人员一般都采用"熟人销售"的方式,而不愿采用"陌生拜访推销"的方式。
5. 多层次直销目前不能在中国开放的原因有哪些?
6. 课堂讨论:试述多层次直销在中国的未来前景及其原因。

5 直销策略

直销的销售策略,是指根据一定时期内的市场状况和未来发展而制定的营销准则与方略。它是一个企业总体战略的重要组成部分,并服从和服务于战略。通过本章学习可以了解在产品直销活动中经常运用哪些策略并掌握这些策略的具体运用。

5.1 直销策略概述

策略就是根据形势发展而制定的行动方针和方式。直销的策略是指直销企业根据外部环境及其变化做出的反应和采取的具体对策,它是为实现直销企业战略目标所采取的手段和方法,是战略的一部分,服从并服务于战略。策略具有局部性、相对短期性、灵活性等特点。

直销的策略正确与否,直接关系到直销企业的兴衰成败,关系到直销企业的战略目标能否实现,对直销企业的生存与发展具有深远的意义。因此,国内外一些成功的直销企业都非常重视直销策略的制定、调整和实施。

>>>5.1.1 直销策略的层次

大多数大公司都有4个组织层次:公司层(总部)、分公司层、业务单位和产品层。每个层次都有自己的计划安排。公司总部负责制定公司整体战略计划,以引导整个企业走向赢利性的未来,其余几个层次的计划分别被称为分公司(分部)计划、业务单位战略计划和营销计划。分部计划涉及如何将资源在不同的业务单位之间进行合理配置;业务单位战略计划,以期将该业务单位引向赢利性的未来;产品层的计划则称为营销计划,旨在实现产品市场目标,如销售额和市场份额等。营销计划又可分为两个层次:营销战略计划和营销战术计划。前者是根据当前市场态势和机会分析而制订的总体营销目标和战略;后者则是详细描述具体的营销战术,例如发盘、创造性、媒介、时机和客户服务等决策变量。

根据直销在企业经营活动的范围和地位,可将从事直销的企业划分为两种类型:一种是将直销作为局部性营销工具,例如,有些企业只对某些产品采用直销方式,或者在某些产品营销中,直销只是营销渠道之一;另外一种类型是将直销作为主要(甚至唯一)的经营方式。

本章关于直销策略的讨论限于后者,即专业性从事直销活动的企业。

>>> 5.1.2 直销策略制定的框架与态势分析

1) 制定的框架

直销策略决策往往是非常复杂的,这种复杂性主要来源于以下几个因素:

(1) 许多影响市场结果的因素都是营销管理所不可控制的。

(2) 影响营销计划结果的因素缺乏稳定性。在有些市场上,如信息产业的产品或服务,技术变革速度之快,几乎每隔若干个月就有利用最新技术的产品面市,个人电脑就是一个明显的例子。这些因素的经常变化可能会对直销公司的销售和利润产生不利影响。

(3) 市场结果对追加营销资源的回报是非线性的。也就是说,随着营销资源的增加,所能产生的额外回报是逐渐减少的,或者说,营销结果随追加营销投入的增加以递减的速度增长。例如,增加一倍的广告投入,并不一定能带来同比例的销售额增长,追加的广告投入所产生的实际效果往往是很有限的。

策略营销计划不是营销计划,但是它又不能脱离产品或服务的营销计划。一个完整的策略营销计划过程可以分为5个主要步骤:

(1) 态势分析,内容涉及需求分析、战术分析、战略分析、产品生命周期阶段、宏观趋势、国际背景、优势和劣势分析、竞争本质分析等。

(2) 问题、机会与威胁描述。

(3) 确定目标,是指企业营销策略应实现的目标。

(4) 制订各种营销策略方案。这是实现目标可供选择的各种替代性方案。

(5) 决策,即决定营销策略方案,包括执行和控制计划的行动方案。

以上5个步骤则构成了直销策略计划的基本构架。

2) 态势分析

态势分析的取向往往是诊断性的,而不仅仅是现状描述。公司实际所处的情势决定了其态势分析所需要的深度和广度。

态势分析的内容包括:对整体市场的全面评价,公司当前或潜在顾客的特征,营销目标与战略检讨,产品生命周期,详尽的宏观经济环境趋势评价,国际市场问题的描述,公司及其竞争者的优势和劣势分析,竞争的性质。

需求程度分析是要决定市场的规模(当前的和潜在的),并对未来销售潜力作出估计。

市场(需求)规模的大小取决于顾客数量和实际购买量两个因素。一个消费者能否成为某个直销人员的顾客还要取决于三个因素,即兴趣、收入和通路。对本企业的产品或服务持有兴趣是该消费者能够成为本企业现实顾客的前提,而当这种前提条件获得一定的收入水平和订购通路两个条件的支持时,该消费者才可能会最终成为实际购买者。因此,兴趣是前提,收入和通路是保证。对于某个特定的消费者来说,以上三个因素缺少一个,都不可能成为本公司的现实顾客。

直销企业的需求分析与预测可以考虑以下几个市场层次,如图5-1所示。

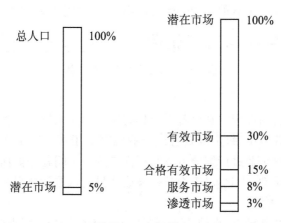

图5-1 市场层次

(1) 有效市场 就是对特定的直销提供的产品有兴趣、有收入和有通路的消费者群。

(2) 合格有效市场 是指有效市场中那些具备本公司合格资格的消费者群。这里,合格的标准取决于产品或服务的类型。

(3) 服务市场 是指一个直销人员决定追求的合格有效市场的一部分。

(4) 渗透市场 是指实际购买该直销产品或服务的消费者群。

>>>5.1.3 目标市场营销

市场营销中需要对市场进行细分。所谓市场细分,就是将整体市场按照一定的标准划分为若干个具有某方面共同属性或特征的群体。

所谓目标市场,是指企业在市场细分的基础上,根据自身条件和其他外部因素从各个细分市场中选择一个或多个亚市场作为自己的服务对象,以期通过销售获得利润。

市场细分与目标市场的概念是在"目标市场营销"思想背景下提出来的。在目标市场营销出现以前,企业的市场经营经历了两个阶段:无细分市场营销和产品差异市场营销。

衡量是否实行目标市场营销的一个重要标志,是企业的营销组合是否针对某个具有高度同质性需要的市场群体。从这个意义上说,直销就是最典型的目标市场营销。而现实操作中,很多专业性的直销企业采用的是"市场补缺"(MarketNiche)营销策略。所谓"市场补缺",又称为"市场缝隙",是一种比子市场群更小单位的顾客群。目标市场营销可以给企业带来更大的反应率,从而实现更大的销售额。

直销企业目标市场营销过程一般经历以下三个阶段,如图5-2所示。

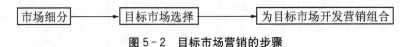

图5-2 目标市场营销的步骤

1) 市场细分

细分市场的目的在于识别出若干个具有某方面共同特征和需要的潜在目标顾客群。在这些顾客群中,每个消费者或企业顾客对于某个特定产品或服务都具有相似性行为。直销企业进行细分市场时所面临的一个问题是如何使细分的市场具有最大限度的同质性,为此,对于细分标准或变量的选取就显得尤为关键。

2) 目标市场选择

在市场细分的基础上,直销企业可以根据对不同细分市场群体的期望反应,为自己的某个产品或服务选择目标市场。对于一个有效的市场细分,应该是在细分后不同子市场群体的预期反应是有明显差异的,否则,这种细分就显得没有必要了。通过选择目标市场,直销企业可以获得更大的竞争优势。

3) 为每个目标市场开发营销组合

对于一个直销企业来说,其选择的目标市场可能不止一个。当企业选择的目标市场为多个时,它就要为每个目标市场开发不同的营销组合。

对于每个目标市场,直销企业要开发出具有针对性的产品、价格、推广和分销组合,就需要对每个市场的具体需要有深入的理解,并且知道市场主体的购买行为特征。

直销的对象可以分为个体消费者和企业消费者两种类型。前者以个体为目标,后者以企业为目标。

此外,虽然企业市场和消费者市场直销具有许多类似的细分变量或基础,但是,这些变量在两者之间的利用价值是有所不同的。对于个体消费者来说,心理统计变量是很重要的;而对于企业为目标的直销,这个变量一般就显得无足轻重了。类似情况还表现在社会文化和行为特征等细分变量方面,以个体消费者为目标的直销可能使用文化背景、社会阶层和家庭生命周期阶段等方面变量,而以企业为目标时则可能不然。

5.2 直销产品的定价策略

对一个直销企业来说,定价有着重要的战略作用,因为没有什么比价格战更能直接影响企业利润的竞争方法了。为什么一些同质的直销产品,在不同的价格下都有着不同的成功销售路径,就是因为这里面有一个直销产品的定价策略问题。如果定价策略很成功,那么直销产品的销售渠道就会拓宽,反之,直销产品的销售就会出现滞阻的现象。因此,正确确定产品的定价策略,对于直销企业来说则是一个重要的选择。

直销企业的产品定价策略,通常包括三大部分内容:一是对产品组合定价策略;二是对新产品的定价策略;三是对产品价格的调整策略。

>>>5.2.1 产品组合定价策略

产品组合定价是指一个直销企业所生产经营的全部产品线和产品项目的组合。对于生产经营多种直销产品的直销企业来说,定价须着眼于整个直销产品组合的利润实现最大化,而不是单个产品。由于各种直销产品之间存在需求和成本上的联系,有时还存在替代、竞争关系,所以对直销产品实际定价的难度相当大。

直销企业对直销产品的组合定价策略中应注意以下几方面问题:

1) 明确直销产品定价目标和注意分析定价环境

明确定价目标,就是要把握好对直销产品定价的方向;分析定价环境,则是对直销产品进行定价的必要前提。这两个问题解决好了,直销企业对直销产品的组合定价策略就能够实施得比较顺利。

(1) 明确直销产品定价目标 所谓定价目标,就是指每一个直销产品的价格实现以后应达到的目的,它和直销企业战略总体目标应是一致的,并为经营总体战略目标服务。其总的要求就是追求利润的最大化。

直销企业定价目标,大致有以下三个方面:一是以追求利润为定价目标;二是以增加销量为定价目标;三是以应付市场营销竞争为定价目标。

(2) 分析直销产品的定价环境 价格是一个变量,它受到许多因素的影响和制约,既有直销企业的内部因素(亦称内部环境),也有直销企业的外部因素(亦称外部环境)。内部因素主要涉及定价目标产品成本、产品特点、分销渠道、促销渠道等方面;外部因素主要涉及市场和需求状况、货币流通状况、竞争状况、国家法律和政策、社会心理等。进行产品定价必须首先对这些因素进行分析,认识它们与价格的关系,据此选择对直销产品的定价方法和策略。

2)选择正确的直销产品组合定价方法

选择正确的产品组合定价方法,这是直销企业必须考虑的一个重要问题。按照微观经济学原理,直销产品的组合定价是一个值得关注的经济行为,搞得不好,容易造成直销企业对产品的定价错位。因此,直销产品的组合定价不是一件很容易的事,必须考虑周全方能予以实施。

直销产品组合定价的方法通常有:直销产品线定价;产品集定价;固定加单位定价;互补性组合定价;产品捆绑定价等。

3)注重定制化在产品组合定价中的运用

信息经济时代,消费者越来越需要个性化产品和服务。直销企业要根据顾客的个性化需要,为消费者提供定制化产品和服务,提高顾客所能感受的消费价值。定制化在产品组合定价中运用得好,就可以大大提高直销企业的经济效益和社会效益。

5.2.2　新产品定价策略

直销新产品的定价是直销策略中一个十分重要的问题。它关系到直销新产品能否顺利地进入直销市场,能否站稳脚跟,能否获得较大的经济效益。

1)决定直销企业新产品定价的主要因素

直销新产品上市前的价格制定与新产品上市后的价格管理是评判一个直销企业新产品营销执行水平的一个重要标志。一般情况下,直销新产品的价格制定主要考虑6个因素:① 直销产品自身的差异化。② 渠道:直销新产品选择什么样的渠道,基本上决定了直销新产品定价策略上的取向。③ 品牌:品牌是直销新产品定价的一项长期性影响因素。④ 技术水平:特别是原创性技术水平对直销新产品价格影响巨大。⑤ 行业价格水平:制定任何直销新产品价格都不可能摆脱当时所处的那个直销行业。因为直销行业价格水平会自动为直销新产品设定上限。⑥ 消费者价值认知:它是制定直销新产品价格的一个重要指针。消费者价值认知,就是指消费者直销产品购买价格与使用价值统一的感受程度。如果消费者的感受是"统一"的,那么直销新产品的价格就是正确定位;反之,直销产品的价格就是错位了。

现在,有不少直销企业采用小范围试销的手段,不断在目标人群中测试直销新产品的市场价格,从而为直销新产品价格选择提供决策依据,这是一种十分明智的新产品价格定位举措。

2) 直销新产品定价的步骤

直销企业对新产品的成功定价并不是一个最终结果,而是一个持续不断的探索过程。它一般需经历以下几个步骤:

(1) 数据收集。

(2) 进行战略分析　战略分析包括三方面内容,即财务分析、市场细分和竞争分析。

(3) 制定战略　为了获得成功,任何一个定价的直销企业管理者都必须要知道它想要达到的目标是什么,做出正确结论需要了解什么信息,进行怎样的分析。

3) 直销新产品定价策略

直销新产品定价的难点在于无法确定消费者对新产品的理解价值。如果价格定高了,难以被消费者接受,影响新产品顺利进入市场;如果定价低了,则会影响企业效益,所以,直销新产品的定价策略必须符合整个直销市场。那么如何给直销新产品进行较科学的定价呢?目前在我国直销市场上对直销新产品的定价一般采用以下4种方式。

(1) 对有专利保护的直销新产品的定价可采用撇脂定价法和渗透定价法

① 撇脂定价法:直销企业在直销新产品上市之初,将新产品的价格定得较高,在短期内获取厚利,尽快收回投资。这一定价策略就像从牛奶中撇取其中所含的奶油一样,取其精华,所以称为"撇脂定价策略"。撇脂定价法,对于全新的直销产品、受专利保护的直销新产品、需求价格弹性小的直销产品、流行的直销新产品、未来市场形势难以测定的直销新产品等可以采用此种定价策略。

② 渗透定价法:这是与撇脂定价相反的一种定价策略,即在直销新产品上市之初将价格定得较低,吸引大量的购买者,扩大市场占有率。利用渗透定价的前提条件是:直销新产品的需求价格弹性较大;直销新产品存在着规模经济效益。天狮集团的产品就是在具备这样两个条件的基础上,用渗透定价策略,以低价在国际市场上角逐,最终夺取了东欧等国外大部分直销市场份额。

采用渗透价格的直销企业,无疑只能获取微利,这是渗透定价的薄弱处。但是,由低价产生的两个好处则是:首先,低价可以使直销产品尽快为直销市场所接受,并借助大批量销售来降低成本,获得长期稳定的市场地位;其次,微利阻止了竞争者的进入,增强了自身的直销市场竞争力。

对于一个直销企业来说,撇脂策略和渗透策略何者为优,则不能一概而论,需要综合考虑市场需求、竞争、供给、市场潜力、价格弹性、产品特性、企业发展战略等因素才能确定。在定价实务中,往往要突破许多理论上的限制,通过对选定的目标市场进行大量调研和科学分析来制定价格。

(2) 对一般性直销新产品可采用适中定价法　适中定价策略既不是利用价格来获取高额利润,也不是让价格制约占领市场。适中定价策略是尽量降低价格在营销手段中的地位,重视其他在产品市场上更有力或有成本效率的手段。当不存在适合于撇脂定价或渗透定价的环境时,直销企业一般采取适中定价。采用适中定价策略还有另外一个原因,就是为了保持产品线定价策略的一致性。适中定价策略与撇脂定价或渗透定价法相比,它缺乏主动进攻性,但并不是说正确执行它就非常容易或一点也不重要。因适中定价没有必要将价格定得与竞争者一样或者接近平均水平。从原则上讲,它甚至可以是市场上最高的或最低的价格。与撇脂价格和渗透价格类似,适中价格也是参考直销新产品的经济价值决定的。当大多数潜在的购买者认为这一直销新产品的价值与价格相当时,纵然价格很高也应该属于适中定价的价格。

(3) 同类直销新产品可用竞争基准定价策略 竞争基准定价也叫竞争导向定价。竞争基准定价是以直销市场上相互竞争的同类产品价格为定价基本依据,以随竞争状况的变化确定和调整价格水平为特征的定价策略。同类直销新产品可用这一定价策略。

竞争基准定价一般有两种方法,即通行价格定价法和主动竞争定价法。

① 通行价格定价法:通行价格定价法是竞争基准定价方法中广为流行的一种。定价是使直销产品的价格与竞争者产品的平均价格保持一致。这种定价方法的目的是:a. 平均价格水平在人们观念中常被认为是"合理价格",这样的直销产品易为消费者接受。b. 试图与竞争者和平共处,以避免直销市场激烈竞争而产生的不必要的风险。c. 一般能为直销企业带来合理、适度的盈利。这种定价适用于竞争激烈的均质产品,如同质保健产品的价格确定。

② 主动竞争定价法:与通行价格定价法相反,它不是追随竞争者的价格,而是根据直销产品的实际情况及与竞争对手的产品差异状况来确定价格。一般为富有进取心的直销企业所采用。定价时首先将市场上竞争的直销产品价格与直销企业估算价格进行比较,分为高、相同及低三个价格层次。其次,将直销产品的性能、质量、成本、式样、产量等与竞争者进行比较,分析造成价格差异的原因。再次,根据以上综合指标确定直销产品的特色、优势及市场定位,并在此基础上,按定位所要达到的目标,确定产品价格。最后,跟踪竞争产品的价格变化,及时分析原因,相应调整直销产品价格。

(4) 对品牌卓著的直销产品实行声望定价策略 它是根据品牌在消费者心目中的声望、信任度和社会地位来确定价格的一种定价策略。声望定价可以满足某些消费者的特殊欲望,如地位、身份、财富、名望和自我形象等,还可以通过高价格显示名贵优质,因此,这一策略适用于一些传统的名优产品、具有历史地位的民族特色产品,以及知名度高、有较大的市场影响、深受市场欢迎的品牌卓著的产品。

>>>5.2.3 对产品价格的调整策略

产品价格的调整策略,是直销产品定价策略的重要组成部分。直销产品价格不是一成不变的,直销企业必须要根据直销市场的变化情况,对直销产品进行价格的有效调整。如何调整直销产品的价格,这是关系到直销企业能否在直销市场上稳定发展的关键所在。

对直销产品价格的调整策略,应包括:对相关产品的最优价格调整策略;对产品的降价及提价策略;对价格变动反应的应对策略以及有关心理策略的运用,等等。

5.3 客户名单策略与关系策略

>>>5.3.1 客户名单策略

客户是一个直销企业最宝贵的财产,也是直销得以延续的命脉所在。因此,在进行商务活动的时候,人们通常采取租用的方式从数据库中获取客户名单。当然,无论是数据库还是客户名单,都需要有的放矢,要与你所设立的目标相匹配。

一个公司的客户名单通常包括公司最可能的销售(offer,发盘),因为这些顾客已经表现出直接购买的倾向以及他们对公司所销售产品的兴趣。这些客户名单是非常有价值的,因为它是结构化的顾客记录,同时基于这些个人与发盘的相关程度的一些期望数据,这些客户名单也可以作为确定市场划分和顾客等级的基础。客户名单管理划分用来揭示对于特定产品或服务,哪些客户名单中的顾客最具有消费的潜力。当直销人员进行客户名单划分的时候,他们将个人特性和购买者的行为结合起来考虑,通过包含潜在目标顾客的部分信息来预测一种产品或服务的发盘所可能得到的反馈情况。

1) 客户名单的分类

客户名单通常分为两类:反馈型客户名单(Response List)和汇集型客户名单(Compiled List)。

(1) 反馈型客户名单 主要是基于人们对客户名单上的产品和服务的兴趣来分类的。这种客户名单上的客户名称是从公司的文件中提取出来的,来源于与特定顾客进行交易的那些公司,他们知道顾客对他们产品或服务的兴趣所在。直销人员通过专门营销客户名单的公司或者客户名单的经纪人可以租赁到所有客户名单或者其中的一部分名单。

(2) 汇集型客户名单　是从大量的数据源,如电话簿等处收集而来。这些数据一般是从不同的数据源提取出来的,也从比较小的带有一般特性的客户名单中提取出来。汇集型客户名单没有必要包括直邮或电话营销的购买者,所以这些名单对直邮和电话营销的客户请求并不敏感。然而,这些名单对直销人员来说是非常有价值的,因为通过这些名单,直销人员就可以接触到大量的人群,这些人群中就可能包括潜在的顾客。

还有另外一种客户名单,即组合型客户名单。一旦一个公司选择了它所需要的客户名单,就要进行数据库的建设。使用不同的计算机程序,公司把这些客户名单组合起来,尽可能地消除那些重复性的记录。在组合型客户名单的管理中,所使用的数据处理技术叫做数据的整合-净化(merge-purge)。

2) 客户名单的租赁

几乎所有公司使用的外来的客户名单都是租赁来的。租赁来的客户名单绝大部分实际上是其他公司所拥有的客户名单,因而需要支付一定的费用。其他获取客户名单的途径就是购买客户名单或者同其他公司进行交换。

在介绍客户名单租赁程序之前首先要解释几个角色:客户名单经纪人、客户名单汇集者、客户名单管理员。

(1) 客户名单经纪人　客户名单经纪人帮助客户名单的所有者出租客户名单。大量的客户名单出租活动都是通过客户名单经纪人来实现。客户名单经纪人代表客户名单的所有人将客户名单出租给其他公司。客户名单的租赁者向客户名单经纪人交付一定的费用来使用这些客户名单,客户名单的所有人将收到一定的费用,其中已经减去客户名单经纪人的服务费用。客户名单经纪人是客户名单方面的专家,知道哪些客户名单是有用的,如何才能更好地使用这些客户名单。所以从某种角度来看,客户名单经纪人是直销人员的销售顾问,指导他们哪些反馈型的客户名单是有用的,哪些客户名单对于特定的发盘最有可能起作用。想要出租其所拥有的客户名单的公司往往会同多个客户名单经纪人进行联系。客户名单租赁人一般也会联系几个客户名单经纪人,直到找到合适的客户名单经纪人。

(2) 客户名单管理员　客户名单管理员一般是从事向客户名单所有者说明兴趣的活动,他了解客户名单中的详细信息。他们与客户名单经纪人相互影响,相互合作,时刻关注与所有者相关的各个方面的信息。与客户名单经纪人相比较,客户名单管理员很有可能直接向潜在的租赁者推荐他们所管理的客户名单。

3) 客户名单的划分

当公司决定向客户名单中的一部分而不是全部客户邮寄发盘的时候,这个过程就叫做客户名单的划分。客户名单划分允许直销人员根据预测信息和未来发盘的反馈和盈利情况来定义顾客群体。要想成功地确定直销活动应该定位于哪些最有可能成为顾客的潜在顾客,客户名单划分是最基础的步骤。

在不同时期的直销策略可能互不相同,因而客户名单划分标准的设计也应该足够灵活,以处理一系列可能的划分和定位情况。拥有大型客户名单的公司比较有优势,他们可以对客户名单进行不同划分,从而挑选出那些具有最高期望反馈可能的潜在客户以及挑选出公司应该提供哪些类型的服务和产品。

>>>5.3.2 关系策略

1) 关系策略的概念

关系策略的核心内容涉及客户购买的信息,包括促销模式、兴趣、偏好等,不仅要合理地调节客户关系的顺序和频率,而且要适当地针对不同的顾客定制不同的报价、创新性的信任关系以及各种关系的定位等。

关系策略现在的使用情况不同于传统的客户管理,因为所有的关键决策准则都要基于客户或者个人的具体情况。一个客户是否应该包含在促销或现场营销活动中,主要决定于与该客户进行联系是否会获得增长性的收入。

营销人员通过建立模型评分来评估即将来临的促销活动的购买率,主要结合购买者成为客户的时间、购买何种产品、客户以前的反馈率情况、购买模式等信息来评价每个客户对任意促销或促销活动的投资收益率(ROI),这样就可以最优化营销人员从每个客户获得的收益。没有达到要求的投资收益率的客户一般就不会包含在促销对象中了。

2) 关系策略的实施

营销人员需要什么样的信息来实施关系策略是至关重要的。为了简单表述,讨论的中心思想就是用简单、直观的方法把客户分成合理的几个部分。这个讨论并不需要任何统计方法或者计量方法作为工具来分析客户的行为或者进行分组。需要考虑的关键变量应该包括:购买数据(关系新旧、频率、物质价值和产品)以及促销历史。

(1) 使用购买历史信息来建立关系

① 成为客户的时间:要建立客户化的关系策略,使用时间维度也许是最简单的途径。例如,第一次购买的客户应该与其他客户进行区分,作为一个特殊的群组,可以在第一次购买的产品上贴上标签,标签上写着"欢迎新客户"这样来建立初始的关系,以促进客户继续购买公司的产品。而对于和公司保持长期客户关系的客户,在他们第一次购买的纪念日进行一些表示,也是一个很好的方法,或者将客户的状态标记成为"长期客户,尊贵的客户"等都会取得相同的良好的效果。

② 累积购买金额:累积购买金额可能是最常使用的决定客户优秀程度的标

准。简单地说,根据客户某段时间的购买金额来评估客户很容易成为客户关系策略的基础。一种方法是累加所有的购买金额,除以时间,按月来计算,会得出每个客户的利润速度的因子。这个值越高,说明客户对公司的价值越高。

③ 产品:除了关注金额上的因素,建立关系策略的时候,产品的拥有情况也是一个很重要的考虑因素,尽量避免向客户推销他们已经购买了的产品。

④ 产品使用期过期的情况:除了了解产品的拥有情况,另一个有效的方法就是根据客户拥有产品的数量以及他们成为客户的时间等信息去评估客户。

(2) 利用促销历史数据来定义关系的合格程度和反馈的倾向　除了购买的历史数据之外,促销的历史数据也能保证建立有价值的、可行的关系策略。

每个客户在两次促销之间都需要一定时间的休息期。很多公司都利用这一规律调整一段时间内促销的频率。所以,最简单形式的促销历史通常用来定义对于即将实施的促销策略对哪些客户是最有效的。

促销历史对于市场划分也是很有帮助的。一些营销人员发现,对一个客户进行跟踪促销就可以改善关系。那些有过多次联系的人很有可能提供关于维持一个客户的兴趣方面很重要的消息。

营销人员使用促销历史数据的方法是对每个客户建立一个倾向指示因子,定期地计算每个人的反馈程度。因子越高说明客户越好。

(3) 利用人口统计数据为关系策略进行可行的市场细分　另一种类型的数据——人口统计和生活方式数据,也可以用来确定不同市场的划分。目的是基于一系列的生活方式或人口统计的特征数据来建立一个细分市场,例如性别、婚姻状况、年龄、收入、家庭观念、子女情况、教育水平等信息。

这些细分的市场彼此互不相同,而且每个市场足够大,可以保证促销目标的实现,确定报价、产品定位和不同的创新方法。

(4) 购买历史和人口统计数据的结合可以产生新的机会　将购买数据和人口统计数据结合起来,可以获得更加可行的市场划分。

(5) 利用态度数据为关系策略进行可行的市场细分　态度数据也可以用来进行市场划分。这种类型的数据一般是所有数据中使用最少的,因为这种数据的获得需要很长的时间,调查的费用比较高,而且很多营销人员的经验不足,不是很善于使用这类数据,所以很难对投资成本进行有效的评估。

采用态度数据可以更好地了解客户的兴趣所在、购买的动机、购买的障碍,针对不同的竞争对手提高品牌定位,在特定的市场里或高度忠诚的市场里平衡品牌的公正程度。

一般来说,根据调查的结果,通常会把市场划分为4～8个相似的群体,这些市场在需求和要求、竞争对手集合、购买比例、客户满意度等方面都彼此互不相同。

另外,还可以结合人口统计学和行为学方面的变量,作为描述符号,不过这种符号比较复杂,所以最好作为一种指导性的符号,而不是唯一的指示符号。

5.4 履行策略与创新策略

>>>5.4.1 履行策略

在《直销经理人》一书中有一句名言:我们从不向顾客承诺百分之百的满意,但我们承诺做百分百的努力。我们的理念是尽量做到订购方便、送货及时和服务周到。

商业履行是直销的后续活动。如果说各种促销的目的在于让顾客做出购买决定,那么商业履行就是要把顾客的这种购买决定变成现实。因此,商业履行过程主要包括以下活动:发订单、受理订货、处理订单、存货管理、配送、顾客服务以及整个活动过程的计划和控制。

1) 发订单

准确、简洁和方便是订单设计的基本原则。为了提高订购处理效率和操作的准确性,订单上应该对产品不同规格、颜色、款式等属性进行编号,而且还要注明地址、支付方式、运输方式等选择性信息,以方便顾客完成订购活动。因此,在订单设计中应该充分考虑这些因素,让顾客明白与订购有关的所有方面,而且要保证在公司处理订单出错时易于核查和纠正,以确保订购处理和顾客收货及时。

为了方便顾客填写订单,可以考虑以下措施。首先,顾客在填写订单时,要清楚自己选择的产品。这时,可以随订单附上便捷检索的单子,上面载有产品不同规格、颜色、款式等方面的简要信息和编码。其次,应该在订单上留下足够的空间供顾客填写自己的姓名和地址——这一点很重要,因为多数订单处理错误都是源于这方面的填写错误。

在信函订购情况下,可以在邮件中附加印有回邮地址的标签。对于电话订购,则还要涉及有声语言沟通问题,营销人员的语言要清晰而准确。

2) 受理订货

受理顾客订货一般可以通过信函和电话,还可通过传真和在线方式。近年来,西方国家的公司已普遍采用通过电话接受订货的方式,有的公司提供24小时全天候的人工电话订购热线服务。尽管这种做法从接受顾客订购角度来说是最理想的方式,但是出于成本上的考虑,不是每个公司都能采用的,这时,可以考虑在公司下班时间采用自动应答装置。

电话订购方式如果运用得当,可以享有信函订购所具有的各种优点,例如获取文字记录形式的顾客姓名、地址,产品选择、支付方式和其他支持性信息。

信函订购不具备电话受理订购的及时性。直销人员每天收到大量的邮件,一般包括支付、订购和问询等类型,其中只有一小部分是订购信函。所以,首先要对这些邮件进行分拣,将其分门别类。支付类信函又可按照支付方式划分为现金支付、信用卡支付和支票支付三种,每种支付方式又涉及一些操作上的细节问题。直销人员在分拣出订购信函或通过电话受理订购后,下一步工作就是订单处理。

3) 订单处理

无论直销公司受理订购的途径是通过电话、信函还是其他方式,其订单处理的程序都是相似的,都是以转换为计算机可处理的信息作为起点。事后的订单处理过程包括:核准顾客记录及其支付工具;向仓库传送订购通知单;收取货款。

4) 存货管理

尽管存货管理是一个专门的学问,但是简而言之,存货管理主要涉及两个方面问题:订货数量和订购频次。每次订货数量大,对顾客订货供给的保证程度就高,但是存货成本也高。这些成本包括:资金占用、存货短缺或损坏、储存管理费用。而订购频次高,可以做到存货少,存货成本降低,但是顾客订货供应的保证程度低,而且订货费用增加。所以,企业需要在两者之间做出权衡。管理软件界已开发出多种存货管理软件,每种软件都各有优缺点。同时,有效的需求预测也可以提高存货管理的效率。

关于存货成本与顾客满意度之间的关系是很难给出明确定量性结论的,总的原则是,在不至于造成存货成本巨额增长的前提下,应该尽量保证供货及时。

5) 仓储

货物从采购入库到发运给顾客,在仓库中储存保管的过程就是仓储(warehousing)。

作为商业履行的一个方面,仓储过程通常始于为仓库订购产品,然后是订单处理,终结于向顾客发出所订购货物。在顾客退货情况下,仓储活动还应包括开包和整理退还的商品。直销活动中仓储职能通常有两种实现形式:自营商业仓储和外协仓储。

两种仓储职能形式的主要区别是:自营仓储成本较低,公司享有更大控制权,但是,公司必须有足够大的销售量和资金实力。外协仓储情况下,仓储经营者的利润就是直销人员的成本,因此,单位订购成本一般要高于自营仓储。对于这两种方式的选择,需要针对公司自身情况做决定。一般地,规模大的直销公司更可能选择自营仓储运营方式。

客万乐的送货方式

上海客万乐邮购公司(以下简称客万乐)是由德国客万乐(Quelle)公司与上海

市邮电管理局联合成立的合资企业。该公司的送货方式主要有两种：邮政快递和普通邮包。

邮政快递方式主要是针对上海市区，范围为上海市区环线内、浦东新区和其他几个邮政区域。这几个邮政区域编码包括：前4位数字是"2000"的邮政编码；前三位数字为"200"且尾数为231、232、233、234、237、333、335、431、432、433、434、435、436、437、438的邮政编码；尾数四位数字为"1103"的邮政编码。客户在订购时需要向公司说明希望送货的时间，而且还必须为此种送货方式加付服务费8元，货款由送货员以现金形式收取。

通过邮局投送普通邮包的方式主要针对上海以外的地区。客户在收到当地邮局的取货通知时即可凭单提货。选择这种方式的顾客必须先将货款邮汇至客万乐公司，货物的邮寄费用则由公司承担。

6）顾客服务

无论公司如何努力在商业履行上使顾客满意，总还会存在某些不完善的地方，这时，就需要顾客服务来弥补。从顾客方面来看，他也许会改变主意或者对产品本身的质量、交货等方面不满意，其结果可能是退货，同时配送中也存在装运的短货、损货、错投等问题。因此，公司应该建立一种机制来方便顾客与公司进一步接触，并及时处理相关问题。

顾客服务的内容通常包括以下几个部分：产品的可获得性；交货的及时性；交货质量。这三个方面都直接或间接影响公司效益。首先，如果顾客订购时出现缺货，就会延误交货时间。因缺货而造成一些额外的工作又会增加公司的运营成本。其次，如果不能按时交货，顾客可能会取消订单，造成公司利润损失。第三，如果装运时符合要求的商品在到达时状况不佳，势必要会影响顾客满意度，从而影响其再订购的热情。

7）计划与控制

为了使直销公司的商业履行过程有效运行，需要做好该过程的计划和控制工作。这里，计划和控制两种职能是个有机的整体。计划主要是制定工作目标和标准。控制则包括数据收集、分析、报告、存货水平、退货、顾客服务、信用、收款和质量等各个方面控制。这种统计控制方法，有利于公司及时找出与目标的差距，调整运营过程的相关环节，以保证目标的最终实现。

>>>5.4.2 创新策略

1）创新策略开发

向目标人群所传递的信息要不断创新，这种信息也是潜在客户想要得到的信息。

创新策略与产品或服务定位和发盘规划间有着密切联系,它实际上直接规定了直销广告的诸方面特征。从一定意义上来说,直销广告设计和制作需要发挥公司的最大智慧。

宣传是指在目标市场成员的心目中树立一种与其需要和欲望相一致的形象,发盘规划则是直销人员向这些准顾客提出的一套完整的交易提议。比较而言,创新策略与执行则是明确阐述一项直销活动所要沟通的产品或服务信息的内容和方式。产品或服务的基本特征决定着该项策略的性质和特点。一项成功业务策略的根本在于寻求一种方式,以保证让最大数量的准顾客知道该产品能够给其带来最大效用。

创新策略主要是通过企业的直销广告来体现的。从直销人员角度来看,广告的职能在于履行营销战略的沟通目标。广告将产品特色转换成利益信息传递给目标市场,同时,广告的内容又绝不是产品属性的简单重述。广告创作必须取目标市场的视角,而不是广告主自己的好恶。因此,广告创作者必须善于通过潜在顾客的立场看待问题,并将产品信息转换成对该潜在顾客来说是可理解、有用而且有说服性的信息。

当潜在顾客从广告中获得满足其需要的认知时,他很可能就会留意该广告,并按照该广告内容采取行动。广告创作者的任务就在于将产品的主要属性转换成可以满足这些需要的利益。如果潜在顾客的注意力被该广告所吸引,并发现其中所揭示的主要利益满足其需要,他们将会进一步寻求证据以支持其需求。

2) 创新策略说明书的内容

创新策略说明书包括以下9个部分:

(1) 产品描述(使用方法、特色等)。

(2) 目标客户群描述(人口统计学、地理、心理、购买历史、行为学等方面的特征)。

(3) 客户的问题所在(他们缺少的或者他们所需要的是什么)。

(4) 广告传递的目标(直接反馈广告想要实现的功能)。

(5) 产品的定位(与目标客户成员心目中的竞争相关)。

(6) 主要的销售理念,包括产品或服务基本的销售优势。

(7) 传递主要销售理念的目的和方法的解释。

(8) 直销人员希望潜在客户做些什么(订购或者要求进一步的信息)。

(9) 产品或服务个性(用情感、声调或角色所体现出来的)。

尽管一个书面的说明书包括了以上9个要点,其实际总篇幅却一般不超过一页纸。关于个性化这个主题比较复杂,可能需要相当多的支持性的解释。如果一种产品或服务存在两个或更多的客户群,那么营销人员就需要针对每个客户群分别制定创新策略说明书。

3) 创新策略的执行

在决定主要的销售理念和相关优势方面,直接反应广告商面对着大量的选择冲突。在利益和情感之间,广告商需要做出合理的利益权衡,如何时确定客户面临的实际需求,何时考虑情感因素,这些需求何时是社会性的,何时是发自心理方面的。如何传递主要的优势(以及其他优势)的选择是创新策略如何执行的最为关键的方面,因为这决定着广告的整个特色所在。

一般广告创作人员开始的时候都会沉浸在产品、潜在客户、竞争、市场以及目标等信息中。接下来,他们会搜寻一个主要的销售理念,这个理念将会成为广告的一个亮点。创新小组通常并不是一步一步按照逻辑顺序来搜寻销售理念的,而是在大量相关的事情中自由挑选。挑选了主要的销售理念之后,创新小组开始制作广告。把销售理念作为其中心思想,广告的每个部分——标题、脚本、描述——都要经过认真的设计,以便把中心思想添加到其中。对于创新小组来说,广告不是一系列片断的组合,而是一个销售理念,这个理念是由不同的组成部分来支持和体现的。

直销的创新策略和执行媒体主要包括以下几个方面:直接反馈电视;直接反馈广播;电话营销;直邮;直接反馈打印材料;目录营销等。

5.5 现场营销策略与发盘策略

>>> 5.5.1 现场营销策略

1) 现场营销概述

现场营销包括直销、展会、说明会、促销、核查、样品展示和暗访。之所以将它另分为一类,是因为它是面对面的私人接触式直接营销。现场营销也要根据效果的不同进行严格的评估。直销媒介的创新策略和执行清楚地描述了关于产品和服务,促销活动应该做什么以及如何与客户进行沟通。产品和服务的基本特色决定了现场策略的本质。一项成功的现场策略的关键就是找出采用什么方法才能保证最大效用地向最大数量的潜在客户展示自己的产品。

现场营销可以在消费环境(零售点或是客户家里)、业务环境或两者合二为一的环境下进行,可以实现从本地化到国际化的任何层面的操作。它可以是自营,也可以是外包活动。外包活动的优势在于提供现场营销人员的外包合作商通常是经验丰富、具备专业知识和技能的专业公司。现场营销的供应商可以对现场变化做出迅速的反应,能满足短期的促销需要,他们通常由经验丰富的专业人士监管。

直销是销售人员为了完成销售,建立和维持客户关系,直接到客户家中或某个场所拜访客户。直销人员随时带有产品说明、订单和新产品,以向客户展示,这时客户关系也开始建立并巩固,从而在直销人员和客户之间建立起"亲密关系"。这种"亲密关系"很难被打破,因此订单就可以得到保证,尤其是在新产品上市的时候,他们会向有价值的客户做重点推介。这是一种传统的销售方式,但是相对来说,成本也较高。

(1) 现场营销的缺点和优势　现场营销的目的是提高销售额。现场营销比其他直接营销方式的运作成本高。

在针对高销售额的客户或高价值的客户时,特别是商家之间的交易,销售人员都要亲自登门拜访。复杂的较难解释的金融服务产品也适于此类方式。在未来的某些销售类别中,销售人员登门造访可能会受到限制,因为通信技术的不断更新以及这种直销的成本相对过高。只有当其他营销活动无法奏效时才会考虑使用这种方式。例如,当有必要展示或是解释一个相对复杂的概念或理念时,尤其是那些"看不见摸不着"的或只能靠心领神会来感知的概念。

利用促销人员能更有效和可靠地实施特殊计划,吸引客户的目光,所以在零售环节,利用促销人员的方式被广泛采用,但是采用这种方式时,员工的培训成本要远远大于其拜访若干客户所花费的成本。

互联网的出现使展示大量产品信息及其细节成为可能,甚至可以用短片为网上的潜在客户展示产品。网络还提供在线支付服务。计算机行业转向互联网销售并不奇怪,这是对电话购物的一种补充。但是令人难以置信的是,一些软件程序往往需要现场营销。因为演示盘只能存储软件的一小部分,而现场营销的直销人员所做的现场演示则更有说服力,特别是当客户发现疑难问题时,当场就可以解决。

在营销人员不具影响力或不能发挥效能的情况下不宜采用现场营销。如日用品、书籍和音像制品现在通过互联网就能够轻松购买。此外,一些公司将产品目录和宣传册放到网上,只要 PC 机能联网就可以读取。在商务办公领域,文具和大量的工具、设备和器材也不再需要作为中间环节的促销人员,但新兴的、复杂的概念(产品或服务)领域却仍然需要销售人员。

(2) 现场营销是一体化营销的一部分　现场营销必须与其他的营销活动相结合,这是通过内部营销来实现的。现场营销人员要了解所有的其他形式的营销活动,以做到心中有数。同样,作为客户市场调研的来源,他们的意见也应该得到考虑和采纳。

2) 现场营销的应用范围

采用现场营销的前提是:其他营销方法不能产生足够的订单以期达到目标,或者概念过于复杂,不通过销售人员就无法传递。

3) 现场营销涉及的费用

(1) 雇用费用　包括销售人员的工资、奖金及其他直接支出。雇用一个销售人员的费用远远小于他们所带来的和产生的利润。

(2) 雇用销售人员的隐性成本　雇佣销售人员的隐性成本也应该包括进来,如监督和管理费用(从订单到完整的销售)。相比之下互联网销售则不需太多的资金投入。

(3) 其他费用　要想计算出真实的成本则要谨慎地衡量所有的营销活动支出。培训费用和聘用展会工作人员的费用也应算到成本当中,直邮、广告、公共关系、展会文字说明资料等的成本以及空间、层位和设备的成本等也应列入。

>>>5.5.2　发盘策略

发盘是指由直销人员提出的公司与目标市场成员间的一套完整的交易建议。

一项完整的发盘包括两类组成要素:必要性要素和选择性要素。所谓"必要性要素"是指每个直销发盘都必须包括的部分;"选择性要素"则可根据情况可包括也可不包括在发盘中。需要指出的是,这种分类方法的假设前提是:直销人员的目标是通过该发盘创造订单。

1) 发盘的必要性要素

发盘中的必要性要素包括:产品定位、价格、承诺有效期、支付条件和风险降低机制。

(1) 产品定位　定位就是要在目标市场成员心目中树立一种产品形象。该形象代表了直销人员希望公众如何认知发盘产品的利益以及目标市场如何将其产品与竞争者产品相比较。

(2) 价格　在直销发盘中,价格要素可能被突出显示也可能不做突出显示,这取决于直销人员的发盘目标和策略。有时,直销人员希望目标顾客在了解价格信息以前先详细阅读该发盘的内容;而另外一些场合,直销人员又可能希望价格信息能被突出显示出来,这时,价格因素往往在该发盘中扮演重要角色。准顾客对价格水平高或低的认知不仅取决于标价,还决定于他们对发盘价值的认知。该价格是否优惠或公平,最终要取决于准顾客对该商品价值或利益的认知。

(3) 承诺有效期　承诺有效期对某一特定发盘的交易有效性做出了规定。多数发盘要么是一次性有效,要么是在一个特定时间阶段内有效。

2) 发盘的选择性要素

选择性要素的功能在于通过提供准顾客对发盘的认知价值和创造一种紧迫感,以强化公司的发盘,达到敦促顾客做出购买决定的目的。

准顾客往往有一种推迟其购买决定的倾向,而一旦他们推迟了购买决定,就会大大降低其真正购买的几率。所以,通过在公司的发盘中包括一些选择性要素,有助于克服这种不利倾向。

发盘中的选择性要素一般包括以下三种:

(1) 激励　是指采用恰当的工具或措施激发购买行为。可以被用作激励的工具包括赠送免费礼品、提供折扣优惠和开展有奖购买竞赛或设置幸运奖项等。例如,一些目录营销公司在其发送给目标市场成员的邮件中,除了目录发盘中的主打商品以外,还包含有各种折价销售、甚至免费赠送的产品。一般情况下,公司所提供的礼品应该是与发盘产品紧密相关的。

(2) 多项发盘　是指在一项发盘中同时包括多种产品。例如,许多公司的直邮或平面广告中都同时提供多种产品的交易条件。这种多项发盘的产品一般被编排在一叠邮资预付的卡片上,以供顾客选择订购。每个卡片上都包含一项产品或服务的描述,并预留空间供顾客填写名字和地址信息或公司名称和通信地址。

(3) 顾客义务与额外产品购买　是指公司在发盘中要求顾客购买更多的产品或服务项目。例如,某家经营激光唱盘的直销商以1元的名义价格向顾客提供10张CD,作为交换条件,顾客的义务是在某个特定时段内做出6~8项购买。

5.6　客户服务策略

在直销界有句名言:卖出手中的商品才是事业的开端。那么,怎样才能够把手中的商品卖出去呢?首要的就是抓住客户。世界上任何美丽的语言和画面都不能赢得客户的满意,满意的客户是通过优质的产品和高水平的服务创造的。

>>>5.6.1　客户服务的要求

客户服务是公司与客户个人间联系的主要渠道,其无论是对现有客户还是潜在客户来说都是十分重要的。做好客户服务,必须做到以下几点:

1) 必须具有为客户服务的能力

为了实现客户服务的功能,客户服务代表必须以聪明、谦逊的态度快速地回答所有的请求,提供的信息必须准确、完整和清楚。

2) 掌握需要的信息

客户服务代表要掌握大量的信息,这些信息必须是及时、准确、尽可能完整的,主要包括以下几个方面:

(1) 客户的基本信息,例如名称、地址和账户数据。

(2) 与公司和客户沟通相关的信息,包括账单、运输和促销等。
(3) 与客户和公司交易相关的信息,包括支付、回执和意见等。
(4) 关于产品、服务、政策和步骤的信息。

>>>5.6.2 客户服务可以收集营销信息

客户服务信息主要来源于客户,或者间接来源于客户服务代表的讨论。

一般来说,信息可以分为静态信息和动态信息。静态信息就是人口统计数据等,动态信息就是客户参与的活动或者客户采取的行动。营销活动应该着重于这些基于事件的动态信息,因为它可以显示出客户行为和偏好。

一些客户服务软件包含了交谈加注释的功能,但这样获取的信息过于高度概括,因而用处不大。一些未经培训的客户服务代表所记录的信息杂乱无章,没有要点,用处也不大。解决的方法就是通过多种方法追踪客户的投诉,并记录下来问题是于何时如何得到解决的。另外,关于反馈的信息甚至客户的反应也需要记录,这就需要记录下大量的信息。

客户服务过程中所得的数据要比人口普查获得的数据准确得多,因为它们是直接从客户处获得的信息。

当客户开始跟公司联系的时候,就可以想办法获取调查的数据。客户服务代表也可以基于时效性来建立与客户的联系。这些数据存储在营销数据库里,可对它做进一步的分析,并与客户的其他信息结合。

一般只会对一小部分的客户进行调查。只有更少部分的客户会做出反馈。信息的形式也许不是机器可以读写的。为了方便进行数据管理,所有的结果需要保存在下面三种类型的表格中:

(1) 调查表 包含了每次调查的信息输入。
(2) 调查问卷表 包含了每个不同问卷的每个问题的答案。
(3) 反馈表 包含了收到的反馈信息。

需要说明的是,反馈数据的表格依赖于调查问卷表格中问题的数据格式。可以用来存储收集的数据包括:产品担保形式和要求;客户服务代表处理的询问和建议;在线服务注册过程的一部分数据资料。

不要错过细节信息,这是很有价值的,它可以用于加强目标市场的营销工作。

>>>5.6.3 客户服务与互联网

直销公司刚开始使用互联网的时候,主要用来展示产品和公司的基本信息。随着互联网的高速发展,功能越来越强大,其对于公司的客户服务的作用如下:

(1) 网站通常有一个页面来描述公司的概况。
(2) 直接和间接的终端用户可以选择网站不同的视图,任意地浏览网站。
(3) 进一步扩展了产品介绍的信息,包含了产品搜索工具,可以基于客户的要求推荐相应的产品。
(4) 网站可以帮助客户找到最近的供货点。
(5) 在新产品页面,公司会介绍一些关于新产品的信息,包括产品使用说明、图片等。
(6) 在网上进行新员工的招聘。
(7) 在反馈领域,客户和客户服务代表可以通过BBS进行交流。
(8) 几乎所有的网站都会提供其他相关网站的链接。

【关键术语】

直销策略　目标市场营销　客户名单租赁　关系策略　客户服务

【案例】

【案例1】

玫琳凯:"顾问式"的营销模式

传奇而伟大的玫琳凯·艾施女士奉献给全球女性的不仅仅是"授予成功",更值得称道而永传于世的还是她所创立的"顾问式"营销模式。这种营销方式使她避开了其他直销公司的挤压,在缝隙中成长为一棵参天大树。玫琳凯"顾问式"营销模式包括通过玫琳凯公司专卖店的美容顾问和经销商把产品销售给消费者。

1) 美容顾问

我们的日常消费很多是停留在感性消费上的,没有专人指导,没有科学依据。消费者多是凭自己的知识储备"感觉这个好"就消费,或者是"好像是很不错"的一时冲动。而玫琳凯的美容顾问是美容消费的专业指导者。美容顾问可以以小型美容课的方式向顾客介绍产品,免费为顾客做皮肤分析,给顾客传授皮肤保养和彩妆方面的知识,什么样的皮肤要怎样保养,怎样美容,该用什么护肤品和彩妆品,要注意什么细节;美容顾问根据顾客的不同需求,推荐给顾客相应的产品,给予顾客相应的服务,免费送货上门,并进行完善周到的售后服务等。这些做法都让顾客充分感觉到消费的"科学性"、"专业性"、"可信可行",而且方便、贴心,大大提升了消费的可能性。在这样的过程中,美容顾问也有机会与顾客建立友谊,取得信任,以便牢牢地抓住顾客。目前玫琳凯在全球拥有逾2 000万名忠实的顾客。

2) 经销商

如果说,美容顾问是玫琳凯的市场先锋,专业的美容知识是打开市场的利器,那么,经销商则是玫琳凯营销大军的后勤、军师。玫琳凯的经销商必须了解业务,并且能给美容顾问提供业务指导,因此希望更多地从美容顾问中培养经销商。在成为经销商后,用玫琳凯某经销商的话来讲:"这就到了要培养人的阶段。"经销商有资深经销商、执行经销商、首席经销商等不同等级。经销商,是玫琳凯产品销售环节中必不可少的一部分。除按玫琳凯规范销售玫琳凯产品外,玫琳凯经销商还需建立一定的经营场所,用以陈列展示产品,为美容顾问提供上美容课的场地和提供必要的设施。经销商还要保持与公司的联系,积极参与玫琳凯举办的经销商大会和其他有关活动,及时领会并传达公司的销售政策;应公司要求,经销商要指定专门的培训师为美容顾问提供及时、有效、全面、科学的培训,以共同完成玫琳凯全年的销售目标。

与其他同类产品相比,玫琳凯美容护肤化妆品在品牌传播与市场开拓上可谓匠心独运、别具一格。尽管现在有许多化妆品企业在仿照玫琳凯的做法,但他们的仿制仅仅是形式而已,他们永远无法达到玫琳凯的"自然"、"真切"、"完美",玫琳凯蕴涵的文化永远属于玫琳凯。从某种角度说,美容顾问式营销是玫琳凯个性化生存与发展的制胜法宝。

【案例2】

仙妮蕾德:综合直销和特许加盟的经销模式

为了进一步扩大自己的市场份额,1993年,仙妮蕾德正式进入中国市场,在广州和天津设立了分公司并建有占地4万 m^2 的高科技生产厂房。进入中国市场初期,仙妮蕾德采用的是在全世界统一的直销方式。1998年以后,仙妮蕾德以"授权经营"的模式在中国的保健品市场上找到了自己的位置。

仙妮蕾德的批发零售方式,即公司生产优质的产品,然后将产品批发给全国约6 000家具独立法人资格的授权经销店铺,以统一的价格向消费者零售。仙妮蕾德将精力主要放到打造自己与众不同的品牌和开设店铺上。1998—2002年,4年时间建立了3 000多家授权专卖店,又在随后的1年半的时间里增加了1 500多家。

1) 成为仙妮蕾德的授权经销店店主

仙妮蕾德店主与仙妮蕾德签约后,可经营仙妮蕾德授权经销店。仙妮蕾德店主可以系统招募新事业的经营者,新事业经营者每向其购买一个事业培训套盒并接受其专业培训,仙妮蕾德将会向其支付1 000元的培训费。

2) 成为仙妮蕾德的准店主

仙妮蕾德准店主有机会从仙妮蕾德优厚的市场营销计划赚取一定的奖金。最重要的是,准店主可以按部就班地申请成为仙妮蕾德授权经销店店主。新店主或者是准店主在开展仙妮蕾德事业前,需要接受拓展顾问或培训讲师的专业培训。

如果没有拓展顾问,仙妮蕾德公司会尽快寻找一位合格的店主或准店主担任拓展顾问。如果仙妮蕾德公司短时间内未能找到合适人选,也会为准店主提供必要的培训和支持。仙妮蕾德公司的事业培训计划包括3个培训研讨会,每个培训研讨会约需1小时,主要有以下内容:首先是仙妮蕾德创业良机培训会,学习内容包括如何介绍仙妮蕾德的与众不同之处、市场营销计划、成功故事分享及产品示范等。其次是经营者培训会,学习内容包括讲解"生意指南"、优厚的市场营销计划、如何招募新事业经营者、如何推介仙妮蕾德及设立成绩目标等。最后是领导才能培训会,学习内容主要包括如何做经销领导、如何回答常被发问的问题、如何建立自己的分店和顾客群等。

3) 成为仙妮蕾德的长期顾客

只要购买1个长期顾客产品组合或累积购买零售价1 235元的产品,即可成为长期顾客。有兴趣从事仙妮蕾德授权经销业务的长期顾客,也可以按部就班申请成为仙妮蕾德授权经销店的准店主以至店主。总之,仙妮蕾德除拥有优厚的市场营销及奖金计划外,还会为经销商提供培训、公司支援和专业设计的辅销工具。

仙妮蕾德进入中国市场后,立足现实与未来发展,一改过去的世界统一的直销方式为综合直销和特许加盟的授权经销模式,而且授权经销店分为店主、准店主、长期顾客等三种形式,这确实是一个创造。应当看到,在连锁经营的几种形式中,特许经营是一种比较先进的营销方式。仙妮蕾德敢于进行探索试验,既细分授权情况,又给予特许加盟店诸如营销、奖金、公司支援与专业设计等优质服务,是一种成功的创新。

【案例3】

天狮:创建全球直销网络

将中国国内与国外的市场及其营销紧密联系起来,拓展两大市场,实行内外互动,构建全球直销网络,这是天狮集团的独具特色的营销模式。

1) 国内的营销模式

利用特许经营来构建自己的专卖店体系,是天狮的一大特色,使它在短短几年内就建立了一个足以睥睨群雄的专卖店网络,发展速度几乎是一天一家。目前,天狮在全国已发展了33个分公司,1 800多家特许加盟店。事实上,这种专卖店是由原来的分区办事处改建的,专卖店实际上就是一个直销中转站,有销售的功能,也有形象展示的功能,但更多的是物流功能。对于天狮来说,这种物流中枢机构的建立势在必行,因为其产品线太长,品种繁多,没有专门的区域库存周转和形象展示点,产品不仅在区域内运转不灵,反映迟滞,还会延缓区域内的拓展速度。事实上,直销的最大优势就在于能将单一品牌包容下的系列产品借助直销商进行完整的展现,并且这种基于人际网络的展现能够得到消费者最大的信任,这是倚重经销商分销的传统模式难以达到的。而正规的直销组织体系的完整构架必须有三个部分,即业务组、营销组和服务组。营销组的功能是发现市场机会,开发新产品和制定市场推广策略,辅助直销商的业务展开;业务组的功能是对直销商在业务拓展能力上提供支持,这主要包括直销员的选择、评定和资格审查,当然最重要的还是直销员的技能培训和心理辅导;服务组承担的是行政事务,它着重调节和辅助营销组和业务组的工作,其下辖的部门一般是电脑部、财务部、行政部和仓储部。从天狮直销板块的组织体系来看,基本上是按这个框架而设。

2) 国外的直销系统

为了企业的持续发展,1998年,天狮集团远征国外,开始了国际市场的打拼。在初始市场选择上,套用天狮集团执行总裁钱港基的一句话:"许多公司在进入欧洲市场的时候,都不知道不能将欧洲市场作为一个市场来做,因为欧洲有好多个国家,每个地方的消费能力和接受能力都不一样。"因此,天狮在奔赴海外的第一站的选择上相当谨慎,最终将俄罗斯确定为首选,理由很简单,俄罗斯作为一个横跨欧亚的大国,是中西方文化的交汇地,战略作用显著。因此,天狮从1998年开始,以其主打保健产品"高钙素"全力进攻俄罗斯。尽管当时的俄罗斯政局不稳,金融危机的迹象也已初现端倪,由于产品极具优势,天狮在俄罗斯迅速站稳了脚跟。但从俄罗斯这个国家的整体市场来看,天狮的市场占有份额并不大。历经两年的打拼,天狮在俄罗斯的整个直销网络也只聚集了20万民众,与整体的市场份额相比照,这并不是多么了不起的数字。

直销模式的核心是人际网络的推广,产品要真正在一个市场上形成口碑并快速地铺陈开来,必须要有品牌以及品牌本身所蕴含的良好的公信力,这样才会吸引人群的关注和直销商的加盟。此时,天狮集团在俄罗斯的品牌形象提升已经迫在眉睫。为了提升自己的品牌形象,天狮集团于2000年8月3日在俄罗斯圣彼得堡举行了天狮首届八三国际庆典大会。大会规模空前,精英聚集,名人荟萃,这其中甚至还有前苏联总统戈尔巴乔夫和当任俄罗斯外交部长等政界要人。借助这大手笔的事件营销筹划,天狮产品在俄罗斯迅速走红,直销商数量也猛然增加好几倍。这种影响力很快借助俄罗斯的枢纽地位迅速辐射到欧洲。紧随着俄罗斯之后,天狮集团在乌克兰、匈牙利、波兰以及德国和法国等国家也相继建立了天狮保健品直销网点。为了进一步巩固并扩大这种市场影响力,天狮集团再一次模仿俄罗斯成功的事件营销手法,将其运用到欧洲几个主力市场的推广上。为此,天狮集团在2002年11月1日召开了"天狮柏林全球表彰大会",11月4日又在德国莱茵河畔举行了"天狮精英颁奖仪式"等,这一系列的造势活动使天狮在欧洲市场名声大噪,就连市场反应最为保守的英国人也终难抵制来自古老东方的极度诱惑。可以说,天狮集团在欧洲市场的开拓上大获全胜。

3)"走出去"的法宝

天狮在国际市场开拓战略上不仅是成功,而且可以称为卓越。说到天狮集团"走出去"的法宝,除了成功的事件营销手法,还可以归结为继承中国传统文化,兼容国际环境。深入地了解、掌握和宣扬中华五千年传统养生文化的精髓,是天狮走向国际市场的基础。对外国人来说,传统的中国养生文化可能是神秘的,但天狮人通过对产品的创新和质量维护,成功地将这种神秘印象转化为全球客户对产品的信任。这固然是中国传统文化的功劳,也是天狮人辛勤工作的相应回报。另外,遵守当地的法律、尊重当地的风俗文化以及充分开发当地人力资源,是天狮集团在国际市场上得以纵横驰骋的另一个重要因素。

事实上,天狮集团在走出去的同时,不仅仅关注企业自身的发展,更强调让世人知道中国的发展变化。今天,许多外国人对中国的印象仍停留在20世纪初,他们对中国存在着许多误解和偏见。对此,天狮并没有退却,而是为这些外国人提供机会,让他们看看中国改革发展的大好形势,使他们叹服于中国经济的发展速度。天狮人明白,企业的发展时刻与国家民族的兴旺紧密联系,这也是天狮人一再强调"天狮是社会的,是国家的"原因。

复习思考题

1. 何谓客户名单?它包含哪些内容?
2. 何谓产品组合定价?组合定价要注意哪些问题?
3. 决定直销企业新产品定价有哪些因素?
4. 对直销新产品定价,一般采用哪些方法?
5. 何谓现场营销?现场营销适用于何种情况?
6. 何谓创新策略?
7. 何谓客户服务策略?客户服务策略实施中应注意哪些问题?

6 直销的营销方式

营销方式的选择是营销战略实施过程中的一个重要环节。同样,直销的营销方式也是直销战略的重要组成部分。通过本章学习,主要掌握直销常用的营销方式及其应用。

6.1 上门投递与直邮

>>> 6.1.1 上门投递

1) 上门投递概述

上门投递是指营销人员直接把营销材料送到客户手中。这种方式不注明所有人,不以某个人为特定的对象。宣传品、赠券、样品等的发放常用上门投递方式,可以是沿途发放,也可以直接投递到消费者常接触的地方,例如家庭信箱等。

(1) 上门投递的优势

① 上门投递是经营者传送信息或搞促销活动时最便宜的方式。它的回应率高达12%,杂志的回复率只有1%~2%。

② 信息的内容长短、繁简可由自己随意确定。据英国皇家邮政和直销协会(Direct Marketing Association,DMA)门到门分部的统计数据,仅1999年,上门投递的宣传品就多达80亿份,其中1/4是由专人直接塞到用户邮箱中的。

③ 上门投递覆盖面广。对受众来讲,它没有注明特定的对象,对所有人都是一视同仁;对地区而言,它是一种极其便捷的与客户沟通的方式,无需花费昂贵的费用,甚至可以根据不同区域居民的实际情况量身定制。

④ 上门投递的整个过程所需时间比较短。它的整个过程包括设计、制作宣传材料、发放,这些过程通常在几天内就能完成。

⑤ 上门投递可以用来考察某一种刚刚投入市场的新产品的销售情况。它实

际上是把新产品推介给潜在的用户,尤其是在有免费礼物或试用品赠送时,很少有人会拒绝。

⑥门到门的投递还可以通过客户的直接回复得到接受方的姓名、地址等个人信息,因为在赠券或优惠券上填写姓名和地址的要求一般客户都不觉得为过。

(2)适合上门投递方式的行业　上门投递是一个行之有效的招揽顾客的方法,它通过投递产品样品和优惠券以吸引客户的眼球。利用上门投递的样品通常是个人卫生用品,例如洗发香波、化妆品等。

适合采用上门投递的营销方式的行业多为消费和服务行业,例如房地产代理、法律咨询和美容美发等。根据德国啤酒酿造公司(HBH)伙伴公司的调查,使用门到门宣传方式最多的行业是餐饮业,其次是慈善机构、报纸杂志等。

2)上门投递成功的关键因素

上门投递首先是要确定目的,也就是确定活动的意图。目的明确之后,要想提升这种营销活动的效果,关键在于如下几个方面:

(1)确定投递的物品　这里必须清楚的一点是:投递的物品要根据邮箱大小制作,要符合信箱容量,并且不能太重。太大太重的物品,则需要采取措施以减少不必要的投递费用。如果一定要投递,则最好单独投递给对你的产品已明确表示出兴趣的人。

(2)如何立即引起客户的兴趣　做门到门广告宣传的公司很多,因此,必须使自己的单页让人感觉与众不同,才能吸引客户的眼球,增加客户对公司产品的兴趣。如果条件允许的话,最好能够把宣传材料装入信封,这样给人的感觉比较正式,是一封信而不是垃圾邮件。如果它仅仅是一张印刷品(实际上就是一张广告单页),很容易被人忽视并抛弃。

要引起人的注意,宣传材料本身也要样式新颖,能立刻聚焦人的视线。传达的信息要简洁明了,不然很容易被立即扔进垃圾箱。

>>>6.1.2　直邮

1)直邮概述

直邮(Direct Mail)是一种向客户提供某种产品信息的邮件,这种邮件一般都具有某种形式的回复机制,例如附带信封等。还有一种形式是捎带邮件,即和其他公司的邮件一起发送的含有文件的邮件,如随水单、煤气单、电费单或电话票据等。定期向客户发送邮件的公司或邮购公司通常是采用这种捎带邮件的方式。

(1)直邮的发送对象　通常有从既有的客户资料中整理出来的客户,衍生生成的客户,购买或租赁的客户。

根据国际上的调查,直接邮件中有3/4是发给个人消费者的,其余的发给了企业用户。客户列表通常可以从互联网上、光盘中获得,当然,也可以从其他途径获得,例如通过发送广告所得到的反馈。另外,要确保每一个客户的姓名准确无误,否则由于写错客户姓名造成退件,就会得不偿失了。最简单的办法就是打电话确认或发邮件抽样测试核实。

(2) 直邮的特点

① 选择性:直邮营销可以运用目标市场数据库来选择具有某种共同特征的消费者群或企业购买者群,这些共同特征可能包括地理位置以及其他人口统计、社会经济或购买行为方面的特征。这可以使企业销售的产品或服务与目标市场实现良好的匹配,避免其他大众媒体形式的非针对性缺陷。

② 个性化:个性化特征在今天已经非常突出。几乎所有寄发给公司准顾客或顾客的直邮都有目标收件人的姓名和地址,实施这种个性化得益于现在强大的计算机能力和大型数据库。这种个性化使客户感觉到是商家与自己的个人接触,这增加了收件人的亲切感。

③ 灵活性:直邮可以很方便地根据所要吸引的客户特点和具体情况将传递的信息客户化,因而具有灵活性的特点。无论是直邮的性质还是规模,都可以由直邮者自己决定,而不是取决于媒体。直邮者可以根据需要向数据库或租用名录中的任意对象寄发任何对公司有意义的邮件。

④ 隐秘性:对于直邮收件者来说,在没有打开邮件之前,他可能根本不知道信封内邮件的性质。在实践中,有的直邮看起来就是商业推销用的商函;而有的直邮却被故意伪装成看起来像是其他东西,从而使收件人误以为是其他重要邮件。直邮者为了增加自己邮件被打开的几率,利用商函隐秘性的特点,使收件人在并不知道是直邮推销的情况下打开一览。

⑤ 高反应率:直邮的反应率比直复营销中其他任何媒介反应率都高。这一方面是由于直邮的个性化、选择性、灵活性;另一方面是由于通过直邮向个人或家庭传递的惯例性信息没有来自其他广告的竞争。由于每个直邮者所使用的名册是不同的,即使有时收件人收到了若干不同企业的直邮邮件,但不同企业推销的产品或服务可能是不同的,这使得不同直邮在收件人间的竞争性减小。

⑥ 效果的可测试性:直邮还具有可以测试有效性的特点。通过有目的地控制邮件的差别以研究某方面的变化对邮件反应率的影响效果。

(3) 直邮的效果　直邮的效果很难被证实。有人认为这类邮件中有62%被人们随手丢弃,22%被仔细阅读,另外16%被人们瞥上一眼。英国的直邮信息服务部门(DMIS)给出的数据表明:在所发送的这类邮件中,75%～83%被打开过,53%的邮件被打开且被消费者阅读过。发送给商业企业级客户的直邮,半数以上都未曾被浏览过,哪怕是匆匆一瞥。据DMIS的统计,直邮的目标回复率一般在6%～10%之间。

(4) 直邮的成本

① 数据费用：包括数据处理、复制、准确性核对、购买和租赁名单费用。

② 制作成本：包括美工制作、印刷、激光打印、附件、摄影、小奖品、邮政资费、外信封、回执信封、信笺、纸张、小宣传册等费用。

③ 回复处理费用：包括信函回复的邮资费、电话费、回复处理及客户服务履行的费用。

④ 其他费用：包括市场调研费用、评估费、支持性费用。

同时，还应包括将这些内容组织到一起的费用，例如设计、控制及操作实施的费用。付出的成本很难在短期内得到回报。需要等到下一次订单来补偿花费在这些邮件上的费用。因此，必须要有充分的心理准备，耐心地等待。

(5) 直邮应用的范围 直邮比较适合在下列情况下用：与现有客户保持联络；传递信息；发掘新用户；推销产品；提高品牌知名度；获取数据；与在线服务互补；增进认知。

直邮方法特别适用于那些高档消费品，因为这些商品的目标客户大多有着殊的嗜好和稳定客观的收入。

调查表明，直邮在金融、相机、汽车和家庭购物等领域收益颇丰。适用于直邮的产品和服务具有以下特点：

① 需要较复杂的陈述，例如金融服务提供商。

② 无需看样品就能决定订货，如书籍，在购买前就无需看样品。

③ 一些样品可以随寄送的邮件广告一起寄送。

④ 不用试用就能决定是否合适。

2) 直邮成功的关键因素

直邮广告是一项极具创意并充满挑战性的工作，由许多有形和无形的元素构成。信封的质地、纸张的手感、版面设计、地址的打印方式、所用信息的格式和内容等，都是不可或缺的构成要素；附加的内容也需精心设计；将以上各元素组织在一起，构成最终的邮寄广告资料也需要一定的组织管理能力。另外，广告的发送时机也很重要。

6.2 电话营销与网络营销

>>>6.2.1 电话营销

1) 电话营销概述

电话营销是以电话为工具和媒介的营销方式。

(1) 建立电话营销　是自己建立电话营销,还是雇用外部电话服务供应商,这是企业进行营销活动前必须要做的第一个决策。它取决于电话服务是否是该公司的核心业务。例如,对于电话银行来讲,电话服务就是其核心业务。如果是附加业务,则最好雇用电话服务提供商。

(2) 电话营销的功能　利用电话营销手段,可以实现良好的推销效果。可以说,在电话营销的多种用途中,推销是电话营销最有利的用途。对于现有的顾客,可以通过电话向其寻求再订购,向其推销其他产品或服务,或者增加一次采购的数量。对于那些曾经是本公司的顾客,因为某种原因已经很长时间未从本公司购买的消费者,可以通过电话对其进行再推销,以"激活"这部分顾客。此外,电话营销还被大量运用于向新的准顾客进行推销,联络那些不宜对其进行人员推销的小顾客。

通过电话营销的辅助,销售人员可以获得精确的访问对象,准确约定会晤时间,提高人员推销效率,降低推销成本。电话营销在约定会晤中的职能表现在:首先,通过电话访问准顾客,以识别其是否应该被销售人员访问;然后,对于合格的准顾客,电话访问人员再与其约定与本公司销售人员会晤的时间和地点等方面的安排。

调研是电话营销的又一项职能。运用电话营销可以收集顾客和准顾客的有关信息。这些信息包括:一个企业或家庭是谁在做决策,该顾客需要什么样的产品,是否有什么采购方面的计划等等。这些方面的电话营销活动可以为企业发现作为未来推销之目标的销售线索。通过电话营销调研获得的信息都要存储在数据库中,以供未来需要时查询。

(3) 电话营销的优势和劣势　电话营销的优势在于:

① 提供训练有素的专业化电话服务可以提高工作效率,客户可能是现有的商务客户或普通消费者,也可能是尚待挖掘的潜在客户。电话营销给客户提供关心和服务,是直复营销的有效延续。电话营销也可以进行电话销售,交流是双向的。

② 呼叫中心接线员的语言简洁明了,目标明确。对直销而言,潜在客户的信息数据库对你和任何相关供应商都极具商业价值。

③ 对客户的订单和回复的内容持认真的态度,对顾客指示应细致考虑并灵活应答,尽量让客户感觉他在谈话中处于主导地位,同时也可以从顾客处得到更多有价值的信息。

④ 为了鼓励客户对销售活动产生积极的回应,通常呼叫中心的电话是免费的。而且电话营销应有多条电话线以供使用,避免客户长时间等待的情况出现。所有宣传材料上的电话号码一定要确保准确无误。电话营销可以接收订单,也可以用来确认其他销售活动是否如期开展。

⑤ 对规模不大的企业来说,使用电话营销可以使有限的资源产生更大的经营业绩。对于面临市场趋于饱和的企业来说,可以利用电话营销工具,在不增加新的

渠道及其成员的情况下,实现市场渗透并扩大销售。

电话营销的劣势在于:

① 被访问者常有被冒犯或被侵扰的心理。

② 无法看到对方,这样既无法根据对方的表情得出判断,又无法使访问者运用综合的表达技巧,缺乏视觉诉求。

(4) 电话营销应用的范围 电话营销更适合 B to C 的销售。只要顾客明白了其中的相关性和利益,即使当时沟通并不到位,仍可以确定下次谈话的时间。如果你的产品是客户所需要的,并与他的利益息息相关;如果客户已经收到你邮购的产品资料,并被告知会与他电话联系,则电话销售作为整体销售活动的一部分,效果更佳。定期电话询问一下客户情况,有助于建立良好的客户关系,可以借此了解到产品的售后情况,获得研发新产品的灵感。呼叫中心可以及时获取反馈信息,使客户接受你的销售理念,或许还能够接收到新的订单和进行进一步销售。

作为一体化营销中不可或缺的一部分,电话营销必须和其他销售活动密切配合,保持一致。虽然在理论上,电话营销可以独立进行,但如果与其他销售方式结合,将会收到更好的效果。

① 电话营销与印刷媒介广告的整合:通过在印刷媒介中登载直接反应广告,向目标客户传递公司的发盘信息。在广告中,同时附载了公司的电话号码和通信地址等信息。那些欲对该发盘做出反应的目标客户可以在信函和电话两种工具之间进行选择。在当今的一些发达国家,人们越来越多地偏向于通过电话进行订购或咨询。

② 电话营销和"黄页"的整合:长期以来,黄页是许多机构和企业登载广告的重要选择之一。许多公司都纷纷选择黄页作为自己的印刷广告载体之一,在黄页广告中附载联系电话号码,以供潜在顾客联系。

③ 电话营销与目录营销的整合:电话订购服务一直是目录营销业务的良伴。国外的许多公司通过使用 800 免费订购服务获得巨大成功。据统计,通过电话订购的平均订购金额比普通邮购高出 20%,究其原因,有很大一部分是由于训练有素的电话营销者与顾客之间个性化、互动性的电话沟通。

④ 电话营销与直邮的整合:在直邮活动中,如果为收件人同时提供免费电话和回执两种反应方式,就可以提高其回应率。与回邮相比,电话更易于立即行动。此外,通过电话沟通,还可以澄清收件人对邮件中的疑问,尤其是当所销售的产品复杂时。

电话营销可以作为市场调查的一种手段来了解客户的想法或新产品的可接受程度,这是一种快速获得反馈的方式。

2) 电话营销成功的关键因素

(1) 员工培训 如果接线员没有经过营销方面特别是说话技巧的训练,电话营销则不能用来做市场调查。专业的培训可以使工作人员避免依据直觉去取悦客户，或给出自以为可以满足客户需求的回答。因此，接线员培训是万万不可少的。

接听顾客投诉电话与推销和电话订购是有所不同的，需要采用不同的策略和方法。对客户投诉电话处理的恰当与否会直接影响到该顾客的再订购，应该遵循以下几个原则：倾听，表示同情，不要试图推诿过错，提出供对方选择的解决方案，最终确定一个解决方案，采取行动执行方案，后续联系。

（2）详细的记录　现代的电话交换中心可以对进出的电话进行详细的记录。同时，接线员也应该按照规定记录所需要的所有客户信息，这是公司重要的信息来源。利用这些数据可以对区域利润、价格和价值的接受程度、产品及服务的满意程度指标进行有效的评估。

（3）合理数量的电话线路　在建立电话营销时，应该大致估计每日呼入和呼出的电话数量以及高峰时期的通话并发数量。如果电话线路数量过少，会使很多潜在客户由于不愿意继续等待而离去，从而失去了大量销售机会，同时也会降低客户的满意度；如果电话线路数量过多，则使得成本增加。

>>>6.2.2　网络营销

网络营销是指以互联网为载体所进行的营销活动，包括电子邮件营销、短信息营销和网站营销。

1）电子邮件营销

（1）电子邮件的概念　电子邮件是一种利用互联网沟通的方式，是以电子化的形式把邮件发送给接收者，通常可以建立一个电子邮件地址列表。现在有些软件不仅可以向多个地址发出大批邮件，还可以使邮件个性化。现在普遍使用的邮件过滤功能可拒绝接收大量垃圾邮件。

（2）电子邮件营销的优点

① 电子邮件是与现有客户保持联络的一种有效方式。营销人员如果已经收集到了现有客户的电子邮件地址，可以建立一个非常有价值的客户数据库。

② 电子邮件可以提供一些常规信息，客户往往喜欢从供应商那里得到这些信息。通常在新品上市的时候，总会有大型优惠活动，客户非常希望收到这样的电子邮件。

③ 电子邮件可以设置自动回复功能，加强与客户的联系。

④ 电子邮件是一对一的，使客户感到亲切。

⑤ 电子邮件的成本很低。

（3）电子邮件营销的成本　发送电子邮件的成本包括维护电子邮件数据库的成本和发送邮件的软件成本，很多具有群发功能的电子邮件发送软件是免费使用的，因此这部分成本基本可以忽略不计。这样，发送电子邮件的成本就非常低，如果客户又恰好喜欢这种沟通方式,那么电子邮件绝对是一种不错的营销手段。

(4) 电子邮件营销成功的关键因素

① 客户希望自己收到的电子邮件是个性化的、准确的,且有恰当的回复时间与风格。应该设有标准的回复信箱与电话号码以供选择,电子邮件的签名也应该包括电话号码与工作职位。

② 如果电子邮件是促进销售的一种手段,那么需要了解现有客户的销售量,发出邮件后,对其结果进行比较分析。

③ 如果一个电子邮件直接指向某个网站,需要充满趣味性或者能够提供某种奖励,这样才能聚焦客户的注意力。

④ 使用激励手段会使电子邮件营销更为有效。例如,只有某些客户或前20位客户才能够享受打折优惠。

⑤ 平日人们忙于工作,可能对发送到信箱的垃圾电子邮件产生反感,应该征求一下客户意见,了解他们希望多久被联系一次。

⑥ 如果进行电子邮件营销的目的是为了唤起或强化品牌意识,可采用某种形式的问卷调查,以便了解客户对产品知识的掌握是否全面及时。

2) 短信息营销

(1) 短信息的概念　短信息是指通过手机发送或接收的短小信息。由于手机的普及,使得短信息的使用大量兴起,尤其是18～24岁的年轻人,大量地使用短信息沟通。几乎所有的手机都可以编辑短信息,利用WAP手机还可以有限制地上网。随着技术的发展,这种功能会进一步提高。

短信息传递速度快且新潮。鉴于营销的目的,通过短信息可以进行客户服务、提示、客户关系管理及沟通,例如双向直接回应机制、品牌联合、订票等。短信息一般应言简意赅。

(2) 短信息的优点

① 短信息结合了移动、亲密、快捷的特点,能够把一个简单的信息迅速传送给接收者。

② 短信息可作为一种娱乐方式或人际交流。

③ 短信息交流避免了声音接触,这样使人在交流过程中更自信。

④ 短信息的形式多样,可以是文字、图片或声音,还有彩信等形式。

⑤ 短信息的互动非常方便,例如,可以进行短信息答题和竞猜。

3) 网站营销

(1) 网站营销的概念　互联网是一个全球通用的公共交流网络。对于企业或组织而言,网站就是以公司名义公开发布的互联网站点。

网站可以采用以下三种营销方式之一作为营销手段:

① 信息发布:在此人们可以找到有价值的资讯。

② 交流：在此人们可以进行有效的沟通。

③ 交易：在此人们可以进行交易，而不受其他人的干预。

(2) 建立并推广公司网站　建立站点的工作主要包括选择互联网服务供应商(ISP)、网页设计和制作等。

(3) 网站营销的优缺点

① 优点：客户使用互联网主要是因为它简单、方便、传递信息快捷。网站营销可以帮助客户了解企业，接近客户，为客户提供增值服务，与客户建立关系，节省成本（包括企业和客户的成本）。

② 缺点：网站营销的缺点是注册及登录网站程序繁琐，需要花费很长时间，而且人们普遍对于网上支付的安全性表示怀疑。很多网站不能成功地吸引回头客，因而无法与客户建立长期的业务关系。

6.3　产品目录营销

>>>6.3.1　目录营销概述

产品目录作为一种营销方式，从定义上来说，是零售分销渠道的一种有效替代。在闲暇之余，人们常常通过目录来选购商品，一旦遇到中意的产品，可以通过代理机构、邮局、传真或电子邮件等多种方式订购。邮寄目录的目的无疑是为了促进销售，获取利润。目前，目录营销的形式在服装领域最为盛行，也有用目录销售工业产品或防盗和劳保用品的。

1) 目录的形式

(1) 纸质目录　纸质目录的制作成本较为昂贵。目前，许多公司都自称提供产品目录，但实际上，那只是公司产品介绍的宣传手册。通过目录，可以以邮购业务的方式代替亲自到商店购买商品。

(2) 电子目录　在网站上还可以看到一些电子版的目录，并提供免费下载。当客户访问网站的时候，回弹出附加的信息和价目表，随后的下订单和付款都可以在网上以电子方式进行。

(3) 光盘目录　用光盘目录来代替传统的纸张目录已经成为一个趋势。如今，以光盘格式大量制作的电子目录颇为盛行。许多小公司也开始提供电子目录的生产设计或目录共享服务。

2) 目录营销的优势

目录营销的优势之一是商品信息量大。在以消费者为营销对象的目录中，产品种类繁多,包括服装、饰品、家庭用具、食品、日用品等。几乎大多数消费品都可以通过目录进行销售。目录中包含了各种商品的图片以及品质、规格和用途的说明,信息量大,利于顾客进行比较和选择。

(1) 目录印制精美,令人赏心悦目。由于目录一般使用上档次的纸张印刷,而且图文并茂,综合运用美术、摄影和色彩技巧,利于对顾客产生感情诉求,促使其做出购买决策。

(2) 目录一般会被消费者保存。由于邮购目录信息量大,且印制精美,顾客可能会出于喜爱和以备将来之用而将目录保存下来。保存期从若干个月到若干年不等。这使目录促销的效果增强。

(3) 目录可以使人们在工作之余获悉商家在第一时间发布的资讯,从而足不出户地在家中轻松购物。从生活方式上来看,通过目录购买者往往更能融入世界,更易接受新技术或新鲜事物。知名品牌的销量一向看好,一个重要原因就是这些产品经常使用目录营销。

当人们急需某种商品的时候,他们往往会先通过目录了解相关产品信息,然后再拨打电话、订货、付款、安排送货等。通常情况下,所购物品会先从供应商处通过货运系统集中运送到代理商那里,然后再由代理商在客户方便的时间送到客户手中。

(4) 目录营销通常伴有鼓励购买及波及消费者的朋友或亲属的促销活动。还可以使用分期付款的方式来提高信用额度,以帮助客户购买更多的物品。对于"在家购物"这一方式,现在仍有很多人持怀疑态度,症结的核心在于商家能否保证按时送货,即从客户下订单的那一刻起,是否能将商品在客户可以接受的时间范围内准时送达。一般来说,客户最关注商品价格的竞争力,商品的实际价值,商品的选择范围、质量、时尚性、库存量、售后服务和是否易于退货。

3) 目录营销应用的范围

目录营销购物者与传统的商店购物者有不同的特点。这些差异表现在人口统计特征、生活方式、对购物的态度和其他各个方面。据有关研究显示:目录购物者通常受过良好的教育,从事专业性或管理性工作,收入较高,乐于接受新技术,拥有股票或债券。女性目录购物者多于男性,所占百分比为58%。已婚消费者的比例较高,从年龄来看,25~54岁中青年阶段的购物者占有较大比重。从生活方式看,目录购物者往往更能融于时尚。

>>> 6.3.2 目录营销成功的关键因素

(1) 要让消费者开始养成通过产品目录购物的习惯,这就要求商家所提供的产品和服务必须是一流的,并伴以特殊的促销手段以鼓励消费者尽快做出购买决策。

（2）目录的设计对于销售的成败至关重要。客户在翻看目录的时候通常会按照某种固定的模式并遵循一定的路线，因此掌握人们翻看目录的一般规律，合理地进行产品介绍，会使目录显得更为专业，更具有条理性。可以向专业的公司求助，借鉴经验。例如，知名公司的目录是如何设计版面、编码和编制价目表的，又是如何摆放图片的，并应适当了解客户的订货流程、订单表格的设计、目录的分类、介绍索引以及质量保证应放置在什么位置。

（3）为了吸引更多的客户回头，商家往往采用其他的促销措施。例如，派送精美礼品，或是举办充满诱惑力的抽奖活动。这是目录营销的一个有效手段，这种方式无疑会赢得消费者更多的好感。

（4）在如何使用、携带或是放置商品上，给消费者适当的讲解和帮助，会为商家赚取更多的印象分，也会赢得消费者的信赖。

6.4 直接回复广告

>>>6.4.1 直接回复广告概述

1) 直接回复广告的形式

直接回复（简称直复）广告通常包括以下几种：

① 在杂志中夹寄的诸如优惠券、插页或黏附于广告上的卡片式广告。
② 报纸、杂志和印刷品等展示类广告中的响应机制。
③ 电视直销广告中同时给出的一个电话号码或公司网址。
④ 广播发送的广告中同时播出一个电话号码或公司网址。
⑤ 交互式电视中的广告，当受众看到心仪的产品时，只需拨打电话按照提示进行操作。

杂志和报纸上采用的直接回复机制通常是广告内容的一部分，因此在客户响应的时候，需要将广告从杂志或报纸上剪下来。而黏附式广告的回复机制则是把需要客户回复的内容制成一张卡片贴在广告上，客户可以很方便地取下卡片并直接回复。因此，黏附式的广告相对于那些夹于杂志中的广告来说更受大众欢迎。如果采用免费邮寄的方式，可能会更受消费者的青睐。那些留下联系电话的广告需要设立专门的电话营销；那些给出网址的广告则需要委派专人收发回复的电子邮件。插页式广告可以折叠并整个寄出，或者部分撕下寄回。

互动电视直复广告中登载的电话及网址务必清晰准确,同时要设立与之配套的、完善的电话服务中心,以便随时应答客户来电。根据调查,人们平均在观看一个购物频道约 90 小时之后,就会做出相应的购买决策。

2) 直复广告应用的范围

直复广告最适合那些复杂、烦琐的产品或服务,尤其是要花费很多时间来解释、介绍或是需要借助现场演示、利用音像制品或光盘演示的产品或服务,如金融服务。但是如果广告中无法提供完整详细的概念,或者客户必须要签署一系列繁琐的文件,那么这种广告效果就不行了。

3) 直复广告的优势

直复广告可以方便人们获悉更多的信息或进行购买,尤其适用于那些在购买之前无需经过检验或者测试的商品,例如图书等。如果更复杂一些的话,除了信息之外还可以展示样品。无论如何,这至少表明,回复者对该产品或服务已经开始关注或者表现出兴趣了。

直复广告的优势在于,它可以让商家立即看到广告的效果,并可以通过反馈弄清楚目标客户是否真如媒体所说的那样与之匹配。

(1) 印刷媒介直复广告的优点

① 杂志和报纸的案头寿命长:人们收到报纸和杂志一般会保存若干天,随时翻阅,尤其是杂志,其"案头寿命"有时长达几个月甚至更久。这样,登载在杂志和报纸上的商务信息可以在较长时间内为读者所参考。

② 杂志和报纸的传阅率高:作为一种公共媒介,订阅人往往都不是唯一的阅读者,一份杂志或报纸一般要传阅多人,有的流行杂志和报纸传阅率更高。这样,在杂志或报纸上刊登商务信息,可以实现比该杂志或报纸实际发行量更大的到达率。

(2) 广播直复广告的优点 广播无处不在,人们在任何地点、任何时间都可以收听到广播。

① 广播广告的播出成本相对较低,而且,在过去若干年内广告成本的增幅比电视等其他广告媒体缓慢。尽管近年来对广播广告的需求有所上升,但是从总体上来看,这种需求尚未造成广播广告成本的大幅增长。另外,广播广告的制作成本低。

② 广播可以实现商业信息的迅捷传播。对于一个有紧迫信息沟通需要的广告主来说,在几小时内就可以通过广播电台在空中发布商务信息。也可以对当前的广告内容迅速做出修改,而不会增加太多的成本。如果要预先录制好广告义稿然后再播出,也只要几天的时间。如果使用其他媒介,广告从制作到发布往往需要几周甚至几个月的时间。

③ 广播是一种个性化媒介,听众通过长期的收听,往往会对某些电台形成较

强的忠诚度。他们可能采取某种方式进行参与,更好地进行沟通。

(3) 电视直复广告的优点　电视直复广告,旨在寻求与目标市场成员的沟通,介绍某个产品的主要利益和次要利益。

① 电视直复广告在描述产品的主要利益时,通常能够解释为什么该产品会传递这些利益,并提供一些支持性的理由。这些理由有助于树立该产品和发盘的可信度,并尽可能与该产品某些可见的属性相联系,如该产品的工作原理、制造或设计方面的特色等。

② 电视直复广告的可信度比较高,其可信度来自对产品使用的演示和其他使用者的证词。

>>>6.4.2　直接回复广告成功的关键因素

(1) 直复广告是一项广告活动的附加部分。对于任何形式的广告活动的程序都是如此,直接响应机制应该与广告完美地结合在一起。

(2) 选择正确的媒体。选择合适的直复广告杂志或电视广告至关重要,能够更多地获得目标客户是选择媒体的依据,可以雇佣代理商进行媒体选择。代理机构经验丰富,社会关系广泛,他们能轻松地获得较佳版面的广告位置及高折扣的优惠广告价位。

(3) 对印刷媒介的直复广告而言,营销活动的成败与否,其影响因素包括:
① 读者特征。
② 每千个读者的到达成本。
③ 出版物的栏目范式和广告所毗邻的栏目类型。
④ 广告在该出版物中的位置。
⑤ 广告版式。
⑥ 广告的登载计划、实际选择和效果测试。

(4) 对电视直复广告而言,电话营销可能是最佳的选择,因为这样可以与用户进行直接的对话和交流。

(5) 网站直复广告可以让那些有意向的潜在顾客提出更多的反馈意见。

(6) 对于邮购直复广告而言,一定要搞好服务承诺兑现的活动,例如根据承诺,准时送达产品手册等。应该设有专门的部门负责此项工作。

(7) 经营者应该计划采取进一步的销售活动来应对回复或者回复很少的情况。无论有没有订单,都应该考虑进行电话或邮件跟踪,尽力把客户的好感转化成订单,或者找出客户最终放弃的原因。

(8) 要确认响应者是否是你要发掘的目标客户。作为客户价值评估的一部分,为进一步反馈市场信息,要向客户发送一份调查问卷。

（9）为提高直复广告的回复率,可以采用一些激励措施,例如,赠送促销性质的录像带或光盘,其中可能包含潜在顾客感兴趣的相关产品信息;如果将回复函寄回,可以获得精美礼品等。回函索要产品手册是基本的响应。

6.5 宣传册与广告单营销

>>>6.5.1 宣传册与广告单营销概述

宣传册是放置在顾客可能经过之处,供顾客随时翻阅、取用的印刷品。而广告单则是直接派发到顾客手中的印刷品,派发地点通常选在人流密集的场所。

1) 宣传册和广告单营销的应用范围

宣传册广泛地应用于旅游业,通常摆放在酒店前台、入口、售票处附近和大厅内。在展会上,则可置于登记处或入口处提供的资料袋内。在城区,也可置于适当的汽车的车身上。

派发广告单可以吸引顾客。例如,在写字楼附近派发机票打折宣传单,吸引人们选择乘飞机旅行。

2) 宣传册和广告单营销的优势

宣传册和广告单可以吸引人们的注意。某个新的零售店或新开发的旅游胜地、现有的旅游胜地、某种新产品或服务、限量发售的产品或服务、某个专业展会等都可制作宣传册和广告单。

宣传册可以提供各种促销及优惠措施,激发人们的兴趣,鼓励人们亲临惠顾。为了吸引更多的注意,宣传册上一定要清楚地标明提供什么东西。如果宣传册的内容是大家所熟悉的,顾客往往会从中找出共同关注的话题,商家也可以此作为建立客户联系的契机。

宣传册如果充当订货回执,可以预留一定的空间,以供受众填写姓名、地址等。同时,宣传册也可以被用来做优惠券或展会的入场券。接下来的市场活动应予以及时配合,以获得更丰厚的市场利润。

可以在产品中附上一份调查问卷,客户通常会填写回执并反馈给公司,通过它建立相关的客户数据库,进行客户渠道建设,并为直邮等其他营销手段做信息储备。

>>>6.5.2 宣传册与广告单营销成功的关键因素

（1）宣传册和广告单应该满足销售网点的需要,仔细研究和选择最恰当的分发点进行传单分发和展示。

（2）宣传册和广告单上应该提供富有竞争力的价位、折扣或赠品。调查表明，那些没有提供任何奖品的宣传单总是难逃被人弃于垃圾筒的命运。

（3）在宣传某个景点时，宣传册应言之有物，清楚明了。宣传册的摆放至关重要，一定要分门别类。摆放栏的设计要个性鲜明，如果宣传册的内容已经过时，应及时进行补充和更换。

（4）在某些地方发放宣传册，需要事先得到许可，例如，在地铁站、车站和写字楼发放宣传册，应与管理部门协商，不要未经同意，擅自行动。

（5）分发人就是你的活广告，可以在发放人的 T 恤衫上印制公司 logo、产品信息、广告语或卡通形象，它比单纯地发送广告单更有鼓动性。

（6）工作人员必须经过事先培训，可以询问人们是通过何种途径得知此消息及通过何种方式得到传单的，这样有助于衡量传单的发放效果及其对整个营销活动的影响。当潜在客户用赠券回复时，应进行跟踪记录。

6.6 邮购订单与现场营销

>>>6.6.1 邮购订单

1）邮购订单概述

邮购订单中罗列的商品通常在商店中都有出售，用户可以通过填写所附的订单表格订购商品。人们往往将邮购订单和产品目录混淆起来。准确地说，邮购订单上的商品是在商店里可以买得到的商品，而产品目录则是全部的产品列表，厂家通常不设零售店。

（1）邮购订单应用的范围　1988 年，做服装连锁店生意的 The Next Directory 公司最先掀起了邮购订单领域的革命，率先打破了邮购订单只是针对批量购买者的传统模式。随后大批服装领域的邮购订单公司开始涌现，例如 Lands End、Orbis、Racing Green、Hawkshead 和 Boden 等公司。另外，在书刊和音像制品行业，也出现了大量的邮购公司，他们每月都会为客户提供最新的邮购订单。

有些公司，例如 Argos 公司和宜家公司，只提供产品目录，不邮购产品，产品只在专门的商店出售。而一些从事办公用品邮购的公司，如 Viking、Strakers、Neat Ideas 等只是针对企业级用户。

网下提供产品目录、网上在线购物的方法是一种极为有效的销售方式。PC

World、Jungle、Globule Direct、Misco 等从事计算机和辅助配件销售的公司都采用这种方法。

（2）邮购订单的优势　邮购订单可以拓展业务范围，增加客户。单一的小型商店也可以考虑在自己的业务中增加邮购的方式以提高销量，而专业的礼品商店、图书商店等则应该考虑采用邮购的方式。

直接邮寄的广告促使人们到网站上去浏览，敦促他们立刻采取行动，但通过邮寄人们所需要的目录，可以让他们仔细阅读品评，而无需立即采取行动。

对那些主要从事 B to B（企业对企业）业务的供货商来说，他们的销售活动还应包括在全国各地的商品展销会上设立展台，在展会上接受订单，会后处理订单。客户可以根据商品目录，通过电话订货，商家也可以用特价优惠的手段吸引客户订货。

2）邮购订单成功的关键因素

（1）鉴于邮购方式存在着为客户提供信息和优质的送货服务的要求，商家在决定采取邮购方式时一定要慎重。

（2）邮购对物流方面的要求非常高，通常面临准备订单、包装发货、送出发票、接收付款及讨要呆账等问题。

（3）商品的价格要有竞争力，并且要建立可靠的送货、分货服务体系，还要设立专门的机构来处理发错的货物。

（4）制作邮购订单时，要重点考虑产品手册、单据、产品目录、价格表，订单的印刷一定要清晰，字体要清楚。

（5）及时更新订单上的产品，要提前准备几种版本的小册子，防止客户订购缺货的产品，因为缺货会影响公司在客户心目中的形象。

（6）如果订货达到一定金额，应该提供免费的包装和邮寄服务，这样能够促使客户多订货。

（7）如果客户以破损等理由要求退换货，应该具有完备的退换货政策。

（8）明确标明客户的付款方式是支票、汇票、信用卡还是现金，是货到付款还是款到发货。

>>> 6.6.2　现场营销

现场营销的内容已在 5.4.1 节中介绍，在此不再赘述。

现场营销成功的关键因素有以下几个方面：

（1）销售人员培训。现场营销中销售人员的表现直接关系到营销活动的成败。为了让销售人员能够满足现场营销的需要，能够向客户把产品和服务讲解清楚，并迅速地回答客户问题，培训是必不可少的。

（2）将责任落实到个人，这样就能衡量销售人员在现场营销中所起的作用。对销售人员应该同其他员工一样制定年度目标，并且评估目标的实现情况。

（3）对不同客户区别对待，重视那些高价值的客户。如果一个客户的订单很大，就应该指定一个客户经理与这个客户联系，这样才能建立起密切的关系。

（4）将现场营销充分结合到整体业务中去是至关重要的。现场营销人员容易将自己与其他营销人员区分开来，或是自认为凌驾于其他营销人员之上。

（5）在慎重考虑所采用的方法以及现场营销活动的同时，还应考虑是根据区域、技术需要还是根据组织类型来划分目标客户。

（6）慎重选择展会，展会主办方往往会夸大参展人员的身份，夸大展会的效果，有时候实际的参观者并不是所预期的客户。

（7）注意信息收集，可以用咨询卡记录来访者姓名和详细资料，进行统计，完善客户数据库。

【关键术语】

上门投递　电话营销　网络营销　产品目录营销　直接回复广告

【案例】

【案例1】

尚赫"营销人员＋健康沙龙＋邮购会员"的综合营销方式

1956年，美籍华裔人士陈上吉先生白手起家，用5 000元新台币入行，从事药品、健康食品等研发生产，不久公司就越来越大。1978年，陈上吉先生在洛杉矶设立了尚赫国际机构，以"散播美丽，奉献健康"作为创业宗旨，结合中西方理论和现代生物学营养学内容，科学地研发出一些增强免疫力的健康产品，并以"预防重于治疗，食疗重于药疗"的健康观念及个人成功的创业历程为绝佳典范，一步步带领尚赫伙伴，以健康的事业、无限的希望圆人生的梦想，目前尚赫已成为美国卓越的营养保健品生产企业之一，尚赫不但在中国落户，还在印度尼西亚、马来西亚等设立了分公司。

1998年8月，尚赫获得国家对外贸易经济合作部、国家工商行政管理局及国家贸易局正式批准，采用自设店铺并雇佣营销员的方式成功转型经营。尚赫产品明码标价，直接面向消费者；亦设有营销队伍帮助推销产品、服务顾客、开拓市场。尚赫的营销方法是：营销人员＋健康沙龙＋邮购会员，使它走上了营销事业的巅峰。

1）营销人员

尚赫产品具有独特、成分天然、环保、耐用等特点，其先进的消费概念需要由专业的营销人员进行讲解和示范，才能让消费者更好地了解产品的使用方法，使产品的优良功效得到最佳的发挥，真正让消费者了解和认同产品的价值。另一方面，营销人员凭借推广产品、服务顾客的工作，可以拥有一个多劳多得的事业机会。

（1）申请资格　尚赫公司仅接受符合下列任一资格的个人或法人组织为其营销成员：

① 个人：到达法定成年标准的个人，依法可专职或兼职经商的人士；合法结婚的夫妻；具有天津市常驻户口、身份证或暂住证；在尚赫公司有直属分支机构的地区，则须有当地的常驻户口、身份证或暂住证。

② 法人组织：依照《中华人民共和国公司法》合法组织的公司，并依法设立公司行号和商号。

（2）申请手续　将填妥的相关资料交至尚赫公司或当地的分支机构（每月最后一个工作日之前）；完成手续后，经尚赫公司审核无误后即成为尚赫营销成员，申请者妥善保存协议书；尚赫公司于接受您上交给营销人员协议书时，将给予一识别码。

（3）营销人员的准则　美商尚赫是一家致力于提供高质量产品及良好服务的国际机构。在建立尚赫事业时，每位营销人员必须严格遵守本行业准则，建立和维持良好的尚赫营销业务秩序。其具体的行为准则有：严格遵守国家的法律、法令，依法纳税；遵循自愿、公平、诚实信用的原则；尊重社会公德；保证遵守公司颁布的关于营销人员的所有纪律和规章制度；向公司填报的资料真实、有效；不得隐瞒本人真实身份；不得借用、冒用他人名义或使用其他不正当方法成为尚赫营销人员，否则，一切后果自负，概与尚赫公司无关；营销人员的证件只能由本人使用，不得借给他人使用；认真学习、了解公司情况，实事求是地介绍公司，不得夸大公司实力；本着公正、公开、诚实的态度阐述尚赫产品及经营计划；努力学习产品知识，了解产品功效；完全按照公司提供的产品资料推广、介绍产品，示范产品用途，不得对产品的用途、性能做夸大、失实或引用无据的虚假宣传；以殷勤礼貌的服务态度，迅速处理顾客对产品的投诉，并按照尚赫正式颁布的程序，处理产品的退换事宜；不得利用尚赫业务关系，推广或销售非尚赫公司提供的产品或服务；不得利用尚赫业务涉及政治、宗教信仰或其他非商业性活动；不得自行制作、发行、销售业务辅助用品和视听资料，只可以使用尚赫公司指定的文字、录音、影像资料开展业务活动；应该使用公司统一印制的名片，若自行印制，则需符合公司规定的内容和样式。

未经公司核准同意，不得在公共场合展示或推广、售卖尚赫产品；明码实价、公平交易，不得擅自收取任何附加费用；尊重顾客选择，不得强买强卖，不得向陌生人兜售或登门叫卖；不得批评、诋毁其他营销人员或攻击、轻视其他公司、其他品牌的产品或其他职业、行业；凡尚赫营销人员，必须仪表整洁；着装具有职业风范，业务活动中必须保持与公司发布的信息同步进行,口径与公司保持一致,行为准则与公司理念相吻合;未经尚赫公司许可,任何人不得以尚赫名称作为任何其他机构或生意的名称,或授权他人使用这些名称;除尚赫公司同意外,不得在任何场合使用尚赫名称或商标;不得通过尚赫以外的其他公司获得并销售标有尚赫等字样的产品给顾客。

营销人员违反本守则,或其他行为有损尚赫企业形象,尚赫公司有权按情节轻重,对该营销人员给予适当的处分,包括警告、暂停工作、不予续约或立即取消其资格等。

2)健康沙龙

(1)加盟尚赫健康沙龙的目标 遵守国家的经营法规,开展连锁经营;建立规模化店面销售的经营模式;全面开展连锁经营,将销售终端快速推广;通过销售终端,全面销售高附加值的产品;体现经营者实力,增加购买者的信任程度。

(2)尚赫健康沙龙加盟店的经营宗旨 严格执行国家相关的法律法规;统一执行尚赫公司的经营规程;以店面经营为基础,自行雇佣、管理营销人员,进行推广销售;以直接销售尚赫公司产品为实现利润的方式。

(3)尚赫加盟店的工作执掌 各沙龙都是独立经营的销售实体;按照尚赫公司的规程进货、报单;自行雇佣、管理营销人员,独自开展直接销售工作;执行公司的营销策略,开展规定的促销活动;及时推广公司的形象,保持公司形象的统一完整。

(4)尚赫健康沙龙开放时间表 为了保证广大经销商提供整体、统一的服务,尚赫健康沙龙对外开放、接受咨询的时间统一如下:每天的统一讲解时间为上午10:00—11:00。

(5)讲解的内容 沙龙环境布局介绍5分钟;产品陈述规范5分钟;美容流程规范40分钟;申请、审批流程10分钟。

(6)具体规定 美容规范的讲解过程中,专业的美容师将为咨询的经销商提供示范展示,具体规定如下:

美容师为申请的模特现场操作示范;经销商必须提前预约,申请成为体验美容的示范模特(至少提前一天预约);示范模特需要自备脸胶、面膜、蓝希活性金护肤品等产品;全天的其他时间原则上不再提供系统的咨询指导,沙龙的其他培训由公司统一安排进行。

3)邮购会员

填写会员申请资料及订单后,邮寄或传真到尚赫公司的邮寄组可加盟成为邮购会员。

(1)申请资格 尚赫公司仅接受符合下列任一资格的个人或法人组织为其邮购会员:

① 个人:达到法定成年标准的个人,依法可专职或兼职经商人士;合法结婚夫妻;外籍人士则须有外侨居留证。

② 法人组织：依照《中华人民共和国公司法》合法组织的公司，并依法设立公司行号或商号。

（2）申请手续　申请人必须详细填写《尚赫申请协议书》一份与尚赫公司签署协议；申请人一次性购货满1000元净额者，公司免费赠送一套价值100元的资料；申请者须准备身份证正反影印件一份，到交通银行开户并提供太平洋卡号及相关附件；申请者于申请时可办理一张尚赫邮购会员卡，但须缴纳2元工本费；将填妥的相关资料邮寄至尚赫公司（每月最后一个工作日之前）。

完成手续后，经尚赫公司审核无误后即成为尚赫邮购会员，申请者妥善保存协议书。尚赫公司于接受您上交给尚赫申请协议书时，将给予一识别码。

尚赫的"营销人员＋健康沙龙＋邮购会员"的营销技法，确实具有很强的针对性与有效性，内容丰富，方法灵活，三者联动，销售拓展效果极佳，不失为实现"事业巅峰"的有效途径。

【案例2】

玫琳凯化推销为"一堂成功的美容课"方式

从最初的挨家挨户推销开始，玫琳凯并没有一成不变的营销技法。为了更好地适应市场环境，玫琳凯对挨家挨户的直销方式进行了一次革命，将自己的销售员称为"美容顾问"，以小组展示方式推销产品，每次参加活动的人数不超过五六人。玫琳凯认为："这种方式让我们的顾问方便指导妇女如何保养皮肤。"

玫琳凯公司在全球20多个国家雇佣了40万名"美的咨询者"，她们都是独立的推销人员，可以用便宜一半的价格从公司里直接购买各种产品，工作的时间和地点完全由自己决定。她们所要做的是邀请一些潜在的消费者参加美容课，亲自讲解和演示如何使用产品，最终是否完成销售取决于销售人员的推销服务。

玫琳凯推崇的是让顾客参与到美容课中，根据自己的需要去了解美容知识，进而购买玫琳凯的产品。因为，玫琳凯的美容顾问都明白，只有一个女人有机会学会用正确的方式进行皮肤护理，她才会去购买她所需要的那些产品。正像玫琳凯所提示的，她的公司的美容课原则上是指导而并非销售。事实上，玫琳凯公司的美容顾问们吸引了更多的人成为该公司的美容顾问，如果这些顾问曾是自己强卖的顾客，她们今天就不可能和自己在一起。但所有这些妇女都具有两种特征：她们乐于助人，同时，也喜爱阐述新思想和捕捉重要信息。每一个成功的美容顾问都喜爱用她的热忱和丰富的知识来介绍玫琳凯公司的产品。简单说来，每个人都热衷于做皮肤护理课的讲师。

事实上，玫琳凯化妆品采用这种营销技法，不仅为顾客提供了一个了解产品、化妆的机会，也为许多女性提供了一个发挥自己价值的舞台。作为玫琳凯的美容顾问,她们在帮助顾客变得更美的同时也让自己美了起来;她们在自己成功的同时也在帮助别人赚钱;她们有更多的机会去和陌生人接触,有更多的机会去结识新朋友。而且,一些年龄较大的妇女认为,玫琳凯的美容顾问这一职业适合那些对目前从事的职业不满意的人,他们可以将其作为第二职业。这样做的结果是,玫琳凯公司增加了许多经验丰富且热心事业的推销者。当然,公司为这些"美的咨询者"所做的是通过广告宣传公司形象,每年还要在达拉斯举办3天的培训。在那里,业绩最好的推销人员将会得到玫琳凯公司的奖励。

在直销企业,成功的直销模式是一个体系,有一套完整的运作方法和管理机制,所有的努力都是为了"临门一脚"——达成销售。而美容课就是玫琳凯整个体系的重心,它将销售与慈善家式的企业理念融合为一体。可以说,美容课是集所有营销活动与技法的大成,也是整个玫琳凯理念能存活下去的基础。

美容课是玫琳凯最为独特的营销方式与技法。作为直销企业,玫琳凯放弃了挨家挨户地推销,而是在公司内部或者是由美容顾问组织各种规模的美容课。一般来讲,美容课就是玫琳凯美容顾问销售的最佳场合。所以,美容课对于玫琳凯美容顾问的重要意义就不言而喻了。

玫琳凯公司在培训自己的美容顾问时经常讲:"一堂成功的美容课有三个目标,达成销售、推销和延伸预约。但是,为了达到这三个目标,我们在上课时却必须忘记自己是一个销售人员,忘记这三个目标。"对这段话,我们可以理解为:销售是个人与企业生存的基础;推荐是为了发掘更多的优秀人才,充实美容顾问团队;延伸预约是为以后的销售和推荐做准备。也就是说,美容课的目的不仅仅是为了将产品销售出去,更是为了吸引更多的人加入到玫琳凯美容顾问的行列中来。

在玫琳凯,美容顾问都讲究两条腿走路,即销售和推荐同时前进。因为如果没有销售,美容顾问则不可能生存;但是,如果没有推荐,美容顾问则没有自己的团队,就不可能晋升。可以说,这种体制保证了玫琳凯公司和其美容顾问之间的双赢。玫琳凯公司的美容顾问总是把积极、热忱、美丽与信心传播给她们所接触到的人,事实上,也正是这种心态将其貌似矛盾的目标和路径有机结合在一起,使美容课的三个目标顺利达成,最终达到摩擦力最小,满意度最高。

正是因为玫琳凯美容顾问拥有良好的心态,所以,无论是在玫琳凯的美容教室里,还是在美容顾问或顾客的家中,人们总会感受到一种温馨与和谐的气氛,美容顾问和顾客围坐在小桌周围,桌上放着化妆包,里面装着玫琳凯的整套试用装、化妆镜和简易课夹,大家像好友似地聊天、谈心。从某种角度上看,美容课似乎更像是一群女性在分享美丽经验。事实上,也正是因为这种良好的氛围,使得玫琳凯的美容课成为玫琳凯销售业绩不断增长的功臣。

玫琳凯公司独特的营销技法还表现在另外一方面,那就是他们采用付款才能提货的政策。这种做法给玫琳凯带来了很多好处。

首先，采用付款才能提货的政策使得玫琳凯公司不需要很多开办资金，这就降低了公司的运营风险。更重要的是，玫琳凯公司的美容顾问可以只支付售价的50%购买整套产品，这远远低于一般直销公司，使许多妇女从中更多地受益。

其次，这项政策不仅极大地鼓励了公司美容顾问的工作热忱，还使玫琳凯公司免去了许多坏账。因为玫琳凯在直销业25年的经验使她深知，直销员的坏账常导致直销公司破产。

最后，玫琳凯公司在解决货品的分发问题上也有其独到之处。一般来讲，顾客都希望能够尽快地收到自己订购的产品，甚至经常希望可以立即拿到自己中意的产品。但是，如果一个直销公司争取保持几百件货品的产品供应线，这些货品的分发问题就会严重起来。一个独立的美容顾问不可能奇迹般地迅速提供顾客所购买的化妆品。因此，在玫琳凯公司，美容顾问的宗旨是有目的地把产品限制在少数几种主要的护肤品和化妆品上。

玫琳凯公司鼓励每个美容顾问先订货，然后发货，在做销售演示的那天再收钱。公司并不要求美容顾问按特定的数量来购买产品，那些习惯保持适当存货的美容顾问很快就明白了一个事实：一旦顾客能带着产品回家，她们就会爽快地购买。玫琳凯就是凭着这样一种指导思想建立了自己的公司。

（注：案例①②均选自：陈乃兆主编.直销案例剖析.北京：中国经济出版社，2005）

复习思考题

1. 上门投递营销方式的优势是什么？保证成功率的因素有哪些？
2. 直邮营销方式有哪些特点？直邮的应用范围有哪些？
3. 电话营销方式具有哪些优势和劣势？
4. 电子邮件营销成功的关键因素有哪些？
5. 网络营销成功的关键因素有哪些？
6. 常用的直销方式有哪些？

7 直销企业争奇斗艳的特色管理*

企业管理就是对本企业所拥有的资源——人力资源、金融资源、物质资源和信息资源进行有效的计划、组织、领导和控制,用最有效的方法去实现本企业的目标。直销企业的管理也不例外,各企业在管理实践中都在探索和创建着各自不同的特色管理模式,追求着效率和效益相统一的最有效的企业管理。成功的直销企业绝非偶然的幸运,它的成功是建立在科学的管理上的。在直销企业中,任何工作都始于管理,也终于管理。管理是直销企业打开成功之门的钥匙。本章介绍了最具管理特色的5个企业的管理模式,供读者学习、分析、研究,以加深读者对一些成功直销企业管理模式、管理哲学、管理理念以及管理方式、方法的体会与理解。

7.1 天狮的"六网互动"与知识管理

20世纪50年代后期,网络直销在美国诞生。随着科学技术、经济资源的重新组合,西方简单化的直销管理模式已不适应变化的新形势。以中华"儒商"作为"商业道德"的基础,以当今世界最先进的直销理念为形式,天狮集团创造了独特的超越一般直销理念的"捆绑式"市场营销与企业管理的模式,并且在此基础上发展为"六网互动"的立体化网络体系,这是人类营销史、直销史上的伟大创举。

天狮创造性地提出的"六网互动",即由人力资源网、国际教育网、国际物流网、国际资本运作网、国际旅游网、国际互联网织成的立体化网络相互作用。"六网互动"既是一个营销概念,又是一种经营管理模式;既是一个相对独立的个体,又是一个有机结合体;既有原则性,又有灵活性;既是静态的,又是动态的,同时更是复合性的。虽然每个网都是单一的,但是它们联合起来产生的效果并不单一,它具有普遍的适应性,在任何国家发展都是帮忙而不添乱。

全球战略是天狮的市场定位。"少一个国家不算全球,少一个国家的货币不算

---

* 本章资料主要来自各企业的网站,同时,也选用了业界一些专家的"案例介绍与评析"。

外汇"是天狮的发展方向和目标。"六网互动"则是适应天狮全球战略要求的独具中国特色、独具天狮特色的直销管理模式。

>>>7.1.1　人力资源网是母网

　　人力资源网是无国界的、持续增长的、长远的、有序的、健康的、发展的,是六网最大的核心,也是六网互动的关键,所以称为"母网"。天狮构建的这个"人力资源网",从实质上来说,是构建了一个载体,有了这个载体,天狮才取得了今日的辉煌成就。在这个网中,每个人都是平等的。借助这个载体,每个人都能拥有公平的机会,只要找对自己的位置,都能发挥出最好最大的潜力和能量,完全体现出其人生价值。人力资源网为每个人营造良好的氛围,给大家提供了一个通往成功的梯子。在这良好的氛围中,每个人不管穷富贵贱,都通过学习、学习、再学习来吸收各种文化,不断丰富提高自己。天狮集团在全球的业务辐射面近170个国家和地区,从业人员达上千万,相当于新西兰、科威特、新加坡三个国家人口的总和。这是企业巨大的财富,也是十分可贵的无形资产。天狮的人力资源网构建了一个载体,借助这个载体,天狮实现了自己的经济目标。天狮的人力资源网不同于传统意义上的直销网络,它的制度是根据不同国家的法律制定的,更加系统而规范,更加人性化,因此,能在不同国家按照不同的游戏规则合法经营。

　　天狮的人力资源网是无国界的,一直都在健康、持续增长,它的人力资源永远是一座开采不完的金矿。天狮目前的经营框架分为九大战区,分布在东欧、西欧、北美、南美、南非、北非、澳洲、南亚、东南亚。天狮的人力资源网是全球性的,没有种族、贫富、高低之分。大家在这个载体中生存,相互借力,相互依存,风雨同舟。总之,天狮人力资源网既是消费网,又是销售网,还是经营网,更是管理网。它使得任何一个在社会生活的公民都有机会从普通消费者变为销售者与经营者。它解决了自由职业者和失业人员的困惑,这也是天狮集团对社会作出的贡献。

>>>7.1.2　国际教育网是保障

　　天狮集团在发展网络的同时,也始终不忘以正确的经营理念教育人,积极营造健康的销售网络体系。为了重新整合无序的、不规则的、零散的教育体系,有效地促进天狮国际市场的高速发展,天狮集团创建了天狮国际教育网。国际教育网是天狮价值链中的重要一环。他们针对不同的人群分基础、分级别地进行不同的教育,形成成功的驱动力,实现最终的发展。在教育中,天狮是以积极带动积极,以好的经验、好的管理思想来帮助人,同时借助教育网络,普及法律知识和积极的人生观、高尚的道德观等,倡导优秀的民族精神。

>>>7.1.3　国际物流网是基础

作为现代企业的大动脉,天狮事业的战略拓展离不开物流的通畅。只有具备强大的物流体系,企业才能快速、健康地发展。天狮集团的六网互动是环环相扣的。但是,这一切必须有强大的物流体系作保证。物流是天狮的大动脉,先进的物流体系是天狮进军世界500强的基础和保障。随着国际化市场运作的深入发展,公司将建立一套完善的电子物流通道,使天狮产品真正实现从A国到B国再到C国的物流程序,以此来保证以最短的时间、最简洁的方式、最快捷的信息传达来满足跨国界、跨区域的产品订购。目前,天狮在全世界快速发展,将近800万人在天狮物流网中经营和消费,这是一个庞大的载体。天狮倾力打造国际一流的物流"快速反应部队",也就是天狮的国际物流网,为自己的员工和消费者提供最有力的物流保障。

加盟网络化超市又是天狮的一大创新。物流是为了满足超市,超市是为了满足网络化的发展需要。天狮将本着特色化、生活化、多样化、本地化、品牌化的原则广泛地开发新产品,通过不断地推出新产品充实各个加盟网络连锁超市,增强各个国家业务员广泛开办专卖店的动力和积极性,形成人力资源网与加盟网络连锁超市,使其成为企业商品流通的中转,形成店中有网,网中有店,共同促进的互动效应。每个加盟网络化超市通过运用互联网等各种现代化展示手段,形成成千上万种商品的销售。这种超市的特点就是在PV(Point Value 奖金系数,也叫积分)、BV(Business Volume 净营业额)制度的作用下,把家庭需要和超市紧密结合,高投入高产出,良性循环。

>>>7.1.4　国际资本运作网是动力

在天狮集团的六网互动中,资本运作网可以说是最具发展魅力的网络。因为这是在世界范围内的创新。天狮的资本运作网有一大特点,那就是股票持有者既是经营者,又是消费者;既是股权所有者,又是券商。有些上市公司是为了融资而上市,而天狮是为了发展而上市,为了责任而上市。天狮的股票上市严格按照国际金融市场的运作规范执行。多国上市规避风险使股民在运作资本时也能够减少风险,使每一个持股者的利益与公司捆绑式发展。天狮集团的发展越好,全球每一个天狮人在天狮的资本运作网的获利就越大。

>>>7.1.5　国际旅游网是资源

旅游会带来更多的消费,但是,从来也没有人想到消费过后还会有消费利润的再分配。天狮集团就是抓住了这个机会,创建了天狮国际旅游网。天狮集团把旅游纳入网络中,可以说又是一种创新,因为它改变了过去单一旅游的模式。在发达国家,旅游业的服务意识、管理网络化以及导游都比较好,但大都是传统模式。而天狮集团在旅游业中增加了新的内容,把旅游消费利润进行二次分配,形成制度化、网络化、价值链条式的有机经营。天狮的经销商和其他从业人员既是旅游者,又是经营者,可以进行二次分配、三次分配。这种旅游可以使利润层层加厚,更快速地满足天狮发展的需要,满足天狮人消费的需要,同时又可以防止网络内的资源外流。

天狮集团在全球90多个国家和地区建立了分公司和分支机构,为天狮国际旅游网提供了良好的基础。而且,天狮集团遍布全球的业务精英已经形成了具有凝聚力的团队,是国内外很多旅游公司所无法比拟的。天狮每年都组织大型的旅游研讨会、旅游年会、旅游教育培训会等,消费者可以完全脱离旅行社,在天狮驻当地分支机构的协调下,自行解决在全球任何国家的旅游、导购、娱乐。天狮国际旅游网开创了一种全新的旅游消费模式,消费者在享受旅游的同时,也能得到更多的财富回报。

>>> 7.1.6　国际互联网是工具

互联网可以说是当今世界实现企业目标最现代化的工具之一,天狮集团的六网互动更离不开互联网。天狮几年来的国际市场运作已经使销售网络遍布全球,不同地域的差别使得信息化建设成为公司运营的迫切需要。互联网成本低廉以及超越地域限制的卓越特性,为跨地域管理创造了全新的机遇。天狮互联网站的建立帮助其全面实现了全球信息一体化,真正达到了资源共享、降低成本、提高效率的目标。互联网也使得天狮集团可以面向全球既是消费者又是经营者和股权持有者的业务员提供快捷优质的服务。无论在哪一个国家的业务员,无论你懂得的是哪一种语言,只要想了解天狮的情况,一键点击,一块小小的屏幕就可以给你满意的答复。同时,通过互联网还使天狮完成全球互动和资源共享,缩短时间和距离的扁平式管理;全面实现制度化、科学化、信息化、系统化管理;进一步拓宽营销渠道,无论在横向还是纵向上全方位地提高市场占有率。

天狮集团的六网互动的经营管理模式是一项跨国工程,是天狮长期发展的战略目标,是天狮企业的经济支撑点,也是天狮进军世界500强的有力保障。

>>> 7.1.7　知识管理创新是源泉

有很多直销企业,由于没有从制度上、文化上形成鼓励知识共享和创新的体系，致使企业员工缺乏有效的沟通和管理工具，严重影响着企业的发展。具体表现为：信息存储在员工各自的电脑中，无法轻松实现共享和提升；一些重要的案例和工作资料则以纸文档形式长期封存在各部门文件柜中，难以及时查阅，经常使业务有交叉的部门做重复的工作；业务流程依然采用传统的纸文件形式传送，知识沉淀在少数人手中。这样，一旦员工流失，随之而来的就是企业巨大的知识流失。

这种低水平的管理模式，常常使企业的高级管理人员在经营管理过程中遇到这样一些问题：企业决策者面对复杂的人工批复流程，因为决策过程缓慢而常常错失商机；与此同时，大量的潜在客户则因为不能在最短的时间里找到最佳的合作伙伴而满腹牢骚；企业员工面对企业内部浩如烟海的信息资源，却不知如何下手；现有客户对公司服务的满意度，也因为员工无法及时回馈而不断下降。

事实上，作为一种管理手段，现在的办公已经不再是简单的文件处理等单纯的行政事务了。现代办公的任务是提高企业的运作效率，进而提高企业的核心竞争力。在网络时代的今天，企业的管理重点已经从物流、资金流逐渐向信息流跨越。信息流更多地体现为电子文档，它的交互性能有效改善办公的效率。而"办公"实际上又是通过单位内部人与人、人与部门、部门与部门之间信息的收集、组织共享、传播等行为的协调来实现单位整体目标的过程。

企业日常管理的所有内容，如文字处理、会议管理、客户管理、技术管理、成本管理、财务计算、劳资管理、人事管理等都可以归入办公自动化处理的范畴。因此，实现办公自动化正是控制管理信息流的直接手段。办公自动化能够帮助企业对信息流进行科学合理的控制，提高办公效率。而现代办公自动化系统的核心则是知识，实现的基础技术则是知识管理。在信息时代，企业的无形资源，包括价值体系、思维模式、协作、文化、经验、思想、信息、知识，已经成为企业的战略性资源和生产力要素，知识管理是企业面对新形势所做出的正确战略反应。

天狮集团看到了知识管理系统所具有的强大生命力和广阔的发展前景，并且迅速加以应用。作为一家快速发展的大型直销企业，天狮集团的突出特点是规模不断扩大，发展速度很快。为了向国际化、制度化、科学化、信息化发展，保证信息沟通的畅通，提升核心竞争力，公司提出了全球战略一体化的目标，也就是通过知识管理来实现知识共享，通过多层次多文化背景的人才流程管理、资源整合，实现内外置换、跨部门置换、跨地区置换、跨国界置换、货币置换、物流置换、人才置换等，为企业产生最大的经济效益。事实上，企业知识管理并不是悬在空中或是独立于其他管理范畴之外的管理内容，而是与具体的职能管理相结合的基础管理。天狮集团建立并完善了知识管理的办公自动化（KOA）平台，也就能够有效地保住自己的市场。

天狮集团知识管理平台系统从总体功能上说，分为以下两大部分：

1) 基于知识管理的办公系统

基于知识管理的办公系统主要包括经验知识管理、组织文化管理、规范协作管理和行政办公管理。

(1) 经验知识管理　建立员工工作总结，汇集工作方法、经验、技巧，形成知识文档；利用专家网络推动知识共享；建设员工培训和考试系统，动态评估员工学习状态等。

(2) 组织文化管理　通过企业网络窗口、网上调查、内部论坛、电子期刊、电子贺卡等形式打造企业文化特色，塑造企业凝聚力。

(3) 规范协作管理　以工作协作思想和任务管理为基础实现企业高效运作。

(4) 行政办公管理　以公文流转为核心，依托电子化手段，适时完成企业办公管理作业任务。

2) 基于知识管理的办公协作与知识发掘集成系统

基于知识管理的办公协作与知识发掘集成系统，包括系统门户、电子邮件与通信平台、专项事务管理、系统管理与核心服务集成等，配合核心平台应用，可以很好地发挥辅助功能效果。从不同用户类别使用的角度来看，系统可分成内部协作和商务流程两大部分。内部协作是针对天狮集团内部的员工在办公、决策、业务资料的审核、业务处理等方面，实现信息管理和业务流程自动化；商务流程是针对成员（代理商和客户）的信息服务和交易辅助自动化。

知识管理的建立及不断完善，极大地提升了天狮集团的综合能力。天狮知识管理办公平台为员工的办公提供了极大的帮助。通过这个平台，员工可以方便地了解所需要的知识，同时，还可以及时地与工作团队中的其他成员取得联系，查找所需内容。办公协作与知识发掘集成系统的内容为：

(1) 电子协作　在集成的协作环境中，可以了解自己的工作任务、工作组成员以及所需要的信息和处理流程，进行有效协作。

(2) 内容管理　办公中所涉及的各种非结构化文档使得内容管理成为知识管理不可缺少的部分，而内容管理的解决方案还具有提供分类、发布和管理文档及内容的能力。

(3) 知识发现　从浩如烟海的文档中发现有用文档是知识管理面临的一个重要问题。知识发现就是通过分析上下文的关系帮助用户找到有用的文档。

作为一种高效卓越的管理模式，天狮集团希望通过借助知识管理实现自己持续发展和不断创新的目的。天狮集团董事长李金元先生说："最近，我们吸引了部分进入世界500强的企业的执行总裁来天狮，他们感觉我们公司的管理氛围和员工面貌与一般企业的确不一样。这是我们苦练内功的结果。搞知识管理只有起点，没有终点。"

天狮集团适应企业发展战略的要求，在提出"六网互动"这个知识含量很高的创新成果的同时,又提出并实施了企业知识管理的创新决策,确实是远见卓识,很有气势,措施得力,成效明显。这是直销企业十分重要的管理创新。在进行知识管理时,天狮集团重点抓了以下几点:一是知识管理的根本目标是运用集体的智慧提高对环境快速变化的应变能力和创新能力;二是牢牢把握知识管理的特征,如重视对员工的精神激励,重视知识的共享和创新,重视知识和人才,重视企业文化建设,重视领导方式的转型,重视社会整体目标的实现;三是在实施知识管理中要将企业建成知识型企业,建设企业员工交流的设施与环境,视情况可设知识主管,要建立透明、公平、民主化的决策机制。

7.2 仙妮蕾德平衡型的管理哲学

>>>7.2.1 平衡管理的内涵

仙妮蕾德自创建20多年来,多次遭遇生存危机,但每一次都能安然度过劫难,这种现象在商业界极为少见,也吸引人们试图从管理理念与形态的角度去剖析仙妮蕾德20多年不败之谜。原来,医生出身的仙妮蕾德掌舵人陈得福博士对中国古代哲学及儒家文化有着深刻的了解,并深谙中西文化的精髓。陈博士认为,中西方文化相比较而言,各有优劣。以儒家文化为代表的东方文化其"重义轻利"的核心价值观与西方文明中"重利轻义"的基本价值观有着较大的差异。两种文化所产生出来的价值观在作用于企业经营时,西方企业通常重视制度及法治,注重以建立在相互信任基础上的契约关系;而东方企业则注重企业的人本管理及人性化管理,轻契约而重企业环境的建设及感性管理。

陈得福认为,天地万物、宇宙运行皆源于一个平衡。按管理的基本职能划分,平衡管理的内容包括:决策的平衡、组织的平衡、领导的平衡、控制的平衡以及创新的平衡5个部分。同时,平衡管理是一个动态的概念,企业要在激烈的市场竞争中立于不败之地并长久保持自己的竞争优势,关键就是要在不断变化的内外环境下寻求一种平衡,这种平衡要能促进企业的发展和进步。

仙妮蕾德的平衡管理就是取自于儒家的中庸哲学,取其"不偏不倚"作为自己管理哲学的精髓,这是仙妮蕾德20多年来多次在企业遭遇危机时得以绝处逢生的生存发展秘诀——管理理念。仙妮蕾德巧用平衡法则,去粗取精,去伪存真,取西方的制度管理与东方人本管理相结合之路,在企业的日常经营管理上,撷取两种管理模式之优势,形成自己富有个性的平衡管理哲学、管理理念。

>>>7.2.2 平衡管理的作用

　　管理的核心是平衡,即资源与环境的平衡、目标与发展的平衡、人力资本与物质资本的平衡等。对企业而言,生产、人事、财务、信息、后勤等职能部门的平衡是企业获得健康发展的前提和基础;而企业发展的平衡是管理的最终目的。在市场经济中,大多数企业以利润最大化作为企业的最高目标。随着科技进步和管理科学的发展,有越来越多的企业把可持续发展和人的价值最大化作为终极目标。归根到底,企业的发展就是寻求一种平衡:风险和收益的平衡、扩张与紧缩的平衡、多元化与专业化的平衡、技术与劳动的平衡、供应链与销售链的平衡,等等。

　　陈得福博士认为,一个企业要寻求长期健康的发展应该遵循平衡管理的理念与原则。平衡是刚柔并济、阴阳协调之意。平衡管理的含义也来源于此。例如,在纵向的企业管理层面上,仙妮蕾德建立了一整套的经销商从业守则,用以规范全球仙妮蕾德经销商的创业行为;在财务管理方面,公司采用中央财务直控,按预算授权全球各分支机构运行的财务结算体系,并建立了平衡的财务管理制度;在产品的生产及供应流程方面,建立了一套近乎苛刻的工艺流程标准,用以保证公司所有产品的高质量标准。

　　平衡管理理念强调的是协调、稳定和健康。仙妮蕾德运用平衡管理实现组织系统各要素之间、组织与环境之间及组织发展过程中行为决策的协调和平衡。平衡管理就是系统地考虑组织的管理活动,实现企业在平衡稳定中的快速发展。所以说,平衡管理是企业实现其战略目标的重要手段,是企业在激烈的市场竞争中获胜的重要武器。正是仙妮蕾德的这种合理利润法则,使仙妮蕾德渡过了家族内讧、政策变数等各种企业危机,从而取得了长足的发展。

　　仙妮蕾德以平衡型的管理哲学与管理理念,使企业一次次地摆脱危机、转危为安、长足发展的事实,足以说明管理哲学与管理理念的正确是何等的重要! 理念有价值,理念能够产生效益,理念新则企业活,理念的创新比资金的投入更重要。因为如果管理理念先进,没有资金可以取得资金,但如果管理理念落后,缺乏有效管理,那么,有资金也不会有效益,有资金也会"坐吃山空"。这一点,对于挑战性极强的直销企业来讲,显得特别的重要!

7.3　安利科学严密的组织管理

　　组织的管理及其创新,是一切工作得以有效落实的前提与基础。从组织的发展角度来看,一个组织要在竞争的环境中得以生存和发展,就必须对企业组织不断地加强管理及创新。安利之所以在直销业做得大、强、好,首要的一条经验就是狠抓了管理创新中的组织管理创新。

>>>7.3.1 系统复制

在中国传统事业中,很多企业是做得很成功的,因为它们的组织模式是独一无二的,但就是因为连自己都无法复制和克隆,事业的发展速度很慢,也无法做强做大。而在一些发达国家,一旦某种商业模式获得了成功,他们就会通过制定严格的标准和程序,来增强成功企业的可复制性,形成强大的规模效应。

直销模式的精髓在于组织的复制和繁殖,其理论基础就是经济学的市场倍增理论,它实际上是多层次市场直销的代名词,仅仅从经济学这个角度来考察的话,这种多层次的网络直销活动确实在美国造就了不少百万富翁。甚至有人说,20世纪90年代以来,近1/5的新百万富翁都跟这种网络直销分不开。安利作为直销业的典范,充分运用了市场倍增学的原理。

直销事业是个复制的事业,其精髓就是教会你如何"复制"。假如安利公司发展1个直销商,这个直销商发展8个直销商,8个又各自发展8个直销商,如此下去,到第八代时公司将拥有16 777 216名直销商,到第十代时则高达1 073 741 824名,即10亿个,这10亿直销商就是公司的市场。当然,现实的直销,在倍增过程中,有的环节中断了,或者是不饱和递增,其增长速度没有理论计算的那么快,但其扩展速度还是非常迅速的。

安利事业运用几何级数理论(市场倍增学)来迅速扩大产品销路,把传统的各级批发零售体制变成一个以人际关系为网络基础的营销体制。它巧妙地结合了产品市场、消费者市场和劳动力市场,如此一来等于创造了一个自动繁衍与筛选的劳动力补给机制。在"适者生存,不适者淘汰"的法则下,它可以从消费者中选拔出有潜力的直销商,也可以自然淘汰经营不善的直销商。那么,作为一个安利的直销商,该如何复制系统呢?

首先,必须教导团队成员看系统推荐的书,听系统的录音带,看系统的音像资料,参加系统的会议。新人在刚开始从事直销生意的时候,很难有"空杯"的心态,总是带有各种各样的主观思想。通过这些方式的学习,能在最短的时间内,最有效地让他们融入系统,尽快进入这个生意的科学运作,少走弯路。团队建设实际上是一种网络建设,网络建设有它自有的四大通则:简单、易学、易教、易复制。这也是麦当劳、肯德基等一些大企业成功的法宝,它把复杂的事情简单化,把简单的动作重复化,把重复的事情经常化。要想将系统成功地复制下去,就离不开书、录音带、音像资料和会议,因为这些方式都是最直接也是最容易被人们所接受的。

其次,一定要复制系统的运作模式。在从事这个生意的时候,除了一对一、一对多的沟通外,就是依靠会议。每一个新人步入这门生意,开始要做的都是基础工作,从讲第一个生意计划开始,就必须学会一对一的沟通,学会推广企业文化、系统文化、销售产品等,把这些简单的动作重复化,把重复的事情经常化,才能组建自己的团队。当自己的团队成员有了一定数量后,就要把家庭聚会开起来,进行一对多的沟通,带领团队成员参加系统的会议,通过系统的会议达到团队成员的思维模式和行为模式一致。通过系统所倡导的这样一个简单的运作模式,帮助你的团队成员复制下去。

再次,使自己成为可被复制的人。在每一个成功的系统中都有很多优秀的领导人,这些成功者是系统文化和系统理念的追随者与传承者。他们之所以能在系统中成功,是因为他们具备一个团队领导人应该具备的优秀品质。俗话说:"榜样的力量是无穷的。"如果你想在直销事业中成就个人事业,想在系统中成长,就一定要使自己成为可复制的人,抓紧成功者的衣襟,谦卑地向他们学习,复制他们优秀的品质和他们出众的才华和智慧。

在现实中,不管学什么都是从模仿而来,那我们为什么不到成功的学习系统去模仿那些成功的人呢?如果你了解这个系统,拥有信念,然后教别人做同样的事情,让他们模仿你(这显然并不难),你就开始复制你的生意了,越来越大,呈指数增长,你的生意会以超乎想象的规模增长,你可能建立庞大的连锁企业甚至跨国集团。

>>>7.3.2 层级体系

在传统企业中,销售处长、销售经理、销售部长等都只有有限的名额,即使很多人都做得很好,也仍然只有极少数几个人能坐上显赫的位置。一些优秀的员工,能干的管理人员,在公司工作一段时间,积累了经验以后,发现没有了自己晋升的位置,或者发现只是为老板卖命,在公司里看不到自己的未来,如果羽翼已丰,就会带走部分客户另起炉灶,或者投靠其他同业公司。所以,一般来说,老员工虽然经验丰富,却不愿将它传授给新来的小徒弟;新员工精力充沛,却生手生脚,还会不断遭受老员工的作弄。即使很好的师徒关系,师傅最后也要留一手,以防徒弟学成后反目。结果,员工之间总是剑拔弩张,精力都花在尔虞我诈、互相攻击上了。

为什么传统事业留不住人才?为什么传统事业中的上下级关系总是气氛紧张?原因何在?因为传统行业没有解决好"上下层关系"的问题。因为在一般的传统行业中,上司和下属都存在着一定的利益冲突,有时甚至是对立的关系。而安利的营业代表一旦培养了一个下级直销商,形成了一个部门后,部门里的每一个人,不论他原来的学历、经历、财力,也不管他成就的大小、奖衔的高低,即使他做到最高位置,也永远是你的下级部门,永远不会离开你的部门,除非你自己退出安利事业。

在安利事业中,你会发现每一位老员工不仅非常真诚地欢迎新员工加入自己的团队,而且还以老师教学生的热情,把自己所有的经验、教训、心得,毫无保留地教给新来的员工。这种喜人的结果来源于一种组织管理的创新:团队考核。在直销企业中,每一名员工都有权力推荐新员工加入;而且这位新员工一旦被录用,即成为这位推荐人领导的团队中的一员,同时,也隶属于推荐人所属的大团队,他的业绩和晋升也将和他直接隶属和间接隶属的团队领导者的考核直接挂钩。

直销企业首先有无数个大团队,大团队里面又有小团队,一层层地往下套。每一个团队领导的考核不仅要看个人的销售业绩,更重要的还要看他领导的团队的销售业绩,看他的部下是否被晋升。这种设计终结了一个时代——一个师徒竞争的时代。同时,由于师徒同心,公司省去了大笔激励费用和协调费用,真可谓一举数得。安利直销计划之所以成功,就是因为一开始就认识到维持上下层关系的重要性。直销绝不是一般地建立直销网,而是用一种严密的组织管理制度去发展直销网。这种严密的上下层制度是相当重要的,它不仅关系到奖金的分配,而且还关系到整个网络的稳定性和严密性。

>>>7.3.3 "四位一体"

安利给人的最大困惑可能是:公司发展了很多人,却不约束这些人,他们到处乱窜,套近乎。这好像才是安利组织管理的真正问题。因为从传统商流关系的认识出发,人们习惯上把对直销商的质疑,看做是制造商的问题。那么,作为制造商的安利,它是如何实现对直销商的管理的呢?

在安利事业中,通常是安利、培训机构、推荐人(由出色的直销商兼任)、直销商"四位一体"的结构。安利作为供应商提供产品和奖金制度;培训机构负责直销商的培训;推荐人在直销商与安利、培训机构之间起桥梁作用;直销商要学习运用这三方资源,并通过努力,取得顾客的认可。从一定程度上说,安利"四位一体"的结构,是安利事业除了奖金以外的最重要制度,也是安利实现其未来全球竞争力的重要手段。因为未来竞争的最高准则已不再是资本,不再是零售终端(在这里不是说这些因素不重要),而是消费者,准确地讲,是占有消费者。

那么,靠什么去占有消费者?靠技术?靠信誉?靠品牌?靠电子商务?靠分销通道?靠零售终端?靠售后服务?这些因素当然重要,不过它们只是事物的表面,准确地讲,它们占有不了消费者。那么,占有消费者的东西是什么呢?只有一个而且是唯一的办法,就是把消费者仅仅是企业"百分之十几的利益受惠者"转变成为企业"永远的利润分配者"!如果有谁能够突破这一点,那么,创造一个直销奇迹只不过是时间问题。

当今及未来消费者除了满足其生存和尊重的需要以外,他们更渴望沟通,更渴望参与,更渴望实现自身的人生价值和渴望自己梦想的最终实现!这就要求生产企业和分销(包括零售)企业必须迅速变化以适应消费者的这种巨大需求。而要把消费者仅仅是企业"百分之十几的利益受惠者"转变成为企业"永远的利润分配者"要有一个前提:必须把"消费者"转变成"经营者"。厂家商家的最终目的就是要让消费者购买其产品,消费者既是厂家商家的经营者,同时又是厂家商家的消费者,这种角色的重合,充分地、最大限度地满足了消费者参与社会财富分配的欲望,给了消费者作为一个"人"想要的东西。

安利的组织管理确实科学而严密,它所采取的"系统复制"、"层级体系"、"四位一体"等组织管理的决策,紧密结合了直销企业的实际,并且着眼于直销的发展与未来,确实是个创新与创造,从而保证了安利事业的做大、做强、做好。借鉴安利的组织管理经验,必须立足于本直销企业的特点,狠抓企业组织管理的创新,在组织建设上有新的突破。重点要注意以下几点:一是紧密结合直销企业实际,研究解决企业组织结构的主要特征要素,如直线权力与参谋权力、管理层次与管理幅度、集权与分权;二是在采取直线职能制、事业部制等现代企业组织结构时,必须着眼于直销企业的特点进行组织结构创新;三是要结合实际抓紧抓好以组织结构为中心的组织创新,以组织过程为中心的组织创新,以人为中心的组织创新。

7.4 如新的"成功八步"与"三多"

专卖店销售模式正把如新带入在中国迅速发展的阶段,如今,如新的百家专卖店遍地开花,如新在中国开专卖店的模式"克隆"到世界,如新已成为全球最大的网络直销公司、全球十大化妆品牌之一。这一切都足以表明如新的企业管理确实先进到位,如新的理念是"荟萃优质,纯然无瑕"。如新的直销事业为什么会如此成功?仅就企业管理的方法而言,其"成功八步"与"三多"非常耐人寻味。

>>>7.4.1 如新的"成功八步"

1)梦想

梦想是深藏在人们内心深处的最深切的渴望,是一种强烈的需求。它能激发人潜意识的所有潜能,人类创造的所有奇迹都是梦想成真的结果。人做任何事,梦想和态度占90%,而技能和技巧只占10%。如果你没有梦想,你将与成功无缘。成功不会由天上掉下来,成功与否,全在于你自己,你要,你就一定能办得到,你的梦想也一定会实现。

2) 承诺

成功不取决于年龄、学历,甚至不取决于你的经济能力、社会背景。成功取决于一个决定,只有你自己才能做出这个决定。你立志要让更多的人梦想成真,你必须郑重地做出关系到你一生的承诺,并且要坚忍不拔,直到成功。

3) 列名单

在交互式合作生意中,人际和时间是两个最大的资源,珍惜和善于开发你的名单,就是保护和拓展你最大的财富。列名单有三个原则:一是不做判官;二是将最优秀的人首先写在你的名单分析表上,将会节省你许多时间;三是名单越长越好。

4) 邀约

列名单的最终目的是将一个新人介绍到这个事业中来,如果只是列名单而不把新人约出来展示这项事业,那也只是纸上谈兵。很多新人生意不能开展,很大原因是邀约不来人,这一般是因为你没有使用正确的邀约方法。邀约同样有三个原则:一是高姿态;二是三不谈(电话中不谈产品、不谈制度、不谈公司);三是专业化。

5) 讲计划

讲计划也叫业务会,是你在这个生意中最关键的一步。交互式合作实际上就是一个分享的生意,如果你不向新人讲,新人就不能了解这个生意。这里的讲计划就是向新人展示一个生意,告诉新人将与什么公司合作,它是生产什么的,这个生意的营销原理是什么,它未来的市场前景如何。总之,要在最短的时间内清楚地告诉新人今后要从事一个什么样的生意。讲计划有三个原则:一是量比质重要;二是姿态比说服重要;三是对方的需求比你的需求重要。讲计划时的第一印象非常重要,促销失败,80%的原因是给顾客留下的第一印象不佳。要记住一个333法则:顾客头3秒钟是看你的外在形象、容貌和着装;顾客头3分钟是观察你的形体语言和语调语速;顾客头30分钟是听你的谈话内容和注意你的个人魅力。讲计划前要做好铺垫,要先聊天,谈谈家庭、职业、爱好兴趣等;迅速作自我介绍,导入计划、系统、成功人士的故事。

6) 跟进

跟进是推荐工作中的最后一步,这一步做不好就会前功尽弃,有人把它称作"临门一脚"。讲完计划,一定要在24小时内跟进,不要错过新人的兴奋期,做好答疑工作,不要让新人把问题带走,要利用ABC法则,推崇会议和工具,最好邀他参加基础培训。

7) 检查进度

及时地检查进度有利于学习成功者经验,这可以节省人力、物力和提高工作效率;有利于复制系统成功模式,使你不偏离正确的航向并得到最新的资讯;有利于巩固紧密的个人关系,增加团队的凝聚力和团队优势。

8) 复制

直销的精髓,在于它的可复制性、倍增性,你只有帮助足够多的人梦想成真,你才可以梦想成真。为此,你要做行动者,要边学、边做、边教别人,要相信只要不间断地去做,就一定会有收获,要明白复制成功模式,胜过"自创风格",还要让推崇成为习惯。你要大力推荐系统推荐的书、录音带和各种会议。推崇系统会议是团队工作的核心内容,团队工作会使你梦想成真。

>>>7.4.2 "三多"的管理方法

如新在实施上述的直销事业"成功八步"时,还在直销事业管理中成功地运用了"三多"的管理方法:

1) 多讲

许多人以为,从事直销,需要好口才。其实,真正需要技巧的部分所占并不多。在直销事业强调"复制"的理念下,只要方法对,心态对,坚持不懈地、重复地去讲,就一定能够成功。或许有人会问:我已经讲了很多了,为什么别人还是会拒绝我呢?很简单,因为你讲的还不够。其实做直销就像教书,学生不懂,当老师的就必须不断地讲,重复地讲,一直讲到他们明白其中的道理为止。因此,只要你所说的是正确的,不是夸大不实的,多讲几遍,对方一定会明白这是一份好的事业。当然,多讲的目的是为了说服顾客,为了提高效率,有必要掌握一些说服的技巧,这样才能达到事半功倍。

2) 多做

就是要采取各种各样的推销方式,尽可能多地去实践,并在实践中探索对自己事业的销售方式,坚持它,改进它。直销是一种比较特别的行业,因为它不像一般的商品有固定的店面,可以按图索骥——店铺购货。然而,由于产品品质良好,服务完善又方便,直销渐渐受到消费者的喜爱与肯定,而成为时尚的选择。实践证明,在诸多的直销方式中,家庭聚会是比较普遍与有效的推销途径。

3) 多重复

把正确的事情重复做好,这是做好如新事业的根本要求。不要怕失败,吸取教训后重来;要拥抱成功,成功之后总结经验,仍然重来,辉煌的事业大厦总是在不断地重复中得以建成。

如新直销事业的"成功八步"和"三多",是在长期的直销实践中探索和总结出来的成功的管理方法,是十分有效的,很有针对性和操作性。

管理的理论一套又一套,管理的方法千百种,管理的方式万万千,管理的模式也随处可见,但真正适合于自己的管理方式方法,还得靠自己在长期的实践中探索。如新事业的"成功八步"和"三多"就是具有如新特色的有效的直销事业管理方法。

7.5 立新世纪的十二步管理曲

立新世纪的企业宗旨是:把一家强大而稳健的企业与一个强大而且不断在增长的独立经营商网络联合起来,加上忠诚、理念、创新、团队精神、互相信任、品质、科学化的产品以及有效率的服务,目的是要改善立新世纪的独立经营商、员工以至世界上每一个家庭及社区的人之生理及心理健康、生活以及经济状况。面对日益激烈的市场竞争,应该采取怎样的管理方法,成功地开展立新世纪的直销事业呢?立新世纪这样回答:保持热情与动力,并依着下列12个管理的方法与步骤开展直销事业。

1) 填写独立经营商申请表

要填妥独立经营商申请表及同意书,并取得一份独立经营商创业锦囊(非常精美与实用)。从锦囊内可获悉本公司的资料及联络方法,协助扩展业务的支持服务,有效使用本公司建议及提供的各项工具、奖励计划说明及保障阁下业务的政策资料。锦囊内所载的常见问题及答案使您能更从容开展业务,事事得心应手。此外,锦囊更包含有关立新世纪的词汇批注及业界术语。

2) 订购适量产品

直销的前奏就是学用产品,适量订购产品,您便可开始试用立新产品,亲身体验消费者的感受,熟悉各类产品的特性,对产品建立信心,向别人推介本公司产品时,更添自信及说服力。订购产品的另一原因,乃是方便各直销商维持少量存货,以便应付顾客的不时之需。假若顾客欲试用某产品,而您又实时可提供产品供顾客购买,正能配合本公司卓越客户服务的理念。

3) 订购适量的辅销品

在确定和购买了主销产品以后,下一步您便可购买一些辅销品,为进一步推广及建立业务做好准备。也就是让自己销售的产品更多一些,把业务面扩大、推广。在这方面,立新世纪提供了种类繁多而具专业质素及说服力的辅销品,协助各直销商推介公司、公司产品,抓住业务良机。

4）打开自己的网络工具箱，建立个人网站

如果独立经营商打算认真对待自己的直销事业并期望在该行业取得大的发展，他应该充分利用互联网的资源，发挥它的强大功效，从而帮助自己拓展业务范围，加速事业的发展。立新世纪的公司网站也顺应时代要求，为独立经营商提供了这样的工具，帮您达成自己的目标。利用公司的高级服务系统提供的个人网站创建软件，独立经营商可以建立自己的网站。

5）笔录目标

要记下您拟定的目标。此举有两大主因：可推动您清晰地写下您拟定的目标；凭着清晰笔录清单，您可与渴望助您一臂之力踏上成功路的保荐人及上线独立经营商交流意见，让他们知悉您的期望，提供适当建议及指导，助您取得丰硕美果。

6）许下承诺

如欲建立成功的立新世纪网络业务，您下一个重要步骤就是无条件付出最少一年时间决意拓展业务。这个步骤对成功举足轻重。因为您全情投入实践承诺，一言一行便成为准独立经营商及客户的典范。大部分人喜欢与充满工作热诚和信心十足的人共事，这样才可达到理想效果。

7）编制准顾客名单

现在应该编制一份您所认识的挚爱亲朋名单，以便开始确立您的准顾客清单。您应记下每一位您认识的人——包括您不愿意与其分享这门业务的人士，或您怀疑他们是否对此感兴趣的人。为了避免先入为主的偏见，您只需简单列出所有您所认识的人士，应列出最少200人的清单，然后再对其进行明确的分析和筛选。

8）登记使用语音传讯系统

语音传讯系统是您与上线、下线及公司总部保持联系的有效途径，不但可令您取得最新信息，更可不断推动您与其他成功独立经营商联络。

9）独立经营商自动订货计划

立新世纪独立经营商自动订货计划乃是简便的每月付运产品计划，使您可从容累积每月的个人积分及建立业务。独立经营商领袖皆一致认同参与本计划的重要性，深信若矢志成为网络营销领袖，您必须以身作则，因为您的下线必会以您为模范。

10）发展行动计划

您必须学习创建业务的基本细则，这些要点已令不少立新世纪独立经营商梦想成真。为此，您与保荐人或其他上线商议发展行动计划十分重要。所谓一人计短二人计长，共同拟定计划，定会助您创出光辉前景，昂首向前。

11）找个时间与你的上级学习探讨

立新世纪对刚起步的独立经营商的成长提供了良好的机会。公司拥有经验丰富的成功的独立经营商团队，他们热切地希望帮助刚加入的独立经营商取得成功。

独立经营商的直接上级可以给您提供最大的帮助,特别是在您刚起步的时候。因此,独立经营商在事业刚起步的时候,一定要找个时间与你的上级会面,探讨一下自己的事业发展计划,向他们学习成功的经验。

12) 建立信念

毫无疑问,您已经作出抉择,与享有业内尊崇地位及业务不断扩展的立新世纪并肩作战,并深知立新世纪能令您梦想成真,创建一番事业。您已了解立新世纪的背景资料、创业良机及产品详情。然而您遇见的个别人士,却未必如您般熟悉这些信息。他们甚至可能对立新世纪直销事业一无所知,并且心存偏见,因此对您所作的决定存疑。正因如此,您应多下苦功,不妨多参与各项聚会及与其他独立经营商讨论,确认自己的正确决定,增强对这个难得的发展机会的信念。

立新世纪发展直销事业的十二步管理曲,侧重讲的是对独立经营商的管理方法,指明独立经营商的发展方向与道路,有效地促进了立新世纪企业宗旨的实现。这十二步管理方法,对于直销商的自我管理以及直销公司采取有效方法管理好直销商队伍,有一定的借鉴意义。

【关键术语】

"六网互动" 知识管理 平衡型管理 系统复制 层级体系 "四位一体" "成功八步" "十二步管理曲"

复习思考题

1. 为什么说"六网互动"的经营管理模式是天狮人的经济支撑点,也是天狮进军世界500强的有力保障?
2. 天狮集团是如何通过知识管理实现持续发展和不断创新的?
3. 通过仙妮蕾德的创业史,说明"理念能够产生效益"的哲理。
4. 安利公司的成功经验是什么?
5. 课堂讨论:
① 你对如新的"成功八步"与"三多"的管理方法有何看法?哪些尚需改进?
② 你对立新世纪的"十二步管理曲"的经验如何评议?它是否适合其他企业?

8 直销企业的文化建设

随着时代的发展,科技的进步,知识经济的到来,企业文化越来越受到人们的重视与关注,许多直销企业把企业文化建设作为企业生存与发展的一个十分重要的课题来抓,进而影响和带动整个企业的全面建设。企业文化建设的基础在于企业与社会、企业与顾客、企业与政府、企业与市场、企业与员工五大关系。建设企业文化,目的在于追求企业形象的提升、工作效率和经济效益的长期进步。由于"文化是人的文化",企业文化建设是围绕"人"来进行的,因此,卓越的经营理念和有效的人力资源管理是企业文化建设的重要支柱,而有效的企业文化建设又必然促进企业管理水平和经济效益的提高。通过本章的学习,可以了解和掌握直销企业进行企业文化建设的必要性;企业文化建设的内容;直销企业文化构建中应注意的问题以及直销企业文化的传播与沟通。

8.1 直销企业文化概述

>>>8.1.1 直销企业文化的内涵

直销企业文化是指直销企业全体员工在长期的创业和发展过程中形成并共同遵守的最高目标、价值观标准、基本信念及行为规范的总和。这种文化按照理论上的解释应该包括4个层面的含义:

1) 直销企业的产品文化

顾名思义,对于直销企业而言,其产品文化折射出来的是围绕直销企业的产品而打造的各种文化理念以及传播这些文化理念的载体。如针对产品而言,有的企业大肆弘扬的是健康文化和养生文化,这是保健产品文化的共同特征。

2) 直销企业的市场文化

直销企业市场文化指的是直销企业在开拓市场过程中所推崇的一系列核

心理念、价值观系统以及承载这些核心理念和价值观的载体,其中包括直销商在开发市场中的态度以及对待客户的方式等。不同的企业在架构市场文化中都会结合企业自己的实际情况来决定,如有的企业浓墨重彩所推崇的是爱心文化,有的企业着力打造的则是生意文化,还有的企业核心关注的则是法制文化和耕耘文化。

3) 直销企业的管理文化

所谓管理文化,反映的是直销企业在管理过程中所推崇的基础理念和核心价值观以及传播这些基础理念和核心价值观的载体。直销企业的管理文化包含着管理制度的建立、管理组织框架的设置、对直销商行为的规范管理和价值判断、管理过程中的人性化原则和民主化进程、管理流程设置对科学性和规律性的尊崇等。

4) 直销企业行为文化

所谓行为文化,所反映的是直销企业在开展直销活动中表现出来的一系列核心理念和价值观以及传播这些理念和价值观的载体。它包括企业行为和企业直销商的行为,其中尤其是企业直销商的行为。在直销商的行为中,哪些是健康的,哪些是不健康的,哪些是企业所认同和推崇的,哪些是企业所反对和排斥的,这些原则和理念精神都会在具体的直销活动中透析出来,从而形成行为文化。

纵观以上4个方面,可以发现,作为一种企业文化,它首先表明的是一系列的原则和理念,而这一系列的原则和理念的核心内容,则是企业的价值观系统。在该系统中,直销企业推崇什么、反对什么,尊重什么、排斥什么,应该一目了然。因此,以价值观为核心的文化也就构成了直销企业的内在文化。而与之相对应的是,以这些价值观的内容体系作为评判尺码所构筑起来的一系列制度及其管理原则,实际上构成的是直销企业的外在文化。在任何一家直销企业中,其文化系统均是由这两部分组成,二者相辅相成,构成一个不可分割的整体。其中,价值观文化是内核,它是直销企业的价值尺码,是直销企业中所有人员都必须认同和遵守的基础原则;制度是外延,它是直销企业文化外在的表现形态,制度文化形成对所有人行为的硬性约束和统一管理。

>>>8.1.2 直销企业文化的要素

《追求卓越》一书作者提出:一个卓越而富于创新的企业(公司)一般都具有侧重行动、接近顾客、自主和企业家精神、依靠人来提高生产力、以价值观为动力、坚持本行业、精兵简政、宽严相济八项特征。这些特征无一不与人有关。管理者不应再关在沉闷的象牙塔中苦思冥想,而应下到现场和工人们一起,支持他们所钟爱的产品,在那里塑造企业的价值观念,并身体力行以强化这些价值观念。卓越的公司之所以成功,就在于它有一套独特的文化,使他们得以脱颖而出。[1]《公司文化——公司生活的礼节和仪式》一书作者,在对数十家美国公司调查研究后得出结论:在美国企业中,厚重的文化几乎总是取得持续成功的驱动力量。该书作者认为构成企业文化的要素有5项:

(1) 环境　对企业文化的形成和发展具有关键影响的因素。

(2) 价值观　组织的基本思想和信念,他们本身就形成了企业文化的核心。

(3) 英雄人物　把企业价值观人格化且本身为员工们提供了具体的楷模。

(4) 礼节和仪式　公司日常生活中的惯例和常规,向员工们表明对他们所期望的行为模式。

(5) 文化网络　组织内部主要的(但非正式的)联系手段,也可以说是企业价值观和英雄人物传奇的"运载工具"。[2]

该书作者认为,人是企业中的最大资源,而管理企业的有效方法,是通过文化的微妙暗示进行的。学术界普遍认为,这本书的问世,标志着企业文化形成了一种系统的管理理论。

直销业是最具人情味的一个行业,直销企业文化是企业文化中的一枝奇葩。

>>>8.1.3　直销企业文化的基本特征

中国直销企业文化,与一般的工商企业所构建的企业文化相比既有相似的一面又有差异性的基本特征。这些基本特征构成了中国直销企业文化的全貌。

1) 直销企业文化的经济性特征

直销企业文化是文化的组成部分,但它又是和民族文化、社区文化、政治文化相对独立而存在的,是一种经济文化。它反映的是直销企业经济组织的价值观与目的要求以及实现目标的行为准则和习惯。直销企业文化受到民族文化、社区文化的影响,但它不是纯粹的"社会性"概念,而更多地体现出经济性。

2) 直销企业文化的个体性特征

直销企业文化的个体性,指的是直销企业在长期的历史条件下,形成的具有区别其他组织(或企业)的企业文化的特征。一个成功的直销企业,总是有其独特个性的文化,有其独特的价值观念和独特的追求。只有基于实际、独具个性的企业文化,才能显示出直销企业的特色,对企业员工、直销商产生强烈的凝聚力。

任何企业都有自己的特殊品质。从生产设备到经营品种,从生产工艺到经营规模,从规章制度到企业价值观,各有各的特点。即使是生产同类产品的企业,也

---

[1] 托马斯·彼得斯,小罗伯特·沃特曼.追求卓越.北京:中国展望出版社,1984
[2] 阿伦·肯尼迪,特伦斯·迪尔.公司文化.上海:三联书店,1989

会有不同的文化设施、不同的行为规范和技术工艺流程。所以,每个直销企业的企业文化都具有其鲜明的个体性、差异性。

3) 直销企业文化中的人文性特征

直销企业文化作为一种管理哲学,是以人为中心的,这也是与传统的以物为中心的管理思想的根本区别。在西方的科学管理领域中,自泰罗发明了科学管理法起,就一直主张以监督和管制人的制度取胜,把人与机器同等对待,企业的目标也是重视物质指标,不重视人。产品第一、产量第一、利润第一成为了企业管理的主旨。这样的管理把企业看作单纯的经济组织,把生产过程看作单纯的物的运作过程,管理的主要对象是物,人被看做物(机器、产品)的附属品。这种见物不见人的片面性随着经济的发展,越来越成为阻碍企业进步的桎梏。而在亚洲一些国家,直销企业文化这一充满东方人色彩的管理哲学应运而生,有效地弥补了西方传统管理思想中的先天不足。所谓直销企业文化的人文性,就是从企业文化的角度看,企业内外一切活动都应是以人为中心的。从企业内部来看,直销企业不应是单纯地制造产品、追求利润的机器,直销商和直销员也不应是这部机器上的部件,直销企业应该是使企业员工、直销商和直销员能够发挥聪明才智,实现事业追求,和睦相处、愉快生活的大家庭。从企业外部看,企业与社会不应该单纯是商品交换关系,直销的最终目的是为了满足广大人民的需要,是为了促进人类社会的发展。

4) 直销企业文化的系统性特征

直销企业文化是一个系统,是由相互联系、相互依赖、相互作用的部分和层次构成的有机整体。直销企业文化的系统性强调个体利益服从企业利益。直销企业文化是由深浅不同的层次构成的紧密结合体,而共同的价值观位于这个结合体的核心。

直销企业文化的内容是极为丰富的,而不同企业的企业文化是千差万别的。但经过科学的抽象概括,我们不难在这千差万别之中找出共同的普遍性因素,因为直销企业文化的特征是由其结构和功能决定的,它包括两个方面:一方面是作为构成个体直销企业文化基本元素的特征;另一方面是作为整体、作为总和的企业文化具有的特征。

5) 直销企业文化的综合性特征

直销企业文化不但具有差异性,而且也具有综合性。文化本身有用、有价值,特别是当一种文化的价值是另一种文化所不具有的时候,它的这种价值便会被别种文化所吸纳。不管何种文化,它作为民族的、社区的共同体验的结晶,都含有特殊的价值。当这些文化相遇的时候,它们彼此相互吸取、融合、调和各个差异文化中有营养的部分,重新构筑新的个体企业文化的机制和特征。这就是直销企业文化的综合性。直销企业文化的综合性大体上可划分为三个层次:一是对不同民族、不同地区、不同城市的宏观文化的吸纳性的综合,这里还包括有选择的成分;二是对不同直销企业微观文化的吸纳性的总和,把别的直销企业文化中适于本企业文化吸取的部分拿来，汇合成本企业的新文化；三是对直销企业各基层单位、广大员工群众心中萌生出的文化胚芽进行概括、加工性的总和。这三个层次，实际上是不能截然分开的，是一个统一体。直销企业文化的综合性，不能简单地理解为平面的集中，它实质上是精华的吸收与再造，包括生成新的文化。企业文化的综合性越强，生命力就越强。

6）直销企业文化的时代性特征

任何直销企业，都是置身于一定时空环境之中，受时代精神感染，而又服务于社会环境的。直销企业的时空环境是影响企业生存与发展的重要因素，因此直销企业文化是时代的产物，它的生成与发展，它的内容与形式，都必然受到一定时代的经济体制和政治体制、社会结构、文化、风尚等的制约。由后者众多因子构成的时代精神在企业文化中反映出来，即构成了直销企业文化的时代特征。

直销企业文化是时代的产物，又随着时代的前进而不断地演化着自己的形态。一方面，不同时代具有不同的直销企业文化；另一方面，同一个直销企业在不同时代，其文化也有不同特点。每一个时代的直销企业文化都深刻地反映了那个时期的特点和风貌，反映了它们产生的经济和政治条件。随着经济、政治体制改革日益深入，市场经济日益发展，改革开放、开拓进取、竞争、效率等观念、文化都必然成为直销企业文化的主旋律。可见，时代特点感染着直销企业文化，直销企业文化反映着时代风貌。

7）直销企业文化的民族性特征

民族是人们在历史上形成的一个有共同的语言、区域经济生活以及表现于共同文化上的心理素质的稳定的共同体。在世界文化体系中，由于民族区域生态环境不同，文化积累和传播不同，社会和经济生活不同，处于不同民族群体之中的人们，由于共同参与一种文化制度，共享一种文化制度，久而久之，形成了一个民族的人民共同的精神形态上的特点，如特定的民族心理、风俗习惯、宗教信仰、伦理道德、价值观念、行为方式、生活方式等，形成了自己独特的民族文化。任何工厂、商店等，都是一定国家、一定民族的生产经营单位。因此，任何直销企业文化，从一定意义上说，都必定是某一民族文化的微观（经营单位）的表现。因此，民族性、国民性，也就成为直销企业文化必然具备的一个重要特征。

8.2 直销企业文化的功能、作用及现实意义

以价值观为核心的直销企业文化，是现代直销企业管理中不可缺少的重要组成部分，对企业的生存发展来说是一种具有神奇作用的内在动力。在激烈的市场

竞争条件下,对于直销企业的生存发展来说,到底什么因素最重要、最关键呢?有人说奖金最关键,钱最灵验;也有人说严格的管理制度最重要。可事实上,一些企业奖金没少发,管理也不可谓不严格,但重奖重罚并未见到明显的长远效果。有人说最重要的是资金设备,也有人说市场条件最关键。可事实上,有的直销企业资金设备条件并不差,市场也比较广阔,却倒闭垮台了。那么,到底什么重要,什么是直销企业生存发展的内在动力呢?国内外成功企业的经验回答了这个问题。美国的 IBM 公司、摩托罗拉公司,日本的松下公司,我国的邯钢、海尔等企业,无不对人的因素,对文化观念的神奇力量有深切的感受。它们获得成功最重要的诀窍,不在于严格的规章制度、奖金、利润指标,也不在于资金设备和市场条件,而在于真正重视人的因素,激发人的潜能,充分发挥企业员工的积极性和创造性,增强企业的凝聚力。海尔集团"海尔文化激活休克鱼"的经验道出了其成功的秘诀。企业要想有活力,首先要激活人,使人有活力;要激发人的积极性,必须在企业经营管理中传输一种积极向上的文化观念,给每个人以希望,给每个人以一个明确的目标。管理制度、资金设备、市场条件、利润指标等固然重要,但是这些硬件因素终究是在一定思想观念支配的人的运作下才起作用的,人的精神可以转化为巨大的物质力量。实践表明,企业文化的功能、作用及现实意义均是不可忽视的。

>>>8.2.1 直销企业文化的功能

直销企业文化与一般企业文化一样,均具有下述 5 项功能:

1) 导向功能

企业文化的导向功能是企业以自己的价值观和崇高的目标指引员工向企业生产和经营的既定目标努力奋进,它体现了企业生产经营活动的规律和经验。企业文化所包含的企业价值观和经营目标记录了企业在过去岁月里成功与失败的经验及企业决策者为企业制定的未来努力的方向和企业的发展前景。可以说,企业的经营管理离不开企业文化的导向。

一个企业的价值观直接影响到企业活动的各个方面——从企业发展目标、生产什么产品、满足什么需求、怎样进入市场,到如何对待员工、如何对待消费者和客户、如何对待竞争对手等等。积极向上的价值观,保证企业的经营决策既符合本企业的利益要求,又符合社会整体利益的要求,满足人民日益增长的物质文化需要,杜绝各种形式的假冒伪劣。美国的 IBM 公司以"IBM 就是服务"为最高信念,为客户提供世界一流的服务。有一次,亚特兰大拉尼尔公司资料处理中心的计算机出现故障,为了排除故障,IBM 请来了 8 位专家,其中至少 4 位来自欧洲,有两位分别来自加拿大和拉丁美洲,而且在几个小时内都赶到了现场。IBM 公司在"提供最佳服务"的价值观导向下,认真对待每一位顾客和每一件产品,经过多年努力,成为以最佳服务求生存的典范。

企业文化的导向功能,首先体现在它的超前引导方面。这种超前引导是通过企业的价值观和崇高目标的培训教育起作用的。一般地说,企业对员工的培养有两方面的内容:一是基本技能技术的训练,即科学技术的灌输;二是对员工进行价值观念和崇高目标的灌输。也就是说,人才的培养内容不仅包括科学技术知识,而且要包括企业文化精神的思想内容。企业文化的管理模式对思想内容方面的教育和培训更为重视,认为企业文化所宣传的、以企业价值观和崇高目标为主要内容的企业精神,对员工起着人格培养的作用。通过这种培训,使企业精神在员工心中形成共识,引导员工齐心协力,为实现企业的大目标做出贡献。这种对员工的培训教育要持续不断,内容要充实、具体,集中反映企业的价值观和崇高目标,其形式可以灵活多样。

除了发挥超前引导作用,企业文化的导向作用还体现在它对员工行为的跟踪引导。企业文化管理模式主张把代表企业精神的企业价值观和崇高目标化为具体的依据和准绳,使员工能够随时参照,并据此对自己进行自我控制,使其在企业的生产经营活动中不致脱离企业的大目标。

2) 凝聚功能

企业中每一个群体组织和每一个员工都有自己的价值评判标准和行为准则,都有自己物质和精神方面的需求,因此不同组织和个人表现出不同的个性特征。这些个性特征要想凝聚为一个整体,只有依靠企业整体价值观。企业的各个群体组织和各位员工,把个人的理想信念融入到企业整体的理想信念中来,形成价值观共识,才会为企业发展提供强大的精神动力。当个人价值观与企业价值观融为一体时,企业成员才会感到自己不仅是在为企业工作,也是在为自己工作。这种员工与企业的和谐一致,能够激发起员工强烈的归属感和自豪感,使员工的士气保持长盛不衰。

企业的凝聚力指的是企业和员工的相互吸引力,具体说是指企业对员工的吸引力,员工对企业的向心力。凝聚力是一种情感,凝聚力首先可以通过企业对员工的关爱表现出来;其次,凝聚力又可以通过员工对企业的依恋体现出来。这种凝聚力还必然会转化为企业发展的推动力,表现为员工与企业结成命运共同体的合力。

在一个企业中影响企业凝聚力的因素是多样的。前苏联学者彼得罗夫斯基提出,增强企业凝聚力要从加强企业内部情感联系入手,达到价值观的高度认同,最终实现目标的彼此内化。美国管理学家西蒙和马奇提出的提高企业凝聚力的有效方法是,树立良好的企业形象,强化企业目标的共享意识,扩大企业内部信息沟通与交流的渠道,加强企业内部人与人之间的理解与信任,有效地控制企业内部成员之间的竞争强度等等。

企业文化管理模式在强化企业凝聚力方面把亲密情感、价值共识与目标认同作为强化企业凝聚力的关键因素。具有强烈文化意识的企业特别重视企业内部的情感投资，不断地满足企业员工的情感需求，加强企业对员工的吸引力及企业内部人际关系的吸引力。同时，企业文化又为企业内部员工提供统一的行为规范与准则，建立起在企业价值观基础上的行为模式，从而把员工的行为吸引到实现企业目标的轨道上来。企业文化引导员工追求的崇高目标中除了要充分体现企业的经营理念与经营宗旨外，还要广泛地容纳企业员工的利益要求，使企业员工能够感觉到企业目标的实现也意味着个人利益需求的实现，这样就能最大限度地激发员工为实现企业的崇高目标而勤奋工作、积极进取。

3）激励功能

现代企业文化管理模式把以人为本视为企业的主要价值观念，视人力资源为企业中最为宝贵的资源，对激励问题极为重视。但企业文化管理模式有别于传统的企业管理模式的是，它由重视激励个体转变为重视激励群体，为提高企业员工的生产积极性、主动性与创造性提供了新型的手段与方法，为企业员工的激励问题开辟了新的途径。

现代企业文化管理理论认为，人的行为不仅取决于个体心理的需求与动机，而且还取决于他所在的组织的心理与需求，取决于他所在的群体的文化因素。因此，要想激励起员工的生产积极性、主动性和创造性，就不能把注意力完全集中于个体的需求与动机上，而应当把视野扩展到对个体行为具有影响的组织的需求与动机上，扩展为营造企业文化的激励机制。企业价值观不仅使员工明确企业的发展目标和方向，而且使员工了解工作的目的不仅仅是赚钱，个人的需要也不仅仅是物质上的需要，还有比赚钱和物质需要更重要的东西，那就是满足社会需要和实现自我人生价值。企业价值观所确定的共同目标和共同信仰，能够激发起企业员工赴汤蹈火的激情和忘我工作的精神，促使大家追求更加卓越的目标，把工作干得更好。美国著名心理学家费罗姆提出的期望理论认为，假如一个人把自己行为目标的价值看得越大，或自我估计实现目标的可能性越大，那么，这种目标对他的行为的激励作用就越大。

直销企业文化管理模式一方面采用个人激励的手段与方法，如提供晋升机会，赋予个人更多的责任与权力，在企业内部创造一种相互尊重、平等、民主的气氛等，激发员工追求出色工作的愿望和在出色的企业中工作的要求；另一方面又采取群体激励的方法，如为企业员工提供统一的价值观念，树立企业崇高的目标，形成具有战斗力的团队精神等，满足员工在出色的企业中工作的愿望。而在企业文化中的价值追求和崇高目标影响下形成的一套完整的行为规范与准则，通过企业英雄人物、典礼仪式及文化网络等因素的强化，为企业员工实践价值追求提供了机会，对个体行为的积极性产生了更持久、更广泛的影响。企业文化对群体精神的激励，强化了个体对群体的归属感、使命感，激发起个体为集体做出贡献的决心与信心，促使个体产生稳固的行为积极性。

4) 规范协调功能

企业价值观是企业制定各种行为规范和职业道德规范的依据,也是贯彻执行这些规范的精神武器。在具有强烈文化气氛的企业中,企业价值观引导和约束人们的行为,使之符合企业整体的价值标准。在企业文化的引导与约束下,员工能自觉意识到什么事应该做、什么事不应该做,什么是应该提倡的、什么是应该反对的,从而对产品和服务的质量精益求精,对客户和消费者高度负责,为企业创造美誉度和知名度。经验表明,这种在企业价值观基础上形成的企业文化"软性"约束机制,对企业及其员工行为的规范与约束是十分有效的。

企业作为社会有机体中的细胞,它的生存与发展一方面依赖社会向它提供的必要的生存空间;另一方面企业也要承担起它对社会应负的责任。企业文化中崇高社会目标的规定、企业文化网络的建立等为企业如何协调与社会的关系,提供了现实的选择。

5) 效益功能

现代企业文化强调以人为本和崇高的社会目标,并非刻意追求企业的最大化利润。但是,它的引导功能、凝聚功能、激励功能和规范协调功能的充分发挥,却可以使企业取得最好的效益。例如,人们在一种先进的强烈企业文化氛围中工作,会充满自豪感和主人翁精神,会忘我地、创造性地工作,并井然有序,高效精确,人际关系融洽,减少内耗与效率损失,还能取得政府、社区和消费者的广泛支持,并减少工作中大量不必要的冲突与摩擦,这样,企业的效益会大大提高,这种功能就是企业文化的效益功能。

>>>8.2.2 直销企业文化的重要作用

直销企业文化是企业物质文明和精神文明成果的总和,就其本质来说是一种"以人为本"的、通过实践证明有效的管理思想,从整体上讲,它具有激励力、统合力和潜在力的作用。

1) 直销企业文化在生产经营中激励力的作用

文化为企业生产经营决策提供正确的指导思想和健康的精神气氛。直销企业文化导向性主要体现在两个方面:一是对企业成员(包括直销商)个体的心理、性格、行为起导向作用,即对个人的价值取向和行为取向起导向作用;二是对直销企业整体的价值取向和行为取向起导向作用。

许多直销企业在实践中体会到,企业文化是与企业同时存在的一种客观事实,是企业在长期生产经营活动中形成的价值观、经营思想、群体意识和行为规范。我们认为,直销企业文化可分为四层:表层为物质文化,浅层为行为文化,中层为制度文化，深层为精神文化。直销企业文化能带动员工树立明确目标，并在为此目标而奋斗的过程中保持步调一致；能够在企业员工、直销商和直销员中营造出非同寻常的积极性，企业价值观念和行为方式使他们愿意为企业出力；企业文化还提供了必要的企业组织结构和管理机制，从而更好地激励员工、直销商和直销员。比如安利公司注重企业文化建设，通过晨会、电子信箱、总经理来信等形式与员工、直销商和直销员进行沟通，引导他们认识企业的核心价值观，从而使他们积极地为完成公司发展目标而合力拼搏。

2）直销企业文化在企业重组中统合力的作用

直销法规实施后，必然要进行直销企业重组。重组应是企业有形资产与无形资产有机结合的重组，在注重企业资源配置、组织结构、产品结构调整的同时，更应注重企业的"软资源"，即直销企业文化的重组与创新。直销企业资源重组，一定要与文化重组有机结合。重组文化，才能"重组"人，而"重组"人才是真正意义上的重组企业。这样的重组企业才能在市场竞争中充满活力。对企业文化进行重组时，应坚持4个原则：一是整合性原则。在继承优良文化、剥离过分渲染直销致富的不良文化的同时，进行调整、改良、充实、完善、提高，使它成为一种与经济融为一体的直销企业文化，体现经济文化一体化的整合效应。二是同步性原则。直销企业文化的重组应与资产的重组同步进行，即同步评估、同步剥离、同步注入、同步组合、同步实施与运作，不可厚此薄彼。三是创新原则。直销企业文化作为高层次的现代管理，其精髓在于充分调动企业中的文化力量，为企业发展提供源源不断的文化动力。因此重组后的企业文化必须坚持创新，使之既能适应目前市场的激烈竞争，又能迎接即将到来的知识经济的挑战。四是方向性原则。重组企业的企业文化必须坚持社会主义方向，使之成为符合直销法规、培育社会主义"四有"新人，培育团队精神，促进两个文明协调发展无形而有力的动力源。

直销企业资产重组有具体内容，但文化重组也不是虚无缥缈的，其主要包括4个方面的内容：一是直销企业经营理念的重组。直销企业的经营理念要符合市场竞争的规律，符合直销经济自身发展的规律。二是直销企业精神的重组。直销企业资产重组后，引导企业员工树立新的企业精神就成为当务之急。通过重组企业精神，确定新的企业精神，有效地感召和激励员工以主人翁的姿态为新企业进一步拓宽直销渠道而努力工作。三是企业形象的重组。重组企业形象即是实行收购、兼并、挂靠的直销企业，要重新设计一种崭新的企业形象，使原有的企业优质形象达到进一步质的升华，使之对内产生强劲持续的内驱力，对外产生强大持久的辐射力。四是企业管理模式的重组。直销企业经营者应着力于构建新的企业管理模式。通过以人为本的管理，以重组的强大凝聚力达到企业内部的真正融合，创建企业科学管理运行机制。直销企业管理模式重组，必须重视现代化管理方法，拓展管理新视野，追求管理的新境界。企业管理模式的重组，就是将提高员工、直销商和直销员的文化素质和提高企业整体素质视为统一的有机整体,建立一套利益共同体的激励机制和一套新的现代企业文化管理运行机制。

3) 直销企业文化在发展中潜在力的作用

有人在调查许多直销企业后发现,所有企业都有着自己的企业文化。这些企业文化均对企业员工和企业经营业绩产生着巨大的作用,特别是在市场竞争激烈的时候更是如此。这种文化的影响甚至大于经营策略、企业组织结构、企业管理体制、企业财务分析手段以及企业管理领导艺术等的影响。美国、日本直销企业界最优秀的总经理们总是不惜耗时费力,大力塑造、维护自己力量雄厚的企业文化。这是因为,直销企业文化对企业长期经营业绩有着重大的影响。考察发现,重视所有关键管理要素(消费者要素、直销商要素、企业员工要素)、重视各级管理人员领导艺术的公司,其经营业绩远远胜于那些没有企业文化特征的公司。因此,重视企业文化和不重视企业文化的直销企业的效益是大不相同的。直销企业文化真的能创造效益吗?回答是肯定的。安利、雅芳、天狮的形象价值肯定比国内某些中小直销企业的形象价值要高得多。这就是直销企业文化在发展中的潜在力作用。

>>>8.2.3 建设直销企业文化的现实意义

加强直销企业的文化建设,不仅对直销企业的改革与发展,强化执法与行业自律,增强整体优势,提高管理水平,凝聚核心竞争力具有重要意义,而且对落实党的"十六大"提出的建立和谐社会的总体目标也是极具现实意义的。

1) 加强企业文化建设是践行"三个代表"重要思想,保持一个企业共产党员先进性的具体体现

实践"三个代表"重要思想,就其本质需求和内涵来讲,与加强企业文化建设要解决的课题是一致的。"三个代表"重要思想是新世纪新阶段全党全国人民继往开来,与时俱进,全面实现小康社会宏伟目标,建设中国特色社会主义现代化事业的根本指针,是我们党和国家在新形势下必须坚持的根本指导思想。企业文化建设的目的在很大程度上着眼于提高企业核心竞争力,适应先进生产力的发展需求;着眼于提高劳动者素质,实现人的全面发展,体现先进文化的发展方向;着眼于满足人们日益增长的物质和精神文化需求,代表最广大人民群众的根本利益。

在直销行业中构建科学的直销企业文化就是践行"三个代表"重要思想,保持行业中一切共产党员先进性的具体体现。

2) 加强企业文化建设是全面落实科学发展观,建设和谐企业的重要举措

在经济全球化大趋势下,文化交流与传播日益频繁,各种思想文化相互激荡,员工思想空前活跃。深化改革、开放和完善社会主义市场经济体制的新形势,使中国直销业既面临良好的发展机遇,又面临严峻的挑战。新形势新任务要求我们牢

固树立和全面落实科学发展观,形成以文化育人、以品牌兴司的持续发展机制,为实现综合性、多元化、国际性经营战略目标提供精神动力、思想保证和文化支撑。贯彻落实科学发展观,要求直销企业在追求效益增长的同时承担一定的社会责任。建设先进的企业文化,有助于妥善处理企业与社会的关系,塑造企业"社会公民"良好形象。中国直销业建设和谐企业的目标,是把中国的众多直销企业建成制度科学、机制完善、实力雄厚、文化先进、运营高效、充满活力的现代规范化的直销企业。全体员工得其所、尽其能,心情愉悦、心态平和,实现企业、股东和员工及广大直销商的价值收益稳定增长。建设和谐企业的重要内容之一是要处理好员工和企业之间的关系。建设先进企业文化,有利于妥善处理企业与员工等各方利益主体间的关系,在企业内部形成和谐、人本的文化氛围,对外提高品牌价值、塑造企业形象,扩大社会影响。

3) 加强企业文化建设是提升企业核心竞争力、实现企业最新发展目标的战略选择

中国直销企业的企业文化总体目标应该是:建设弘扬优秀文化传统,体现时代精神,符合发展战略,彰显直销特色的符合中国国情的直销企业文化体系,通过持续的企业文化建设和创新,使其成为实施企业发展战略的强大推动力,成为员工共同的行动准则,成为增强企业凝聚力和提高核心竞争力的重要保障。

无数实践表明,优秀的企业文化对内可以增强凝聚力、向心力,对外可以树立形象,扩大市场影响,是企业核心竞争力的重要组成部分。加快企业文化建设,有助于企业提升自身的核心竞争力,全面推进发展战略的实现。

4) 加强企业文化建设是建设高素质员工队伍、促进人的全面发展的迫切需要

建设先进的企业文化说到底是做人的工作,是帮助和引导员工树立正确的世界观、人生观、价值观。在2006年"两会"期间,胡锦涛同志于3月4日第一次到政协分组会上看望政协委员时,发表了关于树立社会主义荣辱观的重要讲话,总书记指出,要把发展社会主义先进文化放到十分突出的位置,充分发挥文化启迪思想、陶冶情操、传授知识、鼓舞人心的积极作用,努力培育"四有"公民。要引导广大干部群众特别是青少年树立社会主义荣辱观,坚持以热爱祖国为荣,以危害祖国为耻;以服务人民为荣,以背离人民为耻;以崇尚科学为荣,以愚昧无知为耻;以辛勤劳动为荣,以好逸恶劳为耻;以团结互助为荣,以损人利己为耻;以诚实守信为荣,以见利忘义为耻;以遵纪守法为荣,以违法乱纪为耻;以艰苦奋斗为荣,以骄奢淫逸为耻。总书记的这篇讲话,概括精辟,寓意深刻,代表了先进文化的发展方向,体现了社会主义基本道德规范的本质要求,体现了依法治国和以德治国相结合的治国方略,是我们党关于社会主义道德建设思想的进一步发展,是与时俱进推进社会主义精神文明建设的指导方针。

"八荣八耻"的荣辱观,涵盖了爱国主义、集体主义和社会主义思想的丰富内

容,是传统美德与时代精神的完美结合,是以爱国主义为核心的民族精神和以改革创新为核心的时代精神的鲜明表达,为我国的公民道德建设树立了新的标杆。这八句话112个字,构成了当前我国道德建设的核心,适用于党、政、军、工、农、学、商等各行各业的人们,成为全国人民道德追求的新目标。

当然对直销员工进行"三观"和"八荣八耻"的教育需要一个长期的过程,要通过大量艰苦细致的培养教育才能达到预期效果。我们要充分认识这项工作的长期性和艰巨性,从点滴抓起,做长期努力。

8.3 科学构建直销企业文化

8.3.1 科学的直销企业文化的内容

企业经营有四重境界:第一重境界是经营产品,这是最原始的经营举动;第二重境界是经营标准,这是诸多企业为了在现代市场竞争中打造自己的核心竞争力而孜孜以求的一种境界;第三重境界是经营思想,这是企业为了谋求垄断市场、经营未来的一种选择;第四重境界是经营文化,这是企业为推广一种生活方式而启动的社会渗透工程,一旦启动这种渗透工程,企业的市场将真正与社会融为一体,与广大消费者融为一体。科学的直销企业文化的内容包括以下几个方面:

1) 思维文化

在直销系统的文化建设中,思维文化的建设将是主体内容之一。所谓思维文化,它具体指的是影响人们思维模式的文化系统。在直销企业文化中,对于企业管理者、参与者和广大消费者而言,建立一套可以复制的能产生广阔的思维影响力的文化非常重要而且是必需的。基于对直销企业文化建设原则的把握,我们特为直销企业文化系统规划了如下思维文化。

(1) 定位文化 所谓定位文化,指的是直销企业在直销系统建设中对自己的准确定位以及围绕这个定位所形成的文化系统。其具体内容包括产业定位和行业定位。把定位文化的影响力深耕于直销企业每一位员工、每一位顾客、每一个合作者心中,就完成了企业定位文化的传播,用核心企业理念作为直销标志锁定行业内外。

(2) 使命文化 一个没有使命意识的人很难做成大事业,一个没有使命意识的企业同样很难有所作为。国际上有着百年基业并具有全球影响力的卓越企业通常都有自己的终极使命,它体现在自己企业的文化建设中,同时成为企业的共同远景,它就像启明星一样,永远照耀着企业前行的道路,并成为企业奋进的目标。因此,在直销企业的文化建设中必须有这种使命文化。所谓使命文化指的是企业或个人、团队的终极行为目标到底是什么,换句话说,企业或者个人、团队的最终归宿到底在哪里。每个企业、个人或团队基于具体情况的不同对于此问题的回答也各不一样。

(3) 创新文化　创新既是一个企业保持可持续发展活力的源泉,同时也是直销公司优势文化的集中表现之一,因此直销企业文化的系统建设必须凸显创新文化。创新文化的核心是创造,即在扬弃的基础上扬长避短进行创造。那么,在直销企业的文化建设中,我们所着力打造的创新文化到底包括哪些内容呢？概括起来,它包括观念创新、机制创新、方法创新、行为创新。通过观念创新来带动行为创新,从而在直销事业的发展过程中创造奇迹。而对于一般人来讲,创新并非一件易事,原因主要是缺少一定的方法,具体来说,这些方法包括：第一,一个人或组织必须处于深度的思考中；第二,一个人或组织必须养成经常创新的习惯；第三,一个人或组织要懂得通过学习去把握创新所需的资讯；第四,一个人或者组织要有超越他人、寻求不平常发展的最强烈的欲望等等。通过对以上创新内容和创新方法的整合,就可以逐渐打造起直销系统的创新文化。

(4) 实力文化　在今天的市场开发与合作中,所有的企业、客户及合作者都关注与之打交道的个人或者组织的实力,在中国直销行业更是如此。因为中国直销业运营十余年以来,中国的广大消费者和直销代表已经被小规模企业的不规范的直销经营行为折腾了多年,所以时至今天,人们格外关注与之合作的直销企业的实力。正因为如此,在直销系统文化的建设中务必注重这种综合实力,打造实力文化。这种可以直接拉升市场的实力文化,还可以再分解成几个层面：第一,企业的产业拓展实力；第二,企业的财务系统实力；第三,企业的可持续发展实力；第四,企业的立体公关实力；第五,企业专业化的经营管理实力；第六,企业的资源整合实力。直销企业在构建自身特色的文化中,要从设计和传播上尽力打造这种实力文化。

2) 市场文化

在直销企业文化的建设中,市场文化也是重要的组成部分,因为说到底,所有文化系统的建设都是在为市场服务的。但是,一个成熟的企业文化系统,不仅在定位文化上有清晰的内容,其市场运营本身也应该包含一种文化概念,这就是市场文化。它是企业在开发市场、建设市场和维护市场过程中所体现出来的一种企业追求和企业精神。那么,直销企业的市场文化到底该如何建设呢？具体如下：

(1) 永续事业文化　今天的人们无论从事什么事业,在选择的过程中一定希望这种事业能够永续发展,这样才能解除人们合作中的心理障碍和后顾之忧。一般人都害怕在选择后遭遇到企业的动荡不安或者中途夭折,这一点在直销行业尤为重要。因为过去十多年中国直销行业的运作史告诉人们,许多人在从事直销事业的过程中遭遇短线运作而吃尽了苦头,不仅在经济上遭受了损失,而且在信心上遭受打击,面对直销事业有严重的挫败感、上当感。因此,在直销的文化建设中,必须努力倡导永续的事业文化。在具体的市场运营中,从具体的市场战略的制订、企业产业线的发展、企业的市场开发策略的运用、企业在管理系统中的投入等方面,都应当把这种永续发展的理念输入进去,这样直销公司从外到内都能将它作为一项永续事业的足够的特征显示出来。而后,公司再通过各种各样的传播系统,把这种永续的事业文化传播给社会,传播给所有从业者,这就形成了直销系统永续事业文化。

(2) 专业系统文化　今天的合作者、创业者和组织中最害怕的事情之一就是"外行在干着内行的事",这样极易造成工作中离目标愈来愈远、严重影响工作效能的状况,而且导致系统不按事物发展的正常规律去运作,让合作者在合作过程中极其不愉快。正因为如此,今天的人们在进行合作的时候总喜欢选择内行、专业的企业,这样在推进其合作事业的过程中就能增加信心、兴趣和合作动力。在中国直销行业更是如此,参与者瞩目的焦点之一就是一家企业的专业化运作程度。这种专业化系统的打造通常包括如下几个层面:第一,企业经营决策系统的专业化水准;第二,企业管理系统的专业流程;第三,企业所出台的战略及各项政策的专业化水准;第四,企业的市场运营策略体现出的专业化水平。这些方面的专业化要求,实际上在企业发展的过程中就体现出一种很能吸引人的专业的、系统的文化。这种文化能够培育出专业的企业、专业的市场、专业的管理系统、专业的从业团队。

(3) 卓越品质文化　无论是消费者还是经营者,都喜欢高品质的东西,假冒伪劣的产品不仅市场拒绝接受,而且市场上的从业人员也会拒绝接受。在中国直销行业更是如此,人们追求高品质,痛恨低劣品质,因为低劣的品质会动摇直销事业的根基,有时甚至遭遇到人品的风险。因此,结合行业发展需求和个人成功创业需求,在直销系统的文化建设中必须推动这种卓越品质文化的建设。营销事业中的卓越品质文化通常包括两个方面的内容:第一,产品的卓越品质;第二,服务的卓越品质。它们两者共同构成直销系统建设中卓越品质文化的主体框架。在企业营销行为中,具有卓越品质的产品自始至终都将是经销商开发市场、打造客户的敲门砖,而企业所推出的卓越服务,则是经销商维护忠诚客户、维护市场稳定的根本保证。

(4) 经典法制文化　在打造直销企业文化的原则中,有一条重要原则就是符合时代发展的趋势。而在当前一个很重要的趋势就是我国与市场经济相配套的法制建设正在逐步完善,尤其是直销行业的发展正处于一个特殊的历史阶段,即中国直销行业的法规《直销管理条例》和《禁止传销条例》实施时间不长。正是基于这种背景，我们在直销企业文化的建设中必须加强经典法制文化的建设。所谓经典法制文化，指的是直销公司在建造其直销系统过程中应当自始至终维护其遵纪守法的形象。概括起来，它包括三个方面：第一，直销公司在准入直销市场中合法资格的获取；第二，直销公司在市场推进中的所有市场行为合法体系的打造；第三，直销公司本身所应承担的社会责任，在正确处理国家、集体和个体关系中的合法流程。通过这三个方面的强化建设，打造直销系统的经典法制文化。

3）团队文化

团队是直销系统建设中的执行主体，它包括公司的经营管理团队、市场上的连锁员工团队、公司的忠诚顾客团队，他们在未来将不断地推动直销公司的成长。因此，在直销系统的文化建设中，如何打造一种专业的团队文化，便成为了直销企业文化建设的一个重要问题。下面是直销系统稳健成长而需要具备的团队文化。

（1）合作文化　人们都已经意识到，今天的世界已经不再是简单的个人英雄主义的时代，而是处于一个在各个层面根据组织的成长来展开全面合作的时代，因此合作文化实际上已经成为当今时代文化的支柱内容，全球都在讲"合作与发展"。在直销行业的发展中，由于它开展销售活动所依托的是人际网络，因此，该网络中个体合作精神的注入便成为其核心的内容。没有合作，可以说直销事业就无法推进。因此，在直销系统文化的建设中，合作文化的建设无疑将是其团队文化建设的主体内容之一，概括起来，它包括：第一，团队中个体之间合作关系的架构，包括合作意识、合作秩序、合作流程；第二，企业决策系统与管理系统之间合作关系的架构，包括合作中双方的定位和共同发展；第三、企业的独立经销商体系与企业的合作关系的架构，包括双方游戏规则的制定，双方权、责、利的界定等。这是一个完整的合作系统，所以在直销系统的建设中，要把"合作"作为一个主题词嵌入整个企业的发展中，加以广为传播，从而形成直销系统文化中的合作文化。

（2）关爱文化　所谓关爱文化，指的是对广大消费者、广大的事业参与者的一种关心和爱护，这种关爱是多维立体和无处不在的，是无声无息的。一个组织如果把这种关爱作为其企业理念的内核之一，它所折射出来的外在表现形态就是一种关爱文化。这种文化的力量就在于能够赢来良好的事业形象，赢来良好的公众口碑。因此，在直销系统的建设中倡导这种关爱文化，它既是直销公司市场成长的需求，同时也是直销公司品牌成长的需求。这种关爱文化体现在直销中，它包括：第一，来自直销公司终极使命的关爱；第二，来自直销公司产业线的高品质关爱。与此同时，在直销公司的团队建设中，还必须努力倡导"互助、协作、彼此关爱"的文化，使直销的团队系统能够成为一个开放式的温馨的事业之家。

（3）推崇文化　所谓推崇文化，指的是在一种合作或者一项事业推进的过程中，参与者对这个事业平台及其周围的协作伙伴的一种由衷的赞美、信赖和合作精神，它是营销系统建设中的一大重要法宝，在诸多知名的国际直销企业中都被娴熟地运用着。它的有效传播能够增强团队之间、团队与公司之间的合作精神、凝聚力、信念体系,能维护系统的有效秩序。在直销业的推崇文化中,它应当包括如下层面的内容:第一,对公司的推崇;第二,对领导人的推崇;第三,对事业理想的推崇;第四,对团队系统的推崇;第五,对合作伙伴的推崇;第六,对产品的推崇。总之,对于这种推崇文化,要在团队中把它分解为每个人的语言、肢体动作和服务行为,从而使直销团队体现出一种浓郁的推崇文化。

(4) 学习文化 "学习是通向未来唯一的护照",这对于诸多组织和个人已成为一个颠扑不破的真理。在当今的世界,组织与组织之间、个体与个体之间、国家与国家之间不是简单地去比其实力的强弱,因为这并不能决定未来,而是比其应对未来的策略和方法体系,比其在全球经济一体化背景下的创新能力,比其学习能力。因为学习是创新的源泉。学习文化的建设在当今的世界已越来越成为主流文化之一。因此,在直销系统的建设中必须建设这种学习文化。它包括:第一,在组织系统和团队中培育学习的习惯;第二,打造真正的学习型组织和学习型团队;第三,经常组织与时俱进的各种学习活动。

(5) 快乐文化 一个人在终生奋斗的历程中,始终在做着两件事:第一,追求快乐;第二,逃避痛苦。这两者构成了人一辈子的心理追求。在整个社会发展过程中也是如此。人类征服自然、改造自然能力的不断提升,人类自身在此过程中所创造的巨大的物质财富和精神财富,都是为了满足人类个体和群体的终身追求。因此,在直销企业文化建设中,必须导入快乐文化。所谓快乐文化,指的是在直销事业中自始至终在团队工作中建立一种快乐法则并且传播这种快乐法则。它具体包括:第一,建立快乐的人生态度、事业态度;第二,建立快乐的工作节奏和工作方法体系;第三,建立快乐与痛苦的共同分享机制;第四,建立在工作中寻找快乐、在自我实现中寻找快乐、在帮助他人中寻找快乐、在无私奉献中寻找快乐的精神理念系统。总之,快乐是一种生活状态,在直销企业的文化建设中应当强化它的建设。

(6) 耕耘文化 在不健康的直销文化中,往往会反复宣扬"一夜暴富、一劳永逸"的价值观,其目的就是为了快速促成买单、快速促成拉人头的结果。这种文化不仅受到健康的直销文化的排斥,更受到中国直销政策与法规的打击。因此,在直销企业的文化建设中,必须坚决与之划清界限,势不两立。与此同时,还必须强调建立与之相对应的耕耘文化。所谓耕耘文化,实际上指的是:在直销团队的建设中推崇和贯彻执行"一分耕耘,一分收获"的思想并组织其行动,概括起来,它包括:第一,坚决扫荡"一夜暴富、一劳永逸"的思想;第二,坚决贯彻"按劳分配"的原则;第三,大力倡导每天辛勤工作的必要性,表彰这种辛勤工作的结果;第四,鼓励耕耘中的方法研究、经验交流等。

(7) 复制文化 复制既是一种在直销系统中被广为运用的方法体系,同时也是直销企业文化建设中团队文化的一个重要组成部分。所谓复制,简单地讲就是模仿,不过这种模仿的程度必须达到100%。在一些国际直销企业中对复制文化的描述就是"简单、易学、易复制",由此可见直销系统中复制文化的重要。这种复制文化体现在直销团队的建设中,它包括如下层面:第一,企业理念系统、定位系统的100%复制;第二,企业核心价值观系统的100%复制;第三,企业直销战略和策略系统的100%复制;第四,企业打造直销系统方法体系的100%复制;第五,企业文化系统中原则的100%复制;第六,企业语言系统的100%复制;第七,企业行为系统的100%复制。

4) 管理文化

在直销系统的建设中,管理是其重要的组成部分。因此,在直销企业的文化建设中,管理文化也是其核心的组成部分。根据直销企业文化建设的总体原则,直销系统成长过程中的管理文化应包括以下内容:

(1) 人本文化 所谓"人本文化",是指在管理过程中执行的"以人为本"的管理模式,即在企业的管理过程中给予员工、团队和顾客充分的人性化的关怀,并且在这种关怀的基础上充分调动每一个人的工作积极性,发挥其内在的工作潜能。全球知名的企业,都在全力以赴地推进这种人本文化的管理。所以,人性化的管理已成为全球企业所遵循的一种新管理趋势。直销事业本来就是一个充满人性化的事业,因此,有必要在整个管理过程中导入人本式管理,并且打造人本文化。其具体执行内容包括:第一,尊重每一个成员的情感和人格,给予其充分的人性化关怀;第二,用科学的管理程序代替个人简单的行政意志;第三,坚持管理过程中的充分民主精神,打造透明、公正、公开、公平的奖惩机制;第四,弘扬管理中的正气,打击管理中的邪气等。这些都是人本文化的核心内容。在直销文化建设中,打造好人本文化,就意味着现代企业精神的塑造,它无疑将对企业营销产生极大推动力。

(2) 制度文化 没有规矩不能成方圆,任何一个组织的发展都需要与之相匹配的制度来支持,否则这个组织的发展就不能打造现代化的企业精神,形成组织成长过程中的严谨秩序。因此,用制度来进行组织和系统的管理已经成为全球企业通用的游戏规则。伴随着制度管理的推广,制度文化便在该组织和系统的管理过程中应运而生。

(3) 标准文化 建设统一的流程和标准,并且在组织发展过程中严格地按照这种流程和标准去开展工作,就可以全面提升管理过程中的效能和品质,从而避免管理过程中因为人的个性化风格不同所带来的随意性和低效能工作状态。因此,在直销系统的建设中,必须推出标准化的管理模式,并且全力打造标准文化。它在具体内容上包括:第一,完善和制定直销企业成长所需要的各种统一的管理标准;第二,在管理实践中贯彻执行这些标准;第三,建立标准运用后的评估系统和信息反馈系统;第四,培育每一个人运用标准和复制标准的能力及习惯等。

（4）品牌文化　品牌既是一种在长远经营中的战略，同时也是企业在开发市场和管理市场中的一种策略。这种企业运营战略和策略的结合，就会产生企业的品牌文化。对于企业品牌文化的建设和推广，国际国内诸多著名直销企业都特别关注它，再加上中国政府在直销业立法中对企业综合运营实力的关注，直销企业也需要品牌文化的架构和辐射来增强其对于市场成长的卓越影响力。这种做法不仅仅是基于政策要求，更为重要的是基于市场成长策略的需求。正因为如此，在直销系统的管理文化中，将全面导入这种品牌文化。所谓品牌，简言之就是企业在公众中的影响力，包括知名度和美誉度。所谓品牌文化，指的就是在直销企业的成长过程中全面推动品牌的卓越影响力，并以此整合成直销系统快速发展的动力系统。

>>> 8.3.2　构建直销企业文化中需要处理的几个关系

企业文化建设是一个系统工程，涉及方方面面，需要系统思考、协调推进，着重把握以下几个关系，确保企业文化建设扎实有效地推进。

1）企业文化建设与业务发展的关系

促进公司持续发展是企业文化建设的根本目的，形成与业务发展的良性互动是企业文化生命力所在。企业文化建设取得成效的关键是要找准工作定位，贴近一线，防止搞形式主义；要服从和服务于企业战略和中心工作，紧贴基层实际，从服务业务发展的角度开展企业文化活动，避免"空对空"、"两张皮"。各子公司要根据实际，通过开展生动活泼、形式多样的企业文化活动，增强向心力，提高凝聚力，推动业务发展；通过企业文化向社会的传播，充分展示企业实力，营造有利于业务发展的良好氛围，促进企业形象提升，促进业务不断发展。

2）企业文化建设与制度建设的关系

文化建设和制度建设必须同步推进、有机结合。企业文化是企业在经营管理过程中总结提炼而成的精神产品。管理制度是建设优秀企业文化的强有力手段。只有通过制度建设才能将企业的核心价值观充分体现出来，使之成为规范，形成激励和约束机制，进而实现文化的制度化。要强化企业文化建设在企业经营管理中的地位，发挥企业文化的渗透作用，以文化建设引导制度建设，以制度建设促进文化建设，使员工既有价值观的导向，又有制度化的规范，使企业管理步入决策理性化、管理制度化、操作规范化的良性轨道。

3）共同文化与特色文化的关系

一个直销企业在长期的发展中，一方面，广大基层组织和员工根据业务发展需要，结合地域特点，自发形成符合自身需要的文化观念，扩展了直销企业的文化内涵；另一方面，随着发展战略的推进，一些企业集团各子公司不断增加，对建设各具特色企业文化的诉求日益强烈。在新形势下，妥善处理集团共同文化与各子公司特色文化的关系，必须把握好统一规范与特色的关系，充分体现共性与个性的统一。在企业文化建设中，一方面，要强调集团内部文化的统一性，以统一的直销核心理念、产品品牌、企业形象识别系统规范集团文化，形成大文化理念和大文化氛围；另一方面，各子公司要结合自身目标任务、专业特点和地域特性，进一步引申文化内涵，为中国直销企业文化不断充实新的元素，培育和创造特色文化。

4) 继承传统与自主创新的关系

我们既要注重继承发扬文化传统，挖掘基层实践中的企业文化建设经验，又要积极借鉴先进管理思想和优秀文化成果，开展自主创新，努力把中国直销企业文化建设成既能体现直销文化的传承性，又具有鲜明行业特点和时代精神的企业文化。在企业文化建设过程中，要注重创新企业文化建设的内容，注重创新企业文化建设的形式和手段，注重提升各项活动的文化内涵，努力使中国直销业的文化建设不断取得新进展。

8.4　直销企业文化的传播与沟通

>>>8.4.1　传播与沟通概述

1) 传播与沟通的含义

两个人以上进行信息交流活动就构成传播与沟通。企业文化的传播是指企业组织和个人利用各种媒介将有关企业文化的信息有计划、有目的地传递给内外公众的一种活动。所谓沟通是指企业与员工、员工与员工、企业与社会之间交流转移信息的过程。传播与沟通两者并无本质区别，都是在人与人之间架起一座桥梁，实现彼此知识、经验、思想、感情的共享，为实现企业的总体目标服务。但是，人们又把这两个词分开来用，似乎"传播"与"沟通"并不等同，"沟通"更强调了"双向性"和信息反馈，而"传播"则趋向于"单向"的信息传递。这种差别，不影响我们对其基本含义的理解。

传播与沟通的基本要素包括：传者（信源）、受者（信宿）、信息、媒介（信息的载体）、信道（信息传播的渠道）、反馈。除此之外，还有一些隐含要素影响传播与沟通的效果，如时空环境、文化背景、心理素质、被信任的程度等。实际上，在直销企业文化传播与沟通的过程中，不论对基本要素还是隐含要素，都应该给予足够的重视。

2) 直销企业文化传播与沟通的模式

(1) 线性传播模式　如图8-1所示,这种传播模式是以传播者为起点,经过媒介转化为信号,以接受者为终点的单向、直线运动。这里有一个先决条件,即传播者和接受者必须有共同的经验范围,彼此才能沟通和分享信息。这一模式的缺陷主要是忽视了社会环境的制约因素和传受双方的能动因素,缺乏信息反馈。

图8-1　线性传播模式

(2) 新型控制论传播模式　这一模式是由美国学者施拉姆提出的,如图8-2所示。

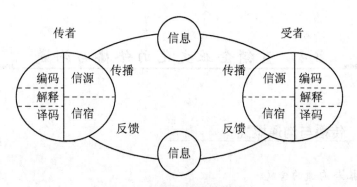

图8-2　新型控制论传播模式

这种传播模式是一种双向循环的传播过程,与线性模式相比引进了反馈机制,把传播理解为一种互动的、循环往复的过程。反馈传播系统及其过程构成一种自我调节和控制,传受双方要想维持传播行为,必须根据反馈调节自身的思想和行为,从而使整个传播过程处在良性循环的可控状态。

(3) 公共关系传播模式　这种模式是根据新控制论模式的理论设计的,并包含了拉斯韦尔的"五W模式"中的基本要素,如图8-3所示。

这种传播模式对企业文化的借鉴意义更强,因为它强调:第一,信息的来源是组织;第二,传播的内容是有利于实现组织目标的信息;第三,传播的渠道是人际传播媒介和大众传播媒介等;第四,传播的对象是组织所面对的公众;第五,根据反馈的信息不断调整修改下一步的传播计划,目的是塑造良好的组织形象。

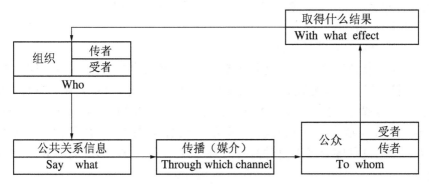

图 8-3 公共关系传播模式①

3）传播的类型

（1）自身传播 也叫人的内向交流，即传播的"双方"集于一身，个人自身内部进行交流，是个人内心的思维活动。从传播学的角度看，它是人类传播的基本单位和细胞。

（2）人际传播 是指人与人之间的沟通交流，是最常见、最广泛的一种传播方式。

（3）组织传播 指组织和其成员、组织和其所处环境之间的沟通交流。这种传播的特点是，传播的主体是组织，传播的对象十分广泛、复杂，传播具有明确的目的性和可控性。组织传播是创立企业文化时最常见的传播方式。

（4）大众传播 从媒介的角度看，它有两大类型：一类是印刷媒介的大众传播；另一类是电子媒介的大众传播。

还可以从不同的角度对传播进行分类。

（1）按传播信息的流向可分为单向传播和双向传播 在单向传播中，传播者与接受者不发生直接的交流关系，如广播；在双向传播中，传播者与接受者互向对方发出信息，如谈话、问题讨论等。

（2）按传播媒介的特征，可分为直接传播和间接传播 直接传播是指人们通过语言或表情面对面地互通信息；间接传播是指发送者利用特殊的传播媒介向接受者间接地输送信息，如人们通过信件、电报、传真、网络等方式进行信息交流。间接传播的高度发展，导致了现代化传播方式——大众传播的产生和蓬勃发展。

（3）按传播的对象和目的，可分为组织传播、大众传播和自身传播。针对企业内部公众利用企业自办的报纸、闭路电视、企业内部网等媒体传播企业的价值观、经营思想和制度政策等信息，属于组织传播；针对企业的外部公众借助社会的报纸、电台、电视台、互联网等传播企业的经营思想、有关政策和商品信息，则属于大

---

① 熊源伟主编.公共关系学.合肥：安徽人民出版社，1997

众传播；针对员工或某些消费者开展的谈话、座谈等，属于人际传播；员工个人的学习思考属于自身传播。

4）直销企业文化传播的媒介

企业文化传播媒介是指企业文化借以沟通传播信息的载体，可分为四大类。

(1) 符号媒介　符号媒介是运用最广泛的传播媒介，也是企业文化传播的主要媒介。符号媒介包括口头语言媒介、书面语言媒介和形体语言媒介三个方面。

① 口头语言媒介：是指能发出声音的口头语言，如演讲、谈判、谈话、通电话、答记者问等。这种媒介属于面对面的沟通，信息反馈迅速，形式灵活多样，沟通效果明显。

② 书面语言媒介：是指运用文字符号，包括手写文字和印刷文字来表达思想意图的方式，如新闻稿、各种文件、简报通讯、社交书信、谈判决议、会议纪要等等。运用这种媒介沟通信息，便于斟酌，便于保存，准确性较高，沟通效果较好。

③ 形体语言媒介：是指靠形体的某种变化来表达思想意图和喜怒哀乐，如笑声、掌声、语调、手势、头势、目光等，都可以表达丰富的思想和意图。特别是在口头语言表达中配以适当的形体语言，会明显增强口头语言的沟通效果。

(2) 实物媒介　实物媒介是指以实物充当信息传播的载体，包括企业生产的产品和提供的服务以及企业建筑物、企业标记、企业象征物、礼品等。特别是企业的产品和服务是最具典型意义的实物媒介，产品的品牌、商标、包装、内在质量、售后服务、广告设计都从某个角度折射出企业及其员工的精神境界，反映出企业文化的格调和韵味。

(3) 人体媒介　人体媒介是借助于企业中人的素质、行为、服饰和社会影响作为信息传播的载体。员工统一得体的服饰、礼貌大方的言谈举止、规范的操作，展现了企业精神和企业经营作风，给顾客以信任感，这本身就营造了一种浓烈的文化氛围。

(4) 大众传播媒介　大众传播媒介是指职业传播者运用现代化的传播手段，面对极其广大的受众进行的信息传播。大众传播媒介中，印刷类传播媒介包括图书、报纸、杂志；电子类传播媒介包括广播、电视、网络。科学技术的日新月异使大众传播媒介的发展突飞猛进。各种大众传播媒介在信息传播与沟通上各有优势，都是企业文化传播的重要介质。企业要传播自己的文化，形成良好的舆论环境，必须重视对大众传播媒介的利用。

5）传播与沟通对企业文化建设的作用

实践证明：没有传播就没有文化。

在一个企业里，众多的员工聚集到一起，如何共同去干事业？怎样干才能做到齐心协力？这些都需要靠企业文化的导向功能、约束功能、凝聚功能、辐射功能来实现。个体目标与群体目标、管理者与被管理者的磨合，进而达到协调一致，需要靠传播与沟通这根导线串接,才能发挥企业文化各功能的积极作用。

一个好的企业,不仅要为社会提供精良的物质产品,同时也要向社会展示自己的精神风貌,以优良的、独特的企业文化影响社会。这其中更离不开传播与沟通的特定作用。

(1) 在企业文化生成过程中,传播与沟通起着催化、引导的作用。企业文化的生成有两种情况:一种是任其自流,靠自然生成;另一种是有计划、有目的地引导其生成。第一种是盲目的,不可取。第二种是自觉的、有意识的。一个企业从它诞生的那一天起,就应当从物质文化、制度文化和精神文化三个层次上进行规划设计和教育引导,预防消极文化的出现,促使积极向上的企业文化的生成。

区别于物质文化和制度文化,企业精神文化的沟通是以提高人们的认知为切入点,通过共识过程,最后树立一种信仰。或者说它是一种认知态度,乃至行为习惯的个体心理的转变过程,是激发人的潜能、提升人的心性、改变人的心智的过程。

企业精神文化的形成,关键在于在传播与沟通中提升认知、达成共识、形成信仰,即改变态度。

态度是指个人对待某一对象较为稳定的心理倾向。态度对人的思想观念、心理活动以及人的行为有着十分重要的作用。可以说,要想改变一个人的行为,就必须先改变一个人的态度。

(2) 在直销企业文化巩固和发展变革中,传播与沟通起着凝聚和革命性转化的作用。离开传播与沟通,积极向上的企业文化不可能形成。而巩固和发展企业文化,塑造企业优秀文化,更离不开传播与沟通。

有效沟通的价值并非在所有企业都已得到应有的重视,一些企业内部沟通比较困难。由于共鸣、共识域狭窄,沟通产生障碍,企业内部的支持、协作、配合就比较差,企业很多好的举措因得不到理解、支持而半途而废,错误的决策也得不到及时纠正,人与人之间的冲突不可避免,给企业文化建设增加了难度。特别是当市场环境发生变化,企业的经营战略和方针策略必须做相应调整时,往往由于文化传统的不容易改变而使企业的调整显得异常艰难。这种情况下,只有通过信息的传播与沟通,使人们真正理解为什么必须进行调整,才能实现革命性的转化。

许多企业充分运用信息的传播与沟通,宣传企业形象,推广知名品牌,成功塑造了优秀的企业文化。

通过传播与沟通,宣传企业形象,把代表企业形象的优良品牌传播出去,推广开来,这不仅有利于企业,也有利于社会。国内外许多著名企业的成功经验证明,企业文化的传播是企业扩张发展的精髓。企业文化是品牌铸造的大摇篮,品牌的一半是文化。

和世界许多知名直销企业一样,原本"土生土长"而今驰名中外的直销企业天狮集团也是用文化铸造品牌、塑造企业形象的。天狮集团总裁李金元先生始终认为,企业的成败不仅仅取决于市场占有率等有形的东西,而更在于是否有着高度一致的内部价值认同和众口一词的外部形象评价。经营既是韬略,也是艺术,更是文化。

>>>8.4.2 直销企业文化的内部沟通

管理过程中,常常会遇到各种各样的冲突与摩擦,遇到各种各样的矛盾与误解,实际上这在很大程度上是由于人与人之间缺乏交流与沟通造成的。人与人之间缺少沟通,就犹如隔了一道墙,难以共事。企业组织内部缺少了沟通,就难以形成凝聚力。因此企业文化建设的关键在于内部,而内部凝聚力的增强在于搞好文化沟通。

1) 内部沟通的作用

企业的经营管理需要在生产、财务、市场和人力资源等方面进行运作。无论哪一方面的工作都是由人来进行的;企业的经营效果最终取决于人的积极性、主动性和创造性发挥的程度。《管理沟通》的作者认为,生产力来自企业内部,尤其是内部的人。企业内部沟通良好与否事关公司的气氛、员工士气,影响组织效率,进而影响生产力和生产率;企业建立起畅通无阻的交流沟通渠道是形成浓厚企业文化氛围的必要条件。内部沟通的作用表现在以下几个方面:

(1) 有利于员工达成共识,使企业形成坚强的团队 每一个员工都有自己的爱好、想法,有自己的工作和生活习惯,企业要把每一个具有鲜明个性特点的员工凝聚成一个有机的整体,需要把员工个人的价值观统一到企业的整体价值观上来。这是一个长期的过程。在这一过程中,必须依靠良好的沟通,通过学习交流,甚至摩擦碰撞,慢慢体会领悟,相互取长补短,才能逐步放弃自己与整体价值观不相适应的思想行为和习惯,把个人融入到整体中来。

(2) 有利于满足员工心理需要,改善人际关系 员工在企业工作,不希望自己仅仅是被雇佣来的"一双手",和企业的联系不仅仅是月末领到一份工资。他们希望得到尊重,渴望有归属感,把个人的荣辱命运与企业密切地联系在一起,愿意把全部时间和精力投入到工作中去,不计较个人得失,甚至可以奋不顾身地为企业目标奋斗。这种境界,只有在员工与企业相互了解、信任的前提下才能达到。充分的沟通能满足员工参与社会交往和受到尊重的精神需求,调节企业领导与员工以及员工与员工之间的关系,实现企业各方面关系和谐融洽。

(3) 有利于调动员工参与企业管理和决策的积极性 员工参与的过程也是实现认知的过程。在企业管理中,应把企业经营的状况(包括取得的成绩和存在的问题)、领导者的思路想法、规章制度拟定的草稿以及要决策的问题和有关情况,实实在在、原原本本地与员工沟通。通过信息沟通和情感沟通,激励员工的工作热情和参与管理的积极性,使原来有抵触情绪或不良行为的人转变态度和行为,实现良好的合作。这才会使员工具有主人翁责任感,积极主动地为企业的发展献计献策,使企业获得蓬勃发展。

(4) 有利于员工更新知识,转变观念 企业畅通无阻的沟通,会形成一种开放的环境。在这样的环境中,企业中的决策者、管理者、技术人员和一线的操作人员,相互学习和交流,及时掌握外部环境的变化,不断随着市场的变化而调整自己的观念和行为,紧跟时代的步伐,使企业不断跃上新的台阶。观念一旦成为习惯,改变起来是比较困难的。促使观念转变,主要靠学习新的科学知识,靠交流沟通。人的知识视野宽了,掌握的信息量大了,不断和各种各样的人交换意见,才会站到时代的前沿。

以上是指在一般情况下沟通所起的作用。在一些特殊的情况下,内部沟通的作用更为明显:

(1) 当企业实施重大举措时 如企业并购、企业领导人更替、企业经营战略重大调整、企业新规章制度出台等企业重大决策的实施,决策前应尽量让更多的人参与,以增强主人翁责任感;决策作出后要迅速传达下去,并作详细解释,以使员工排除疑虑,心中有数,坚定信心,安心工作。

(2) 当员工士气低落时 企业在市场竞争中的不利或对新规章制度的不满,会造成员工士气的普遍低落。此时企业领导者和管理者应团结一心,协调一致,大范围地进行沟通和交流,重新鼓起员工的战斗精神,恢复企业的凝聚力。

(3) 当内部发生重大冲突时 如领导者之间的意见严重分歧,或员工对企业的决策严重不满,矛盾激化,严重影响企业的生产和工作。企业的领导者和管理者应以更大的宽容心和更坚强的意志做好调节和说服工作,以免使双方冲突加剧。如果沟通无效,那只有采取组织措施。

(4) 当员工之间隔阂加深时 员工之间由于利益冲突或思想观念、态度、价值观的巨大差异导致的互相不理解、不信任、不合作,造成关系紧张,会影响工作情绪和工作效率。这种情况比较复杂,要认真调查研究,深入分析,分清是非。属于思想观念的问题,要进行教育和说服;属于实际问题,要认真研究予以解决;属于人际关系问题,要巧妙地去协调,化解矛盾。

(5) 当部属对主管有重大误解时 由于信息沟通不畅,或对信息理解的差异,或有人别有用心地挑拨离间,部属和主管之间有时会产生误解。这种情况下,沟通更为必要,通过坦诚地交换意见和看法,达到消除误会、增进理解的目的。

2) 内部沟通的内容

企业内部沟通的内容非常丰富,从企业文化的角度看,沟通的内容主要包括以下几个方面:

(1) 企业理念信息 企业理念属于企业精神的范围,它是一个完整的体系,包括企业最高奋斗目标、企业价值观、企业经营哲学、企业道德观念、企业思想观念等,是在企业总体最高理念下,具体表现为产品理念、质量理念、服务理念、管理理念、人才理念、市场理念、信誉理念、环境理念、创新理念以及道德规范和行为准则的各种政策思想。企业理念的沟通是企业沟通的核心问题。企业全体员工只有对企业理念深刻领悟,全面理解,才能真正理解自己工作的意义,主动自觉地把工作干好,企业产品和服务的质量才有保证,企业才能在激烈的市场竞争中立于不败之地。

(2) 知识信息　知识信息主要指企业经营中涉及的专业知识、技术知识和管理知识。企业中的各部分人员都要根据各自的工作特点,努力学习专业技术知识和管理知识。

(3) 情感信息　企业中家庭氛围的营造需要广泛地沟通感情。领导与员工、员工与员工、部门与部门、员工与部门之间,要经过各种接触和联谊活动,体现相互关心、相互帮助和相互支持的情感。

(4) 企业经营信息　企业经营信息主要是指企业经营过程中的各种实际情况,包括市场上消费者需求、产品销售的情况、客户的意见和要求、公众对组织形象的评价以及各种成绩和存在的问题。在不泄密的情况下,这些信息都应在员工中进行交流,听取员工的意见。那种对员工只报喜不报忧的做法,是对员工的不信任,不利于企业凝聚力的增强。

>>>8.4.3　直销企业文化的外部传播

1) 企业文化外部传播的作用

(1) 企业文化的外部传播为企业的发展创造良好的社会环境　员工的良好行为只有经过传播才能转化为知名度和美誉度,为企业塑造良好的形象。企业文化在员工内部的沟通,可以增强内部的活力和凝聚力,提高企业的竞争优势。企业文化的外部传播,则可以使企业的名声得到扩大,为企业创造更大的市场。内部沟通与外部传播是紧密联系、相互依存的,所谓"内求团结,外求发展",说明了两者之间的关系。

企业文化建设首先必须重视内部的沟通,充分认识员工的地位和作用,如果把消费者比做"上帝"的话,那就应该把员工当做"帝王",尊重员工的主体地位。沟通协调好员工关系,是企业管理和企业文化等一切工作的基础和先决条件。但是,搞好内部沟通并不是企业的最终目的,最终目的是企业获得更大、更好的发展,在市场竞争中立于不败之地。企业文化外部传播的作用是把企业的经营理念、员工的良好行为、企业为社会提供的产品和服务等信息向社会的广大公众传播,加强企业与社会的沟通,在企业与社会公众之间建立相互理解、信任和支持的关系,从而为企业的发展营造一个良好的关系环境和舆论环境。

（2）为企业创造文化名牌服务　在良好的社会环境下使企业的产品成为名牌产品，必须借助文化的力量。通过外部传播把企业的产品或信息与文化信息紧密联系在一起，给社会公众留下美好的印象，在公众感受企业独特文化的同时，对企业的产品或服务产生信任感。名牌是企业、企业家和企业员工人格的外在表现，接受和消费名牌的人也是特定文化背景下的人们，从主体和客体两个方面看，名牌都是文化的产物。企业以文化名牌参与市场竞争，是一种高层次的竞争策略。

（3）以文化的感召力赢得公众，为企业巩固和开拓市场服务　企业在拥有高质量的产品和服务的同时，还必须具有赢得公众的能力，才能巩固和开拓市场。赢得公众就是征服人心，得人心者得市场，失人心者无市场，这是一条铁律，不以人的意志为转移。国内外一些著名的成功企业，没有哪一家不是靠深厚的文化积淀和高雅的文化韵味赢得公众而使自己的历史延续几十年甚至上百年的。企业文化的外部传播为企业巩固和开拓市场开辟道路。

（4）净化社会风气，为两个文明建设服务　建设企业文化、传播企业文化，是企业履行社会责任、积极参与社会主义文化建设的具体表现。传播积极向上的企业文化，向社会注入清新的空气，促进两个文明建设，是对社会的最大贡献。

2）企业文化外部传播的原则

与内部沟通相比较，企业文化的外部传播是一个更为复杂的体系和过程，而且敏感性强，如果把握不好，不仅不能为企业创造良好的社会环境，还会把企业引向危机和深渊。外部传播要把握以下原则：

（1）真实性原则　宣传必须实事求是，讲真话，讲实话，任何承诺都必须兑现。对外传播的信息不搞人为的"拔高"，不违背事实搞过分的渲染。养成做老实人、说老实话、办老实事的品德和习惯，不说假话、大话、空话，要给人以实实在在的感觉，在企业与社会之间建立信任感。那种华而不实、让人摸不着头脑的宣传是不会有人相信的。对外传播来不得半点虚假，100句话，99句是真的，最后一句是假的，那99句真话也会被怀疑是假的。坚持真实性原则，是搞好对外传播的关键。

（2）适度性原则　企业文化的外部传播要适度，就是说要掌握好火候，不能过度。在处理企业内部沟通与外部传播的关系上，如果过分向外部传播倾斜，投入过多的财力和物力，超出了企业的承受能力，就会给企业带来困难甚至危机。掌握这条原则的关键是企业领导者头脑要冷静。有的学者提出，塑造良好形象，90%靠做得好，10%靠宣传。我们暂且不去计较这种比例是否合适，强调把自己应做的事情做好，进行适当的宣传，这种思想无疑是正确的。

（3）时效性原则　企业文化的对外传播要把握好时机，及时进行传播。按照人们接受信息的规律,要把信息的强刺激与信息的日常传播结合好,用强刺激给人留下深刻印象,用日常传播来巩固和加深印象。因此,传播要有很强的计划性,要从战略上去规划,并要做好日常安排,属于新闻性的信息,要及时传播。

(4) 多样性原则　在传播媒介、传播方式的选择上,传播内容的编排技巧上都要坚持灵活多样、生动活泼、丰富多彩的原则,便于公众接受。要针对不同的公众做不同形式的传播,不要千篇一律。

3) 企业文化外部传播的媒介

外部传播的媒介主要是大众传播媒介。大众传播媒介传播速度快,覆盖面积大,信息传播不失真,是现代社会最主要的传播媒介。大众传播媒介中的图书、报纸、杂志、广播、电视等,各有优势和特点,企业应根据自己的需要选择。一般说来,图书杂志在叙述的基础上,偏重于信息的理性分析;报纸突出新闻性,现实的色彩比较浓;广播电视图文并茂,更具动态感,由于利用了现代化的传播手段,如现场录音、录像、采访、直播等,具有很强的可听性、可看性和真实感。直销企业的营销主要靠直销员与客户面对面并以自身对其产品的体验进行推介,使其更具可信度与说服力。

4) 企业文化外部传播的渠道

企业文化外部传播的渠道很多,主要有以下几种:

(1) 企业识别系统(CIS)的传播　随着 CIS 的兴起和导入,企业形象设计已成为企业管理中的新领域。它是社会公众识别企业和企业向外展示风貌的一座桥梁。CIS 集企业身份、历史、理念、行为、视觉等为一体,整体展示企业形象,具有很强的传播功能。CIS 将企业经营理念与精神文化,运用统一的整体传达系统(特别是视觉传达设计),传达给企业周边的关系或者团体(包括企业内部与社会大众),并使其对企业产生认同感与价值观。CIS 选择了最为典型的特征,包括企业标志、标准字体、企业色彩、企业口号等,通过办公系统、产品系统、包装系统、服装系统和广告系统等媒体反复地宣传,给人造成感官冲击,使企业形象易于被人们记忆。

(2) 公共关系传播　众所周知,公共关系学研究和实践的核心问题是塑造和传播组织形象。

公共关系对企业文化的传播主要体现为以下三种方式:

① 专题活动:专题活动也叫制造新闻,是公关传播中最常用的宣传手段。它是在已有的事实基础上,利用创造性思维设计出能引起轰动效应的专门活动,把企业文化与公众关注的话题联系在一起,与名人联系在一起,与传统节日、纪念日联系在一起,达到传播企业文化、塑造企业形象的目的。如红楼梦酒厂根据其弘扬民族传统文化为内涵的文化特征,遵循古代将士出征前必饮壮行酒的民族传统,用"壮行酒"的名义将酒赠送亚运会代表团。这一富于特色的赠酒仪式,引起 40 多家新闻单位争相报道。

② 公益活动：企业通过一些公益活动，提高企业文化在社会公众心目中的影响力，如支持社会福利事业，为赈灾捐献，为希望工程献爱心等。通过向社会表达善意，履行社会责任，来传播企业文化的信息。

③ 宣传品：公共关系宣传除口头演讲外，更多的是印制宣传品，如企业的标识、小册子、专题宣传稿、音像视听材料、内部报纸、简报等。这些材料或介绍企业、企业领导人，或介绍企业的产品和服务，或介绍市场营销情况等，都可以从不同的侧面传播企业文化。

利用公共关系多种多样的传播方式，是免费或省钱的广告宣传，是一种巧妙的传播企业文化的方式。它以对社会、对公众有利的形式出现，不带任何商品味，以新颖的创意使公众喜闻乐见，是更具说服力的传播企业文化的手段。

（3）营销的传播　企业的营销以刺激消费者和零售商迅速、大量地购买某一品牌商品为目的。在营销过程中，通过展销会、展示会、免费试用、价格折让、优惠赠送、保退保换、维修服务、送货上门等具体行为，传播企业"顾客至上"、"一切为顾客服务"的文化理念。这是以实际行动传播企业文化，实在、具体，社会公众看得见、感受得到。

（4）消费者口碑传播　一般认为，企业知名度是靠大众传播取得的，而美誉度是靠人际传播取得的。就是说消费者的口碑对企业文化和企业美誉度的传播作用很大。每个消费者在购买或使用某个商品后，总是把自己喜欢或不喜欢、满意或不满意的感受向周围的亲朋、同事述说。这种人际传播虽然覆盖面小，传播速度慢，但是如果多数顾客都倾向于购买某种商品，那么这个商品品牌的忠诚者群就出现了。品牌的忠诚者也就是企业文化的信赖者。

（5）广告传播　现代广告有两种：一种是商品广告，另一种是公共关系广告或信誉广告。

广告大师大卫·奥格威说："广告是神奇的魔术师，它有一种神奇的力量，经过它的点化，不只是能卖出产品，而且能化腐朽为神奇，使被宣传的产品蒙上神圣的光环。"这种光环的产生，主要是由于广告传播把附加了文化的产品非常直观、形象地展示在消费者面前，用广告的语言、画面描绘出它的独特文化"情境"，引起消费者的注意，达到消费者与企业文化的共鸣，使企业文化深深印入消费者的心目中。

很多人是通过广告知晓企业和企业文化的。企业在做广告的时候，不仅要做商品广告，也要注意做信誉广告；不仅要关注广告的商业价值，更要注意广告的文化价值。

【关键术语】

直销企业文化　产品文化　市场文化　管理文化　合作文化　思维文化　使命文化　创新文化　团队文化　关爱文化　推崇文化　人本文化　传播与沟通

【案例】

【案例1】

无法复制的安利企业文化

安利的两位创办人狄维士与温安洛在创办安利之时,就已定下安利事业两项永不放弃的企业使命:"为消费者提供高品质的产品。""为社会大众提供一个创业机会。"它也是安利企业文化中的一个十分重要的内容。

除此之外,安利公司经过50年的努力与发展,已凝聚出清楚的理念与方向,包括明确的"理想"、"使命"、"基础"、"奖励"、"价值观"。

1) 理想

成为世界上最优秀的"事业机会"。

2) 使命

通过安利营业代表、安利员工和安利家庭成员的"伙伴关系",安利的优质产品和销售服务,为每个人提供凭借安利事业实现人生目标的公平机会。

3) 基础

安利创办人及其家庭成员坚信,"家庭"、"希望"、"奖励",可以为丰盛的人生奠定坚实的基础。

(1) 家庭　家庭是社会、国家最基本的单位,也是爱、关怀和传统的发源地。家庭赋予每个人生命及自强不息的力量。安利事业一向尊重和支持家庭,许多营业代表和家人共同参与安利事业,也促使家庭的基础更加坚实。

(2) 希望　人必须活在希望之中,希望使人产生力量,能够改变命运,迈向美好人生。希望是一项动力,促使人们憧憬未来,订立目标,通过努力获得具体成就。我们也可以为别人带来希望,为别人打开一扇通往理想的大门,安利事业在世界各地广受欢迎,正是因为它能带来希望。

4) 奖励

奖励包含了许多方式,其中最基本的一种就是对个人的崇敬和爱护。奖励总结了前一个行动的成果,也促使新行动的产生。因此,奖励大大提高了个人的生产力。在安利事业,我们明显看到各类方式的奖励,促进安利营业代表为实现自己的理想而努力不懈。

5) 价值观

安利事业的价值观是安利事业发展不懈的原则,始终如一,永不言弃。其内容包括:"伙伴关系"、"诚信"、"个人价值"、"成就"、"个人责任"。

(1) 伙伴关系　安利两位创办人狄维士与温安洛建立起的伙伴关系越过半个世纪,这是安利事业最宝贵的典范。此外,安利创办人家族与安利营业代表及安利员工的伙伴关系,更是安利事业最珍贵的财产。安利公司以往的所有政策,都围绕着增进伙伴关系,以求共存、共荣、共享的目标而达成。

(2) 诚信　安利是人与人关系紧密的事业。人与人之间如果拿掉诚信,必一无所有。诚信是安利成功的根本。安利公司坚守"言必信、行必正"。安利事业的成功,并非单指经济意义上的成功,而是广泛的尊敬、信任和良好的声誉。

(3) 个人价值　安利尊重并肯定每位营业代表的独特性。每个人都应该被尊重,获得公平的对待,以其拥有的潜能而达到成功的公平机会。

(4) 成就　没有成就的人生淡而无味。安利事业通过公司、员工、营业代表三者的分工合作,利益共享,以洞悉潮流,掌握趋势,迅速行动,鼓励创新和力求革新为手段,共同获得成就。

(5) 个人责任　每个安利人都应尽心尽责为实现自己的人生目标而努力,并要全力以赴帮助公司及伙伴实现共同的目标。通过自助、助人,使每个人的潜能得以发挥,并共享美好的成果。每个人都应当以自觉做一个优秀的社会人与公司人为己任。

安利的企业文化很有特色,形成的时间比较早,较为系统与深刻,凝聚出清楚的理念和方向,确实无法复制。学习与借鉴安利的企业文化,必须立足于本企业的实际,创建别人无法复制的企业文化,并将企业文化的各项内容切实贯彻到实际工作中去,加强直销企业的文化管理。具体要体现6点要求:一是以人为中心进行管理;二是下工夫培育共同价值观;三是企业制度与共同价值观协调一致;四是管理重点由行为层转到观念层;五是实行"育才型"领导;六是软管理与硬管理巧妙结合。

【案例2】

以人为本、广纳贤才的天狮企业文化

21世纪是知识经济的时代,是网络信息的时代,也是人才竞争的时代。企业拥有人才,才能在竞争中有更多机会赢得成功。天狮集团始终把人才政策放在企业的第一位,以人为本、广纳贤才是天狮集团一贯遵循的用人之道。

1) 用以人为本的政策吸引人才

要想拥有大批人才,就必须有良好的薪酬和晋升制度以及人才使用管理体系。自1999年起,天狮集团招聘了一批国际市场网络直销经营和管理人才,各事业部也招聘了不同类型的人才。天狮集团广纳贤才,已拥有一支包括生物制药专家、教授、研究员、博士等在内的管理队伍。现在活跃在天狮的国内管理人才有1 200多人,国际管理人才2 000多人。各类拔尖人才进入天狮,改变了天狮的人才结构,带来蓬勃生气,创造了天狮开拓国际市场的条件。天狮之所以能吸引大批人才加盟,很大程度上是因为集团的薪金福利待遇等具有吸引力。而且,天狮集团从2003年初开始实行全球化、现代化的绩效考核方案,政策向营销一线人员倾斜,极大地调动了员工的积极性。天狮集团在进行国际人才交流时,直接让现有的国际人才回到国内,在熟悉国内情况后再回到国际市场,使他们成为既了解中国也了解世界的真正的复合型人才,从而推动集团走向国际市场,在国际经济大循环中赢得战绩。2003年,为适应组建六大集团的需要,天狮对人才政策进行了更大的调整,吸引了包括国企管理者、归国博士、媒体名记者在内的一大批人才"空降"到天狮,使这个生机勃勃的企业如虎添翼。

2)用广阔的平台留住人才

一般来讲,一个人进入一家公司工作,都希望自己在这个公司有宽广的发展空间。因此,公司给员工提供宽广的平台才能留住人才。天狮集团的人才战略与企业发展战略紧密相连。人力资源部则根据公司生产经营需求,向全国乃至全世界招聘中高层管理人才,而且打破传统,对特需人才实行特岗特批制度。天狮集团还实行了职业生涯规划和辞退预警制度。新员工招聘是人力资源管理的首要环节。天狮集团从工作设计、职位描述、面试、录用等几个环节严把人才质量关,精心挑选具有潜质、心态好、学习型、综合素质高的优秀人才加盟公司。天狮集团为每位员工建立了信誉档案,员工进入天狮后,能尽快在人力资源部门的指导下为自己定位,使自己的职业生涯定位和企业的发展战略结合起来。天狮对待人才的态度是很明确的,就是坚持"以人为本"。"知本、制本、情本",都要围绕"人本"做文章,在这里,员工能真正体会到公司的尊重人、理解人、关心人。而当员工的想法与公司的理念相一致时,就会迸发出最大的热情,进而实现最大的效能。近年来,天狮员工流动率仅为5%,大大低于行业20%以上的流动率。与此同时,一批又一批高科技人才不断走进天狮大门。

3)用高尚的企业文化陶冶人才

天狮集团从创业之初就以爱心作为企业的文化灵魂,"健康人类,造福社会,发展实业,报效国家"在天狮集团绝不只是一句口号。天狮集团的企业文化是鼓励个人学习、自我超越的企业文化。在这种企业文化的影响下,通过自我超越这一个人成长的目标,使员工敏锐地认识到自我知识的不足,从而全身心地投入,将学习作为终生需要,持续扩展自己学习及掌握知识的能力,成为具有高度自我超越意识的人。为了鼓励个人学习和员工的自我超越,天狮集团形成了健全的培训制度体系。这个体系包含两大内容,即员工进入公司,首先需要接受两项培训:一是对员工进行企业概况,企业发展史,企业发展战略、规划与目标的培训,使每个员工在上岗前均清晰地认识到企业的目标和任务,确定自我定位,以便迅速进入工作状态,并适应新的岗位,实现与他人的协调与配合,高效高质地完成本职工作。二是企业理念、企业精神、企业文化的培训,力求让每一个员工在最短的时间内进一步了解企业的精髓,快速与企业融为一体,并以崇高的品质服务于企业、服务于社会。天狮集团还建立了自己的图书阅览室,组织学习小组,建设学习文化园,运用多种形式保证员工学习与提高自身素质。

4) 以创新精神鼓舞人才

创新是一个民族进步的灵魂,也是企业迅速发展的不竭动力。扎根中国、放眼世界的天狮集团就是一个年轻有为、富有朝气、敢于创新的企业。正是一系列创新和领先奠定了天狮集团从无到有、从小到大、从肤浅到深刻的巨大变化。天狮集团的创新主要体现在信息化上。除了全面推广六网互动(人力资源网、国际教育网、国际物流网、国际资本运作网、国际旅游网、国际互联网)以外,天狮集团还在2003年7月启动了"全球信息一体化"项目。这个项目包括ERP(企业资源计划)系统、CRM(客户关系管理)系统、PORTSL(企业门户)三个子项目。项目的主体即ERP系统,它依靠IT技术保证其信息的集成性、实时性和统一性,是整合企业管理理念、业务流程、基础数据、人力、物力、计算机硬件和软件于一体的企业资源管理系统,如财务、市场营销、生产制造、质量控制、服务维修、工程技术等,将企业的业务流程看作一个紧密的供应链,从而有效地组织计划和实施企业对人、财、物的管理。创新是天狮不断壮大的动力,而天狮也不断地将创新精神传达给自己的员工,使员工也充分了解到创新的重要性。这样,集团的每一位员工都有创新意识,企业就会更快地发展。由于实行以人为本、广纳贤才的人才政策,在人的价值实现上具有美好的远景,天狮事业也具有了美好的价值远景,这主要体现在以下几个方面:

(1) 充分的人身自由　工作时间可以自由支配,掌握自己的命运与未来。

(2) 较低的事业风险　没有产品风险,没有投资风险,没有经营风险,没有被解雇的风险。

(3) 稳固的人生保障　终身的人生保障。天狮完善的奖金制度就是最好的注解。

(4) 较高的创业成功几率　天狮事业的整个过程就是"学、做、教"的复制的过程。

从天狮的人才政策及其所产生的价值实现的效果来看,天狮凡事都立足于一个点,这就是以人为本。企业所有的工作与活动,都坚持以人为中心,将人作为企业管理的出发点和归宿点。为此,就必须强化以人为本的意识,切实抓紧抓好这个企业根本的、第一的、具有决定性的资源,选好人,育好人,用好人,激好人,留好人,完成直销企业的各项工作任务。

(案例①、②均选自企业自荐资料及相关评价资料)

复习思考题

1. 什么是直销企业文化?它包含哪些要素?
2. 直销企业文化具有哪些特征?
3. 直销企业文化具有哪些功能和作用?
4. 推行直销企业文化在建设和谐社会中有何现实意义?
5. 直销企业文化建设应包含哪些内容?
6. 传播与沟通的含义是什么?传播与沟通对企业文化建设有何作用?

直销立法和商业道德

法律由国家所制定,以国家强制力为后盾保证实施;而道德则主要由社会所形成,由社会成员自觉遵守或相互监督遵守。法律是道德的最低标准。法律和道德都有约束作用,并且互为补充。2005年9月,国务院颁布了《直销管理条例》,使我国直销行业依法营销有了行动的准绳。通过本章学习,可以了解世界主要国家的直销立法以及商业道德规范的成功经验;认真研究和掌握我国《直销管理条例》的有关条款内容,熟悉我国的直销法律环境。

9.1 直销立法概述

>>>9.1.1 直销立法的目的与应该解决的核心问题

1) 直销立法的目的

制定任何法律的目的都是防止犯罪、惩处犯法行为。直销立法为了达到这个目的,必须对直销的本质有充分的了解。

有人认为,直销违法现象往往集中于多层次传销上,或者说集中于网络直销中。对于这一点,人们已经有了统一认识,这从各国各地区的立法可以看得出来,一般各国(地区)立法都会针对反金字塔法,解决以下几个问题:① 入会费问题;② 传销商存货负担问题;③ 禁止上线从发展下线获取佣金;④ 禁止夸张宣传;⑤ 冷静期法规,即退货问题;⑥ 敲门访问销售问题等。

目前,我们所了解的一些国家或地区现行的直销法规,几乎均未解决多层次直销存在的根本问题,即直销公司利用"事业机会"的宣传向直销人员转移经营成本的问题。这个问题从某种程度上暴露出这种销售方式的本质。这种销售方式的本质问题有两个:一个是销售效率低的问题,由于这是一种低效率的营销方式,为了提高销售效率,直销人员采用很多非常规甚至违法的销售行为肯定是在所难免;另外一个问题是销售成本,因无限制地发展销售人员,由于无法有效管理而产生的大量社会问题。因此,直销立法需要从本质上,而不是从表面上解决违法现象,从而达到事半功倍的效果。

2) 直销立法应该解决的核心问题

关于多层次直销方式,关键的问题是销售效率低。销售效率低带来的是销售人员收入低,但是为了拉拢大量的人,实现人海战术,高层直销人员会利用"事业机会"吸引直销人员,这种方式的主要问题是直销公司转移经营成本的问题。因此,直销立法应该主要解决这个问题,这个问题解决了,其他问题也会相应解决。

对于一个销售人员来说,能卖出产品,不是仅靠自己的努力就能实现的,还有很多因素,包括产品质量、价格、技术支持、售后服务等。卖不出去产品的销售人员,其实也在努力工作,对于这种工作支出,不能仅由销售人员自己承担。传统的销售人员和多层次直销人员获取收入的方式如图9-1和图9-2所示。

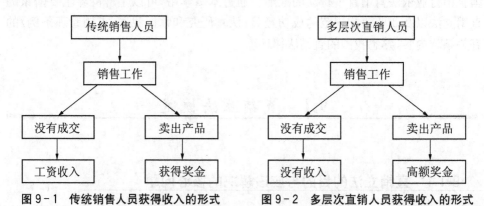

图9-1 传统销售人员获得收入的形式　　图9-2 多层次直销人员获得收入的形式

销售人员经过努力,可能成交,也可能没有成交。对于没有成交的部分,销售人员也做了努力,之所以没有成交,有其他方面的原因,但是这部分工作是有成本的,包括时间成本、精力成本等。这部分成本,一种方式是公司承担,公司给以相应的工资;另一种是公司与销售人员共同承担,公司发给工资,但给的工资很少,销售人员要为自己很少的工资负责;还有一种方式,就是由销售人员自己承担,公司不给工资。

选择销售人员的收入方式,是销售人员和企业之间的博弈,取决于双方对销售业绩的预期。当销售人员预期可以取得很高的销售额时,销售人员倾向于低工资(无工资)、高奖金的方式;当销售人员预期无法取得高销售额的时候,倾向于高工资、低奖金(无奖金)的方式。对于企业来讲,与销售人员的预期基本相同,但选择的方式却相反,即当企业预期销售人员可以获得较高的销售额时,企业会选择给销售人员较高工资、低奖金(无奖金)的方式;当企业预期销售人员不能取得较高的销售额时,企业会选择给销售人员低工资(无工资)、高奖金的方式。虽然双方的预期是一致的,但为了各自的利益会选择相反的方式。

对于这种情况,本书第3章通过"租佃理论"和信息经济学分析过,当销售风险很高时,销售人员的努力程度很难监测,企业与销售人员会通过奖金体现收入,这时没有工资;当销售风险很小时,企业给销售人员固定奖金,如果这时销售人员的努力比较容易监测,双方会形成雇佣关系,奖金演变为固定工资;当销售风险一般时,固定工资和奖金会同时采用。

对于多层次直销,由于销售效率低,销售成本高,销售风险也相对高。在这种情况下,企业给销售人员的报酬只有奖金,而没有工资,但多层次直销公司采用"人海战术"规避了风险。但是,由于"信息不对称",销售人员接受了大量的关于"事业机会"的培训,这种销售方式的高风险没有被销售人员普遍认识。当销售人员只重视机会,忽视高风险时,受到高额奖金的吸引,形成了错误的预期,其做法也就不难理解了。直销人员高达70%的流失率,也说明了高风险的"信息不对称"。这些人经过实际的操作后,收入还不如其他行业,只好选择离开。

多层次人员直销具有人性化销售的优势,但是销售效率低、销售成本高,直销公司利用这种销售方式的优势获得了市场,而多层次直销人员创造了优势,却因为销售效率低而收入少,并且承担了所有的销售风险;顾客为这种高成本的销售方式支付了昂贵的费用。对于多层次直销公司这种将成本和风险全部转嫁给销售人员的行为,解决办法是双方应该形成利益共享、风险共担的关系,而这种关系就是"既有固定的工资(地租),也有奖金(分成地租)",即直销公司应该给销售人员支付工资,双方应该是"雇佣关系",而非"经销关系"。当然,直销公司也应该认可这种关系,既然认为这是一个"事业机会",比其他行业机会要高,那么,收入也应该比其他行业高,对于这些工资,当然是给得起了。

因此,直销立法中应强调:直销公司或者直销公司的经销商发展销售人员,应确定双方为雇佣关系,给销售人员支付工资。直销公司给销售人员支付工资,是直销公司为这种销售方式支付成本、承担风险的具体体现。这部分工资就相当于直销公司为直销人员付出了努力,没有成交的工作承担的部分成本。

如果多层次直销公司给销售人员支付工资,就把这种销售方式的风险信号传递给了销售人员,使销售人员能够进行比较、判断这个行业的销售风险。销售人员可以从工资高低判断这种销售方式的风险,工资给的高,说明风险小;工资给的低,说明风险高。

如果直销公司认为这种销售方式风险很低,完全可以按照"租佃理论",选择既有工资又有奖金的方式。从第3章的分析结论也可以看出,直销公司采取一个利益均衡点,这时的销售人员数量是有限的,而不会无限地发展销售人员,造成市场的混乱。这个时候,人力资源的使用也是最有效率的。对于政府的管理来说,只需要管理好直销公司就可以了,没有必要去管理数量众多的直销人员,管理的难度也相对降低了。

因此，从法律上确定直销公司和直销人员的雇佣关系，是解决问题的关键所在。对于直销公司而言，也应该负担起这个社会责任。

>>>9.1.2　部分国家和地区直销立法的现状

直销这一无店铺零售的新形式首先在美国出现，随后又流行于世界各地。这种商业新形式给人们带来了新概念，如无商店零售、多层次传销网络、消费者与销售者两位一体、挨门挨户访问销售、家庭聚会销售、独立身份直销商等，引起了人们的关注和兴趣。但是，它也带来了新的问题，如金字塔销售、老鼠会、猎人头、滚雪球、无限连锁链、卖钱、高压销售等，引起了消费者的反感。针对新问题，新的立法也迫在眉睫。所以，伴随着直销的流行，有关直销立法也在世界各国各地区相继建立起来。

目前世界存在直销的国家和地区中，大部分都有直销法规。总的来看，各国各地区的直销法规大概有两种形式：一是专门直销法，即为直销专门设立法律，如韩国《直销法》、马来西亚《直销法》、日本《无限连锁链防止法》。二是直销法律条文，即在某一商业法律中设立有关直销法律条文，如加拿大《竞争法》中设有"多层次传销"法律条文，英国的《公平贸易法》中设有反金字塔销售法律条文。

1) 美国的直销法规

美国是直销的发源地，但美国没有全国性的专门直销法律。它的直销公司主要受两种法规约束，一是美国联邦贸易委员会法规，二是美国各州直销法律。美国联邦贸易委员会法规是全国性的法规，是全国直销公司都要遵守的。例如出示身份证明法规规定，直销商在进入消费者家门之前必须先出示身份证明。冷静期法规规定，除了固定商店地点之外而发生在任何地方的 25 美元以上的直销交易中，在 3 天之内，消费者有权退货并收回全额退款。它的入会费法规规定，直销商入会加入费 6 个月内不能超过 500 美元，这些法规对全美国的直销公司有总的约束作用。美国联邦贸易委员会法规虽然是全国性的法规，但它内容不多，比较简单，不系统。美国各州法规则制定的详细、系统，涉及范围广泛。美国各州关于直销的法律主要集中在两个方面：第一是反金字塔法，美国 50 个州（除了佛蒙特州、威斯康星州）都有反金字塔法，该法在绝大多数州都是专门法，少数几个州是在《多层次传销法》中设立反金字塔法条文，可见美国人对反金字塔问题相当重视；第二，美国大部分州都有冷静期法。州冷静期法与联邦贸易委员会冷静期法规相似，基本内容都是消费者有权在 3 天之内退货而不受任何补偿性罚款。上述两种法规集中而且普遍，在美国直销法中具有代表性。

2) 亚洲国家和地区的直销法规

亚洲直销发展主要集中在亚洲东南部地区。日本、韩国、马来西亚、泰国、新加坡、中国台湾和香港地区都是"世界直销协会联盟"成员。亚洲直销虽然发展晚，但它的发展很迅猛，其地位也举足轻重。据世界直销协会联盟统计排名，亚洲地区直销行业表现突出，尤其是韩国与中国台湾分别跃进到世界排名第3名与第9名，马来西亚，前进到第12名。日本仍维持第2名，亚洲在全球十大市场中就占据了三个。2004年全球直销行业总营业额988亿美元，而亚洲的日本为230亿美元，韩国为83亿美元，中国台湾为21.34亿美元。但亚洲直销法规参差不齐，有的国家制定有专门的直销法规，像日本、韩国、马来西亚。有的地区有局部直销法律条文，像中国台湾地区在其《公平交易法》中就设有直销法规条文。有的国家没有直销法，例如印度尼西亚，既无专门直销法，也无条文。官方也不打算制定特别法规管理直销，只把直销公司当做一般商业公司看待。比较世界各国和地区的直销法，韩国《直销法》可以说是目前世界上最系统的直销法，该法共有六章，包括总则、直销、通信销售、多层次传销、补充、处罚，总计50条。其内容之详备，非其他国家（地区）直销法所能及。

3）欧洲国家的直销法规

欧洲国家的直销普遍流行，欧洲国家一般也都有直销法规，但欧洲国家大多是直销法律条文，被包含在其他法律中。例如法国、奥地利在《消费者权益保护法》中设立直销法条文，英国、比利时在《公平贸易法》中设立直销法条文，德国在《竞争法》中设立直销法条文等等。欧洲直销法主要焦点与美国相似，集中在两个问题上，一是冷静期法规；二是反金字塔法规。欧洲冷静期规定比美国期限长，大多是7天，例如法国、德国、英国、意大利、奥地利、比利时、荷兰、西班牙、葡萄牙、瑞士都实行7天冷静期退货制。以上10个国家除了意大利、西班牙、荷兰之外，其他国家也都有反金字塔法规，欧洲一般称为"禁止滚雪球销售法"，这与美国州法一律称"反金字塔销售法"不同。

除了国家正式法律法规之外，直销协会也有直销约法以进行行业自律。拥有41个会员国的"世界直销协会联盟"（WFDSA）制定了《世界直销商德约法》，每个会员国都要遵守它，正如世界直销协会联盟秘书长尼尔·奥芬1995年2月28日在北京接受采访时所说："协会的下属会员国必须申明遵循《世界直销商德约法》，尽管它不是法律，但能否遵循它是加入世界直销协会联盟的必备条件。"美国直销协会也制定了《美国直销协会商德约法》，以作为它的会员公司的自律规范。另外，拥有16个会员国的"欧洲直销联盟"也在谋求制定《欧洲直销商德约法》，以统一规范所有会员国家的直销。

>>>9.1.3 我国的直销立法

我国除台湾和香港早有地区性的直销法规外，在大陆长期没有一部较完整统一的有关直销的法规,直至2005年9月才正式颁布了一部全国性的《直销管理条例》。

1) 我国直销立法的背景及其历程

在本书第2章中曾介绍了直销在中国内地的发展过程。1990年11月,在我国境内第一家正式以直销经营申请注册的公司——中美合资广州雅芳有限公司成立,这标志着直销经营方式正式进入我国内地市场。雅芳公司的进入和初期经营的成功,起到了较强的示范作用,面对庞大的中国市场,其他国外直销公司紧随其后,从1992年开始以独资、合资的形式进入我国。国内一些企业也纷纷效仿。

随着直销经营的进入,直销形式被一些不法分子利用,打着直销的旗号从事非法传销和"金字塔诈骗"活动。据国家有关部门统计,从1992年到1995年,全国从事传销的企业绝大部分属于非法经营。这些企业既不注册,也没有规范的经营手段,多数是通过层层"拉人头",或者以离谱的高价强行销售产品,有的甚至利用直销进行诈骗、帮会和迷信聚集等活动,对社会稳定和治安造成严重影响。有的非法传销组织以"快速致富"为诱饵,欺骗不明真相的人加入,严重损害了消费者的利益,扰乱了市场秩序,影响了社会安定。对此,我国政府有关部门自1994至1997年期间相继颁布了一系列法规和部门规章,对直销经营中出现的混乱现象予以规制。尽管如此,传销经营中的混乱现象和大量的非法欺诈活动并未得到根本遏制。

鉴于当时我国市场发育程度还比较低,监管手段尚不完善,居民消费心理还不成熟,对直销方式不甚了解,加上部分人快速致富的愿望迫切,导致许多人受骗上当,给非法直销经营者以可乘之机。面对日益严重的非法传销活动给社会稳定和消费者权益带来的危害,我国政府果断地采取了严厉的禁止传销措施,于1998年发布了《国务院关于禁止传销经营活动的通知》。通知规定:任何企业不得以任何形式从事传销或变相传销活动。同时,发布了《关于外商投资传销企业转变销售方式有关问题的通知》,批准美国的安利、雅芳、玫琳凯等10家外资直销公司转型为店铺经营加雇佣推销员的方式经营。2000年后,又先后发布了一些通知和规定,对转型企业行为加以规范。2001年,国家工商行政管理总局专门成立了"打击传销办公室",主要负责打击国内非法传销和相关的欺诈活动,保护消费者利益。

直至2005年9月,根据我国经济增长状况和多元化流通方式的发展以及履行WTO的相关承诺,我国加快了直销立法的进程。由国务院颁布了《直销管理条例》(国务院令第443号)和《禁止传销条例》(国务院令第444号),并分别于2005年11月1日和12月1日起正式实施。两个法规的颁布,标志着我国直销市场的开放和直销立法进程进入了新的阶段。

2) 我国曾经出台的直销法规、规章回顾

到2004年底为止,我国有关部门制定并出台的规范和管理直销经营活动的法规主要有:

1994年8月10日,国家工商行政管理总局根据国务院指示制定并发布《关于制止多层次传销活动中违法行为的通知》。

1996年9月22日,国务院办公厅发布《关于停止发展多层次传销企业的通知》(国办[1996]50号),该通知要求各地工商行政管理机关和其他有关行政机关一律停止批准、登记注册以传销方式开展经营活动的企业及个体工商户。

1996年国家工商行政管理总局颁布《准许多层次传销意见书》,正式批准41家企业可以进行传销。

1997年1月10日,国家工商行政管理总局颁发《传销管理办法》,这是我国首次对传销营销方式进行比较全面的规定,标志着我国在这一领域立法上的突破。

1998年4月18日,国务院颁布《关于禁止传销经营活动的通知》(国发[1998]10号),对传销(包括直销)活动加以全面禁止。

1998年6月18日,国家外经贸部、国内贸易局和国家工商局颁布《关于外商投资传销企业转变销售方式有关问题的通知》(外经贸发[1998]455号),批准雅芳、安利、玫琳凯等10家外资直销公司转型经营。

2000年,国务院又发布了《国务院办公厅转发工商局等部门关于严厉打击传销和变相传销等非法经营活动意见的通知》(国办发[2000]55号)。

2002年2月,国家外经贸部、国内贸易局和国家工商局颁布《关于〈关于外商投资传销企业转变销售方式有关问题的通知〉执行中有关问题的规定》(工商字[2002]31号)。

我国2004年以前已出台的直销法规和规章带有明显的特点:其一,法规和部门规章多数是针对市场中出现的问题出台,在一定期间内对于规范直销的发展起到了一些作用,但总体上看当时缺乏系统的法规框架设计和制度性安排。其二,已出台的法规和规章多数是过渡性的规定,变动频繁。仅在1994年到1998年,就先后出台了若干直销法规和部门规章,对直销活动的政策从"制止"到"停止"到最后"禁止"。其三,原已出台的法规和规章对于打击非法传销活动缺乏较为完善的法律依据,使执法部门在执法过程中遇到较大困难。面对这种情况,从我国国情出发,制定并出台规范的直销法规就显得非常必要。

3) 我国《直销管理条例》主要内容解析

2005年9月2日,中国直销法规的核心组成部分《直销管理条例》正式颁布,并于同年12月1日正式实施。同时国务院还颁布了《禁止传销条例》,该规定于同年11月1日起实施。

《直销管理条例》全文共分8章55条。第一章总则;第二章直销企业及其分支机构的设立和变更;第三章直销员的招募和培训;第四章直销活动;第五章保证金;第六章监督管理;第七章法律责任;第八章附则。

同时颁布的《禁止传销条例》全文共分5章30条。第一章总则;第二章传销行为的种类与查处机关;第三章查处措施和程序;第四章法律责任;第五章附则。

1)《直销管理条例》对直销与非法传销作出了法律界定

《直销管理条例》第三条规定,本条例所称直销,是指直销企业招募直销员,由直销员在固定营业场所之外直接向最终消费者(以下简称消费者)推销相关产品的经销方式。

《禁止传销条例》第二条规定,本条例所称传销,是指组织者或者经营发展人员,通过对被发展人员以其直接或者间接发展的人员数量或者销售业绩为依据计算和给付报酬,或者要求被发展人员以交纳一定费用为条件取得加入资格等方式牟取非法利益,扰乱经济秩序,影响社会稳定的行为。

对于非法传销行为,《禁止传销条例》作出了明确定义:第一,组织者或经营者通过发展人员,要求被发展人员发展其他人员加入,对发展的人员以直接或者间接滚动发展人员的数量为依据计算和给付报酬,包括物质和其他利益的;第二,组织者或经营者通过发展人员,要求被发展人员缴纳费用或者以购买商品等方式变相缴纳费用,取得加入或者发展其他人员加入的资格,牟取非法利益的;第三,组织者或者经营者通过发展人员,要求被发展人员发展其他人员加入,形成上下线关系,并以下线的销售业绩为依据,计算和给付上线报酬,牟取非法利益的。

总的来说,直销和非法传销有根本区别,主要体现在以下几个方面:

(1)是否以销售产品为企业营运的基础　直销以销售产品作为公司收益的来源;而非法传销则以拉人头牟利或借销售伪劣或者质次价高的产品变相拉人牟利,甚至根本就没有产品。

(2)产品销售、消费是否强加于销售对象　直销是以销售产品为目的,销售对象是消费者,消费者自愿购买产品,自愿使用产品;而非法传销往往是向加入传销的销售员强制销售产品,而此项产品往往并非自己所需所用。

(3)有无从业人员高额入门费　直销企业的推销员无需缴纳任何高额入门费,也不会被强制认购产品;而非法传销中,参加者参与的条件要么是直接缴纳高额入门费,要么以认购一定数量产品的形式变相缴纳高额入门费,鼓励不择手段拉人加入以赚取利润。传销公司的利润也主要来自入门费,实际上是一种变相融资行为。

(4)从业资格　直销员要与公司签订销售合同,公司要承担执行国家相关法规的责任,不夸大产品性能,先培训后上岗;非法传销是金字塔结构,下线要购买高价产品,声称是"投机发财机会",培训是"传教"式的精神控制、现场作秀、误导,传销员与公司没有产品销售合同。

(5)报酬是否按劳分配　在合法直销企业中,每位推销人员按其个人销售额计算报酬,不存在上下线关系;而非法传销以下线高额回报为诱饵招揽人员从事变相传销活动,参加者中上线从下线的入会费或"业绩"中提取报酬。

(6) 利润来源　直销的利润来源于正常的销售业绩,非法传销盈利来源于通过拉人头强制认购产品所形成的"业绩"。

(7) 销售方式　合法直销是分支机构服务网点加推销员导向,允许在一段时间内无因退货;非法传销无店铺、隐蔽性强,推销误导他人,干扰社会秩序,影响他人生活、工作。

(8) 有无退出、退货保障　合法直销企业的推销员可根据个人意愿自由选择继续经营或退出,企业为顾客提供完善的退货保障;非法传销则通常强制约定不可退货或退货条件苛刻,消费者已购买的产品难以退货。

2)《直销管理条例》对企业从事直销的准入条件与机制做出了明确规定

为了从严整顿,使市场规范化、成熟化,《直销管理条例》中规定的直销企业的申请条件比较高。

(1) 企业的信誉规定　《直销管理条例》中规定,投资者要具有良好的商业声誉,在提出申请前连续 5 年没有重大违法经营纪录;外国投资者还应有 3 年以上在中国境外从事直销活动的经验。

这是对直销企业最基本的诚信规定。可以说,声誉较好的企业,比较注重约束自身行为,有利于保证市场秩序,保护消费者权益。对外国投资者要求有 3 年以上的境外从事直销活动的经验,有助于保证外国投资者合法长期经营的资质,保证外国投资者具有丰富的从业经验以及适应中国市场及监管特点的能力。

(2) 注册资本及保证金规定　《直销管理条例》中规定,欲从事直销的投资者,实缴注册资本不低于人民币 8 000 万元;直销企业应当在国家商务主管部门和工商行政管理部门共同指定的银行开设专门账户,存入保证金。保证金的数额在直销企业设立时为人民币 2 000 万元;直销企业运营后,保证金数额应当保持在直销企业上一个月直销产品销售收入 15% 的水平,但最高不超过人民币 1 亿元,最低不少于人民币 2 000 万元。

这是对于进入直销市场企业的一个很严格的要求。目的在于:① 让有实力的企业进入行业,以保证有足够的实力对消费者负责;② 当企业出现违规现象时,保证金可有效化解来自直销员和消费者的问题;③ 可以抑制直销开放带来盲目投资和市场过热,保证这一行业持续、健康、快速发展;④ 有效隔离想混到直销名下而行传销之实的非法传销者。中国直销市场的长远发展,需要高标准、严要求,这符合中国国情。

(3) 开展直销的主体及服务网点规定　《直销管理条例》中规定,直销企业销售的是本企业生产的产品以及其母公司、控股公司生产的产品;直销企业成立后要在一个地区开展直销活动,必须建立服务分支机构和网点,以满足消费者、直销员了解产品价格、退换货等要求。

这是预防假冒及保护消费者利益的有效规定,直销企业销售的是自己生产的产品或其母公司、控股公司生产的产品,将非常珍惜自己的声誉和品牌形象,这有助于预防直销中销售假冒伪劣产品的现象和欺诈行为;规定经销地设服务网点,有利于直销员与消费者直接与直销公司联系,达到"跑得了和尚,跑不了庙"之效,使售后服务得以保障。

3)《直销管理条例》强调了信息披露制度和信息报备规定

信息披露和报备制度的建立,既是申请成为直销企业的前提条件之一,也是直销企业规范化经营的要求和体现。它保证了直销企业成立合法化,经营运作规范化。

由于直销交易自身的特点,消费者对直销企业、直销产品以及直销人员的相关信息往往掌握得十分有限,甚至是片面和失真的。而缺乏公众监管的直销中,必然产生较为严重的信息不对称现象,同时非法传销组织也是利用信息不对称,蒙骗群众,扰乱市场秩序。所以,信息报备和信息披露是促进直销健康持续发展的一个重要而且必需的措施。这主要通过三个层面的工作加以保证:

(1) 申请成立所须报备的信息 《直销管理条例》规定,成立直销企业必须向相关部门提供以下材料:

① 连续5年没有重大违法经营记录和外国投资者具有3年以上在中国境外从事直销活动经验的证明材料。

② 企业章程,属于中外合资、合作企业的,还应当提供合资或者合作企业合同。

③ 市场计划报告书,包括依照规定拟定的当地县级以上人民政府认可的从事直销活动地区的服务网点方案。

④ 符合国家标准的产品说明。

⑤ 拟与直销员签订的推销合同样本。

⑥ 会计师事务所出具的验资报告。

⑦ 企业与指定银行达成的同意依照规定使用保证金的协议。

(2) 直销企业成立及经营过程中应披露的信息 虽然《直销管理条例》中对直销企业应披露的信息及披露方式没有具体规定,然而作为直销企业要通过建立网站等形式向社真实、准确、及时、完整地披露以下相关信息:

① 直销企业直销员总数,各省级分支机构直销员总数、名单、直销员证编号。

② 直销企业分支机构名称、地址、联系方式及负责人,服务网点名称、地址、联系方式及负责人。

③ 直销产品目录、零售价格、产品质量及其标准说明书,根据国家相关规定,直销产品应符合国家认证、许可或强制性标准的,直销企业应披露其取得相关认证、许可或符合标准的证明文件。

④ 直销员计酬、奖励制度。

⑤ 直销产品退换货办法及退换货地点。
⑥ 售后服务部门、职能、投诉电话、投诉处理程序。
⑦ 直销企业与直销员签订的推销合同中关于直销企业和直销员的权利、义务,直销员解约制度,直销员退换货办法,计酬办法及奖励制度,劳动争议解决方式,法律责任及其他相关规定。
⑧ 直销员的培训和考试方案。
⑨ 涉及企业的重大诉讼、仲裁事项及处理情况。

(3) 政府部门应披露的信息　信息披露的主体还应包括政府相关部门,他们对直销企业及其所披露的信息形成强有力的制约。政府相关部门在其网站上公布以下信息:
① 直销有关的法律、法规及规章。
② 直销产品范围公告。
③ 直销企业名单及其直销产品名录。
④ 直销企业省级分支机构名单及其从事直销的地区、服务网点。
⑤ 直销企业保证金使用情况。
⑥ 直销员证、直销培训员证式样。
⑦ 直销企业、直销培训员及直销员违规及处罚情况。
⑧ 其他需要公布的信息。

以上信息的披露基本上涵盖了企业经营的各个方面,有利于强化对直销企业的监督,可以有效防止个别直销员欺诈、假冒及夸大产品作用,对于减少市场信息不对称,提高市场运行效率,保护消费者的合法权益,促进直销市场快速、稳定、健康发展有非常积极的意义。当然,为保证信息的有效性,应当建立完善的信息披露监管体制,进一步健全信息披露的有关法规,对披露假信息的直销企业依法进行惩处。

4)《直销管理条例》对直销员的招募、培训与管理以法律条文进行了规范

直销队伍的建设与管理包括以下几个主要方面:直销员的招募、直销员的培训与认证、直销员的销售行为管理等。

(1) 直销员的招募　《直销管理条例》第十五条规定,直销企业及其分支机构不得招募下列人员为直销员:未满18周岁的人员;无民事行为能力或限制民事行为能力的人员;全日制在校学生;教师、医务人员、公务员和现役军人;直销企业的正式员工;境外人员;法律、行政法规规定不得从事兼职的人员。

直销企业在招募直销员的过程中,应以两个层次的约束为指导:一方面,要遵纪守法,严禁招收上述法律规定的禁止从事直销的人员,这种禁止,是出于直销的特点、上述各类人员的职业特点的考虑,以便更好地规范企业的经营,限制其违法行为,防止直销队伍无序恶性膨胀对社会带来的巨大冲击,维持经济社会和谐发

展,保证直销的健康发展。另一方面,企业根据自身特点,有效选择符合企业要求的直销人员。一名合格的直销人员应该全面了解自己所销售的产品,具备一定的相关专业知识;具备与直销有关的专业素质,拥有良好的沟通能力和人际关系技巧,从容应对工作中的困难和挑战;具备良好的敬业精神,能够将热情融入到自己的工作之中,全身心投入,本着认真负责的态度推进自己的本职工作,注重学习和积累,做出成绩。

直销员的招募工作可以委托给专门的招聘公司,尤其是招聘信息的设计、招聘表格的设计、报名表的分析与筛选、面试的方式与内容以及面试组成员的确定等可由专门公司代劳。条件具备的直销企业可以自己独立组织招聘。

(2) 直销员的培训与认证

① 培训主体及培训员资格:《直销管理条例》规定,直销企业以外的单位和个人不得以任何名义组织业务培训;培训师必须是直销企业的正式员工,且必须在本企业工作一年以上,具有本科以上学历和法律、市场营销相关知识,无故意犯罪受刑事处罚的记录,无重大违法经营记录;符合上述条件的人员由直销企业颁发直销培训员证,并向主管部门备案、公布。

也就是说,直销员的培训工作,完全是直销企业内部的事情,任何其他个人和组织都不得参与,直销企业也不能将直销员培训工作委托给其他机构或个人,任何非企业正式员工的个人无资格到直销员培训班任课。

② 直销员资格:《直销管理条例》规定,直销企业对招募的人员进行业务培训,经过考核合格,颁发直销员证;未取得直销员证,任何人不得从事直销活动;直销企业及其分支机构须与直销员签订合同,否则不得从事直销活动;直销企业进行直销员的业务培训和考试不得收取任何费用。

这些规定既保证了直销员的专业性、规范性和合法性,也保证了直销员的合法利益。

③ 培训内容:培训内容和培训方式的合法性是要遵循的最基本原则,既不能对自己的产品夸大其词,虚假宣传,也不能对其他企业的产品进行贬低。要崇尚科学,反对迷信邪说。培训工作要制度化、规范化。同时,企业要根据自己企业及其产品的实际情况,合理设计培训具体内容,具体可以包括经济合同法规、营销技巧、消费心理、公共关系。培训的方式可以采取课堂讲授、小组讨论、模拟训练等方式。

(3) 直销员的销售行为管理 对于直销员的销售行为管理是直销企业管理工作的重中之重。一名直销员的销售行为不仅关系到个人的声誉和业绩,更代表了整个直销企业的行为和形象,销售中出现的欺诈、误导等行为对于直销企业形象是致命的打击,将对企业造成不可挽回的损失。因此,直销企业应该重视对直销员销售行为的规范、管理与监督,制定规章制度和奖罚措施,对直销员进行定期教育,促进其销售行为的进一步规范,督促直销员在销售过程中按章办事,尊重消费者的购买意愿,明码标价,不欺骗和误导消费者等等。管理部门要按照规定,定期了解消费者的反馈信息,对直销人员的销售行为进行考核和评级,引导和监督直销人员进行规范销售。

5)《直销管理条例》对有关直销产品作出了相关规定

(1) 直销产品类别 《直销管理条例》中并没有规定直销产品的类别范围,所以,凡是具备申请资格的企业,皆可以按照《直销管理条例》第八条、第九条的规定,提供符合规定条件的证明文件和资料,申请直销企业的成立。但是,也并非所有的产品都适合直销,比如20世纪90年代传销盛行时,传销产品中包括一些非重复性高档消费品,由于暴利驱使,很多人加入了传销组织。所以,鉴于中国直销市场的不成熟性,即使法规中没有明文规定,在实际监督过程中,一方面,相关监管部门应当对某些特殊商品实行进入限制,以保护消费者以及从业者的合法权益;另一方面,对于申请组建直销的企业而言,也要加强自身的分析能力、管理能力,有效论证其产品通过直销渠道销售的可行性。同时要端正企业的从业心态,依法行事。

(2) 直销产品线完善 《直销管理条例》规定,在中华人民共和国境内的企业,依照本条例规定申请成为以直销方式销售本企业生产的产品以及其母公司、控股公司生产产品的直销企业,可以依法取得贸易权和分销权。对于目前市场上从事直销活动的一些企业而言,希望通过自身渠道代理其他公司产品销售,从而完善本企业产品线的尝试违反本条例规定。

对直销企业而言,如何更好、更有效率地利用其直销渠道,获得企业的竞争力呢?笔者认为,一方面,有实力的直销企业可以加大产品的研发投入,拓宽产品线的宽度或延长产品线的长度,从而更好地利用企业的直销渠道。另一方面,就是合理利用条例规定,成立子公司或者取得其他公司的控股权,进而取得贸易权和分销权。从长远考虑,直销企业自己建厂,不但可以更好地控制产品品质,而且利润的空间也会比较大。

(3) 直销产品的价格 长期以来,直销产品的定价问题一直受到营销界的广泛关注。直销商品价格与其内在价值严重不符,使不少消费者开始怀疑直销企业的诚信状况。《直销管理条例》规定,直销企业应当在直销产品上标明商品价格,该价格与服务网点展示的产品价格应当一致。直销员必须按照标明的价格向消费者推销产品。消费者可以在直销和传统的销售渠道里进行选择。消费者渠道选择的客观性增加,驱使消费者亲身体会传统和直销的渠道差别。在短期内,很多消费者对直销企业直销员的销售活动存在着信任和接受的困难,而通过对两种不同渠道的辨别,从长期来看,这也恰恰是对消费者的一次良好的直销模式知识的普及和教育,消费者能更好地认定直销渠道的快速与方便性。

6)《直销管理条例》对直销员的薪酬进行了限定

《直销管理条例》规定:直销企业至少应当按月支付直销员报酬,报酬额只能按照直销员本人直接向消费者销售产品的收入计算,报酬总额不得超过直销员本人直接向消费者销售产品收入的30%。

上述规定实际上禁止了团队计酬,从计酬制度上严格区分了直销和原来的传销行为。直销员招聘和薪酬核算的相关规定,说明中国目前所允许的直销模式是一种单层次直销模式。

无论是美国还是欧洲,直销从业人员多数是兼职,从事直销只不过是为了多挣点"外快",因此他们的心态相对平和。而中国的直销从业者中专职者比例很高,尤其在一些企业和个人的鼓动下,不少人把直销或传销看成自己终生的"事业"。当取消团队计酬模式后,直销员只能根据自己的销售额来领取报酬。这既对直销员提出了挑战,也对直销企业提出了挑战。对于直销员来说,为了能更多地销售自己的产品,直销团队中的销售人员完全由原来多层次传销中的合作者变成了单层次直销中的竞争对手,并且,销售额30%的提成是其报酬的最高限,此报酬是否能保证直销成为自己的专门职业,欲从事直销的人员必须认真分析自己的能力以及产品的市场潜力。对直销企业来说,如何激励自己的直销员在直销法出台后仍然对企业保持忠诚,并且这种激励又不是通过多层计酬的方式来实现,考验着企业的创新和应变能力。在多层次传销模式下,相关企业对从业人员的报酬模式的基础是人头加销售,即所谓的团队计酬。而在单层次直销模式下,企业需要分析,在某一地区,产品会有多大的市场潜力?这一潜力是基于何种价格水平、怎样的产品质量和推广宣传措施?企业需雇佣多少直销员?直销员的年人均销量最大会是多少?这一销量是否能激励相关人员专门从事这一职业?以上问题是企业测算自己盈利模式的基础,也是测算从业人员报酬模式的基础。

7)《直销管理条例》用法律条文保证了退换货制度

《直销管理条例》中规定了在3天之内产品未开封的消费者凭有效凭证可到直销企业的相关机构退换货,这在法律上保证了消费者和直销员的利益。

面对传统的销售渠道,消费者在购买产品之前都有一个需求认定的过程,然后再决定到销售场所去购买产品,并有可能货比三家,因而大部分产品消费属于理智型购买;而在直销情况下,消费者在购买产品过程中,易受直销员面对面销售方式的影响,有时候会出现不理智的冲动性购买,再加上直销产品一般不做广告或很少做广告,平日消费者很难了解到产品,并且从总体而言,消费者面对直销员,讨价还价的能力一般很弱。因而这项规定在法律上给了消费者评价其购买决策正确与否以及一旦发现有被误导的情形时,可以作出退货的机会选择。

《直销管理条例》还规定,"直销企业应当在产品上标明产品价格,该价格与服务网点展示的价格应当一致","直销员必须按照标明的价格向消费者推销产品"。这表明消费者如果发现所购商品与其市场价格不相符,可以向直销企业专设的网点进行退货或换货。这样的规定就从价格上较好地控制了直销向传销异化的可能性。一般来讲,几经转手而以高价成交的传销产品,最终消费者很难得到直销企业的退货保障。因此,把价格与退货结合在一起,就能够基本保证直销市场价格的一致性和可比性。

直销是一个从生产企业到直销员,再由直销员到消费者的连续销售过程,消费者的利益要得到基本的保护,其前提是直销员从直销企业拿到质量完好、价格合理的货物。如果直销员一旦发现货物与合同规定不符或可能存在质量或价格问题,则必须能够到直销企业退换货。否则,如果消费者到直销员,再由直销员到生产企业的退货程序发生中断,消费者和直销员的利益就得不到保障。

没有退换货制度的直销企业是不可能成功的,具有长远眼光的直销企业事实上并不过分担心退换货问题,它们反而利用有效的退换货机制,树立消费者的信心,进而扩大市场占有率,积极有效地展开竞争;另外,通过有效的退换货机制,可以加强直销企业的内部管理,实事求是地宣传产品,并敦促相关生产企业提高产品质量,保证产品的竞争力。

9.2 各国直销法中的两项重要立法
——反金字塔法与冷静期法规

>>>9.2.1 反金字塔法

反金字塔法是世界各国直销法中的一个重要内容。金字塔销售目前是世界上对非法多层次传销的一个通称,是一个法律名称术语。例如,美国、加拿大、英国在法律上称为金字塔销售,在俗语上又称其为"老鼠会"、"猎人头"、"卖钱活动"等等。在欧洲国家的法律上多称为"滚雪球销售"。日本在法律上称金字塔销售为"无限连锁链"。另外在亚洲国家和地区,如日本、中国台湾和香港,对金字塔销售的俗称常用"老鼠会"、"猎人头"、"滚雪球"等等。虽然这些名称不同,但它们的本质是一样的。

1) 多层次直销公司与金字塔销售公司的区别

从法律用语上讲,"多层次直销公司"属合法,"金字塔销售公司"属非法。美国法律是这样限定的,一般国家也都采用这种区别术语。但对金字塔销售公司在定义内容上进行清楚限定则很不容易。从多层次网络销售组织形式上看,金字塔销售公司和多层次传销公司两者是没有区别的。加拿大《多层次传销法》说:"金字塔销售是一种多层次销售方式。"也就是说两者在销售形式上是一模一样的。这种相似性往往使一些人真假难辨,鱼目混珠。美国在20世纪70年代初打击金字塔销售公司时,在如何区别金字塔销售公司与多层次传销公司的界限上下了很大的功夫进行甄别。因为许多公司表面上是多层次传销公司,而暗中却实施金字塔阴谋。两者很相似,两者都要求购买一定的商品,他们都强调发展直销商,他们都根据下线直销商的销售额给予上线直销商奖金。由于这种区别的难度,所以美国联邦贸易委员会在20世纪70年代初打击金字塔销售公司时,于1975年3月也判定世界上最大的多层次传销公司安利公司是金字塔销售公司,对此指控,安利公司不服,双方争议不下。这种争议持续4年时间,直到1979年,美国联邦贸易委员会才最后判定:安利公司不是金字塔销售公司。在这几年的争论中,联邦贸易委员会经反复研究,认为金字塔销售公司有如下特征:

① 传销商要支付一大笔加入费(通称猎人头费)。
② 传销商购买较大数量的商品(通称存货负担),而且这些商品不能退货。
③ 作为交换,传销商从发展下线获取奖金。

同时联邦贸易委员会判断安利公司有如下特征,因而不是金字塔销售公司:
① 没有要求传销商交纳猎人头费用。
② 传销商没有存货负担。
③ 传销商没有从发展下线获取奖金。
④ 传销商手中的未销售出的可卖商品可以被公司买回。

综观世界各国对金字塔销售公司的研究界定情况,一般认为,隐蔽的金字塔销售公司表面上与正当的多层次传销公司一样都是销售商品,但金字塔销售公司往往有如下特点:

① 传销商加入时要投入很高的入会费。
② 公司不是根据销售额给予传销商奖励,而是根据发展下线给予奖励。
③ 硬性规定传销商要买大数量的商品(存货负担)。
④ 对传销商退货予以限制(存货负担)。
⑤ 夸张收入,骗人入伙。

而正当的多层次传销公司的入会费都不高,不是根据发展下线给予奖金,是根据销售额给予奖金,没有存货负担,不限制退货,不夸张骗人。

2) 法律对金字塔销售的限制

早期金字塔销售往往是一种明显的骗钱,像美国的"彭兹"事件,日本的"天下一家会"事件等,形式明显,打击也容易,法律可以明确禁止金钱买卖。晚期金字塔活动就比较隐蔽了,他们不"卖钱"了,而是卖商品,在销售商品中暗地实施金字塔阴谋。所以法律限制金字塔销售,主要是针对它的隐蔽性。

关于打击形式明显的买卖金钱的金字塔销售,马来西亚《直销法》第二条明确规定,直销产品不许包括"股票、债券、货币"等有价证券商品。日本把这种"卖钱"金字塔活动称为"无限连锁链",并在其《无限连锁链防止法》中加以定义并给予了严厉惩罚。该法规定:"本法律所指无限连锁链定义如下:捐献金钱物品的参加者无限地增加,最初加入的成员位次排在先,以后参加者以 2 以上的倍率连锁式和阶段式的递增,后来参加者的位次根据其参加的顺序排在后面。位次在先的成员从位次在后的成员所捐献的金钱中得到高于自己所捐献金钱物品的金额或数量的金钱物品。无限连锁链是指以上所述为内容的金钱物品的分配组织。"关于罚款,该法规定:"第五条:开设或经营无限连锁链者处以 3 年以下徒刑或 300 万日元以下罚款或两者并罚"。第六条:以劝诱加入无限连锁链为职业者处以 3 年以下徒刑或 300 万日元以下罚款。第七条:"劝诱加入无限连锁链者处以 20 万日元以下罚款"。

韩国《直销法》第 32 条第 2 项也明令:"任何多层次销售组织及人员不得有下列行为:从事金钱经营,或打着经营产品和服务的幌子从事金钱经营。"并规定违反者"被判以 5 年以下有期徒刑或 1 亿韩元以下罚款"。

各国的反金字塔法除了严禁"卖钱"活动外,主要针对金字塔销售的各种隐蔽形式作了限制,其限制主要针对以下几个问题:

(1) 入会费问题　入会费是一个人加入传销公司时支付的费用,或称为参加传销公司做传销商的资格费用。金字塔公司必须要求参加者支付一大笔资金,公司才能获暴利,所以降低入会费是限制金字塔销售的一个有力措施。美国联邦贸易委员会规定:传销公司对新加入传销商的入会费,在加入后的 6 个月内,不能超过 500 美元。美国各州反金字塔法律一般也规定入会费在 100～500 美元之间。英国规定,新加入者支付的入会费,在 7 天之内超过 75 英镑即为非法。无论这 75 英镑是买产品、工具,还是买其他服务。

(2) 传销商存货负担问题　给传销商强加较大的产品购买额,这是金字塔销售公司常采用的手段,这一手段称为存货负担,金字塔销售公司以此获取非法的快速资金积累。对这种金字塔销售一般采用两种法律手段限制:一是直接限制,二是间接限制,即退货限制。

① 直接限制:加拿大多层次传销法规定,如果"传销公司故意把在商业上是不合理的数量的产品卖给参与者",此行为则属金字塔销售。这条规定意思是指金字塔销售公司把较大的存货负担压在传销商头上。该法还规定,违反此条经起诉定罪者"则由法院确定罚款额,或判五年以下有期徒刑,或两者并罚"。

② 间接限制:即传销商退货权力规定。允许传销商退货,可以使金字塔销售公司的存货负担手段不攻自破。美国许多州反金字塔法规定,传销商有向传销公司退货的权力,并且传销商获得的退货价格不能低于原价的 90％,条件是这些商品能够由公司再销出去。而且规定传销商可以无理由退货。在退货日期限定上,美国各州不一样,有的州(例如马萨诸塞州、佐治亚州、路易斯安那州、怀俄明州)规定传销商任何时间都可以退货,有的州有时间限制,例如马里兰州规定传销商退货期限为自买货之日起 3 个月内。韩国《直销法》是直接限制与间接限制并用,该法

第 32 条规定:"给传销商或新参加者强加负担,不论什么名目都不允许,例如,入会费、试用产品、销售额、培训费等等……对传销商未售出产品退货期限强加限制,并且传销商买货和退货的差价超过《总统令》规定。"如果违反此项禁令,则"被判 5 年以下有期徒刑或 1 亿韩元以下罚款"。

(3) 禁止上线从发展下线获取奖金　禁止上线传销商因发展下线传销商而获得奖金,这也是各国反金字塔销售的一个措施。允许传销商通过发展下线获取奖金,很明显是引诱传销商尽量多地猎人头,因为他不必销售商品,只要尽量多地拉人入伙,就能发财致富。

美国各州的反金字塔法(例如马萨诸塞州、佐治亚州、路易斯安那州、怀俄明州)严禁传销商通过发展下线获得奖金。各州法律规定,合法传销公司不能对传销商发展下线支付任何奖励,上线只能通过下线销售额获得奖励。韩国《直销法》第 32 条第 1 项规定,对传销商发展下线支付奖金者"被判 5 年以下有期徒刑或 1 亿韩元以下罚款"。加拿大传销法规定:"一个传销网络中的参与者因介绍另一个参与者进入网络而获取报酬……经起诉定罪,则由法院确定罚款额,或判 5 年以下有期徒刑"。马来西亚《直销法》中采取两种打击方法,一是该类公司不予批准成立;二是重罚。该法第 7 条规定:"① 下述申请人不批准直销执照:即在该申请人的直销经营计划中,不是根据产品和服务的销售数量赚取利润,而是通过引诱下线加入来获取利润。② 已获取直销执照者,若发现有①中所述行为,不论直接或间接实行,都将视为犯罪,并处以 25 万元马币以下罚款,再犯者处以 50 万元马币以下罚款。"

(4) 禁止夸张宣传　一些金字塔销售公司往往对外宣传,本公司传销商收入如何高,赚钱如何容易,夸大收入以骗人入伙。禁止夸张宣传就是指传销公司或传销商不能夸大本传销网络传销商的收入。

这一点加拿大传销法规最具代表性。该国法规规定:传销公司或传销商在对外做宣传时,对其传销网中传销商的收入描述要公正、合理、适中。谈传销商的收益时,只能选择有代表性的传销商为标准,因为有代表性的传销商的收入是一般的、正常的情况,可以作为本传销网络中传销商收入的标准。而如果选择个别的、异常情况的、最高收入的传销商作为例子大加宣传,就会有骗人的嫌疑。加拿大传销法规视其为非法。其处罚规定为:"经起诉定罪,则由法院确定罚款额,或判 5 年以下有期徒刑,或两者并罚"。

>>> 9.2.2　冷静期法规

除了反金字塔法以外,冷静期法规可以说是第二个非常重要的直销法规。世界上存在直销的国家基本上都有冷静期法规。概括世界各国的冷静期法规内容,其基本意思是:消费者自购物之日起一段时间内可以自由退货,而不受任何补偿性罚款。退货冷静期限各国规定不同,美国是3天,欧洲国家一般是7天,马来西亚是10天,韩国(单层次)直销是10天,多层次传销是20天。

冷静期法规的直接目的是保护消费者利益,可以说它间接地防止了高压销售。所谓高压销售是指直销商强迫、哄骗、引诱、缠扰消费者购物。一般直销公司不做电视广告、报刊广告、广播广告等,因为直销公司往往是以广大直销商的游说兜售作为自己的广告手段,这些直销商会四处游说,宣传公司的产品。但这些直销商中往往有一些不良分子,为了扩大他的销售业绩,花言巧语,夸张宣传,哄骗、引诱消费者购买产品。消费者稍不警惕,头脑一热买了他的产品,过几天头脑冷静后,发觉不想要了,或者发觉产品和直销商讲的不一样,受骗上当了。所以冷静期顾名思义就是给消费者头脑冷静的时间,并给消费者退货的权力。当消费者在几天或十几天之内头脑冷静下来后,发觉不想要这个产品了,他可以不讲任何理由去退货。由于冷静期法规主要是保护消费者利益,所以一些国家的冷静期法规是在《消费者权益保护法》中设立,如欧洲的法国、奥地利等。

冷静期法规起源于美国。联邦贸易委员会法规规定:除了固定商店地点之外,发生在任何地方的25美元以上的交易中,消费者有权退货并收取全额退款。退货时间限定是,消费者必须在购货之日起3日之内通知销售者。美国50个州中,大多数州的冷静期法规与联邦贸易委员会法规相似。如果州法规不全面则以联邦贸易委员会法规为准。

美国联邦贸易委员会法规是在1979年正式发布的。但早在20世纪60年代,冷静期法规就在各州被提交议案。当时美国直销协会和一些直销公司强烈反对它。直销公司认为,该法虽然可以保护遭受直销商高压销售的消费者退货,但该法也鼓励其他消费者随便退货。直销公司还认为,冷静期法规是歧视直销商业,把直销商业放在商店商业地位之下。随着时间的发展,直销公司对冷静期法规的态度终于有了180°的大转弯。直销公司都一致支持联邦贸易委员会冷静期法规,并支持各州的冷静期法规。直销公司认为,该法有助于把直销行业中的一些不道德的高压直销商驱除出去,有助于增加直销公司在消费者心中的信誉。大部分人都认为,冷静期法规虽然不是完全杜绝了高压销售,但它成功地减少了高压销售,消费者对直销公司的抱怨急剧下降了。

欧洲国家的冷静期法规普遍规定冷静退货时限是7天,像奥地利、法国、德国、英国、意大利、比利时、荷兰、葡萄牙、西班牙、瑞士都是7天冷静期,只有个别国家如匈牙利,规定为6天。欧洲各国在冷静期时间上是基本一致的,但欧洲各国在冷静期法规具体内容上有所差异。例如德国规定:消费者自签订合同之日起7天内可以退货,但法规加上两个条件,一是如果消费者邀请了直销商访问销售,则不实行冷静期法规7日退货;二是如果销售商品价格在80马克以下,也不实行冷静期法规7日退货。所以德国冷静期法规主要对未经邀请的直销商销售的产品实行冷静期退货。英国、奥地利、葡萄牙与德国相似，也都带有附带条件，规定：凡未经消费者邀请就访问的销售者，允许消费者7天内退货。另外，也有一些欧洲国家的冷静期法规中仅规定7天退货而没有有关邀请的附带条件。

马来西亚《直销法》的冷静期法规规定比较详细。它的冷静期时间是："自签订直销合同之日起第二天开始，10个工作日。"马来西亚法规还规定，直销商与消费者签合同时，还要附带交给消费者一个退货单，称为"冷静期终止前取消合同权力通知书"。此单专门用于退货。退货单的内容、规格等项目都由国家统一规定。该法还规定，在10日冷静期结束之前，不许直销商供货，消费者也不付款。这样，如果在签合同之后10日内消费者反悔了，就可以把"冷静期终止前取消合同权力通知书"挂号邮寄给直销商，通知单上注明退货二字，表示退货。退货通知单自消费者寄出之时起72小时内自然生效，也就是说退货通知自寄出之时72小时之后，被认为已达到直销商手中。通知到达直销商手中后，购货合同随即失效。

韩国《直销法》冷静期规定最为详细。它的冷静期分为两种情况：一是（单层次）直销退货，期限是10天："① 自合同签订之日起10天之内。② 自送货日期之日起10天之内，如果送货日期晚于合同签订日期的话。"二是多层次传销退货，期限是20天："① 自合同签订之日起20天之内。② 自送货日期之日起20天之内，如果送货日期晚于合同签订日期的话。"从韩国法规中可以发现，韩国与马来西亚有所不同，即韩国冷静期是自送货之日起开始计算，如果签订购物合同上约定合同签订之日即送货，那么自签订合同之日起计算冷静期；如果签订的购物合同单上约定过几天送货，那么就自过几天的送货那天起计算冷静期。举例说：如果1月1日签订直销合同，合同上约定1月5日送货，那么直销冷静终止期限是1月15日。如果1月1日签订多层次传销合同，合同单上约定1月5日送货，那么多层次传销冷静终止期限是1月25日。

另外，韩国冷静期法规还规定，如果消费者手中的购物合同单上没有销售者地址，或者销售者的地址变更了，找不到销售者了，那么要退货的消费者也不必着急。在这种情况下，冷静期规定为：自获得销售者地址之日起10天（多层次传销20天）之内。即是说，什么时候销售者把地址通知给消费者，什么时候就开始计算冷静期。

关于退货过程中的费用，韩国规定：销售者应当承担全部退货过程中的费用，不能向消费者索取任何补偿。也就是说，如果消费者退货时付出了邮寄费，这个邮寄费应由销售者承担。

因为韩国是实物退货，不像马来西亚只退合同。所以韩国退货往往会涉及产品损坏的问题，对于这一点，韩国法规具体规定：如果消费者把产品丢了，损坏了，消费了或大部分价值消费掉了，则不能退货。韩国对阻碍退货的处罚也很严格，法律规定：如果直销商或传销商妨碍消费者退货，根据韩国《直销法》第45条，他将"被判5年以下徒刑，或1亿韩元以下罚款。"

9.3 直销企业的商业道德和社会责任

有这样一个案例：世界某著名牙膏生产厂家由于销量下滑决定开一次会，目的是通过集思广益来获得新的启发和灵感，而使牙膏的整体销量上升。

领导层让该公司内的一些管理者、工人、销售人员参加了这次"头脑风暴"，遗憾的是虽然大家发言踊跃，却没有实质性的方案被提出，于是董事会宣布如果谁能想出有效的点子，公司将给他10万美金奖励。

话音刚落，正在会议室打扫卫生的一名保洁女工应声答道："我有办法！"

在座的人都很吃惊，难道这个女工有超人的智慧，比我们在座的都强吗？于是董事长问这位女工：您用怎样的方法能够让我们的牙膏销量增加，而不增加开支呢？"将牙膏的管口加粗一点就可以了，因为每个消费者每天使用牙膏时挤出的长度总是接近的，管口加粗的情况下我们的牙膏用量自然增加了"，这名女工答道。

这个案例，经常作为经营的经典。可是，我们很有必要回头想想，让你用这种牙膏，你会用吗？这种做法，对顾客并不公平，同时，还造成了社会资源的浪费。

对这种行为，仅仅靠法律是无法制约的，那么还有其他方法吗？人们的行为除了法律约束外还有道德的约束。同样，对于商业行为，除了法律的制约外，还有商业道德的约束。

对于直销，有学者称，不能指望一部法律就能完全规范中国的直销。在目前中国的市场环境下，如果没有市场道德的建立，直销还会有可能走偏。作为一种营销模式，同时又是牟利的手段，如果人们急功近利的心态没有改变，如果没有一种诚信的道德原则制约，如果直销企业对其直销人员的素质和心态不能有效控制，甚至还推波助澜，那么中国的直销市场还难以走上正轨。

道德和法律对社会行为的约束有着互相补充的作用。由于我国现代商业发展时间比较短，在商业行为中还没有形成一套商业道德规范。因此，建议国家相关管理部门在制定法规的同时，关注商业道德的规范，可以成立商业道德委员会，对用工、销售等方面建立一套商业道德评价体系，形成类似于SA8000（社会责任标准）的运行机制；对具有较大影响的事件，展开商业道德调查，并公布调查结果；对符合商业道德的企业给予表彰，对违背商业道德的企业形成舆论压力。

>>> 9.3.1 道德和法律

"人之初，性本善"，这是中国儒学对人的基本判断。对于参与商业活动的人，有另外一句广为流行的话："无商不奸"。这个看法虽然有些偏激，但与英国哲学家霍布斯的看法有相同之处。霍布斯假设人类的原始状态，人类的天性是趋利避害的，在自然状态中人与人之间像狼一样，每个人都力图保护自己的利益，并企图占有别人的东西，此时，没有任何规则，没有正义和非正义，只有不停的争斗。在这种状态下人的生活是悲惨的。为了摆脱这种状态，人们便聚集起来，建立契约，这是法律的雏形。法律的制定有两个原则：一是效率原则，法律将对违反行为进行惩处，但是如果惩处措施不力，即使扣除惩罚的成本，违法者从违法行为中获得的好处大于对他的惩罚，那么法律是无效率或低效率的。因此法律的制定要以抑制对他人的危害行为为原则。这就是法律的效率原则。效率原则是从对社会的总体考虑分析得出的，从这个意义上讲，法律越严格越好，越严格越有效率。但是，严格的法律对犯法者完全公平吗？这就涉及法律制定的第二个原则：公平原则。也就是说，法律对犯法者的惩罚应以犯法者给社会或他人造成的危害相等为原则。从这个意义上讲，法律惩罚太重，对犯法者不公平，而太轻对社会或他人不公平。效率原则和公平原则是很难统一的，法律的制定既要考虑效率原则，也要考虑公平原则。

与法律一样，道德也是对一些不合作行为的惩罚机制。但是，法律和道德各具不同目的：法律（尤其是刑事法律）谋求设立基本的行为标准，而道德规范则涉及较高的德行标准。举例来说，某人看着一个小孩处于危境而没有施予援手，即使可以轻易救人却不作为，他的做法不一定违反法律，但我们必然认定这种行为并不符合道德标准。因此来说，人类社会不仅需要法律，同时也需要道德。对于直销公司的商业行为，不仅仅是一个合法还是不合法的问题，更多的是商业道德的问题。

>>>9.3.2 商业道德的标准

人类社会需要用道德来维系，企业营销也应该在一定的道德氛围中进行，并遵循一定的商业道德标准；否则，企业的营销可能得逞于一时，却会严重损伤企业的公众形象，甚至置企业于死地。商业是以买卖方式使新产品流通的经济活动，是商品交换的发达形式。商品交换的原则就是等价交换。而公平交换、等价交换的合理性，充分体现了市场的道德原则。在市场经济的商品交换活动中，固然坑害消费者、少付多收、强买强卖是不道德的，但如果将商品无偿送人，或者多付少收，必将损害国家、集体和一部分人的利益，也是不道德的。所以只有公平交易，等价交换，才能使国家、集体和消费者的利益得到保障，才能促进商品经济的发展。由此看来，商业道德规范中最基本的原则，应该是诚信公平交易，坚持等价交换的原则。

商业道德的社会基础是因为越来越多的企业决策过程中遇到了类似的问题，如环保问题、公司裁员问题、职员隐私（私生活、艾滋病、吸毒等）、多元化的价值观和文化传统的尊重、逃税和贿赂、不公平竞争等。商业道德的提出是以企业作决策时抱有对社会负责的态度为前提的。同时它会优化企业的公众形象,利于获得客户、组织和政府的信任和赞许,获得更多有利的社会资源。

对于商业道德的评价,可以用相对性理论和利益相关原则进行分析,并且为如何处理这方面的问题给出分析方法。

(1) 相对性理论　其基础是:人们无法将世上万事用一种标准简单地判定为是和非、对和错。文化传统、价值观、宗教信仰、种族习惯、传统道德规范等众多因素的存在,具有了太多的是非标准;个性特征的不同又造成了众多道德观念的差异。所以世上万事并非全部黑白分明,存在很多的灰色地带。要了解相对性,最好对以下几个方面有些了解。

① 幼稚相对性:任何人都有自己取舍事物的标准,因为个体独特个性的差异,没有人可以用自己的是非标准去对他人做道义上的评判。

② 角色相对性:将自我角色和自身在企业中的公众角色区分开来,因为有时为了公司的利益和需要作出的决策并不一定等同于自我的价值观。

③ 近视相对性:常因重视常规、行规,而忽略了当地社会基本的道德价值观,甚至忽略了相关法规。

④ 文化相对性:地域的不同,客观上形成了有地域特色的风俗习惯、宗教信仰等文化上的差异,跨国公司的经营者不应该只用一国或本国(地区)的道德水准去评判所有的地域文化。

(2) 利益相关原则　其基础是:通过列出所有利益可能受影响的各方名单,分析将要作出的决策会对各方利益产生的利弊影响,调查研究受影响方的权利和责任,以求权衡利弊,给出合理决策。

通常会考虑的受影响方包括:决策者、执行官员和董事会、顾客及其所在行业、投资者和所有者、供应商及所在行业、雇员及其家庭、政府、特殊利益群体、环境保护、下一代、主要竞争对手及相关法律法规。

就道德本身而言,并无标准的正确模式。但如果决策者和参与者能利用相对性理论和利益相关原则两个工具进行分析,结合当地的具体情况,一定会有助于作出更合理的决策。

>>> 9.3.3　多层次直销经营者的道德问题

对于使用多层次直销方式进行销售的公司,可以使用相对性理论和利益相关原则,对其商业道德进行分析。对于多层次直销公司的争议,大多来自于商业道德的判断。

从利益相关原则进行道德分析,多层次直销公司明知人员个体直销效率不高,却为了商业利益使用多层次直销方式,在"创造"了"富人"的同时,也"创造"了不少相对低收入的"穷人"。虽然法律对此很难作出裁决,但这类公司的商业道德无疑不会得到人们的普遍认可,这就是历来多层次直销受到人们质疑的主要原因,如图9-3所示。

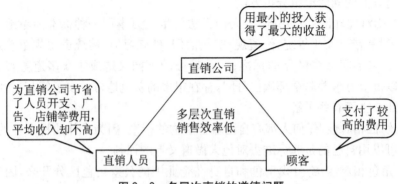

图9-3 多层次直销的道德问题

对于多层次直销而言,直销公司、直销人员、顾客是三个主要参与的角色,最后的结果是直销公司降低了经营成本、获得了效益,是最大的赢家;直销人员完成了从发现顾客、销售、服务的全过程,获得很少的收入;顾客却购买了价格较高的产品,没有形成多方共赢的局面。从上面的分析可以看出,采用多层次直销可能会形成以下局面:

1) 销售效率低

多层次直销由于销售人员销售效率低,按照世界直销协会联盟的数据,2002年每个直销人员平均销售额1.5万元,以一般公司的标准,支付员工薪水都不够,销售人员如何存活?

2) 公司盈利,销售人员收入低

多层次直销制度不符合社会公平的组织设计,因为公司不必支付薪水、负担保险,不必做广告,节省了宣传费用,而销售人员承担了推销工作,完成从发现顾客、洽谈、签订和约、送货、售后服务的整个销售过程,付出极大的精力,但部分销售人员销售收入低于社会平均水平,对销售人员存在着不公平的可能。

3) 编织美梦

实际上,直销过程中每个经销商能够拿到多少提成?有多少人能够成功?依人们努力的程度与迈向成功的目标几率而言,与传统事业机会成功几率相差无几,甚至更低。

4) 商品价格高

多层次直销由于销售效率低,如果不存在相应产品的市场价格竞争,为了提高销售业绩,维持多层次直销的高提成,必然提高产品售价,而与直销公司宣传的通过直销方式能够减少中间环节,降低价格的理念截然相反,对顾客而言价格反而高。

5)浪费社会人力资源

多层次直销由于单个销售人员的销售效率低,为提高公司的销售业绩,采用人海战术,使许多人改变观念,从事"直销事业",却在这种效率低下的方式中浪费了大量社会人力资源。

6)人际关系破坏

由于多层次直销的销售活动主要在亲戚、朋友、熟人等中间展开,是极具人际关系风险而富有争议的事。因为人情压力会让买方勉强购买、卖方腼腆销售,买卖双方无法通过有效的商业谈判,正常地进行交易,可能会造成人们买了第一次以后唯恐避之不及,导致朋友疏远、亲戚反目,将人际关系金钱化、物质化扭曲。人们通常认为情义无价,而多层次直销采用这种方式,是最昂贵的一种社会成本。

7)误导消费者,扰乱市场秩序

商品一旦通过多层次直销方式销售,由于网络结构太长,可能无法形成有效的管理,而销售人员效率低,为了提高销量通常会夸大产品性能,甚至将正常商品加以神奇化。

>>>9.3.4 企业的社会责任

目前,越来越多的公司认识到企业的社会责任,健康的商业运作需要健康的社会发展。企业的社会责任是人们以道德为基础提出的对企业的要求。

企业社会责任是20世纪以来凸现于诸多学科领域的一个重要概念,亦是建构企业与社会和谐关系的一种基本思想。在一些商业交易的领域,人们已经将社会责任作为一个重要的考量标准。沃尔玛、迪斯尼、麦当劳、耐克等知名跨国公司纷纷采用一项新的评估供应方的标准——SA8000(社会责任标准)。不符合这一标准的供应方,一般得不到订单。

SA8000标准主要源于国际劳工组织公约、世界人权宣言和联合国儿童权利公约,它是随着20世纪末的西方企业社会责任运动而发展起来的。1997年,总部设在美国的社会责任国际(SAI)发起并联合欧美跨国公司和美国"经济优先领域鉴定代理委员会"(the Council on Economic Priorities Accreditation Agency,以下简称CEPAA)等国际组织,制定了SA8000标准。该标准通过对公司劳工保护等达标认证来推进公司劳工人权的保证,并要求公司拒绝进口那些没有达标的供应商产品。CEPAA在2001年制定了第一个修订版《SA8000:2001》。目前,要加入跨国公司的全球产业链,一般要通过SA8000的社会责任审核。

SA8000以一致的标准制定了下列领域内的最低要求：① 公司不应使用或支持使用童工；② 公司不得使用或支持使用强迫性劳动；③ 公司应提供安全、健康的工作环境；④ 公司应尊重结社自由和集体谈判权；⑤ 公司不得从事或支持歧视；⑥ 公司不得从事或支持惩戒性措施；⑦ 公司应遵守工作时间的规定；⑧ 公司应保证达到最低工资标准；⑨ 公司应制定社会责任和劳动条件的政策。

SA8000的宗旨是"赋予市场经济以人道主义"，强调企业在赚取利润时要承担保护劳工人权的社会责任。SA8000的产生来自西方社会责任运动的压力。20世纪90年代耐克公司亚洲工厂侵犯劳工人权导致的"耐克风波"，引发了跨国公司纷纷制定社会责任守则，以维护公司品牌形象，而且要求产品配套企业和合作企业均要遵守这些守则，从而将企业社会责任从西方扩展到了生产制造基地的发展中国家，如中国、印度尼西亚、泰国、越南等。

除了SA8000的规则，到2000年，全球已经有246个生产守则，其中除118个是由跨国公司自己制定的外，其余皆是由商贸协会或多边组织或国际机构制定的"社会约束"的生产守则。这些生产守则主要产生于美国、英国、澳大利亚、加拿大、德国等，其中比较有影响的生产守则制定和监察认证的组织有美国"公平劳工协会"(Fair Labor Association,简称FLA)、"国际社会责任组织"(Social Accountability International,简称SAI)、荷兰的"洁净衣服运动"(Clean Clothes Campaign,简称CCC)、英国的"道德贸易行动"(Ethical Trading Initiative,简称ETI)以及"地毯标志基金会"(Rugmark Foundation)等。

对于从事多层次直销的商业经营行为，也应当考虑企业的社会责任。只有社会达成共识，形成一定的舆论环境，才能使多层次直销公司承担相应的社会责任。

直销企业的社会责任可以说是一种良好的非市场营销战略。在欧美发达国家，现在有一种较为普遍的认识，即一个公司的业绩不仅依赖于市场营销战略，而且也与其非市场营销战略密切相关。这种非市场营销战略是企业市场营销战略的一种有益的补充或替代。如果将其与市场营销战略结合在一起加以运用，则无疑会为公司带来良好的经济效益。

1) 非价格竞争是直销企业社会责任的重要体现

在当前激烈的市场竞争中，营销的竞争是直销企业赢得市场竞争的必要手段。营销中的竞争，实质上就是以产品为基础，以争取顾客为基本目标。随着消费者需求的发展和社会生产力的提高，寻取一种价格之外的非价格竞争策略，就成为直销企业市场营销的一个重要策略。直销企业的非价格竞争是比价格竞争更高层次的一种竞争方式，因为它所考虑的是消费者的利益，体现的是一种社会责任。例如，产品创新竞争策略的实施，可以给消费者带来实际利益；名牌商标竞争策略和包装竞争策略的实施，可以给消费者带来欢快、享受、安全等心理上的满足；销售服务竞争策略的实施，可使消费者在选择直销产品中得到尽可能多的附加值，等等。

2) 直销企业在我国构建和谐社会中将会发挥重要作用,承担重大社会责任

在中国共产党十六届六中全会上所通过的《中共中央关于构建社会主义和谐社会若干重大问题的决定》中,明确向全党全国人民提出了"构建和谐社会"的伟大号召,并明确指出构建和谐社会的6项具体内容:民主法制、公平正义、诚信友爱、充满活力、安定有秩、人与自然和谐相处。

发展直销业的目的与构建"和谐社会"的总体目标是一致的,而且也是直销企业发展中应承担起的一项重大社会责任。随着许多直销企业经济实力的不断增强,企业在政治与文化等方面的影响力也在不断扩大,因而其对构建"和谐社会"的责任就会更大。

实践证明,发展直销业对构建和谐社会至少有如下3个方面的作用:

(1) 直销业是经济社会发展的必然产物。直销这种营销方式能够丰富人们的生活,满足购买者不同的个性化需求,从而促进社会的进步与发展。我国要实现建立和谐社会的目标,必然要求物质财富的高度富裕,能够满足人们的不同社会生活需要,以实现人民安居乐业和社会稳定。

(2) 直销作为以人为核心建立起来的营销网络,最能体现"以人为本"的发展理念,而且这种营销网络的维系依靠的恰恰是一种先进的、高尚的正面文化。直销一般高举诚信的旗帜,奉行着创新的理念,倡导健康的社会生活,追求活泼向上的情趣,宣扬勤劳孝顺的道德情操,这与社会主义和谐社会内涵的文化特征是相符合的,所以直销业的发展,亦可成为我国和谐理念宣传推介的主要阵地。

(3) 直销能够帮助实现社会就业,满足就业和创业的双重需要,从而可实现社会的公平、正义和稳定。直销的理念是为每一个平凡的人提供最公平的创业平台和机会。在这个公平、公正的创业平台上,无论是任何层次、任何社会背景、任何学历的人进入直销行业,都必须从零开始,通过个人的勤奋努力,去开拓营销的天地。"一分耕耘,一分收获",充分体现按劳分配、多劳多得的原则。社会主义和谐社会的一个重要特征,就是要实现社会公平、正义。党的十六届六中全会"决议"中强调,"社会公平正义是社会和谐的基本条件",表明党中央已把社会公平问题摆在了经济社会发展中更加突出的位置,并将这一问题的解决作为推进和谐社会建设的一项重要举措,要建立以"权利公平、机会公平、规则公平、分配公平"为主要内容的社会公平保障体系,因此,无论从实现社会公平正义的角度,还是从实现就业、满足社会稳定的角度,直销业的合规发展都能够促进社会主义的和谐社会建设。

【关键术语】

反金字塔法　冷静期法规　商业道德标准　世界直销协会联盟(WFDSA)　SA8000(社会责任标准)　CEPAA　非价格竞争策略

【案例】

【案例1】

唯利是图必会输掉人品

在传销时期,一些传销商唯利是图,不择手段,把团队下线视为自己可以随意支配的私有财产,不遵守行规,钻公司的空子,做出了许多伤害团队、下线、行业的行为。

有的传销商为了让自己晋升级别,获得最大利益,相互勾结,狼狈为奸,钻一些传销公司报单制度不健全的空子,上下配合,在报单时随意偷调团队业绩,"吃了上线吃旁线,吃了旁线吃下线",最后因丑行败露而人格扫地,网络崩溃。

1996年,在四川某市某合法传销公司的团队中,发生过这样一个真实的故事:

当时这个合法传销公司,在报单制度中有一个不小的漏洞,业绩和产品相脱离,可以分开报单。这个传销公司销售的产品是摇摆机。

该公司只在重庆有分公司,报单也须到重庆。为了团队发展,团队骨干们集资进货,由两位成员负责周转、报单。

本来这两位成员应该按实际情况报单,但为了满足自己的贪婪之欲,使自己收入最大化,更快晋升级别,他俩随意把团队其他成员的业绩调放到自己的各个部门中。他们首先偷调了自己上线的业绩,随后胆子越来越大,心也越来越贪,把旁线的业绩也偷调到自己名下,最后发展到偷调自己下级之间的业绩。这就是所谓"吃了上线吃旁线,吃了旁线吃下线"的由来。

【案例2】

揭秘"人人都能成功"

在传销时期,某传销公司发生过这样一个真实的故事:

一位参加OPP(创业说明会)的新朋友说道:"今天的课我听懂了!传销就是不断拉人入会,把他们发展成下线,对吗?"

"对,你理解的完全正确!"一位高级传销商回答说。

新朋友问道:"但是,我几乎没有朋友,到哪儿去拉人入会发展下线呢?"

这位高级传销商回答说:"传销可以让人人都获得成功!只要你有成功的愿望,根本不用担心找不到下线!你知道我走在人群熙攘的大街上的感觉吗?放眼一望,满街都是我的下线!"

"人人都能成功"是传销时期听到最多的口号,也是传销时期叫得最响的口号,更是传销最具鼓动和诱惑性的口号!乍听起来,这句话似乎并没什么错误,事实上,正是在人人都可成功的鼓动和掩盖下,传销被扭曲为一种狂拉人头的"老鼠会!"

事实上,传销并不可能让每个参与者都获得成功,就如同人人都需要吃饭,但并不等于人人都适合卖米一样。

当然,直销确实可以让平凡的人拥有不平凡的人生,让许许多多普通人变成成功的人!但是,传销阶段中一些传销公司和传销商,为了达到拉升业绩、骗取暴利的目的,不是以产品为导向,而是以所谓的"成功"为导向,不是以久富为目标,而是以短期暴富作引诱,以"人人都能成功"为欺骗口号,疯狂拉人入会,骗取暴利!因此,"人人成功,狂拉人头"可以说是直销被异化的集中表现,亦是直销商业道德缺失的必然结果。

复习思考题

1. 直销立法的目的是什么?直销立法应解决哪些核心问题?
2. 试述我国直销立法的背景与历程。
3. 企业从事直销的准入条件是什么?应采用什么机制?
4. 《直销管理条例》中规定了哪些信息披露内容?
5. 为什么要对直销员的招募、培训与管理作出法律上的规定?有哪些规定要求?
6. 《直销管理条例》对直销员的薪酬有何新的限定?
7. 直销业对构建和谐社会能发挥哪些作用?

10 直销的监督管理

直销是个极具诱惑力的行业,也是广大群众最容易参与的行业,同时,直销也是经销方式多样混杂,管理起来异常复杂的行业。因此,各国政府为确保国家直销市场的稳定,都以所设立的直销法规为准绳,严格对直销行业进行管理。通过本章学习,主要了解和掌握国家对直销监管的必要性,监管的主要内容、监管的方式及行业自律的有关问题。

10.1 国家对直销的监管

>>> 10.1.1 直销监管的概念

职能管理部门对直销的监管是指在一个国家直销行业的发展过程中,政府相关部门对直销行业的整体运行状况所进行的宏观管理、指导和监督等各项工作,其目的是为了保证直销行业在发展过程中保持较健康的发展方向,建设整个行业发展的共同良好秩序,培育行业发展的最佳环境。这种监管工作不限于对单个直销企业发展过程中所出现的问题的管理,其重点是对一个国家内整个直销行业在发展过程中所出现的普遍性问题的管理,所以这种管理是全局性的,是对整个行业发展的技术标准的制约及其组织执行。政府职能管理部门对直销的监管工作不是一段时期内的突击性工作,而是伴随着直销的发展过程的一种动态性战略。就其具体的监管工作而言,它包括进行监管的主体部门如何确立;它们是单一的管理系统还是组合的管理系统;政府职能部门如何设置主要的管理框架,确立主要的管理内容,在管理的方式上如何确定等。这一系列具体问题都是直销监管中必须统一和明确的。

>>> 10.1.2 我国《直销管理条例》中有关监管的规定

我国 2005 年 12 月 1 日开始实施的《直销管理条例》第六章第三十五条、三十六条和三十七条中对监督管理作出了明确规定。

第三十五条指出,工商行政管理部门负责对直销企业和直销员及其直销活动实施日常的监督管理。工商行政管理部门可以采取下列措施进行现场检查：

(1) 进入相关企业进行检查。

(2) 要求相关企业提供有关文件、资料和证明材料。

(3) 询问当事人、利害关系人和其他有关人员,并要求提供有关材料。

(4) 查阅、复制、查封、扣押相关企业与直销活动有关的材料和非法财物。

(5) 检查有关人员的直销培训员证、直销员证等证件。

工商管理部门依照前款规定进行现场检查时,检查人员不得少于2人,并应当出示合法证件；实施查封、扣押的,必须经县级以上工商行政管理部门主要负责人批准。

第三十六条指出："工商行政管理部门实施日常监督管理,发现有关企业有涉嫌违反本条例行为的,经县级以上工商行政管理部门主要负责人批准,可以责令其暂时停止有关的经营活动"。

第三十七条指出："工商行政管理部门应当设立并公布举报电话,接受对违反本条例行为的举报和投诉,并及时进行调查处理"。"工商行政管理部门应当为举报人保密；对举报有功人员,应当依照国家有关规定给予奖励"。

>>> 10.1.3 直销监管的必要性

1) 我国直销的发展是一个复杂的社会问题

为什么我国在本次直销立法中要把政府职能管理部门对直销的管督管理当做一个重要的问题来强调？其关键原因在于管理对象的复杂性,亦即中国直销行业的发展在中国经济运行过程中所表现出来的复杂性。正如在本书中多次分析的那样,直销企业在中国的发展,从形式上看它只是简单地呈现为一种营销活动,具备企业营销行为的一切特征；但从其实质上看,它却是超越于一般的营销活动之外的社会问题,它在对我国市场经济秩序的影响、社会秩序的影响、人们日常生活秩序的影响等诸多社会的宏观层面上都表现出明显特征。这种特征通过中国传媒系统的真实记录和反映,不同层面、不同岗位的工作人员都可以观察得极为清楚,因此,从某种意义上讲,直销问题虽然在战略层面讲,它还不足以成为我们国家经济生活和政治生活中的一件大事,但是实际上它已在今天的中国形成了一轮眼球效应。纵观中国直销行业十多年来的发展轨迹,其演化过程也经历了从营销问题到经济问题再到社会问题的嬗变。因此,站在对一个社会问题的综合治理角度上而言,就有必要在中国的直销立法中对它进行深度思考并寻求科学的解决方案。我们既要关注直销作为一种企业营销方式的基本属性,严格按照管理营销方式的法则去管理它,不必把它视为洪水猛兽,不搞小题大做,但与此同时,我们必须关注到它不属于一般营销方式的特征,它可能在实际的运作中会像多米诺骨牌效应一样引发很多潜在的社会问题。所以,在直销的监管方式上,要超越一般的营销方式,在战略上必须重视它。同时在此问题上既要关注国际企业的利益,又要关注国内企业的利益;既要关注政府职能管理部门未来工作的开展,又要考虑企业在这种管理之下的生存空间和发展空间。

2)直销的健康发展实际上源自于科学的管理

任何一个新生事物的出现和发展都不可能是一帆风顺的,因为中间存在着诸多有待处理的问题。我们必须以开阔的胸怀关注并尊重新生事物。而一个新生事物如要从稚嫩走向成熟、从偏差走上正确,实际上就需要在管理上下工夫。管理是一门科学,小到企业大到一个行业都如此,科学的管理往往会带来健康的发展,不科学的管理则会带来不健康的发展,这已成为管理史实中一个颠扑不破的真理。中国直销的发展实际上包含了同样道理。无可讳言,正如任何一种工具一样,直销是一把双刃剑,在实际的运作过程中也存在两面性。其作为一种现代商业流通领域中的创新营销方式,在减少流通过程中的中间环节、营销过程中的各种经营管理成本(其中尤其是巨额的广告费用、庞大的营销团队费用等),加快企业运营过程中的资金周转率,高效地打造企业的忠诚客户群体,提升企业对广大消费者的服务意识和服务水平,加大企业的科学创新力度,推动中小企业快速突破高科技成果市场化中所遭遇到的市场瓶颈等方面具有很明显的优势。但是它也极容易在实际运作过程中被当做经济欺诈和金融诈骗、非法聚会、损害消费者利益的手段,从事超越企业营销之上的活动,并由此带来中国社会转型时期各种各样的社会问题。这就是直销这种营销方式的两面性。那么,对待这种双刃剑式的营销方式,到底该采用什么样的科学态度来对其进行战略的取舍呢?在企业运用它来为自己服务的过程中到底如何提供科学的指导呢?如何引导企业在运用它的过程中趋利避害呢?如何在这个行业的发展过程中建立大家共同遵守的游戏规则呢?如此等等,都体现为直销行业的监管问题。解决好了以上这些行业发展中的监管问题,才能带来整个直销行业健康的发展。正是站在这个角度,我们主张在直销的有关立法中,对政府职能管理部门即将实施的行业监管做出实事求是的科学分析。

>>> 10.1.4 有效监管直销企业的措施

《直销管理条例》和《禁止传销条例》及其相关细则陆续颁布后,直销企业的发展变得有法可依,面临着新的机遇和挑战。就政府部门而言,如何正确引导直销企业的发展,从根本上杜绝非法传销,成为一项重大而艰巨的任务。

1) 不断完善法律法规体系,依法对直销企业进行监管

健全而完善的法律环境,是直销企业规范经营的前提。只有在法律方面没有空隙,直销企业的经营管理才能步入正轨。两个条例的颁布,应当说只是依法监管直销企业的第一步。在对直销企业的法律监管中,在这两部基本法规基础上,还应当形成一系列配套的实施细则和政策规定。这些工作目前正在进行中。

由于我国开放直销的时间不是很长,在直销监管方面虽然已经积累了一定的经验,但是总体上看,法律法规仍然显得比较薄弱,有关法规需要在实践中进一步修改和完善。事实上,我们不应当期待两部法规的出台,就可以解决中国直销发展中的所有问题,而应当看重这些法规的"破冰"作用,对待它们的态度应该是"风物长宜放眼量"。在这些新的法规推出的最初阶段,由于人们的理解可能存在一定的偏差,因而强化政府部门的监管和指导,就显得更为紧迫。

2) 建立强有力的监管队伍,提高监管能力和监管手段

鉴于直销企业在运作上具有网络化、隐蔽性、电子化的特点,针对它们的监管工作,要体现出一定的灵活性。直销务的虚拟性强,隐蔽性大,成本开支小,偷漏税问题比较突出,且无国界限制,很容易为不法分子利用。因此,设计有关的附加机构或者扁平型的组织结构,更能适应现阶段政府监管工作的特点。在监管队伍的建设方面,应当使监管人员专业化,建立以信息化手段为主的监管方式。监管人员既要掌握直销监管的专业知识,又要能够利用先进的科技手段,促进由静态监管向动态监管的转变。

3) 采取行之有效的监管方式,明确监管的内容和监管重点

全面推进直销企业的诚信建设,为社会公众创建安全的消费环境,这是对直销企业监管的指导思想。直销企业发展中涉及的最大问题是诚信问题。为了推进直销企业的诚信建设,树立全新的行业形象,政府有关部门需要在监管模式上下工夫。对直销企业的有效监管,必须把打击金字塔销售欺诈作为重点。

鉴于此,可以考虑把审计监管和属地监管结合起来,任务到组、责任到人,以综合监管信息系统为载体,进行监管任务的分派,促进监管工作由登记事项为主,逐步扩展到商标、广告、反不正当竞争等领域。进一步整合监管信息,建立信誉档案,实施标准化监管。逐步探索建立直销企业监控体系,建立和完善企业退出机制。大力加强诚信教育,设立明确的市场准入、经营行为和市场退出的指标体系,对一些具体指标,如消费者权益保护、合同签订和履约、公平交易、破产宣告、解散或吊销事由等,要根据直销企业的特点,做出明确细致的规定,加强对失信企业的制约,严肃惩戒失信行为。

要做好直销企业监管标准的设计工作,准确反映直销企业的信用状况。根据守信标准、警示标准、失信标准和严重失信标准,建立起针对直销企业的激励、预警、惩戒、淘汰机制。实行直销企业信息披露制度,公开企业身份,公开违法行为,

公示违法企业。在监管信息网建设中,做到标准统一、资源共享。监管的具体内容包括企业注册、市场监管、合同监管、商标监管、广告监管、公平交易、消费者权益保护等方面。在监管方式上,要实现事前监管、过程监管与事后监管相结合,逐步加强对直销产品、价格、质量、纳税情况、消费者权益维护、直销员招募的监管。这是监管工作的重点。此外,公安机关要加大对利用直销进行诈骗、非法集资、非法拘禁及其他刑事案件的严厉查处。

10.2 直销的辅助监管
——行业自律

>>> 10.2.1 直销企业协会的概念

按照国际惯例,企业协会主要是指一个行业的从业企业、从业人员及其与之关系密切的机构共同组建的一种民间性社团组织。这种组织往往通过自愿的方式自发组合,大家以此为平台共同商讨行业发展的共同问题,对企业之间以及从业人员之间的纠纷进行调整和仲裁。与此同时,在该行业的从业企业和从业人员需要对外就行业中的普遍问题或者企业发展中的个案问题进行交涉的时候,企业协会可提供公共的对话和沟通渠道,是企业协会内的参与人员可以共同利用的一个对外进行交涉的联络窗口。

所谓直销企业协会,顾名思义,是指针对直销企业的发展而专门设立的共同行业组织。其在组建过程中按照国际其他行业的组织惯例,采取企业自愿报名、自由参与的原则。

我国最新颁发的《直销管理条例》的第五十三条规定:"直销企业拟成立直销企业协会等社团组织,应当经国务院商务部门批准,凭批准文件依法申请登记。"也就是说,直销企业协会成立前,必须经国务院商务部主管部门批准同意后,到工商行政管理部门"凭批准文件"依法申请登记。我国在《直销管理条例》公布前,行业协会一直是通过政府民政部门登记注册。在1998年以前,我国直销当时有专门的媒体,有诸多出版物,还有诸多行业的研究人员,所以从其整个状态和规模看,应当说已经形成了一个行业。1998年以后,我国针对直销市场上出现的诸多问题,政府下令全面禁止了多层次直销活动。自此,直销一下子失去了1998年前一度出现的热闹景象。但是依然有10家外资转型企业在公开的层面上进行运作,在灰色地带和地方保护主义之下仍在活动的企业也不下于数百家,还有部分地下运作的企业。据有些学者估算,这些企业在市场上运作的实际从业人数到目前止,加起来不少于

1 000 万人。这一事实反映出直销在我国发展中的"特殊性"。

>>> 10.2.2　构建直销企业协会的必要性

无论是从国际惯例还是从中国直销行业健康发展的需求来看,直销企业协会组织的成立都是非常有必要的,也是国内外直销企业为了自身的健康发展所期盼已久的。

在未来中国直销企业协会的健康发展中,需要两种机构来对直销行业进行有序的管理。一是政府职能管理部门,他们在直销行业的发展过程中,依据各种法律体系对整个行业进行管理,其管理的重点在行业准入、企业资格认证、直销商的销售行为、企业税收、消费者权益维护,从宏观上和战略上把握住中国直销行业在法制基础上的发展方向。二是直销企业协会组织,他们在直销的发展过程中主要依据会员单位共同参与制定的商德约法来对协会内的每个企业进行约束,其管理的重点主要在行业自律及行业内部企业之间冲突的协调和仲裁。他们二者在不同的层面发挥作用,共同推动行业的健康发展。

>>> 10.2.3　直销企业协会构建的相关问题

1) 内外资直销企业行业协会组织必须合二为一

尽管目前外资企业在成立直销企业协会的问题上已经表现出足够的积极性并且先行了一步,而内资直销企业基于主客观的原因在该项工作中相对滞后,但是,从未来中国直销行业发展的整体格局看,如果两者各行其是,形成对垒之状,显然是不利的。因为直销的实际运作中,外资企业除了与外资企业发生冲突之外,它们也可能和中国本土直销企业发生冲突。这个时候如果要两个行业协会之间进行沟通显然是不和谐的。因此,无论是从未来中国直销行业的发展看,还是从未来中国直销行业的管理需求看,笔者认为,内外资直销企业的行业协会需要合二为一。

2) 建立官民合一的直销企业协会管理体制

从国际惯例和纯粹的学术理论看,中国直销企业协会的成立都应该是一个真正的民间社团机构,完全站在行业的角度和自身建设的角度发挥作用,但是,这与目前中国行业协会的组建惯例不相吻合,也无法在真正意义上发挥理想中的行业协会作用。针对目前中国直销行业的现状,也不宜建立这种完全自由独立的行业协会组织。所以,最符合中国国情的做法是建立官民合一的直销协会管理机制,即在相关的政府职能管理部门的直接领导下有条件地组建并作为政府职能管理部门的助理机构来开展工作。

10.3 直销企业的内部监管
——企业自律

直销企业自律的一般含义就是法由己出,作为道德主体的直销企业用内化了的道德准则对企业本身的管理思想和经营行为的方向及方式进行自我约束、自我调节和自我控制。它既是直销企业升华道德素质的过程,又是直销企业真正遵守道德的结果。一家自律的直销企业就是道德的企业。

直销企业的"自律"作为一种"理性限制规范",它主要依靠的是一种约定俗成的道德力量。与法律这种"他律"方式相比,它能够得到直销企业更自觉的遵守,因而其基础更为强大,影响也更为广泛,同时,它的推行成本也相对较低。在我国推行"依法治市"的今天,倡导直销企业开展自律经营,具有十分重要的现实意义。

>>> 10.3.1 直销企业自律经营的必要性

倡导直销企业自律经营,有利于正确认识"自律"的作用,从完全依靠"法律"的思想中解放出来。长期以来,人们有一种认识的误区,就是仅重视法律的作用,而忽略了道德的作用。这种认识导致了外在的法律约束与内在的道德提升没有被放在同等重要的地位。人类在文明,社会在进步,企业在发展,我们需要给予直销企业更多的信任和期待,让它们能够自律、守法地开展经营活动。

"自律"是"他律"的基础。直销市场要稳定发展,其基础是直销企业对行业道德的遵从。在现代社会中,应当说愿意服从行业道德规范的直销企业还是占大多数的。法律法规中明令禁止的行为,作为道德的直销企业一般是不会轻易触犯的。但是,也有一些不道德的直销企业,出于过度自利、自私的目的而从事非法传销、进行行业欺诈等违法犯罪活动。

强调直销企业自律经营,是建设和谐社会的一项重要内容。由于直销企业在中国的特殊性,更需要对它们的自律经营予以高度关注。在诚信体系还没有完全建立的今天,虽然我们并不期望它们都能够像古典小说《镜花缘》中"君子国"那样,完全为顾客考虑而交易,但是,还是应当强调,直销企业需要肩负起社会责任,应该具有最起码的"道德良心"。

>>> 10.3.2 直销企业自律经营的具体方法

1) 应当在法的框架内经营和运作

"依法"和"守法"本身就是自律行为的一种重要体现,也是衡量企业自律经营的重要尺度。具体到直销企业,就是要严格遵守《直销管理条例》和《禁止传销条例》,并按照合同法、产品质量法、反不正当竞争法、价格法、税法等法律法规的要求,做到依法经营。

2）要在法的"空白"领域做到诚信经营

"法网恢恢,疏而不漏",主要是讲正义的力量总是能够战胜邪恶。但是,在现实中,确实存在着现有法律涉及不到或者无法涉及的一些领域。在这些领域中,主要依靠道德的力量来维持社会的公正。直销企业在这些领域中,要自觉遵从社会道德的约束,不做任何有损国家、社会和消费者利益的事,并自觉接受政府部门、行业协会、社会舆论和广大消费者的监督。

3）要处理好中外文化的结合问题

由于自律经营主要强调的是企业对道德规范的遵从,因而在内资企业与外资企业相互竞争的过程中,一些企业容易产生道德方向的迷失。在中国直销市场上开展经营,直销企业的自律,其基本的道德规范应当是以中国的道德规范为标准,这是必须明确的。内资企业在学习外资企业的经营模式中,不应当将与中国的道德相冲突的外国的道德作为自律标准。

4）直销企业应当健全内部的规章制度和行为准则,并以此作为自律经营的行动指南

这其中应当包括先进的企业文化的建设,先进的经营管理队伍和员工队伍的打造,先进的竞争理念和先进的发展战略的制订。

直销企业不应当仅仅把传统的道德规范作为自律的标准,还应当在此基础上有所提升,不断向上拓展,用企业家的精神开辟人类新的精神境界,使之与现代社会对直销企业的要求相一致。

5）直销企业的自律经营要落到实处,也就是说需要在营销组合的各个方面、直销活动中的各个环节中体现出来

要全面提高直销企业道德水准和整体服务水平,直销经营要强调经济效益和社会效益的统一。要执行严格的产品质量标准,坚决抵制不正当竞争行为。坚持国家规定的价格标准,公开报价,不随意抬高或压低直销产品价格。采取文明健康的促销手段和方式,保证直销渠道的畅通和直销企业信息的公开性。

6）直销企业应当把自律经营作为一项重要的管理内容来抓

对于可能发生问题的一些重点部门、重要经营领域,要及时出台针对性的管理和规范措施。要大力宣传在直销企业内部开展自律经营的极端重要性。另外,政府有关部门,也要采取相应政策措施,对生产经营比较规范的直销企业,给予一定的政策支持和鼓励措施。最终使直销企业的自律行动能够通过"外部化效应"影响整个社会,进而形成在全社会范围内强调自律的好风气。

【关键术语】

直销行业监管　　直销企业协会　　直销行业自律　　直销企业自律

【案例】

【案例1】

"鲁剑"横扫12起传销犯罪大案
——公安机关重拳整治互联网传销，坚决查处学生参与传销行为

公安部2006年5月9日召开新闻发布会表示，针对当前互联网传销日益泛滥的趋势，公安机关将联合工商等相关行政部门进行专项整治。目前警方正在对几起互联网传销案件进行侦查。此外，工商行政管理总局直销管理局副局长邰展在发布会上也表示，今年工商行政管理机关打击传销工作将突出重点，重点打击"拉人头"传销、利用互联网传销和假借直销的名义从事传销的行为以及严防传销进入校园，坚决查处让学生参与传销的行为。

新闻发布会还通报了12起公安部打击传销犯罪"鲁剑"行动重点督办案件。

1) 山东"4.08"特大传销案

2005年4月，山东公安机关成功侦破了"4.08"特大传销案。此案涉及参与人员10万多人，涉案金额3亿多元。已抓获62名犯罪嫌疑人，其中已起诉判刑37人。2006年1月20日，公安机关在首都机场将该传销网络的组织者、策划者犯罪嫌疑人杨玉勇抓获。经查，杨玉勇自1994年开始从事传销活动，到目前已在北京、河北等15个省市发展了自己的传销组织，成为长江以北最大的传销网络，从中非法获利2 000余万元。

2) 广西玛雅生物科技有限公司系列传销案

2005年6月，广西公安机关一举侦破了广西玛雅生物科技有限公司特大系列传销案。此案涉及全国31个省市38万人，涉案金额1.09亿元。目前，广西公安机关对玛雅公司涉嫌犯罪共立案27起，破案23起，打掉传销窝点291个，扣押冻结涉案资金1 800余万元，抓获74名犯罪嫌疑人，其中判刑18人。

3) 重庆杨远群等人传销、买凶杀人系列案

2005年11月，重庆公安机关侦破杨远群、李小平等人传销、绑架、买凶杀人系列案。杨远群等人以"搞开发、做生意"为诱饵，陆续骗来200余名老乡参与传销，涉案资金1 000余万元。2005年6月15日，处于传销网络底层的李小平、李金堂两人由于再无下线发展，遂以绑架并用利器威胁等暴力方式先后向杨彦等3名传销网络中的上线人物索要共计10万元。杨彦怀恨在心，又以买凶杀人方式实施报复，将李小平砍伤。该犯罪团伙对参与传销后发觉上当受骗的人，采取买凶杀人、

恐吓等手段,封堵受骗人之口,社会危害特别严重,在当地造成恶劣影响。

4) 山东"天狮美丽佳人"化妆品特大传销案

2005年9月,山东警方侦破了传销"天狮美丽佳人"化妆品传销案,该传销网络以每人交纳2900元入伙购买"美丽佳人"化妆品的形式进行传销活动,已发展涉及山东、河北、河南、四川等9个省市的10万余人,涉案金额3亿余元。现已抓获32名主要犯罪嫌疑人。

5) 北京品品德国际茶艺连锁有限公司传销案

2005年7月,北京市公安机关成功侦破了北京品品德国际茶艺连锁有限公司传销案。以蔡德刚为首的传销团伙,通过吸收加盟茶楼的变相传销方式,以交纳入会费的名义向加盟会员销售"品品德"茶叶。经查,此案涉及全国几十个城市,北京地区已发展会员1000余人,涉案资金1200余万元。

6) 广东"深圳科力海公司"传销案

2005年9月,广东省公安机关一举破获了"深圳科力海公司"传销案。经查,该犯罪团伙从2001年开始从事传销活动,现已发展5000余人,涉案资金1800余万元。公安机关查处传销人员1263人,其中刑事拘留29人,行政拘留1人,捣毁窝点148个,教育遣返1233人。

7) 山东济南"4.09"特大传销案

2005年7月,山东省济南市公安机关侦破了以莫淑英等人为首的特大传销案。犯罪嫌疑人从2001年12月以来,打着"美丽工程"、推销"雅玫琳儿"系列产品的幌子,在济南、德州、东营等地进行非法传销活动,已发展参加传销人员1137人,非法经营额达5000万元。

8) 江苏夏向德等人传销、故意伤害案

2005年5月,江苏省邳州市公安局侦破了夏向德等人传销、扰乱公共秩序、故意伤害案。犯罪嫌疑人夏向德伙同肖云中等人以做生意、找工作为名,将江西、湖南、浙江等地200余人骗到邳州,以推销"天津蕾帝男士化妆品"进行非法传销活动。夏、肖二人纠集张德旺等利用统一定制的钢管、短刀等凶器,对不愿参与其传销组织的人员进行威胁、恐吓,打伤群众并围攻、殴打出警的公安民警,砸毁摄像机等器材,气焰十分嚣张。2005年5月,夏向德、肖云中等8名主要犯罪嫌疑人被抓获。

9) 广东"重阳公司"特大传销案

2005年7月,广东省公安机关成功侦破了西安重阳公司传销案。该案被骗对象多为离退休老年人,涉案金额1500万元。犯罪嫌疑人称自己拥有西安重阳公司150万股股名为"重阳生物"的股权,招聘一批专门从事传销活动人员,以传销的手法,骗取广州地区群众认购并不真实存在的股权。目前,该案3名主要犯罪嫌疑人已被移送起诉。

10) 吉林"6·18"传销案

2005年6月,吉林省公安机关成功侦破"6·18"传销案,一举抓获犯罪嫌疑人33人,其中孙振岐等27人分别被判处有期徒刑和处以罚金。该传销团伙自2000年以来,先后传销过新田化妆品、雨神化妆品、秀肤佳化妆品。参与人员涉及吉林、辽宁、天津、四川、安徽、山东等省市,涉案金额150余万元。

11) 山东韩国人李宰完特大传销案

2005年5月,山东省公安机关成功侦破了韩国人李宰完传销案,这是我国公安机关成功破获的首起由外国人组织的传销案件。此案涉及1 800多人,涉案金额4 000余万元。犯罪嫌疑人李宰完自2004年6月开始在青岛进行传销活动,以认购化妆品、美体内衣等商品和发行储值卡为名进行传销活动。2005年6月21日,经青岛市人民检察院批准,犯罪嫌疑人李宰完被执行逮捕,目前此案已移送起诉。

12) 黑龙江"3·01"特大传销案

2006年3月1日,黑龙江警方成功侦破一起传销案,涉及人员3 400余人,涉案金额1 000余万元,现已刑事拘留35人。经查,该传销组织2005年9月从黑龙江黑河市"迁网"至鹤岗市,当时仅有300余人,至落网时已发展到3 400余人,涉及黑龙江、河北等7个省区,传销商品为"盛世临"保健品,以"拉人头"方式进行传销,按照不同级别对新加入人员交纳的费用进行提成。目前,已抓获该传销组织骨干分子35人。

(新华社北京2006年5月9日电)

请结合这12起传销犯罪案件讨论以下问题:

(1) 国家已于2005年9月公布《直销管理条例》和《禁止传销条例》,为什么非法传销还如此猖獗?

(2) 为什么国家要严查学生参与传销活动?

【案例2】

杨玉勇非法传销案

这是中国最大的一起传销案件,13个省市的15万人深陷其中。这是一张金钱和欺骗编织的网络,网络的塔尖人物是一个35岁的年轻人,从普通的理发师到中国的传销教父,千万资产的背后是无数人的血本无归,一夜暴富的背后隐藏着怎样的秘密,让他始终无法逃离传销的怪圈?

地下传销组织是一个金字塔结构,杨玉勇是塔尖上的人物。10年间这个传销教父像一个谜,很多人听说过他的名字,但是很少有人见过他本人。

2004年8月,山东淄博警方在位于周村的一个传销窝点发现大量传销人员聚集在几间民房里授课、洗脑。为摸清这个传销网络的构成,山东警方对查获的大量证据进行梳理,让他们吃惊的是,这个网络仅在淄博就有十几个传销窝点,涉案人员不仅人数众多,还隐藏着大量高层代理商。通过对落网人员的详细排查,传销网络的构成逐渐清晰,上百名B级、A级代理商从河北、内蒙古、吉林、江苏等地纷纷浮出水面,涉及的传销人员从预计的几千人迅速上升到十几万人。警方意识到,庞大的传销网络背后有一个隐藏很深的操纵者。而坐在传销金字塔塔尖的杨玉勇,神龙见首不见尾。

山东警方从一名B级代理商身上搜到一张照片,拍摄于1994年,那时,杨玉勇还是辽宁鞍山海城一家个体理发店的老板。

从操持理发的剪刀,到操控十几万人的地下传销网络,杨玉勇的人生跨度超出了常人想象。10年间,他一步步爬到传销金字塔的塔尖,传销组织发展到13个省市、成员十几万,成为长江以北地区规模最大的传销网络,被传销人员奉为神明。

1971年,杨玉勇出生在辽宁鞍山海城一个普通工人家庭,高中毕业以后,他开过服装店,办过修车行,却都以失败告终。1991年,20岁的杨玉勇成为一名理发师。就在杨玉勇急切渴望过上富裕生活的时候,传销正在国内迅速地发展和蔓延着。

1994年6月,杨玉勇通过一个理发店的常客,第一次接触到了传销,并且频繁参与各种聚会。反复思考后,他终于决定将苦心经营两年的理发店全盘卖掉,加入这个疯狂的行业。

上世纪90年代,传销奉行的制度是"五级三阶制",交纳3 000元左右的会费便可成为E级会员,发展2名会员,就可成为D级推广员,下线达到9人,升级为C级培训员,下线增至45人就成为B级代理商,达到393人以上的升为A级代理商,俗称总裁,每月收入可高达十几万元,级别越高,收入越高。杨玉勇意识到,要想在这个体系中赚到钱,必须尽快成为上线,于是他疯狂寻找发展对象,短短6个月,他就拥有了数千万下线,从传销体系最底端的业务员连升五级,一跃成为总裁。

1994年到1996年期间,从美国进入中国市场的传销发展得到如火如荼,已经成为所在传销体系高层的杨玉勇意识到这是一绝好的时机,于是他率领所属下线从原传销体系脱离,开始自立门户,杨玉勇成为新传销体系的顶尖人物,担任总裁,很快就拥有了大量的追随者。在一跃成为所在传销体系的总裁后,大量下线的加入给他提供了顺畅的现金流,杨玉勇也第一次有了暴富的感觉。

然而,就在杨玉勇积累了大量的资金,准备快速发展传销体系时,一场突如其来的变革发生了。在传销的禁令面前,杨玉勇虽然曾经犹豫过,但被利欲驱使的他已经放不下传销带来的巨大财富。1998年8月,杨玉勇选择了武汉一家企业生产的保健品脂舒油作为产品,重新构建传销体系,采取的依然是被国家明令禁止的五级三阶制。

2002年,国家再次加大打传力度,全面清理传销及变相传销体系,杨玉勇不得不再次变招。2003年12月25日,杨玉勇在北京注册成立了伊康国际连锁有限公司,并决定实施有店铺经营,杨玉勇一直希望自己能脱离传销,用从事非法传销获取的财富开一家合法公司。他以为注册了伊康国际连锁有限公司就能掩盖自己的传销网络,而最终也没能脱离传销。

就在杨玉勇的生意越来越红火的时候,他的财路断了。"向全国欢呼,向世界欢呼,我们就是黄河,我们就是泰山。"山东淄博警方曾秘密拍摄到了一段影像资料,大量传销人员聚集在淄博周村的十几个窝点从事非法传销,山东省公安厅和淄博警方决定收网抓捕。

2004年6月,公安部将这一案件列为挂牌督办案件,在东北三省警方配合下,传销网络的组织者沈国哲等15名骨干分子先后在沈阳、吉林等地被山东警方擒获,涉及13个省市、15万人庞大传销网络的顶级人物——杨玉勇终于浮出水面。

2005年4月,公安部、国家工商总局召开会议,要求务必将杨玉勇抓获归案。2006年1月23日上午,杨玉勇夫妇出现在北京首都国际机场,而警方早已布下天罗地网,杨玉勇被当场抓获。

杨玉勇倾注全部心血的所谓伊康国际究竟是一家什么样的公司呢?在杨玉勇落网之后,淄博公安局侦查支队进行了详尽的调查,通过对大量账目和单证的核实,得出了令人震惊的结论。

伊康国际内部所称的"五星级会员制",实际上是杨玉勇对传统传销模式加以修改和完善后所采用的变相传销手法。凭借着"五星级会员制"变相传销手法和多年从事地下传销的经验,再加上所谓"有店铺经营"的伪装,伊康国际在短短一年多发展了上万名"会员",非法经营额高达1 000多万元。疯狂敛财之后,杨玉勇频繁出入高档商业场所消费,动辄上万甚至几十万元。除了被警方查获的挂着辽B牌照的宝马530外,杨玉勇还拥有一辆奔驰S320和新款宝马750,同时在全国各地购买了大量房产,仅以妻子李君如的名义在北京sohu现代城购买的一套房产就价值500多万元。杨玉勇越陷越深,也让他的大量追随者血本无归。杨玉勇所编织的这张传销网,涉及资金高达4亿元,金字塔基座无数人的倾家荡产成就了杨玉勇的千万身家。

(据央视《经济半小时》报道,《每日新报》2006年5月11日转载)

复习思考题

1. 我国《直销管理条例》对直销企业有何具体监管规定?
2. 对直销企业、行业监管的必要性是什么?
3. 建立企业协会的必要性是什么?在我国如何组建直销企业协会?
4. 直销企业如何进行企业自律?

11 直销发展升级的替代渠道——CDE 营销[①]

CDE 营销是指通过连锁店网(Chain Network)、直销人员网(Direct Marketing Network Staff)、电子商务网(Electronic Commerce Network)"三网合一"的营销渠道。CDE 营销是直销行业升级替代的渠道模式。CDE 营销在欧美直销企业中运用比较广泛,中国的直销企业在这方面还需要认真改革,打开适合中国国情的CDE 营销渠道,则是直销业未来发展升级中的一条必由之路。

11.1 连锁经营及发展中的"C"化模式

>>> 11.1.1 连锁经营概述

市场营销中的连锁经营,按照国际上通行的划分方法,可分为直销经营连锁、特许经营、自由连锁三大类。在直销界,安利、雅芳、仙妮蕾德等直销开店模式实际上分别是这三种连锁模式的代表。

1) 直营连锁

直营连锁(Regular Chain)是指连锁公司的店铺均由公司总部全资或控股开设,在总部的直接领导下统一经营,其总部对各店铺实施人、财、物及商流、物流、信息流等方面的统一经营。这种直营连锁模式作为大资本动作,利用连锁组织集中管理、分散销售的特点,充分发挥了规模效应。

2) 特许经营

特许经营(Franchise Chain)是指特许者将自己所拥有的商标、商号、产品、专利和专有技术、经营模式等以特许经营合同的形式授予被特许者使用,被特许者按合同规定,在特许者统一的业务模式下从事经营活动,并向特许者支付相应的费

[①] 欧阳文章著.直销经济学.北京:北京大学出版社,2007

用。由于特许企业的存在形式具有连锁经营统一形象、统一管理等基本特征,因此亦称之为特许连锁。

3) 自由连锁

自由连锁(Voluntary Chain)也称自愿连锁。连锁公司的店铺均为独立法人,各自的资产所有权不变,在公司总部的指导下共同经营。各成员店使用共同的店名,与总部订立有关购、销、宣传等方面的合同,并按合同开展经营活动。在合同规定的范围之外,各成员店可以自由活动。根据自愿原则,各成员店可自由加入连锁体系,也可自由退出。

〉〉〉11.1.2 连锁营销中的"中国式直销模式"

纵观当今的中国直销市场,不少直销企业特别是一些规模较大、管理较健全的直销企业,在经营上已有了自己的连锁网络,即营销的"C"化模式。站在经销商的角度,从经销商的经营权与专卖店对他们所起的作用分析,现有的店铺可以概括为三大商业模式:

(1) 以安利为代表的"纯人网"模式 安利公司的专卖店均为公司投资开设。安利店铺通常位于所在城市的繁华地段,交通便利;装饰风格统一,店内环境优雅整洁。迄今为止,安利(中国)用于店铺建设的资金累计已达4.2亿元人民币,在全国31个省、市、自治区开设了150多家店铺,形成了一个颇具规模的全国性的服务网络[1]。安利公司自设专卖店的模式,对于经销商来说,他们在公司专卖店的光环下,只需要纯粹地发展人脉网络就可以了。

(2) 以雅芳为代表的"纯店网"模式 1990年雅芳以传销的身份进入中国市场。1998年,中国政府打击非法传销,然而雅芳却首批被保留,允许其继续在中国经营直销业务。它于是另辟蹊径,转型经营"店铺+无推销员"的模式。雅芳的店铺有4类,即概念店、模范店、旗舰店和一般的加盟专卖店。概念店是雅芳直营的,目前全国共有8家。概念店有一两百平方米,其作用主要是做形象,选址大都在人流量最大的商业旺地。

(3) 以仙妮蕾德为代表的"店网+人网"的模式 在产品销售及服务过程中,仙妮蕾德的经营商几乎是店网和人网都在同时推进,双重渠道并行的制度有其独特的价值。

用直销流程来实现标准化,用标准化来实现可复制性是连锁策略的核心思想。在这样的认识基础上,中国的很多直销形式的企业也把连锁作为其战略的一个发展方向,从而形成了"中国式的直销模式"。作为直销商加盟专卖店,与传统行业相比有着很多不同:直销商一般是先从事一段时间的直销后才开店,对所属公司和业

---

[1] 见安利(中国)公司网站。

务的开展有着较深的了解,相对而言,投资风险要小些;而专卖店的运作主要靠团队的力量,有上级老师指导工作,团队伙伴维系营销业绩;另外,专卖店的功能也相对较多,包括了展示产品、人员交流、培训基地、产品销售等。对于开店经营的直销商来说,深入认识到发展连锁经营的价值,以及理解连锁经营的本质,才能在具体的经营实践中有效实施连锁经营,把连锁经营作为组织发展的重要战略,才会对销售产生巨大的推动力。这是因为:

(1) 连锁经营是一种经营模式　这是连锁经营最基础的思想,也是关键的一条。成熟的商业模式是所有问题的中心,是复制思想在经营层面的应用,可以迅速实现企业规模的膨胀,抢占市场份额,最后提升企业的品牌。另外,要上升到生产的高度来谈连锁,不能只局限于商业、服务领域。商业、服务领域的门店可以进行不断地复制,生产领域的生产车间也可以进行大批量的复制,实际上生产领域的复制还先于商业、服务领域的复制。这些都属于连锁经营的范畴,只不过我们谈论得更多的是商业连锁而已。看到可口可乐分装厂的全球膨胀,发现沃尔玛全球门店的迅速拷贝,看到麦当劳公司服务体系的全球扩张,无疑表明这就是复制,这就是连锁经营的秘密所在。

(2) 连锁经营是一种管理标准　连锁经营管理标准的核心是流程的设计与规范。没有标准化的操作流程规则和基于细节的管理化规范将给更大范围的投资扩展带来巨大的制约。开专卖店,不管是传统模式,还是直销模式,经销商都必须把握好进销存的管理。直销行业更是人情化的买卖,因为很多经销商的第一批客户都是自己的亲朋好友,直销行业又提倡"推崇老师"的感恩文化,在情感的牵扯下,很容易造成盲目相信与跟从。因此,经销商要开直销专卖店,一定要加强专卖店管理方面的学习,对标准性的管理要有高度的认识。没有标准性的店面管理就很难开出更多的店,虽然这是个常识,但由于我们的忽视,就造成了许多相关的问题。所以,我们一定要把直销连锁看作是一种管理标准来加以复制。

(3) 连锁经营也是企业的一种组织形式　连锁经营的组织形式主要体现在以产权为中心的机制运营,这里面有多种的产权形式,如分公司形式,企业有完全的控制权,属于直营模式;合作公司的形式,以分散的股份作为连锁经营的形式;加盟商形式,加盟者拥有完全的产权,企业只是在品牌、供货等方面和加盟者合作。这实际上与企业组织结构中的分公司、办事处、事业部有异曲同工之妙。在具体的直销式的连锁经营业务中,经营者要明白开店就是自己投资,要对自己的决定负责。

11.2　直销发展趋势中的"E"化之路

电子商务(E-Commerce),简单地讲,就是通过 Internet 技术,用电子的手段实现商务目的的一种现代商务方式。本来直销的发展就与计算机软件和硬件技术的发展有直接的关系。因此,中国的直销在其发展中应该逐步走"E"化的道路。

▶▶▶11.2.1　直销与电子商务结合可优势互补

　　直销与电子商务在企业发展上有很多相似之处,而在我国这两个行业的有机结合将会给两个行业同时带来新的机会。

　　1) 市场资源的互补

　　电子商务是未来发展的重要方向,但在中国,电子商务还如同空中楼阁,虽然有众多的媒体,但缺乏市场资源的有效结合。在中国发展趋势良好的电子商务企业都有相应的市场资源作为基础。如8848,它是建立在联邦软件连锁店的基础上。直销目前在我国发展还不够理想,但已积累了大量的市场资源,如果能有效利用,将会迅速地推动电子商务的落地生根。

　　2) 营销手段的互补

　　电子商务拥有世界上最先进的营销工具——互联网,并利用这个平台在逐步发展互联网平台的数据库和各种商业应用软件,这是电子商务的手段优势,直销业可以借助这些工具进行跨企业的服务手段,配合电子商务迅速有效地完成配送和售后服务。

　　3) 社会资源的互补

　　新经济时代的电子商务企业的膨胀比以往任何时代都容易获得资本市场的支持。直销企业所获得的社会资源远远不够,所以,这两个行业的结合将会给直销带来更多的发展机会和更大的发展空间。

　　4) 服务手段的互补

　　电子商务的服务手段主要采取的是电子化的个性化服务,而直销的服务手段更多的时候是应用人员和多种媒介来进行。直销的热情销售、激情营销等营销服务手段是电子商务电子化服务的有效补充。

　　5) 配送方式的互补

　　中国电子商务企业的配送问题是制约电子商务企业发展的重要瓶颈,而直销长期形成的配送队伍和配送方式可以帮助中国现阶段的电子商务有效地解决配送问题。电子商务企业对配送管理所运用的数据库管理模式又是很多直销企业不具备从而影响其长远发展的原因。两者配送方式上的互补将会成为两个行业有机结合的最佳结合点。

　　6) 管理方式的互补

　　作为新经济的代表,电子商务企业能够得到世界资本市场的支持,也可相应地采用国际化的管理模式,帮助企业决策更加科学和合理。中国直销行业大多缺乏国际化管理的人才和经验,很需要引入国际化管理模式进行科学管理,把企业引向更高的平台。直销行业拥有的是对中国市场的了解和熟练的市场操作经验，而这又是目前的很多电子商务公司所极度缺乏的。管理方式上，两者的结合将会创造中国营销业的黄金组合伙伴。

>>>11.2.2 电子商务可给直销业带来新的变化

电子商务可给直销业带来如下的一些变化：

1) 会使参与人员的结构发生改变

因为最先接受和认同电子商务的人一般都是知识阶层，他们认定电子商务将是未来商务活动的主要发展方向，而由于过去的第一代参与直销的人员大都文化层次相对较低，因而这批知识阶层的人相对不认同直销的比较多。可想而知，如果一种新思维和新生活方式得不到知识界的支持，就不会得到社会的支持。电子商务与直销进行合理地整合之后，则以全新的面貌展现给社会一个全新的行销方式，而且创立电子商务化综合直销模式的都是对电子商务和IT行业很熟悉的年轻一代，是在知识经济时代长大的"新人类"，他们敏锐地发现市场倍增需要与电子商务联结，合理地运用互联网的日益发展，进行全球化"空中运作"，很快从过去繁琐的程序中解脱出来，变得轻松自如。从美国新组建的"新型电子商务化"直销公司在短时间内就运作成功的事例中不难发现，原来最不接受直销的"高端"人士，纷纷对这种方式趋之若鹜，纷纷也对此产生了浓厚的兴趣。

2) 行销格局发生改变

电子商务之所以能够实现直销的真正全球一体化，主要在于很多国际性的大公司过去曾经辉煌的根本原因是与全球业绩联带有关，而近20年由于某些国家政策的原因，不得不放弃业绩联带，致使在中国营运10多年的安利公司，近几年根本就没出现过几个皇冠级大使，尽管他们的货卖得还不错。而新出现的公司，则完全采用空中运作，世界各地的分部不设业务部门、不报单、不收现金购物，资金流完全交给银行，物流完全由大型物流公司解决，而且过去最复杂的团队管理都采用了电子化管理，这一点将是直销业未来最大的变化之一。

3) 营销理念不设工厂只建管道的改变

随着社会分工越来越细，再加上人们看到沃尔玛等商业营销店铺分销管道的巨大成功，生产与销售的关系将会分得很清楚。这时由于电子商务的发展就必然产生一批以"管道为王"为理念的直销公司，而且不存在店大和客大相欺的问题。那种大而全的公司最终会因为成本过高而敌不过新型公司。总之，如果传统直销公司不嫁接电子商务就会被市场抛弃。

>>> 11.2.3　直销与电子商务 B2C 的结合符合未来营销发展的方向

目前,流行的电子商务交易规则分类有 B2B、B2C、C2C。其具体含义是:"B2B"限制卖家和买家必须是合法的公司,在现实中,更像一个展览会,交易场所出租给交易双方,商品是买和卖的信息,因而是不能最终消费的,其代表公司是阿里巴巴;"B2C"限制卖家是公司,拥有交易场所,买家是个人,在现实中对应超市,商品是可以最终消费的,其代表公司是 8848、卓越等;"C2C"不限制卖家和买家的身份,只提供一个最终消费品的供需信息交互平台,在现实中对应集贸市场,交易场所出租给交易双方,其代表公司是易趣、淘宝。

何谓"B2C"电子商务?具体说,B2C 的 B 是"Business"的缩写,意思是企业,2 则是"to"的谐音,C 是"Customer"的缩写,意思是消费者。B2C 就是企业对消费者的电子商务模式。我们向厂商购买商品,就是一种 B2C 的交易行为。在网上向厂商购买商品,就是 B2C 电子商务模式。B2C 是按交易对象划分的一种电子商务模式,即表示商业机构对消费者的电子商务,具体是指通过信息网络以电子数据信息流通的方式实现企业或商业机构与消费者之间的各种商务活动、交易活动、金融活动和综合服务活动,是消费者利用互联网直接参与经济活动的形式。借助网上交易平台,可以大大节省客户和企业双方的时间和空间,提高交易效率。这种形式的电子商务一般以网络零售业为主,主要借助于 Internet 开展在线销售活动。例如,经营各种书籍、鲜花、计算机、通信用品等商品。著名的亚马逊(www.amazon.com)就是属于这种站点。按照为消费者提供的服务内容不同,B2C 模式的电子商务可以分为电子经纪、网上直销、电子零售、远程教育、网上娱乐、网上预订、网上发行、网上金融等多种类型。

直销与电子商务 B2C 的结合符合未来直销发展的方向,其主要表现在:

1) 符合营销业向服务业转变的方向

现代社会的营销业不仅是追求商品与货币的交换,更重要的追求是通过有效的方式与尽量多的顾客保持良好的关系,并为他们提供围绕所销售产品的各种专业化的服务。直销是通过运用自身特殊的方式与目标顾客保持良好的关系,所采用的传播方式是邮递、直接拜访、电话、目录等方式,在售前、售后服务上都往专业化服务的方向上发展;而电子商务的核心理念是通过互联网或其他电子媒介与顾客进行直接联系,在售前、售后服务上都能通过电子平台与顾客保持直接的沟通并进行专业化的服务。未来营销业发展的重要指标应该是获得服务与沟通的渠道畅通程度、便捷程度和专业程度。

2) 符合个性化服务的发展方向

营销业未来发展的重要方向是个性化服务,为尽量多的顾客提供个性化的服务将会成为所有企业的一致追求。直销业能在发达国家成为成熟的主流营销方式之一,就是因为直销对市场进行进一步的细分后更加注重根据不同的客户进行服务和营销诉求。电子商务则是个性化服务的代言人,因为互联网提供的技术平台,使企业可以透过这个平台与每一个客户进行沟通,而顾客的需求也能够更加有效、完整地被企业所了解。个性化服务的程度则是直销与电子商务两个行业是否成熟的重要标志。

3) 符合企业虚拟化发展的方向

信息时代企业的发展不是像工业社会那样以消耗大量的社会资源为代价,而是以消耗尽量少的社会资源来为社会提供尽量多的社会财富。直销企业一般属于无店铺企业,企业的主要资产在于与众多客户保持的良好关系,企业的核心竞争力在于不断提升与客户建立良好关系的手段和能力。电子商务企业也并不建立实质的销售店铺,只是通过电子化的手段来建立、延伸和维护客户关系。

4) 符合企业以销定产的发展方向

现代企业的发展将会向以销定产为主方向发展。技术的日新月异使得工业化时代的大规模产品生产成为历史,任何一个新产品的寿命周期变得越来越短,产品大量库存将会存在巨大的风险,以销定产能有效化解产品库存风险。直销与电子商务都能凭借其营销方式的独特、对客户的良好关系、直接有效的沟通,做到以销定产。

5) 符合会员消费的发展方向

本来人们的消费习惯将会以会员消费为主要形态,而电子商务和直销都将拓展会员作为重要的营销工作落脚点,并把维护会员的忠诚度当做企业发展的根本推动力。两者的结合将会从多个角度、多种方式、多种层次来扩张会员队伍,建立会员忠诚度。

11.3 直销"D"网与"C"网和"E"网的结合

"D"网就是直销人员网,亦叫直销人脉网。人是生产力中最具革命性和活力的,直销离不开人员的网络,但是如果仅仅依靠人员的网络,直销显然是原始的,不能体现现代经济的特点。因此,直销的"D"网应该与"C"网(连锁网)和"E"网(电子商务网)紧密结合在一起,形成"三网合一"的态势。可以说,这是中国直销特色的最佳体现,也是中国直销发展的必然趋向。

【关键术语】

CDE营销　C化模式　电子商务　B2C　"三网合一"

【案例】

【案例1】

直销与电子商务结合的成功案例——安利捷星 Quixtar

声名显赫的大型日用消费品生产及销售商——美国安利公司,1959年成立于美国密执安州的一个小镇——亚达城。安利是全球规模最大的直销公司,员工超过6 000人,厂房设施达390英亩,在4个国家拥有约3 000公顷农场,在全球设有97个实验室,聘有570多名专业技术人员,拥有525项专利,另有319项正在申请中。自行生产600多种独有产品,旗下直销商人数达360万。

在创新变革理念推动下的安利公司,面对上个世纪末汹涌的知识经济大潮,继续迈出变革的脚步。1999年9月1日,安利与微软和IBM合作,创建了Quixtar(捷星)电子商务网站,并建立了以庞大的生产、仓储能力为依托的物流企业Access(捷通)公司,创造了大型企业整合过剩生产能力的成功范例。

为了简化运营,增强效率,更好地应对快速变化的全球市场,1999年11月史提夫·温安洛以每股18美元的价格收购安利亚太公司15%普通股股票,以搭建公司全球化架构。随后,他又进行机构重组,创建了新的母公司——Alticor(安达高),其下属的子公司包括:Amway(安利)、Quixtar、Access和Pyxis Innovation,史提夫·温安洛和狄克·狄维士分别担任Alticor(安达高)公司的董事长和总裁。

短短几年时间,Quixtar已发展成为全球最大的电子商务网站之一。成立后三年的营业额:1999年9月1日至2000年8月31日为5.18亿美元;2000年9月1日至2001年8月31日为7.51亿美元;2001年9月1日至2002年8月31日为9.58亿美元。三年累计发放会员佣金6.55亿美元,2003年3月31日的日营业额达到1 050万美元,当天发放会员佣金达240万美元。

安利公司始终在研发未来十年即将流行的产品;Quixtar总揽了四大未来趋势:超级大卖场、分销店、人际网络、互联网络,其发展前景不可限量;目前仅在北美地区取代安利,不久的将来必然在全球取代安利。

(选自《中国直销》2011.7《要电子·更要商务》)

【案例2】

天津泰达益生创造的"三网合一·互动营销"模式

泰达益生连锁平台是泰达益生采用的电子商务销售模式,它选用了当今世界上最先进的整合交互式营销模式——"互动营销"的市场运营模式。"互动营销"是以现代营销理论与先进营销手段为基础发展和形成起来,是建立以消费市场为基础的"信息互联网"、"店级服务网"、"人际消费网"这"三网合一"的消费、销售、服务一体化的网络市场。

1) 互动营销的构架

"互动营销"的市场构架分别由管理中心、物流通路、消费市场并通过互联网连接而成。

(1) 管理中心　管理中心分别由以下几个部分组成：① 信息处理中心——信息流管理；② 配供服务中心——物流配送管理；③ 结算处理中心——资金流管理；④ 人力资源开发管理中心——人力资源管理。

(2) 物流通路　物流通路分别由以下几个部分组成：① 生产配供中心——工厂、公司（总部）；② 区域配供管理服务中心——区域代理商（或分公司）；③ 物流配送服务站——特许加盟店。

(3) 消费市场　消费市场分别由以下几个部分组成：① 专业销售服务人员；② 经特许加盟店下属专业销售服务人员开发和服务的重要消费顾客群。

2) 实行"互动营销"的理论基础

(1) 市场利润是由经营者与消费者共同创造的。今天的市场是买方市场，市场利润的取向决定于消费者的消费意向，只有通过商家和消费者的互动才能产生和形成利润。

(2) 以"累积消费返利"的方式来刺激消费者的消费意向，并以此来达到锁定消费者的消费行为。

(3) 以"累积批发制"来刺激经销商的经营行为和开发市场的积极性。

(4) 以利益的互动和服务的全方位来锁定和扩大消费群，并培养顾客的忠诚度。

(5) 以消费市场为基础，以互联网为信息处理连接平台，以特许连锁店为物流配送服务终端，以人力资源销售体系为销售主体，建立以人为本，以市场为导向，以互联网为工具，以特许连锁店为销售服务终端的现代化通路市场。

通过以上分析，我们可以看到，直销的"D"网应该有机地和"C"网、"E"网结合在一起，实现"三网"之间的优势互补，这样，才能使中国直销在市场经济条件下得到规律性的发展。

(选自《中国直销》2010.3《直销与电子商务一体化求解》)

【案例3】

国家工商总局直销监管局：规范直销发展，严打网络传销

2011年7月13日由国家工商总局直销监管局组织的"部分省市工商机关打击网络传销工作座谈会"在重庆召开。该会以监管局局长张国华为首的国家局领导及16个主要省市区分管或负责直销监管领导参与，主要讨论网络传销的危害性，打击网络传销的紧迫性，阐述国家6部委联合打击网络传销的决心，以及交流打击网络传销的经验与方法。

当下传销违法犯罪活动不断变换骗人手法和形式，已由传统传销转为网上传销，由过去以商品为载体转为炒作"网络资本运作"、"私募基金"、"连锁销售"等概念,鼓吹可以"一夜暴富"的歪理邪说,欺骗网民加入,以达到极少数传销分子聚敛财富的目的,造成广大受蒙骗加入传销组织的人员血本无归的局面。网络传销严重扰乱了市场经济制序,已成为严重的经济犯罪活动,使人民群众财产遭受损失,影响社会稳定。因此,对于这种网上传销的违法犯罪行为必须予以打击。

2011年6月27日,国家工商总局联合公安局、工业和信息化部、国家互联网信息办公室、中国人民银行、中国银监会等6部门联合下发了《关于开展打击网络传销违法犯罪专项行动的通知》。

(选自《中国直销》2011.08)

【案例4】

部分工商管理部门近年《打传报导拾零》

重庆市:2009年查处的MDG网络传销案,涉案人员达400余人,其中逮捕1人,劳教28人,治安处罚20人,教育遣返300人。2010年查处的"艺路通"网络传销案,涉案人员7万余人,涉及全国31个省、自治区、直辖市以及香港、澳门地区,涉案金额高达2 000余万元,处以罚款174万元,1人追究刑事责任。

江西省:吉安市破获了公安部督办的涉及全国4省10市,涉案3 000余人,涉案金额5 000余万元的"世界通"特大领导、组织传销案;同时该市抓获了"香港腾飞国际贸易公司"特大网上传销组织全国总头目王金祥和另外5个4A、5A级犯罪嫌疑人,彻底摧毁该传销组织。(2010)

湖南省:据不完全统计,2010年以来,全省工商、公安等部门共出动执法人员4万余人次,捣毁大小传销窝点2 000余处,教育劝返遣散传销人员25 000余人次,抓获传销头目1 000余人,工商部门行政处罚100余起,公安机关刑事拘留836人,法院判决249人,其中破获网络传销50余起,涉及网络传销活动2万余人。

黑龙江省哈尔滨市:2010年工商部门共查处取缔无照经营的直销网点7 673户,清理取缔传销窝点71个。雅芳(中国)有限公司黑龙江分公司因违规销售被处以500万元罚款。如新(中国)黑龙江分公司也因涉嫌传销被处以442万元罚款。哈尔滨林之隆生物科技有限公司因传销被罚款100万元等。

(选自《中国直销》2011.08)

复习思考题

1. 何谓"CDE"营销?
2. 何谓直营连锁?何谓特许经营?何谓自由连锁?为什么说安利、雅芳、仙妮蕾德分别是这三种连锁模式的代表?
3. 为什么说中国的直销业在其发展中应该走"E"化的道路?
4. 电子商务的发展给直销业带来哪些改变?
5. 为什么说直销与电子商务"B2C"的结合符合未来营销的发展方向?

12 直销分销渠道组织与渠道行为掌控

直销分销渠道组织的概念,和传统分销渠道组织的概念有相同的地方,也有不同的地方。主要是因为直销与传统营销两种模式不同,所以在概念上也就有不同的表述。

12.1 直销分销渠道组织的概念

直销分销渠道组织,通俗地说,就是把直销企业生产的产品所有权真正转移到消费者手中的专业组织机构。不过要深透的理解这一定义,必须把握以下三个方面的内容:

1)直销分销渠道组织的主要任务是把直销企业产品的所有权真正转移到消费者手中

直销企业生产的产品,最终是要服务于消费者的,这里就有一个产品所有权转移的问题。直销分销渠道组织的主要任务就是将产品所有权从直销企业真正转移到消费者手中。这一点是了解什么是直销分销渠道组织的关键所在。诚然,传统营销也是解决产品所有权的转移问题,但是,传统营销在解决产品所有权转移过程中没有解决好所有权真正归属问题。因为,在传统营销过程中,由于渠道过长,产品到消费者手中已经过多层产品福利的剥落,因此消费者手中的产品所有权,按实际价值比照,只剩下50%左右,其他的部分已被中间截留了。而直销分销渠道则不同,消费者手中的产品所有权的含金量要比传统营销多得多,因为没有中间层次的剥落和截留。所以,我们把"真正转移"四个字在直销分销渠道组织的概念中作了强调,旨在告诉大家直销分销渠道行为,实际上是对消费者产品所有权的保护。

2)直销分销渠道组织是一个专业组织机构

与传统营销不同,直销分销渠道应是一个专业组织机构。这是直销分销渠道组织概念的一个重要内容。什么是专业组织机构?就是我们常说的直销系统或直销团队。在直销行业中,比较有名的"642系统"就属于这种性质的专业组织机构。

这里要说明的是,这种专业组织机构并不是我们平时理解的那种需要批准成立的组织机构,它是在直销实践中逐步形成的一个营销系统或营销团队。在营销系统或营销团队内,用一种凝聚人心的系统文化或团队文化,共同为一家直销企业营销产品。这样的专业组织机构应该是企业文化管理,对系统或团队所有人员进行严格培训,对营销的模式进行不走样的复制。这种专业组织机构一定要严格执行我国的直销法规和国家的其他法律法规和政策,千万不能违规违法操作。

3) 直销分销渠道必须以产品为营销导向

直销分销渠道以产品为营销导向,这也是直销分销渠道组织概念的一个重要内容。没有产品就形不成分销渠道,产品是直销分销渠道的重要载体。传销的一个显著特征就是不要产品,靠拉人头坑害别人。直销分销渠道组织则与其根本不同,他们所做的一切就是为了推销直销企业生产的产品。如果没有产品在直销分销渠道中流通,那就等于无本之木、无源之水。所以,直销分销渠道组织概念中必须把产品作为主要内容。另一方面,如果没有产品作为营销导向,那么也就谈不上产品所有权的转移问题了。直销分销渠道组织的主要任务也就无从谈起。从这个意义上说,直销分销渠道应该而且必须以产品为营销导向。

以上三点内容或称原则是保证直销分销渠道组织健康发展畅通无阻运行的基石。近年来,在我国直销市场上出现的一些禁而不绝的非法传销案件,问题就出在一些直销团队打着直销的幌子从事着形形色色的非法传销活动。要净化我国的直销市场,使其回归到正确科学的直销运行轨道上来,除认真地不折不扣地落实直销分销渠道构建的三条"原则"外,还应认真研究直销分销渠道的特征,积极支持推广一些直销企业在创新构建具有中国特色的直销分销渠道模式方面的成功做法及经验。

12.2 直销分销渠道组织的特征
——渠道的扁平化

什么是渠道"扁平化"?简而言之,就是简化产品销售的中间环节,保障产品从生产商(厂家)到消费者之间的供应系统高效无损耗运作。达到节省成本,优化资源配置,提高营运效率,保障信息沟通的目的,从而实现企业的可持续发展。

一些美容产品生产厂家在某些市场设立办事处,试运行扁平化管理,结果是投入和产出不成正比,最终还是不得不撤销办事处,招代理商做市场。之所以扁而不平,原因有三:一是缺乏终端影响力。厂家设立的办事处始终是经销商,而不是终端商。它的出现,并不会给终端美容院带来革命性变化。而老代理商与美容院之间由于地域原因,有自家人的亲近感,而且过往的合作关系,已经存在了一种深厚的互信互利关系。二是缺乏地域认知力。一个代理商与本区域的美容院长年协作,从招商、促销到客情关系都了如指掌。这些隐形资源是厂家无法直接掌握,甚至也是无法调查的。在如此广阔的国内市场,全面取消当地土生土长的经销商而"空降"市场人员,在人才储备和区域市场运作经验方面是个不小的"槛"。三是缺乏资源吸引力。美容院到代理商处拿货是5折,如果到办事处拿货也是5折,那么吸引力很小,如果厂家追加配赠,在成本上并不划算。因为一个代理商同时做4~5个品牌,一些费用已经由好几个厂家平摊了,而厂家的办事处不管是单品牌还是多品牌,费用独家承担,最终有多少能流入美容院手中,还是个未知数。

  在许多地方,当地代理商的力量非常强大。他们不但占据着当地大部分市场份额,还在当地享有极高声誉,掌握了大量的社会资源,其影响力和号召力不容忽视。就算很多中小美容院有叛逆之心,由于势单力薄也不敢贸然造次,毕竟相对于厂家来说,代理商才是真正的"地头蛇"。至于大美容院,往往是代理商一手扶持起来的,从人员、资源方面颇多照顾,厂家想撼动谈何容易,更不用说人情资源了。而且在如今产能过剩的行业,稀缺的不是品牌,而是优秀代理商。在买方市场,厂家再强势也不敢公然换掉一个口碑不错的代理商。每个代理商手里都抓了一把品牌,就算被某个品牌扁平化掉了,也毫发无损,马上会有竞争品牌乘虚而入,于是原来的伙伴立马成了强大的敌人,后果不堪设想。更关键的是,全国都有不少一些强大的代理商试图撇开厂家,利用自己的网络资源自创品牌,从"二传手"变为"发球员"。还没等到你裁撤,他已经自己制订规则玩去了。于是,渠道的安抚,成了扁平化失败后的又一个难题。

  渠道扁平化,需要的是天时、地利、人和,也需要"因地制宜"和"知己知彼",倘若贸然推行,最终的结果是新生还是毁灭,难以预测。直销分销渠道组织能使上述问题能得到较好的解决。从实践看,直销分销渠道的扁平化,主要有以下好处:

  1)减少流通环节,增加利润率

  长期以来,国内的美容化妆品企业一直沿用多层次架构的垂直调控销售模式,一个产品从厂家到消费者手里要经过"厂家—省级代课—分销商—加盟店—顾客"五个环节,对比直销模式的"厂家—顾客"来看,中间流通环节的增加无疑在降低渠道的效率,延误产品到达消费者手中的时间,物流费用在增加,资金周转周期加长,利润随之摊薄。如果把代理商环节的利润节省下来,既让利给消费者来提高产品的购买力,也可以让利给美容院来提高其忠诚度。

  2)强化终端影响,减少损耗度

  对直销企业而言,分销渠道扁平化不仅拉近了生产者与美容院、顾客之间的距离,而且还是实现培训、促销、招商等服务的有效到达。长期以来,厂家提供的服务都是借代理商之手来完成,代理商可以轻易截留活动促销品。而且,代理商的市场运作水平普遍不高,胃口却越来越大,让厂家难以招架。就算厂家投入大量人力、物力做推广活动,经过代理商一转手,真正能到达终端的东西更是大打折扣。

3）提高网络质量,降低风险性

代理商的多品牌运作方式,会让一些优质美容院按其意愿做重点推广的品牌,对于其他厂家来说无异于谋杀。一个代理商的倒戈会让整个区域的美容院全军覆没,出现"当年的开国功臣转眼间成了乱臣贼子"的情况。如果厂家直接与美容院沟通,能及时地制定完善的市场开拓方案,提供优质的培训和技术,还能把终端出现的问题解决方案迅速推广到全国,把品牌的口碑直接建立在目标群中。就算有个别终端流失,也不至于像代理商流失一样影响大局。

4）加强信息沟通,避免趋利性

代理商的趋利性决定了他在同时面临几个品牌的促销方案时,更多考虑的是配赠比率,而不是操作性。在具体的执行过程中,代理商往往也会进行调整,按自己的习惯而非品牌的需要来执行,甚至是干脆弃之不理,厂家根本就无法对市场进行操控。如果厂家直接面对美容院,营销政策可以准确无误地传达到终端,反馈信息也能够及时返回厂家,从而保障了厂家在市场运作中不脱离实际,更有效地把握商机。

针对此种情况,中国的直销企业从自身特点和发展战略出发,在力求分销渠道扁平化的基础上,采取了"几管齐下"的渠道发展策略。一是采用发展专业分销商的策略,使渠道体系逐步完善;二是直接扶持一批专业代理商,以减少渠道的中间环节,加快渠道的信息流通,真正实现专业渠道的扁平化;三是强化对专业分销与专业代理并存的发展战略,在谨慎处理好分销商与代理商关系的基础上,制定一整套完善的渠道政策和管理方法,最大限度地实现了渠道的扁平化和高效化。探究其渠道构建过程,不难看出直销企业在渠道搭建上的良苦用心。首先,充分发挥专业代理商的作用,使其与专业分销商同级并存。专业代理商优势不仅在于能最大限度地挖掘市场,而且由于其直接面对最终用户推广产品,能深入了解当地市场的需求,因此可以帮助厂商推出各种适合当地市场的、最行之有效的促销方案及品牌推广策略。同时,采用专业代理商能使渠道中的信息流更为通畅及时,不仅便于厂家根据反馈的市场信息及时做出决策,也使渠道构架得以实现最大的扁平化。因此,扶持专业代理商,不但体现了直销企业与专业代理商共同成长的战略,而且有利于培养渠道伙伴的忠诚度。其次,直销企业也同样注重专业分销商的优势。专业分销商经过多年的发展与成长,已经拥有一套自己的渠道体系,直销企业通过与专业分销商的合作,节省了重新开发渠道体系的时间与精力。同时,专业分销商也可以为直销企业发展更多的代理商,使专业渠道不断完善成熟。由此可见,中国直销专业渠道业已露出水面。

12.3 直销分销渠道的模式

探讨我国的直销分销渠道的模式及其特征是为直销企业精准掌控渠道并健康发展的保障。

掌控渠道、决胜终端已成为直销企业的共识与营销实践。渠道是直销企业至关重要的外部资源,尤其是在产品同质化、供大于求的直销市场中,谁拥有高效的渠道,谁就在较大程度上拥有了直销市场。一个直销企业拥有完善而畅通的可控分销渠道体系,能把产品快速、高效、低耗地从工厂分销到全国各地乃至全世界,是直销企业核心竞争的主要方面。事实上,建设与掌握营销渠道一直是我国直销企业营销工作的重点,出现了各具发展特点的渠道模式。

>>> 12.3.1 以安利为代表的渠道模式:营销代表+网点负责人+营销部主管

中国直销法规实施后,安利便出台了《安利业务新纲要》。在这份全新业务纲要中,安利推出一种"营销代表+网点负责人+营销部主管"的混合模式,三种人员分别以"产品销售、品牌建设和管理培训为导向",打造全新的服务模式和业务架构。安利抛出的全新业务调整革新纲要,建立了一个解决多层次公司痼疾的行业标准。《安利业务新纲要》中显示,在新的营销管理架构下,安利销售代表将以非公司员工的身份,在非固定经营场所销售产品、服务顾客;而服务网点则由公司择优选拔的、拥有工商营业执照及符合公司要求固定经营场所的服务网点负责人进行经营,为销售代表及消费者提供信息咨询、售货、退换货等服务,但所有服务网点与销售代表均由安利(中国)直接管理与监督。而在涉及业务员和经销商新的工作计酬制度中,安利销售代表将继续按其直接向消费者销售产品的收入计算销售佣金,最高佣金比率为30%;服务网点负责人则采用预约定额的计酬方式,按其具体的服务内容及服务量,获得合同中预先约定的季度定额品牌推广服务费。

安利在全国所有省份设立分支机构,在近2 000个县(市)设立超过7 000家服务网点。为了将业务转型带来的不利影响降到最低,安利加大了对品牌推广、服务网点、教育工程、个人发展方面的投入,在全国主要业务区域广泛设立服务网点,提升品牌的知名度与美誉度,制定全面系统的人员教育培训方案。此外,安利用了至少2亿元的资金来稳定销售队伍。

对于安利推出的业务新政,业界表示出高度关注。对于团队计酬与多层次计酬这一敏感地带,该新纲要推出了两种独立的经营身份对其进行了规避——一个是销售代表(无固定地点),另一个是经销商(有固定地点),给予经销商和推销员以独立经营身份是符合直销法精神的,而经销商以公司的传统渠道经营的合作者身份出现,已超出推销员(直销商)范畴,故不存在着团队计酬问题。此外,公司将渠道费用通过传统合作方式发放,这就保证了旗下原有大的经销商的利益。

>>> 12.3.2 以雅芳为代表的渠道模式:零售+单层次直销

雅芳(中国)有限公司2006年获得了首张直销牌照,当年就招募了30多万名正式直销员。

雅芳中国区总裁高寿康先生在接受《成功营销》记者采访时表示,"短期内招募到如此之多的正式直销员,这不但体现了雅芳在中国市场的巨大机遇,更使雅芳对未来在中国的发展充满信心。"

这几十万直销大军将成为雅芳打造新直销模式的重要力量,而这个模式则兼具零售和单层次直销的优势,完全遵循政府公布的直销相关法令法规。

作为中国首家取得直销经营许可证的直销企业,雅芳从拿到许可证的那一刻起就开始着手改变雅芳在中国的经营模式,力求严格遵守国家相应的直销法规。一方面着手改造雅芳;另一方面则是通过多种渠道宣传雅芳,开拓市场。为了加深中国广大民众对中国新直销模式的了解,他们进行了全方位的宣传。雅芳推出的名为"美丽精彩人生,从雅芳开始"的消费者咨询活动在全国各大电视媒体上高密度、高频率地进行投放,雅芳希望凭借这个广告让大众熟悉和理解新直销模式。同时,为了配合广告,他们74个分公司在全国范围内铺开路演活动。公司员工走上街头,向感兴趣的民众宣传新直销模式,解答他们的疑问,以推广雅芳的新直销理念。他们还与中国电信进行合作,由中国电信向雅芳提供接听电话、收集和提供信息等服务。

在严格执行国家相关法规、确保与国家相关法规步调一致的前提下,为了适应新形势、发挥新作用,雅芳改造了自己的营销网络,服务网点为全国最多,而且覆盖面最广。针对直销员的订货问题,他们提供了四种方式:一是互联网,直销员可以在任何有电脑的地方进行订货;其二就是短信,直销员只要到雅芳艾碧网开通此项业务,就可以用手机短信来订货;其三是电话订货,直销员在全国任何地方拨打4008899668,以当地的电话费就可以订货;第四就是传真订货。雅芳的每个服务网点都可以提供上述四种服务。

为了解决订货付款问题,雅芳延续了百年的传统:针对不超过1 000元人民币的订单,可以让直销员收到货以后再付款。这是给直销员的一个特殊支持,是别的直销公司不敢也不愿意提供的信用贷款。同时,雅芳也为直销员提供了多种付款方式:一是网上支付;二是自动扣款;三是刷卡支付;最后是信用卡支付。服务网点可以向总公司提供直销员的具体交款信息。同时,他们还特别建立了直达配送系统，雅芳的直销员可以选择要求雅芳公司把货直接送到家里，或是选择由雅芳公司将货物送到服务网点，然后由直销员自己去拿货。雅芳有12个客服中心，可以迅速把货物送到服务网点和客户家里。目前雅芳90%的订单可以在24小时送到市内，48小时到郊县，72小时到省内。凭借强有力的配送系统，他们的产品可以在第一时间到达直销员手中，盘活了整个商业链。针对退换货的问题，直销员可以在雅芳的服务网点进行退货或换货。凭借雅芳提供的最完善的服务网点体系，直销员可以免去往来奔波之苦，提高了销售效率。

雅芳的专卖店一方面承担了零售店的职能，同时又以服务网点的新面目现身于市场，最终雅芳的营销网络达到直销员、公司、服务网点构成"铁三角"。"铁三角"的中心就是对消费者负责，为消费者提供最好、最快的服务。

在招募直销人员的过程中，雅芳进行了严格的把关。首先，严格禁止所谓"七类人员"加入雅芳的直销队伍。在招募直销员的过程中，通过验证申请者的身份证，如发现申请者是现役军人，就婉言谢绝，邀请他成为雅芳的顾客；对于无民事行为能力的人员或其他直销企业员工，就需要进一步确认。其次，即便是深知中国人对合同有与生俱来的抵触心理，工作人员还是要知难而进，不厌其烦地对合同进行解释，讲权利，论义务，可谓煞费苦心。最后，就是强化对直销申请者的培训。首先严把培训人员关，规定只有持大学本科学历，在雅芳工作一年以上的职员才有资格成为培训人员。培训内容不仅仅包括直销的相关法律，还包括《消费者权益保护法》，培训结束后直销员还要接受雅芳公司的严格考试，公司规定只有取得80分以上的成绩才能上岗直销。

>>> 12.3.3　以如新为代表的渠道模式：销售员工＋直销员＋直营店

凡是加入如新的销售人员都必须签订劳动合同，这个模式对海外以直销为主的公司来讲都是不可思议的，因为一般的海外直销公司是不以直营店或聘请签了劳动合同的员工来做直销的。如新公司对销售员有更强的约束力，可以对销售活动不规范的销售员工解除劳动合同；同时销售员与公司签订了劳动合同，就产生了双方的劳动关系，形成了对公司的忠诚度和向心力，这就能促进企业的稳健发展。再加上直营店是直接面向消费者，销售员能很好地服务于广大的消费者，使消费者对于购货、退换货的任何要求都得到了满足和保障。同时，如新把兼职直销员招募和培训工作做好、做规范，还要做大，实行"两条腿走路"的方针。

如新招聘直销员，在上海大约有8个区可以做试点。保守地估计，他们将在试点区域里招聘到3 000～5 000名兼职直销员。同时，监督和管理直销员也是公司发展策略的一个管理程序。监督直销员有三部分：一是企业如何规范兼职的直销员；二是每个符合《直销管理条例》规定的人员加入如新成为直销员都要持证上岗，直销员销售时不能要求消费者的最低产品购买量,也不能进行"购买如新公司产品能在短时间内成为富翁"等的夸大宣传;第三,凡是被国家批准的可以进行直销的企业的信息都必须在网上公开,包括直销员的信息,利用设定的兼职直销员的热线,让消费者来参与监督。

》》》12.3.4 以天狮为代表的渠道模式:分支机构+销售网点+销售人员+直销超市

1995年9月底,李金元到哈尔滨开拓市场,建立分公司,后又在沈阳、唐山建立分公司。目前,全国除了西藏地区外,各省、直辖市全部建起分了公司。天狮人创造性地发明了中国特色的直销运营方式:分支机构+销售网点+销售人员。

天狮集团是一朵"墙内开花墙外香"的奇葩。从1998年开始,天狮营养高钙系列产品开始登陆了俄罗斯。当时有人担心俄罗斯政局不稳,金融危机已显现迹象。负责这一地区的销售人员对开发俄罗斯市场也没有多大信心。但是在商海里拼搏多年的天狮集团总裁李金元则坚定地认为:横跨欧亚的俄罗斯是个举足轻重的大国,不能有半点含糊和犹豫,不但要把俄罗斯分公司干好而且还要干大。尔后在俄罗斯周边的乌克兰、匈牙利、波兰、德国和法国等东西欧国家都相继建立起了天狮牌保健品直销网点。尤其是德国分公司发展非常迅速,许多消费者很快变成了直销商,发展成了几十万的营销大军。2001年5月,天狮在泰国曼谷举行了第二届国际年会。2002年在圣彼得堡隆重召开了第三届国际年会。天狮集团在2003年11月1日,又召开了一次重奖有功之臣的天狮柏林全球表彰年会,李金元总裁亲赴德国为直销成绩优异者颁发了100部宝马高级轿车,43艘家用游艇和32架家用微型飞机以及6栋豪华别墅。11月4日天狮集团在德国莱茵河上举行"天狮精英颁奖仪式",水上43艘游艇乘风破浪,陆上100部轿车驰骋,空中32架飞机翱翔的水陆空表演,蔚为壮观。此举震动了整个德国及欧洲。随后绅士风度的英国人也开始为中国天狮打工。天狮以市场和研发并重的战略为指导,加大资本市场的各种资源整合力度,追求更大的市场份额。2004年9月在马来西亚首都吉隆坡召开了天狮国际年会。天狮集团共用21栋别墅、54架私人小型飞机、71艘豪华游艇、260辆名车奖励239名营销员。

天狮人借鉴国外市场经济的经验,结合中国国情,为产品消费者提供广泛的服务网点,得到广大消费者的拥护和赞成,为中国在国际直销市场,打开了一片蓝天,形成了独具特色的天狮直销理念。

2006年4月10日,天津天狮集团群英汇聚,全公司各阶层员工都在同一时刻关注着一个共同的话题——"直销超市"。这一天,天狮要启动"直销超市"项目了,并确定将"为全世界消费者提供优质的产品、教育和事业机会、提升生活品质,构筑和谐国际社会"作为集团的使命,将"世界直销行业的领跑者"作为集团的愿景,追求在创新、网络规模、客户满意度和销售收入的全面领先。

业界普遍认为,这一项目的提出是非常具有现实意义的。因为天狮设定了非常明确的战略目标:2008年完成110亿美元的销售收入,并在3~5年内跨入世界500强。但如果仍然依赖原有业务模式和做法,这一目标将是天方夜谭,因此,天狮必须以创新型的思维,制定突破常规的增长战略才有可能实现这一宏伟的战略目标,实现世界500强的梦想。

在此背景之下,天狮制定的新的增长战略是非常及时,也是非常重要的。其核心内容可以总结为"彻底实现流通转型"、"构建真正的全球网络"——"直销超市"是天狮借以实现其宏图大志的主要增长窗体底端发动机之一。目的在于利用其作为展示、演示和教育的平台向社会邀约,实现向"流通型企业"转型,实现网络、产品、人力资源、物流、资金、信息等资源的整合。李金元对直销超市的概念和发展趋势阐述得十分精辟:"直销超市的创新是利用人力资源网、教育网、互联网、物流网、资本运营网以及旅游网等六网互动,跨国界、跨地区、跨部门,把相关的业态整合在一起。其中教育是市场的前沿;文宣资料是武器,具有市场穿透力;营销是核心价值,是事业的发动机;信息网络是当今社会的前端和终端。直销超市的建立有利于扁平化的管理和销售。资本运作时,可以既是经营者又是股权者,但是物流的终端始终由天狮集团控制,以保证产品品质。"另外,据他介绍,直销超市中的产品呈现多元化发展趋势,将由开办初期的800个品种,逐步扩展到1万~2万种。虽然数量众多,但是天狮对于进入直销超市的产品有着严格的要求,必须是大品牌、品质高、有卖点,另外还将做到"人无我有、人有我优",以对消费者负责。

【关键术语】

直销分销渠道组织、渠道扁平化、《安利业务新纲要》《直销超市》

【案例】

【案例1】

据《瞭望》杂志第22期报道:"传销之祸由来已久,刑法专门增设'组织领导传销罪'亦已3年有余,但时至今日,它仍在大半个中国肆虐。"这是《瞭望》在2012年6月份的一则报道。时至今日,在我国又有多起骇人听闻的重大传销案件发生。在此仅列举几例:

2012年10月29日新华社记者朱国亮报道:《网络传销,百日吸金24亿——"红通"网络特大传销案》。

2013年5月30日,《21世纪经济报道》:天津传销式假私募——虚构注册地,涉案金额或超200亿。

2013年12月23日,《经济参考报》报道:广西北部湾传销"一日游"公然盛行。

旅游中,不谈风景谈"钱景",曲解政策搞洗脑。

2014年5月16日,《人民日报》记者张洋报道:警方解密"广西一号传销大案"——借名"国家项目"搞传销。

分析以上传销案件的发生,都出现在分销渠道环节上,因此,直销公司重视营销渠道管理,特别是分销渠道的掌控,应看做是自身的社会责任与商业道德的坚守。

【案例2】

传销五大惯用骗术

骗术一:门面阔绰,用"好事大家分享"的态度诱人上钩

张红本有一个小康家庭。一天,张红丈夫的朋友常景回到家乡,他穿名牌,开豪车,待人接物也非常有礼貌,变化令人吃惊。常景向张红夫妻描绘广西的发展空间,希望他们前去考察。

"多次聊天中,常景都表现出'好事大家分享'的态度。"张红说。

【揭秘】 阔绰的门面、积极的态度,背后是龌龊的阴谋。"加入传销后,特别是当上'老总'后,上线会给你一笔费用要求你摆排场,让你显得很阔绰,以此诱骗他人。"一位传销分子说。

骗术二:陪同考察"国家扶持项目",城市建筑成为"政府支持"佐证

来到广西,"我被带到一个所谓的国家级经济开发区。"张红说,在一间民房里,她接触到了一个"项目",该项目号称是国家在"经济开发区"试行的,并且按一种先进模式经营,"只要投资3 800元,就能赚到380万";这个项目发展前景广阔,有几十万人在参与开发……

【揭秘】 除了口头忽悠、音像资料外,传销分子经常利用一些实物进行蛊惑。办案民警介绍说,南宁五象广场上三级大台阶也被传销分子解释为传销的"五级三阶制",以此证明五象广场是政府默许、支持"资本运作"行业的标志。

骗术三:展示"精英"成就,实为"自己赚取自己投的钱"

"刚开始我有防范心理。"张红说:"但是,我慢慢地发现,人身自由没有被限制,也没有被强行缴纳费用。而且,我真的看到很多人从事该行业,甚至站在大街上都能听见有人在谈论精英成就。大家都可以做,我为什么不能做?"

最终,张红夫妻各自缴纳了69 800元的入门费,彻底误入歧途。随后的日子里,张红采取类似的做法,拉拢亲朋好友。

【揭秘】 为了增强欺骗性和诱惑力,传销分子不断编造或歪曲国家区域政策,比如国家试点、西部大开发、北部湾建设等。同时,他们还会利用一些所谓"改革创新"经营投资模式,如电子商务、消费返利、连锁加盟、特许经营,以此混淆视听。

骗术四:"执法调查"被解释为"宏观调控"

张红曾见过"同行"被执法部门调查。"上线告诉我们,这只是平常的宏观调控。而且,这种宏观调控还具有规范市场等六大好处。"张红说,上线教给她几招应对调查的办法:随时携带身份证;保管好行业资料;不慌张,不焦躁,一问三不知。

【揭秘】 把"执法调查"解释为"宏观调控",是为了增强传销活动的合法性,让参与者深信不疑。

骗术五:入门费的45%被"正规地上缴国家税收"

传销行业有一套严密的资金分配原则。"一个人缴纳69 800元的入门费。我们被告知,45%需缴纳国家税收,额外部分可供大家按层级分红,甚至这部分资金只要符合个人所得税标准的,也会按规定扣除并上交。这让我们相信组织运作很正规。"一位传销参与者说。

【揭秘】 参与传销的朱伟说:"我当上'老总'后才发现,一切用于缴税的钱其实都被高层分了。"

(《人民日报》2014.5.16)

【案例3】

披着各种"网络马甲"招摇撞骗

1) 网络传销愈演愈烈

近年来,我国不断加大对传统传销的打击力度,人们对传统传销有了一定认识,加上互联网的快速普及,传销犯罪分子把主要"阵地"转移到互联网,网络传销愈演愈烈。以全国打击传销工作的重点地区湖南省为例,当地2012年查处的10起传销典型案例中,网络传销就占了6起,全国网络传销案件的数量逐年飙升,发展之迅猛令人吃惊。

简单地说,网络传销是指不法分子依托互联网,利用部分民众贪财懒惰的心理,通过拉人头、收取各种名目的费用、发展下线来牟利,扰乱经济秩序、破坏社会稳定的行为。

毛爱伦介绍说,网络传销发展初期,主要是以网络为宣传平台,把传统传销和互联网"嫁接"在一起。他们通过网络聊天诱骗网民加入传销组织,缴纳入会费并发展下线,诱骗对象主要是熟悉的网友和诱惑性广告"钓"来的网民;或者先在网络上"遍撒网"寻找"下线",然后在现实中将"下线"们召集起来,举行家庭式小型聚会进行洗脑,以此规避大规模聚会易被查处的风险;或者开办实体店,以此为掩护,在现实中"拉人头",然后再在相关网站上进行入会登记、输入推介人资料、缴纳"入会费"等。

2012年被查处的横跨湖南、山东、广东等多省,涉案金额过亿,"下线"过万的

"军圣营销"特大网络传销案便属于"嫁接模式"。湖南省公安厅经侦总队副总队长刘岳兵介绍说,最初,犯罪嫌疑人徐启军在山东省临沂市注册成立临沂军圣有限公司(以下简称"军圣公司"),在全国各地设分公司、办事处和专卖店,对外宣传谎称公司是国务院的直属机构,以"代表国家"收编"人际网"会员为名拉拢人员加入公司,在网络上、现实中拉人头发展下线。

2012年年初,这一犯罪团伙进入湖南省怀化工商部门和警方的视野:当地一家名为"天缘日化用品经销部"的店铺,打着销售日化用品的旗号,卖的却是"广告收益权"。而所谓的"广告收益权"并非实际商品,而是通过发展"会员"和"下线"的方式,收取"入会费"、销售"股权"和"销售产品返利"等。公安机关顺藤摸瓜,调查发现店铺的背后就是军圣公司,这一团伙大肆网罗山东、湖南、广东、福建、安徽等10余个省份的传销人员,以"五级三阶制"的模式大搞网络传销。办案民警介绍说,他们到处开设店面,表面上销售牙膏等日化用品,实际上是以实体店为掩护开展网络传销。

互联网和传统传销模式的"嫁接"迅速开出"罪恶之花",破坏了众多家庭的正当利益。据悉,短短一年多的时间里,军圣营销就发展下线达万余人,获取传销非法资金约2.61亿元。

2) 改头换面"七十二变"

"点击鼠标,月入10万!"、"坐在家里,也能挣大钱!"……春节后求职高峰来临,在广东的网吧里查询招工信息的湖南籍农民工何少勇,很快就被这类消息吸引。"开始还以为碰到了发财的机会,差点加入,幸亏有受过骗的朋友提醒,才知道原来是一群传销骗子搞的。"

近年来,网络传销改头换面,穿上了"电子商务"、"网络直销"、"投资理财"、"私募基金"、"网游盈利"、"资本运作"、"股权投资"、"网上培训"等"网络马甲"。

这些时下流行的商界专业词迷惑了大众的眼睛,犯罪分子在网上建立传销系统,拉人加入、信息传递等所有活动都在网络上进行,更具隐蔽性。他们或利用网民对电子商务的认识盲区,以"网络营销"、"网络直销"为名,鼓吹电子商务快速致富,变相收取"入门费",设定各种奖励方式激励会员发展下线;或假借"投资理财"名义,以私募基金、发行原始股为幌子,骗取网民入会并发展下线;或鼓动网民"只要在游戏中充值,就可轻松赚钱,发展新用户还有奖励";或打着"资本运作"、"连锁销售"的旗号,称只要投资即可在短期内获取丰厚利润,并以高额的提成回报激励入会者发展下线。

据湖南省工商行政管理局经检总队副总队长肖向阳介绍,2012年5月,湖南省岳阳市湘阴县的徐先生在网聊时,一个网友吹嘘自己生活富足以及拥有独特的生财之道,推荐他加入盛唐国际公司,称只要投入1.2万元,一年内就能获利16.2万元。徐先生一听如获至宝,在对方的指导下,在网站上填好相关资料后,注册成为圣唐国际公司会员,并向这个公司的熊某某个人银行账户汇了4 000元,购买了一套产品。然后,公司要求他去拉新人加入,一旦成功就有丰厚提成。徐先生向朋友极力推荐,幸亏头脑清醒的朋友提醒他这很可能就是一个传销组织,徐先生才怀疑自己落入传销陷阱,于是到公安机关报案。

当地公安部门调查后发现,盛唐国际公司利用其打造的电子商务平台,以推销产品为名,要求参加者以汇款购买产品的方式获得注册会员资格,已注册会员发展下线后,即可获得400元/单(一单就是指一个下线会员购买一套产品)。

岳阳市公安机关迅速立案侦查,发现湖南常德熊某、北京张某等人自2011年10月份以来在湖南省常德市注册成立湖南盛唐国际生物科技有限公司,利用互联网平台,以"电子商务"、"直销"为幌子,大肆发展会员加入,并以发展会员的数量作为返利依据。至案发时,共发展会员20 695个,最高层级达51层,会员遍及全国29个省(自治区、直辖市),涉案金额达8 000余万元。

来源:《经济参考报》

【案例4】

警方解密广西一号传销大案——警惕传销借名"国家项目"

被列为"广西一号传销大案"的组织、领导传销活动系列案,近日在广西南宁公开宣判,118名被告人被判处10年至1年7个月不等的有期徒刑。5月15日,公安部相关负责人接受本报记者采访时说,此案"涉及面之广、涉案人员之多、涉案金额之大、组织层级之高、单案打击人数之多均为全国罕见"。

1) 以"纯资本运作"幌子鼓吹传销合法

据办案民警介绍,此案中,传销组织者打着"纯资本运作"的幌子,鼓吹此项目为国家扶持的项目,有几十万人参加,只要缴纳69 800元入门费,并不断发展下线,就能"实现380万、980万的致富梦"。

"为增强欺骗性和诱惑力,传销分子不断编造或歪曲国家区域政策,比如国家试点、西部大开发、北部湾建设等。"公安部经侦局涉众型经济犯罪侦查处处长刘路军说。

据广西南宁公安局经侦支队办案民警介绍,南宁的城市标志性建筑五象广场的三级大台阶也被传销分子解释为传销的"五级三晋制",以此证明政府默许、支持"资本运作行业"。传销分子还把执法部门的调查解释为具有六大好处的"宏观调控",让参与者对传销活动的合法性深信不疑。

2) 传销手段花样翻新,一些地方政府态度暧昧

"目前,传销犯罪发案总体仍然上升,特别是传销在一地受创之后,会向打击和管理相对薄弱的异地转移,造成移入地的发案增多。"刘路军介绍说,目前,聚集型

传销仍是主流,但网络传销发展迅猛,危害更大。

据介绍,当前传销参与者从过去的低收入群体向高收入群体发展,从低教育水平人群向高教育水平人群发展。而传销屡打不绝、屡禁不止的一个重要原因,是其"洗脑"彻底。民间反传销人士李旭说:"与早期的传销相比,广西的传销活动已经'升级换代',更具有迷惑性和欺骗性。"

打击传销涉及工商、公安、社区等多个部门,往往是工商部门牵头负责,但却面临着调查取证难、执法权不足的问题;公安部门虽有执法权和震慑力,但大多依赖群众举报、被动监管;而最容易掌握传销者租住动态信息的社区和房管部门,往往没有直接参与打击活动。

值得注意的是,对于传销,一些地方政府态度暧昧,甚至存在着"传销人员有助于提高当地房屋入住率、拉动当地服务经济发展"的荒谬认识。

公安机关提醒广大群众,不要相信所谓"一夜暴富"和"国家支持"的谎言,认清传销本质,自觉抵制传销,通过合法渠道创业致富,避免对个人、家庭和社会造成损害。

(《人民日报》,2014年5月6号,记者张洋)

复习思考题

1. 何谓直销分销渠道组织?
2. 直销分销渠道的扁平化有哪些好处?
3. 直销分销渠道有哪几种主要模式?
4. 试述非法传销活动为何屡禁不绝。

13 直销企业的治理结构、整合营销、社会责任、智能营销和电子商务

随着社会主义市场经济的不断深入发展,中国的传统营销越来越不能适应经济快速发展的需要,企业为了更好地发展就必须进一步激活国内需求市场,就必须有完美的企业治理结构,完美的企业治理结构是直销企业健康发展的组织保证。要想让直销企业保持在合法轨道上运营,必须依法开展复核登记并披露相关信息,将传统营销改变为整合营销,整合营销则意味着营销观念的改变,意味着通过满足消费者的需要而增加其销售。企业在满足消费者需要的同时,为了企业和社会更好地发展,还应肩负起企业的社会责任。

2018年9月17日,习近平总书记在给世界人工智能大会的贺信中指出:新一代人工智能在全球范围内蓬勃兴起,为经济社会发展注入了新功能,正深刻改变人们的生活方式。变革铸就机遇,科技激发活力。在人工智能浪潮来袭之时,直销行业也在拥抱变革,通过借用一些新技术、新工具成为智能时代的受益者,电子商务将会促进直销企业的发展。

13.1 直销企业的治理结构

>>> 13.1.1 直销企业治理结构的定义及内涵

直销是指直销企业招募直销员,由直销员在固定营业场所之外直接向最终消费者推销产品的经销方式。从业企业应具备以下4个条件:一是投资者具有良好的商业信誉,在提出申请前连续5年没有重大违法经营记录。外国投资者还应当有3年以上在中国境外从事直销活动的经验。二是实缴注册资本不低于人民币8 000万元。三是依照条例规定在指定银行足额缴纳了保证金。四是依照规定建立了信息报备和披露制度。直销产品的类别包括化妆品、保洁用品、保健食品、保

健器材、小型厨具和家用电器等 6 类产品。

直销企业治理结构问题是伴随着现代公司制度的建立而产生的,因此我们可以简单地理解为直销企业治理结构就是股东会、董事会、监事会和经理阶层权力的分配。所谓现代公司制度,就是所有权和经营权(或者控制权)的分离。现代公司的出现是生产社会化发展到一定阶段的产物,生产社会化的发展使得生产所需投资规模远远超过个人投资所能承受的能力,同时大规模投资也加大了个人的投资风险,从而以有限责任为基础的股份公司应运而生,随着企业规模的扩大和股东人数的增加,股东管理企业成本高昂,同时每个股东的能力也有差异,因此从市场上选择善于经营的人代表股东经营企业是理性的选择,"委托—代理"关系由此产生,所有权和经营权实现分离。

由于委托人(所有者)和代理人(经营者)是不同的利益主体,具有不同的效用函数,两者之间潜在存在着激励不相容。代理人(经营者)拥有关于自身知识、才能、掌握的机遇和努力程度等私人信息,这都很难为委托人(所有者)所观察和监督,这就必然产生代理成本和激励问题,要解决这一"委托—代理"问题,就必须有一套制度安排,使代理成本最小化,提高企业的经济效益。这种制度安排就是企业治理结构。

企业治理结构从狭义来理解,是指有关企业董事会的功能、结构、股东的权利等方面的制度安排。从广义来理解是:有关企业控制权和剩余索取权分配的一整套法律、文化和制度性安排。这些安排包括企业的目标、在什么状态下控制,风险如何控制,收益如何分配,等等。从上述定义可得出其内涵是:①直销企业治理的产生,根源是现代企业中所有权与经营权的分离导致的"委托—代理"问题;②直销企业治理结构是由股东会、董事会、监事会和经理层等"物理层次"的组织架构,及连接上述组织架构的责权利划分、制衡关系和配套机制(决策、指挥、激励、约束机制等)等游戏规则构成的有机整体;③直销企业治理的关键在于明确而合理地配置企业股东、董事会、经理人员和其他利益相关之间的权利、责任和利益,从而形成其有效的制衡关系。

>>>13.1.2　直销企业治理结构分类

从产权经济理论的角度,直销企业治理结构可分为以私人资本为产权主体、以股份资本为产权主体、以公有资本为产权主体和以境外资本为产权主体几类。

1) 以私营资本为产权主体

这种产权主体主要是以家庭和家庭亲属的资本为基础形成的家资合一的企业,其在产权主体上带有强烈的血缘、亲缘和地缘性,这三缘又使该资本的产权主体带有浓厚的宗法特色,这种特色使企业不是严格受市场规则约束,而是在很大程度上受宗法规则支配。

（1）血缘　所谓"血缘"是指在企业创业和原始积累过程中，以家庭血缘关系为基本纽带联结成统一的创业积累主体，家庭成员共同成为企业资本的所有者，成员在企业资本中的权利位置在相当大的程度上服从家庭宗法、伦理关系的制约。这种一开始便以家资合一为基础，就使得企业的竞争活动和管理等不能不受"家长"意志的左右。这种产权主体在企业创业初期或企业发展的一定阶段，可以更多地享受家庭成员之间的"相信"所带来的好处以及低廉的监督成本。但当企业成长到一定程度，这种家企合一的产权，无论是从其产权的家庭血缘关系本身固有的对社会的封闭上，还是从其产权运用中的家长制式的宗法上，均可能与现代直销市场经济竞争产生深刻的矛盾。

（2）亲缘　所谓"亲缘"是指以若干个具有亲属关系的家庭或具有亲属关系的个人联合为一体，共同成为企业的所有者，其在企业的权利和位置，取决于其对企业的作用、贡献外，还受其在家族中的地位的影响，受其与直销企业核心人物的血缘、亲缘关系远近的影响。这种以亲属家族关系为背景形成的企业产权主体，同样具有宗法性，也会影响企业产权的运作。在企业发展初期由于家族的力量毕竟大于单个家庭的能力，借助家族关系和相互了解，监督成本也较低，可以借助亲缘网络对企业进行更严密的控制和可靠的监督，但当企业成长到一定程度，家庭亲缘的封闭性、有限性同样会成为现代企业制度的障碍，家族亲缘关系天然具有的宗法性、依赖性同样会威胁直销企业管理的权威性。

（3）地缘　所谓"地缘"是指一部分私营资本为产权主体的直销企业，在创业初期是在"离土不离乡"或"离乡不离地"的情况下进行的，虽然转入直销企业但仍未离开原来的村落，仍未脱离本乡本镇，或者仍未脱离本市县、街道等，并借助于本乡、本土和本地的种种社会关系，形成了朋友亲情关系。由于地方的复杂的地缘关系相互间比较了解，信息也容易相互渗透，这些都为企业提供了特别好的发展机会。然而朋友间的支持也是要索取回报的，当企业成长到一定程度，这种索取压力便会日益增大，甚至要求占有或分割企业产权，干预企业的管理等。企业产权的运用和经营不能不受到曾给企业以支持呵护的地缘人际关系的多方面的影响，这种影响与现代企业制度与现代市场制度的根本要求往往是矛盾的。

2) 以股份资本为产权主体

以股份资本为产权主体的直销企业有两种，一种是股份制直销企业；另一种是股份合作制直销企业。

股份制直销企业是指两个或两个以上的利益主体，以集股经营的方式自愿结合的一种直销企业组织形式。它适应社会化大生产和市场经济发展需要，实现所有权与经营权相对分离，利于强化直销企业经营管理职能。其特征是：①发行股票，作为股东入股的凭证，一方面借以取得股息，另一方面参与企业的经营管理；②

建立企业内部组织结构,确立股东代表为最高权力机构,董事会是最高权力机构的常设机构,总经理主持日常经营活动;③经营风险由股东共同分担。

股份合作制直销企业是指依法发起设立,企业与职工共同出资、共同劳动、民主管理、共担风险,职工股东以其所持股份为限对企业承担责任,企业以全部资产承担责任的企业法人。这种产权主体不同于股份制企业,它是以劳动合作为基础,吸收了一些股份制的做法,是劳动合作和资本合作结合的一种经济组织形式。其特点:一是企业法人必须符合《民法通则》规定的法人条件,并能够独立承担法律责任;二是企业股东主要是本企业职工,原则上不吸收他人入股,也不得强行要求职工入股;三是依法设立董事会、监事会,经理等现代企业的管理机构,企业职工通过职工股东大会形式实行民主管理,股东大会是企业职工参与企业民主管理的最有效的形式,是股份民主和劳动民主的适当结合;四是股份合作制体现了劳动合作和资本合作的有机结合,企业职工既是企业的劳动者又是企业的出资者,吸收了股份制的特点,是促进生产力发展的公有制实现形式之一;五是企业兼顾营利性和企业职工间的互助性,企业盈利最大化是目的,但不是追求的唯一目标,企业在取得适当盈利的同时,还要将提高劳动者业务素质,互助一定范围的利益群体,满足职工对物质和精神生活的更高层的需要作为又一重要目标;六是企业实行按资分配和按劳分配相结合,企业职工既是股东又是劳动者,所以其收入包括按劳分配的工资收入和按资分配的资本分红。

3)以公有资本为产权主体

公有资本包括国有资本和集体资本两种,以国有资本为产权的直销企业在我国不是很多,而以集体资本为产权主体的直销企业居多。

国有直销企业作为直销市场经济主体,拥有完整的独立的法人权,与国家的关系是被管理者和管理者的关系,企业应合法经营、照章纳税,它只是普通的营利组织,与私企、外企没有区别。国家作为资本所有者,和所有投资主体一样,与企业是平等的经济合同关系,遵守同样的市场规则。国家为企业提供健全的法制环境,良好的社会经济宏观环境和平等的市场竞争环境。国家以追求理想的投资回报和扩张效益为目的,选择直销企业进行投资,直销企业则以自己的经营业绩维护自己的市场地位。从这个角度看,国家在国有直销企业只体现国家的经济所有职能,而不体现其社会管理职能。

集体资本运作的直销企业一般都是以农业资源开发为主,他们主要开办在农村。这类企业一是将土地由租地改为以土地入股,以"租"改"股"使土地这个资源性资产成为经营性资产,增加了增值潜力,拓宽了集体资产内涵。二是将集体股权转让给企业经营者,有利于增强经营者的风险意识。

4)以境外资本为产权主体

以境外资本为产权主体是指以境外资本为主体的直销企业,如雅芳外资直销企业，这类企业在中国有很大竞争优势。

>>> 13.1.3　中国直销企业治理结构要体现市场规则和现代企业制度

1) 中国直销企业治理结构要体现市场规则

只有在市场规则的规范下，直销企业治理结构才能体现社会主义市场经济的基本特征，才能符合建立社会主义市场经济的基本要求。

（1）中国直销市场规则的定义　中国直销市场规则是国家为了保证中国直销市场有序运行而依据直销市场运行规律所制定的规范直销市场主体活动的各种规章制度，包括法律、法规、契约和公约等。中国直销市场规则在中国直销经济的发展中发挥十分重要的作用，可以有效地约束和规范直销市场主体的市场行为，使其有序化、规范化和制度化，保证中国直销市场机制正常运行并发挥应有的优化资源配置的基础作用。

（2）中国直销市场规则的主要内容　中国直销市场规则的主要内容包括市场进出规则、市场竞争规则、市场交易规则、市场仲裁规则和复核登记制度等5个方面。

① 市场进出规则：市场进出规则是市场主体和市场客体（即商品）进入或退出市场的行为准则与规范。该规则包括以下三方面：

一是中国直销市场主体进入市场的资格规范。直销市场主体从事生产经营活动时，按照直销市场开放、直销产业结构优化和直销市场主体具备的条件进入。主体必须具备合法身份，上市交易必须合法，直销商品的质量、计量及包装必须符合有关规定，凡质量低劣、假冒伪劣、"三无"（无商标、无厂址、无厂名）、过期失效、明令淘汰、有害身心健康的商品，不能进入中国直销市场。这些规范是直销市场主体和直销商品进入直销市场的必要条件，是保证中国直销市场有序运行的重要制度基础。

二是中国直销市场的性质规范。根据市场的章程、组织机构，以及人、财等生产要素及其组合，依法确认直销企业为有限责任公司、股份有限公司、合伙企业和个体企业等，并确认直销市场主体的经营范围。

三是中国直销市场主体退出市场规范。当企业出现破产、歇业、兼并、收购等情况时，要依照相关法律规定提出申请，获批后才能进行相关程序。

② 市场竞争规则：市场竞争规则是国家维护直销市场各主体之间等价交换、公平竞争，根据中国直销市场经济的内在规律和要求，依法确立的直销市场竞争行为准则与规范。该规则体现直销市场主体之间地位平等、机会均等的竞争关系。它包括以下几个方面：

一是禁止直销不正当竞争行为。直销不正当竞争行为是指经营者采用欺骗、胁迫、利诱、诋毁以及其他违背公平竞争准则的手段,从事直销市场交易,损害直销竞争对手的利益。直销不正当竞争行为主要有:a.欺骗性不正当竞争行为,包括假冒他人注册商标仿冒知名商品的行为;擅自使用别的直销企业名称的行为;伪造或冒用商品质量标志的行为;虚假广告宣传行为;欺骗性有奖销售行为与巨奖销售行为;欺骗性价格竞争与暴力行为等。b.采取侵犯直销商业秘密行为,即不正当地获取、披露、使用或允许他人使用权利人商业秘密的行为。c.诋毁直销竞争对手商业信誉与商品声誉的行为,即经营者以排挤直销竞争对手为目的,通过捏造、散布虚伪信息,对直销竞争对手商业信誉和商品声誉进行恶意诋毁、贬低,以削弱直销市场竞争能力的行为。d.商业贿赂行为,即经营者在直销市场交易中,以秘密支付财物或其他报偿为手段,以取得有利于自己的交易机会和交易条件的行为。e.干扰直销市场正常交易,如强买强卖,利用顾客连环推销,即所谓"滚雪球制"或"老鼠会"等传销行为。

二是禁止限制直销竞争行为。限制直销竞争行为是指经营者滥用其拥有的市场优势地位和市场权利,或两个以上经营者通过协议等方式就交易价格、销售、交易条件等方面协调一致,妨碍公平竞争,损害直销竞争对手利益的行为。主要有:a.附条件交易行为,即违背购买者意愿采用搭售和附加其他不合理条件的直销行为。b.强迫性交易行为,即采用胁迫或其他强制手段从事交易,以及妨碍他人从事直销市场交易行为。c.超经济强制行为,即利用行政力量,限制和破坏正常直销市场竞争的行为。d.低价销售排挤竞争对手的行为,即以排挤直销竞争对手为目的,在一定的直销市场和时期以低于成本的价格销售直销商品的行为。e.限制直销竞争协议行为,即以协议的方式,共同决定直销商品的价格、产销量、技术标准、交易客户、交易地区等,从而限制直销市场竞争,牟取超额利润的行为。

三是禁止直销垄断行为。直销垄断行为是指通过独占、兼并、独家交易(只允许经销商销售某一家直销企业的商品)等形式,以达到完全、永久地排斥竞争对手,取得独占、控制和支配直销市场的目的。

③ 市场交易规则:中国直销市场交易规则是各市场直销主体在市场上进行交易活动所必须遵守的行为准则与规范。

中国直销市场交易规则的主要内容包括:市场交易方式的规范和市场交易行为的规则两方面。比如直销层次的规定,退换货的约定等。

④ 市场仲裁规则:中国直销市场仲裁规则是市场仲裁机构在对直销市场主体之间的经济纠纷进行仲裁时必须遵守的行为准则和规范。市场仲裁规则最重要的是遵循公平原则。

⑤ 复核登记制度:按照依法依规、问题导向、只减不增的三项原则,通过企业自查、地方核查、汇总梳理三个步骤,组织开展直销备案产品、直销培训员和直销员的复核登记工作。在清理整顿的基础上,推动完善直销相关的法规制度,和相关部

门加强协调配合,严格规范市场准入,加快构建以信用为核心的直销行业监管体制,建立直销企业和主要从业人员信用"黑名单"制度,加大违法失信的成本,促进行业健康稳定发展。

依法开展复核登记并披露相关信息将有效净化直销市场环境,有利于压缩不法企业违规打擦边球的空间,倒逼企业强化主体责任,规范从业人员管理,诚信守法经营,促进直销企业市场健康有序发展;有利于为政府监管提供准确信息;降低监管成本,提高监管效能;有利于方便消费者查询了解真实信息,方便社会各方面监管,维护消费者合法权益。

此次复核登记工作主要是解决一些企业的直销产品、直销培训员备案信息与实际不符,披露招募直销员信息不规范,导致消费者真假难辨,监管部门难以监督等突出问题;是化被动式监管为主动监管、常态监管,严禁直销企业游走于灰色地带,打擦边球,使其保持在合法轨道运营。

2) 中国直销企业治理结构要体现现代企业制度

市场规则是调整和优化中国直销企业的治理结构的规范,离开了市场规则的约束,中国直销企业的治理结构就会出现偏差。在中国直销企业治理结构的市场规则下,还应体现现代企业制度。

现代企业制度的核心是产权制度和法人治理制度,因此现代企业制度应是以股东投资为基础,民主管理和科学管理相结合。

(1) 直销企业治理结构体现产权制度　现代企业制度的基本特征:一是产权关系明确,企业拥有包括国家在内的出资者的投资形成的全部法人财产权,成为享有民事权利、承担民事责任的法人实体;直销企业的出资人即股东的股东会是直销企业的最高权力机关,股东通过股东会选举和约束董事会,对重大决策进行表决,以维护自身利益。董事会作为法人财产的代表者对直销企业资产的运作和增值负责,承担资产风险,对直销企业重大业务和重大行政事务具有决定权。二是企业以全部法人财产依法自主经营、自负盈亏,对出资者承担资产保值增值的责任。三是出资者按投入企业的资本额享有所有者的资产收益、重大决策和选择管理者等权利,企业破产时,出资者只以投入企业的资本额对企业债务负有限责任;经理对董事会负责,对法人财产具有直接的经营性的经营管理权,亦对经营结果负责;监事会具有来自出资人所赋予的监督权,完成股东、职工和社会授予的任务。四是企业按市场需求组织生产经营,以追求利润最大化,政府不直接干预企业的生产经营活动,企业在市场竞争中优胜劣汰,资不抵债要依法破产。五是管理科学化,企业内部建立科学的领导体制和管理制度,在出资者、经营者和职工之间形成激励和约束相结合的经营机制。

(2) 完善企业治理结构　现代企业制度区别传统企业制度的主要特点是:所有权和经营权分离,在所有者和经营者之间形成相互制衡机制的公司治理机制,在我国《公司法》的法治条件下运行。

直销企业要严格按照《公司法》的规定设立，定期召开股东大会，制定"企业宪法"，"企业宪法——公司章程"是股东意志的体现，企业必须严格遵守公司章程和议事规则，审议各类报告和人事任免，保护小股东利益，防止大股东垄断。

直销企业要明确规定外部董事的最低比例，明确其外部责任，建立精细的议事规则，建立有激励和约束力的董事报酬机制，使董事的利益与股东利益相联系，从利益上增强董事提高职业素质的动力和压力。成立专门的机构即监事会负责监督经营者，监事的任免、收入、福利以及执行监督的费用由股东大会决定，不受经营者的约束等。

13.2 直销企业的整合营销

>>> 13.2.1 整合、营销与整合营销

整合的英文对应词汇是"integrate"，具有"综合、合并、一体化"的意思，整合营销中的"整合"一词则对应于"integuted"，它具有特定的含义。据王同亿主编译的《英汉辞海》对"integuted"词条的注释，"integuted"是以完整的结合成一体为特征的。这一特征表现为：一是把诸分离部分结合成一个更完整、更和谐的整体；二是以各组成部分紧密合作或部分统一为特征；三是综合性的、统一的、互相协作的、有内在自然联系的单位或系统而进行经济活动的，通常限于某一特定地区）。因为整合具有掌握供应来源，持续控制生产，并且常常控制从原材料到多种不同成品分配的特征，据此，整合应是通过动态地综合，使之完整与和谐。

营销，按照菲利普·科特勒的定义：营销是个人和集体通过创造、提供并同他人交换产品价值，以获得其所需所欲之物的一种社会和管理过程。这就是说，营销是以满足人类各种需要和欲望为目的，通过市场变潜在交换为现实交换的活动总称。这一定义概括了营销的本质，但它只是界定了"是什么"的问题，而没有描述"如何做"，因此不少营销学家便在"营销"前加以界定，把抽象的营销定义具体化为可操作的营销方法，如绿色营销、关系营销、服务营销、文化营销、网络营销、定制营销、社会营销等。于是，我们可以把营销看成一种普遍性，它最终是以一种具体属性表现出来。营销始终是和大规模营销、定制营销等概念相伴而存在的，从这一意义上讲，整合营销的提出同样是对营销的具体化、操作化。但其与绿色营销、服务营销等是稍有区别的，整合本身又是一个抽象的概念，这使得整合营销更引起仁者

见仁、智者见智的争论。笔者认为,整合营销是一种通过对各种营销工具和手段的系统化的结合,根据环境进行即时性动态修正,以使交换双方在交互中实现价值增值的营销理论与营销方法。整合营销以市场为调节方式,以价值为联系方式,以互动为行为方式,是中国现代企业面对动态复杂环境的有效选择。

>>>13.2.2 营销整合与整合营销

企业的营销整合是指使各种作用力统一方向,形成合力,共同为企业的营销目标服务。而整合营销则是一种系统化的营销方法,具有自身的指导理念、分析方法、思维模式和运作方式,是对抽象的共性的营销的具体化。个性化是挑战营销环境的工具,因此整合营销是对营销整合的升华和理性化,使之更成体系。

>>>13.2.3 整合营销的市场观

营销学的核心概念是交换,与市场密不可分。由于市场随交换产生和发展,而且日益丰富,因此营销学的发展是以市场观念的演绎为前提和基础的。

1) 有形的市场观

市场的概念伴随着交换关系的产生发展而逐渐形成,最初的市场是指交换的场所。在我国两千多年前的《周礼》中就阐述了丰富的市场管理思想,强调要根据市场的不同类型而进行管理。城镇中的市场分为朝市、大市和夕市……在交通要道上要按规定设立市场,每隔50里左右设置一个市场,每个市场都要设置旅客住宿的地方。在农村设立分散的小集市。

在西方经济文献中,虽然对"市场"的定义有各种不同的表述,但西方学者一般都把市场定义为"买卖双方进行自由交换的地方和机制",而且"有形的地方"似乎比"无形的机制"更受到重视。《简明不列颠百科全书》认为,市场一般是指买卖商品的地方;现在,市场已扩大到指卖者相互竞争招揽顾客的整个地区。西方经济学家认为"市场是买卖双方可以自由交易的地区"。

2) 无形的市场观

由于交换形式和内涵的日益丰富,在有形的市场观里所说的区域或地方含义,从仅仅是指某种具体的场所扩展到"买卖双方发生交换关系的任何地方"。这既包括正式的集市场合,也包括非正式的集市场合。美国经济学家弗里德里克·L.普瑞尔认为:"市场是一种经常被谈论,但很少被定义的制度。通常它是:买者与卖者碰面议定商品和劳务交换的过程,价格存在的地方,价格受到供求力影响的地方。"他举例说:"市场并不是只出现在正式的集市场合。例如,在美国,许多小麦的买卖是商人之间通过电话进行的。有时候,一个市场的存在是难以确定的。"这时的西方学者是根据买卖双方是否发生交换关系,而不论这种交换关系是以什么形式发生来规定市场的空间。

随着交换关系日趋复杂化,对交换场所的界定越加困难,因此,西方经济学家转为从产品角度亦即从供给角度来看待市场。美国经济学家詹姆斯·科克认为:"市场是厂商的一个集合地,该集合地中的每一个厂商都对相同的可能购买者供应某种产品,这些产品在一定程度上可以相互替代。"在这里,"可替代性是个关键。如果商品极容易相互替换,那么从产品维的基点看,就可以称它们是同一市场的。"当然,同一种物品并不一定必然处在同一市场中,科克指出:"市场并不是一个单维的概念。一个市场至少有三个重要的维度:产品、地理和时间。"也有经济学家从市场机制角度界定市场概念。如美国经济学家保罗·R.格雷戈里和罗伯特·C.斯因尔特认为,所谓市场,广泛地说,就是"供需关系对价格的相互影响"。这里的价格包括工资、利率等,因此市场机制等同于价格机制。科特勒认为:"在营销者看来,卖方构成行业,买主构成市场。"因此"一个市场是由那些具有特定的需要或欲望,而且愿意并能够通过交换来满足这种需要或欲望的全部潜在顾客所构成"。科特勒的观点实际上是从需要角度来界定市场的。

3) 动态的市场观

显然,无论是科克还是科特勒,他们都只是从交换的一方面来看待市场,事实上,供给和需求是相辅相成、互为条件的,任何交换中总是同时存在的,因此必须从供给和需求两个方面来认识市场。同时,由于供应者和顾客总是不断地在变化之中,所以市场的范围也是一种动态趋势,没有绝对静止的市场。至于把市场等同于"供求关系对价格的相互影响"更多地是从经济学意义上的分析,强调的是市场机制在经济生活中的重要作用,这与营销学中讨论的市场观念差别甚大。

毫无疑问,现代营销学站在企业的角度,强调从满足顾客需求出发,在使顾客达到高度满意中实现企业目标,而这一过程又是漫长、交互和动态的。在信息爆炸的时代,由于普遍的道德风险和搭便车心理的存在,交换双方都想从对方获得完全信息,却隐瞒自身的不利信息,以寻求有利的交换地位;同时,信息沟通中的干扰会影响信息的完整性,使得交换双方虽然都能传递信息,但每方都只能拥有己方的完全信息,对他方的信息只能部分了解,形成信息不对称问题。信息不对称使交易成本上升,甚至交易破裂,对企业和顾客都造成损失。信息经济学中解决信息不对称问题的方法是发信号,这种发信号实质上就是通过市场来降低双方交易成本,实现双方交换目标,由此便形成了动态的市场观;市场是交换双方优化资源配置、实现价值增值的手段和途径。作为营销学研究的交换双方(可简化为企业和顾客两方)拥有不同的市场观。

>>> 13.2.4 直销企业的高级阶段：整合营销

1) 营销的三个阶段和四个层次

(1) 营销的三个阶段 中国营销的过程，从传统的营销方式到直销方式，已经历了三个阶段。初级阶段是以产品为主体的营销模式。许多企业通过产品价格、质量、性价比、创意使得其产品占据市场。中级阶段是品牌的营销。品牌营销在整个营销过程中起到了非常重要的作用。在中国，有许多企业以品牌营销取胜，如"脑白金"。过去只要产品卖出去就可以了，而现在，如果没有一个品牌的产品，获得的利润可能只有10%。一旦有一个好的品牌，品牌永远对高端用户有吸引作用。高端客户产生的利润价值应该占80%，而20%来自中低端用户。如果企业只瞄准低端用户，投入虽很大，但是利润空间非常小。因此，企业关注的更多的是品牌的建立、维护等，所以这种营销模式就是品牌的营销模式。

如果说中国营销初级阶段是把产品卖给顾客，中级阶段把品牌卖给顾客，那么高级阶段是先把理念卖给顾客，然后再把品牌与产品通过理念一起卖给顾客。所以笔者认为，中国直销就是处于营销高级阶段的整合营销，但又比一般的整合营销更先进。如果说整合营销是中国营销的高级阶段，直销就是整合营销的高级阶段。

(2) 直销过程的四个层次 直销初期的结构总是比较松散，功能比较弱，覆盖率不高，不可能深入到所有价值的终端。直销的渠道是属于"多层次模型"（不是人们常说的多层次直销），反映了渠道建设的演化过程。

第一层次是直销专卖店。直销专卖店通常实行的是总代理制或区域总代理制。这时的渠道只具备最基本的功能，直销企业把产品交给直销专卖店并收回货款，对产品的流向缺乏了解，对客户的需求所知有限，无法将客户需求细分化。在第一层次，直销企业没有为渠道提供任何服务，这是一种简单的交易关系。

第二层次是直销商。直销企业初步知道了产品大致流向和各种分销渠道以及零售终端的销量大小，但是仍然很难从渠道收集大量市场信息，对客户需求只有大概了解，易受大经销商误导。这时的渠道仍然是粗放型的，但是已经为深度分销做好了准备。

第三层次是直销员。直销企业能够跨越总代理或区域代理的壁垒，直接从下面专卖店和直销收集各类市场信息，有可能根据不同客户群，为客户提供"按需生产"的服务。在这个层次，渠道变得更加透明，直销企业对销售的预测更加准确，客户需求比较明确，有可能利用从渠道收到的信息划分出细分市场，能够比较准确地认识到客户需求及其变化。第三层次是深度分销的初级阶段。

第四层次是消费者。直销企业进一步提升专卖店和直销商的业务能力和服务能力，能够为客户提供个性化的服务，对客户需求的反应非常迅速，能够得到很高的客户满意度;有些直销企业需要借助信息的支持,以建立详细而全面的客户数据库。第四层次与第三层次最主要的区别是:渠道达到第四层次后,具有了更强的软性力量。直销企业要为渠道成员提供较多的培训和服务,再通过渠道成员向消费者传递培训和服务,传递的数量越多,质量越高,这个渠道的功能就越强,渠道质量就越高。

2)直销的价值导向是整合营销传播策略的高级阶段

(1)整合营销的价值分析 马克思在劳动价值论把价值的本质界定为:"价值不是物,不是自然属性,而是生产关系,是社会属性。价值体现的是人与人之间被物(商品)外壳所掩盖着的社会生产关系。商品价值关系实际上是人与人之间交换劳动的关系"。根据这一定义,可以理解价值是衡量交换双方关系的指标。

爱德华·德·博诺认为,营销中价值判定经历了三个阶段,一是以产品为标准的产品价值阶段。在这个阶段生产产品和提供服务十分重要,产品或服务的内在价值很充足,例如生产一辆汽车或提供金融服务或保险服务。二是以竞争为标准的竞争价值阶段。进入竞争价值阶段,顾客对产品的简单渴求变得或多或少地饱和,企业面临的关键问题是要提供更加优质的产品并说服人们购买,由此出现了技术竞争和购物选择,价值已不再是简单的产品价值,而是相对的竞争价值;例如汽车就要在价格、行车速度、车内空间大小和省油情况等方面推出不同的特色。三是以综合价值为标准的综合价值阶段。综合价值不是简单的产品价值观念或竞争价值观念,它们是适应顾客评判价值的复杂标准的价值观念。整合营销是以综合价值为基础的。

(2)直销体现"价值导向"的主要表现

① 利用消费者行为找出和界定消费者和潜在消费者:整合营销传播的第一要务是界定消费者和潜在消费者是谁,但是界定的标准并非传统的市场区隔,如人口统计和地理划分等方式,而是根据消费者行为加以分类。因为消费者买什么、在什么时候买、在什么地方买、多久买一次、买的金额和数量有多少等行为,比年龄、性别、收入、居住地等资料更有用。直销中的整合营销,一般都是利用消费者行为来找出和界定消费者和潜在消费者的。安利公司十分强调直销员要对消费者的行为进行仔细分析,通过他们进一步找到潜在消费者,效果十分明显。

② 评估消费者与潜在消费者的服务价值:直销的整合营销,根据消费者和潜在消费者的购买行为可以分为重级、中级、轻级使用者或忠实、游移、价格取向使用者等不同分类方式,根据不同类别的顾客进一步分析其对公司带来的收入和创造的边际利益有多少。通过这种价值分析模式,可以找出哪些消费者最有价值,哪些消费者最有潜力和最值得开发,哪些消费者必须保留和维护等。

③ 传达讯息和诱因给目标消费者:在了解消费者和潜在消费者是谁,并找出最有价值和潜力的消费者以后,要通过整合营销传播作业,针对消费者需求,提供

最好的讯息和诱因,来打动消费者,促其采取购买行动。首先,直销员要研究消费者和潜在消费者在什么时间、什么地点和以何种方式接触到企业的品牌和产品,同时要了解消费者心中对企业品牌的看法和印象,以及对产品的渴望程度,并了解应该在什么时间和地点,以什么样方式诉求才能被消费者接受。其次,直销员把诉求的内容简化为讯息和诱因两种。品牌讯息的传播目标在于传达品牌的概念、价值,建立消费者的偏好,并和竞争者有所差异。品牌诱因的传播目标在于刺激消费者试用、提高质量、提早购买或延伸采购等,可以采用降价、试用品、赠品等促销方式进行。

④ 评估营销传播投资报酬率:直销企业针对不同的消费者所投入的营销传播费用,应该更进一步的分析其产生的投资报酬率如何,以及多久可以回收。投资报酬率的分析又可分为短期和长期,采取品牌诱因的传播方式可以在短期内为直销企业带来收入,至于采取的品牌讯息的传播方式则着重在长期为直销企业创造品牌权益。在短期顾客投资报酬率的计算上,最重要的不是把营销传播费用当成固定费用,而是变动成本,因此随着收入的增加,营销传播费用也可以随之增加。在长期消费者投资报酬率的计算上,则是以消费者将来还可能继续购买直销企业的产品或服务,其所创造的未来收入来算出每位消费者的终身顾客价值。

⑤ 计划执行后的评估和未来的规划:整合营销传播计划执行以后,必须要评估执行的结果,若执行的成效不佳则必须要检讨改进,若执行的结果成功,则可以继续延续下去。因此,直销企业计划执行结果可以作为未来规划的基础。在评估整个直销的整合营销传播计划时,必须根据上述四个步骤再检视:是否找出正确的消费者和潜在消费者?是否正确的评价他们的财务价值?是否提出正确的讯息和诱因给目标消费者?是否达到预期的投资报酬率?因此整个的作业流程可以说是周而复始,并没有中断,而直销企业最重要的是要从这些作业的流程中累积经验,不断地学习丰富和加以改进。

13.3　直销企业的社会责任

大家知道,一个企业所获得的利润,并不单来自企业经营的结果,而是来自于公众消费及企业所处的环境、文化、政治等因素互动的结果。企业如果要长期经营,则必须要关心其周围环境的问题,同时,一个能担负社会责任与遵守企业伦理的企业,才能得到各方的支援,创造更多的利润。从中国直销的实践看,社会责任是一种良好的非市场经营战略。

>>>13.3.1　企业经理人对社会责任态度的三个阶段

1）企业社会责任的内涵

企业的社会责任是在法律和经济的义务上，追求对社会有利的长期目标的义务。现代管理理论证明，企业的社会责任与其长期利润之间有着正相关性。

在传统的以利润最大化为企业目标时期，企业是不会或很少关注社会责任问题的。而今社会责任问题已引起人们的普遍关注。因为企业作为社会组织，在管理实践中经常会碰到与社会责任有关的决策，如为慈善事业募捐、确定产品价格时应考虑社会因素、如何保护自然环境、保证产品质量和安全等，都必须在社会大背景下进行决策，而绝不是企业的纯粹自主行为。那什么是社会责任呢？简单地说，就是在法律规定与市场经济运作因素之外，企业经理人所做含有道德与伦理考虑因素的决定。即企业在遵守、维护和改善社会秩序、保护环境、增加社会福利等方面所应当承担的对社会有利的长远目标的职责和义务。

企业的社会责任受企业道德力量驱动，企业的道德水平决定了企业是否乐于主动承担社会责任，主动保护环境治理污染与肆意排污、破坏自然环境资源的企业相比，绝不是简单经济利益得失，而更主要的是道德观念的反差。

2）企业经理人对社会责任态度的三个阶段

企业经理人对社会责任所持态度的转变，可分为三个阶段：

第一阶段：在1930年以前，其所强调的信条是企业经理人的唯一目标是替企业赚取最大利润。经济学家费德曼（Milton Friedman）认为，企业的经理人是代表企业股东执行业务，若利用企业资源从事非创造利润的活动是不合法的。此论点曾有一段很长的时间受到企业经理人及法院的支持。例如1919年，美国密西根法院宣称企业机构营运的主要目的是替股东赚取利润。

第二阶段：从20世纪30年代至60年代早期，此阶段强调企业经理人的责任不仅是赚取最大利润，而且必须要在顾客、员工、供应商、债权人及社会之间的争议中维持一个公正的平衡点。此阶段，企业经理人及学者对企业的社会责任观念开始转变，首先改变的是企业缩短员工的工作时数及改善工作环境。事实上这是早期企业对社会责任的认识改变，是工会兴起的结果，工会促使企业开始思考有关赚取利润之外的社会责任。1935年，美国国会曾修法，允许企业机构以5%的盈余，捐献为免税额度来承认公司的社会责任。在1953年美国最高法院裁定A.P. Smith公司可捐款予普林斯顿大学，而不必受股东的告诉。

第三阶段：60年代以后，企业经理人多主张企业组织应该参与解决社会问题，回馈社会。

中国直销企业应负担多少的社会责任？这是个很难回答的问题，但对直销企业而言,应先衡量本身能力和平衡内外利益后,再决定应采取的行动。

>>> 13.3.2　中国直销企业的社会责任分类

中国直销企业的社会责任可分为8类:在制造产品上的责任:制造安全、可信赖及高品质的产品;在营销活动活动中的责任:如做诚实的广告等;员工的教育训练的责任:在新技术发展完成时,以对员工(直销员)的再训练来代替解雇解聘;环境保护的责任:研发新技术以减少环境污染;良好的员工关系与福利:让员工有工作满足感等;提供平等雇佣的机会:雇佣(聘)员工(直销员)时没有性别歧视或种族歧视;员工之安全与健康:如提供员工舒适安全工作环境等;慈善活动:如赞助教育、艺术、文化活动,或弱势族群、社区发展计划;等等。

中国直销企业的社会责任亦可按社会责任受益人之不同而分类:一是内部受益人。包括顾客、员工(直销员)和股东,这些是和企业有直接利害关系人。对顾客的责任是提供安全、高品质、良好包装及性能好的产品;对顾客的抱怨立即采取处理措施,提供完整而正确的产品资讯,或诚实不夸大的产品广告。关于企业对员工的责任,法律上有许多相关的规定,如工作时数、最低薪资、工会等,目的是在保障员工的基本人权,除了法律上保障的权利外,要提供员工其他福利,如退休金、医疗、意外保险等或者是训练教育补助、生涯发展之协助等,这些都是企业社会责任的延伸。对股东的责任是直销企业管理者有责任将企业资源的利用情形和结果完全公开和翔实地告知股东。企业股东的基本权利,并不是要保证会获得利润,而是保证能获得公司正确的财务资料,以决定其是否继续投资。二是外部受益人。外部受益人可分为二类,特定外部受益人和一般外部受益人。对特定外部受益人,直销企业要采用平等雇用原则,使得妇女、残障人士、少数民族等成为受益人,虽然此原则已有法律上的规定,但是,不管是过去还是现在,歧视女性、残障人士、少数民族等弱势族群者的现象时有发生,直销企业应该负起保护他们合法权益的社会责任。对于一般外部受益人,直销企业应参与解决或预防一般社会问题的发生,这是最实际的社会责任,因为这些活动使得一般大众都受益,例如保护环境活动,防止水污染、空气污染,或者捐赠教育机构及赞助文化艺术活动等。

>>> 13.3.3　直销企业的社会责任

1) 直销企业对环境的责任

企业既受环境影响又影响环境。从自身的生存和发展角度看,直销企业有保护环境的责任。企业对环境的责任主要体现在三方面:

(1) 主动保护环境　直销企业要在保护环境方面发挥作用,特别要在推动环保技术、绿色生产、绿色销售等方面发挥示范作用。有社会责任的直销企业应有强烈的环境保护意识,它们积极采用生态生产技术。生态生产技术是指这种技术利用生态系统的物质循环和能量流动原理,以闭路循环的形式,在生态过程中实现资源合理和充分利用,使整个生产过程保持高度的生态效率和环境的零污染。企业要紧密跟踪生态生产技术的研究进展,在条件许可的情况下,将最新的生态生产技术应用到本企业生产经营中去,使研究出来的生态生产技术尽快转化为生产力,造福人类。这样做的过程中,使企业自身利益得到发展。

(2) 企业要销售"绿色产品" 直销企业研制并生产销售绿色产品即体现了企业的社会责任,推动力"绿色市场"的发育,也推动着环保宣传教育,提高了整个社会的生态意识。安利在销售产品时进行的绿色宣传是极有社会影响力的。

(3) 企业要参与环境治理 污染环境的企业要采取切实有效的措施来治理环境,"谁污染谁治理",不能推诿,更不能采取转嫁生态危机的不道德行为,不产生直接污染的商品直销,同样要参与整个大环境的治理保护。

2) 直销企业对员工的责任

企业与员工的关系并不是企业的内部事务,它同样是一种社会责任。

(1) 不歧视员工 直销企业的一个显著特征是员工队伍多元化。为了调动各方面的积极性,企业要同等对待所有员工,直销企业中只有业绩的高低,没有直销员人格的三六九等。

(2) 定期或不定期培训员工 决定员工去留的一个关键因素是员工能否在直销企业中得到锻炼和发展的机会。有社会责任的企业不仅要根据员工的综合素质,把员工安排在合适的工作岗位上,做到人尽其才,而且在工作过程中,要根据情况的需要,对员工进行培训和学习深造。这样做即满足了员工自身发展的需要,也满足了企业直销业务发展的需要,因为通常情况下,经过培训的员工能胜任更具挑战性的工作。

(3) 营造良好的工作环境 直销企业的工作环境包括"硬件环境"和"软件环境",这两种环境能直接影响员工的身心健康和工作效率。直销企业不仅要为员工营造一个安全、关系融洽、压力适中的工作环境,而且要根据本单位的实际情况为员工配备必要的设施。同时,要推行民主管理,提高员工的物质待遇,对工作表现好的员工予以奖励等。

3) 直销企业对客户的责任

"客户是上帝",忠诚客户的数量以及客户的忠诚程度往往决定着直销企业的成败得失,因为直销企业在很大程度上是靠客户间的人际传播,所以,不能把企业与客户的关系理解为简单的交易关系。直销企业对客户的责任主要体现在 5 个方面。

(1) 提供安全的产品 安全的权利是客户的一项基本权利,直销企业不仅要让客户得到所需的产品,还要让他们得到安全的产品。现在客户对产品安全的需要不断提高,从过去简单的好、坏评价,到而今的各种评价标准、指标、期限,甚至对原材料使用、生产过程等都在安全评价范围之列。

(2) 提供正确的产品信息　企业要想赢得客户的信赖,在提供产品信息方面不能弄虚作假,欺骗客户。特别是直销员在与客户一对一的直销中,更应注意提供信息的准确,这既是个人信誉,也是企业形象。

(3) 提供售后服务　直销企业要重视售后服务,要把售后服务看作对客户的承诺和责任,要建立与客户沟通的有效渠道,如设立意见箱、热线电话等,及时解决客户在使用本企业产品时遇到的问题和困难。同时对直销产品的重点销售客户要有主动回访。

(4) 提供必要的指导　在使用产品前或过程中,企业要尽可能为客户提供培训或指导,帮助他们正确使用本企业的产品。如对机械的安全操作、保健食品的有效服用,化妆品的正确使用等都要主动指导,这既有利于产品效率的有效发挥,又可建立良好的客户关系。

(5) 赋予客户选择权和参与权　在市场经济条件下,客户拥有自主选择产品的权利。企业不能限制竞争,以防止垄断或限制给客户带来的不利影响。同时,应给与客户参与的机会和条件,以此来加深直销企业与客户的沟通,这有利于企业的长期发展。

4) 直销企业对相关群体的责任

(1) 直销企业对竞争对手的责任　市场经济本身就是竞争经济,但它是一种有序的竞争。直销企业既不能压制竞争,也不能搞恶意竞争。从传统意义上讲,竞争就是击垮对手,且根本不需要对自己的对手负责。但当今的经济社会中,企业之间并不是一种纯粹你死我活的竞争,而是一种"竞合关系",就是竞争与合作的关系,即在市场份额、市场进入、市场容量等诸多方面要处理好与竞争对手的关系,在竞争中合作,在合作中竞争,其实质也是一种竞争道德。有社会责任的直销企业不会为了本企业之利而彻底将对手击垮。

(2) 直销企业对投资者的责任　直销企业首先要为投资者带来有吸引力的投资报酬。那种只想从投资者手中获取资金,却不愿或无力给投资者以合理报酬的直销企业是对投资者不负责的企业,这种企业注定被投资者抛弃。此外,直销企业还要将其财务状况及时、准确地报告给投资者。直销企业错报或假报财务状况,都是对投资者的欺骗。

(3) 直销企业对所在社区的责任　直销企业不仅要为所在社区提供就业机会和创造财富,还要尽可能为所在社区做出贡献。有社会责任的直销企业会主动意识到通过适当的方式把利润中的一部分回报给所在社区是其应尽的义务。它们积极寻找途径参与各种社会行动,通过此类活动,不仅回报了社区和社会,还为企业树立了良好的公众形象。

直销企业的社会责任是一种良好的非市场营销战略。在欧美发达国家,现在有一种普遍的认识,即一个公司的业绩不仅依赖于市场营销战略,而且也与其非市场营销战略密切相关。这种非市场营销的战略是企业市场营销战略的一种有益的补充或代替,如果将其与市场营销战略结合在一起加以运用,无疑会为公司带来良好的经济效益。直销企业的社会责任,就是一种良好的非市场营销战略。

随着企业非市场营销战略理论的不断发展,相应地发展了企业社会责任(Corporate Social Responsibility,CSR)理论。CSR是公司经济战略的一项内容,应属于市场营销的一项功能。但是承担公司社会责任是与企业的非市场营销战略密切相关的。它作为企业与社会间的社会契约的标准成分而受到提倡。如果到了因CSR而把成本强加于企业之上这种程度,那么企业的竞争态势相对其对手而言就会受到损害。因此,CSR与企业公共政策一起,不仅直接影响企业的经营成本,而且通过改变企业在本行业中的竞争态势,从而具有战略性的影响作用。从安利、雅芳、天狮等直销企业的情况看,以CSR名义自动采取行动的企业将会在市场上得到报偿。它们通过参加社会公益活动,增加了的消费者对其产品的需要。当然,大型直销企业的带动下,其他中小直销企业也可以利他主义为理由同样这么做,但采取这种非市场营销战略,需要考虑行为的动机。一个利益驱动型的直销企业采用CSR战略,仅仅是一种利益最大化战略,而不是产生于公司社会责任的观念。这是我们不能提倡的。

>>> 13.3.4　非价格竞争:直销企业社会责任的重要体现

在激烈的市场竞争中,营销的竞争是直销企业赢得市场竞争的必要手段。营销中的竞争实质上就是一个以产品为基础,以争取顾客为基本目标。随着消费者需求的发展和社会生产力提高,寻求一种价格因素之外的非价格竞争策略,将成为直销企业市场营销的一个重要策略。

直销企业的非价格竞争是比价格竞争更高层次的一种竞争方式。因为价格竞争主要是生产成本的竞争,即在尽可能减少生产成本条件下的竞争。而非价格竞争所涉及的方面更为广泛,层次更为深入,对生产者的技术、知识、信息及其管理水平方面都提出了更高的要求。随着时代的进步,对市场营销者来说,直销产品的制造将不是个最主要的问题。因此,非价格竞争是一种能够适应直销经济不断发展的要求,并代表着直销市场营销竞争大趋势的竞争方式。

直销企业的非价格竞争,考虑的是消费者的利益,体现的是一种社会责任。这是因为:

(1) 产品创新竞争策略的实施,给消费者带来了实际利益。

消费者在直销市场上购买产品,最基本的目的是为了获得产品所提供的实际利益和效用,即产品的核心。一种直销产品能否被消费者所接受,不仅决定于生产者能向社会提干什么样的产品,更重要的是取决于该产品是否给消费者带来了实际的利益,使需求得到满足。哪些直销企业更好更快地设计、制造出适应消费者需求的产品,它就拥有更大的营销竞争力。因此,直销企业产品创新竞争策略的实施,目的是为了给消费者带来实际利益。

(2) 各种商标竞争策略和包装竞争策略的实施,可以消费者带来欢快、享受、安全等心理上的满足。

直销产品的品质、特征、造型、商标和包装等,都是产品在市场上出现时物质实体的外在特征。直销产品的这些形式虽然不涉及产品实质,但当这种形式与产品的实质内容协调地统一起来时,将给消费者带来欢快、享受、安全等心理上的满足。实施包装竞争策略后,一个造型美观、色彩艳丽、含义深刻、设计独特,并便于携带的包装,能够在同众多同类同质的商品当中被消费者所注意和选购,使消费者得到美的享受。亦即说,包装竞争策略会给消费者以一种艺术性的优惠,比简单地降价让利于顾客具有更强的竞争力。

(3) 销售服务竞争策略的实施,使消费者在选择直销产品中得到尽可能多的附加值。

销售服务是指围绕着促进产品销售和帮助消费者使用所进行的一系列活动,充分反映消费者要求的全方位的销售服务是提升直销企业竞争能力的有效保证。这是因为,消费者在直销产品交换活动中所获得的需求满足感,不仅表现在购买过程中,主要还体现在使用直销产品的消费过程中。在大多数直销企业产品的制造能力和更新换代能力逐步接近的情况下,销售服务的竞争将是直销企业之间竞争的主要方面。因为,消费者只会选择那些能够提供尽可能多的附加值的直销产品。

>>> 13.3.5 构建和谐社会是直销企业的重大社会责任

构建和谐社会是直销企业的重大社会责任。随着许多直销企业经济实力的不断增强,企业在政治与文化等方面的影响也在不断扩大,构建和谐社会的责任就更大。那么,在和谐社会构建中,直销企业如何发展呢?这里有几种模式可供选择。

1) 循环经济模式

循环经济注重"资源→产品→再生资源→再生产品"的循环流动,所有物料和能源在不断循环中得到合理和持久的利用,以最小成本获得最大经济效益和环境效益。直销行业循环经济可在不同层面上展开。

2) 产业带动模式

产业带动是指优势或核心直销企业通过延长产业链带动弱势产业或群体获得

经济发展,从而缓减地区发展不平衡和城乡收入差距。如大连美罗国际和上海绿谷生命这两家直销企业大胆探索"公司"＋基地＋农户的生产经营模式,创造了企业自身跨越式发展的奇迹。

3) 强化产品责任模式

直销产品消费及直销产品的废弃,对生态环境具有负面影响。直销产品不仅要关注产品加工过程中的污染最小化,而且要使产品在整个生命周期中对环境冲击最小化,即要实行产品"终身负责制"。

4) 企业社会责任模式

直销企业通过承担社会责任而实现社会财富的第三次分配,能够有效弥补社会净产值一次分配和二次分配的不足,还能缓解贫富差距和区域发展失衡,如慈善捐款、技术文化培训、人力支持等。直销企业的社会责任与其商业目标密切相关,企业有益于社会时其自身竞争环境也在改善和优化,企业与所在地政府的关系、社会声誉、客户关系及员工的工作积极性等明显改善。据调查,我国89.3%的直销企业愿意承担社会责任,92.6%的直销企业将承担社会责任作为自己日常工作的一部分。

13.4　智能时代直销企业的未来

2018年9月17日,习近平总书记在给世界人工智能大会的贺信中指出:新一代人工智能在全球范围内蓬勃兴起,为经济社会发展注入了新功能,正深刻改变人们的生活方式。

变革铸就机遇,科技激发活力。在人工智能浪潮来袭之时,直销行业当今也在拥抱变革,这种变革借用一些新技术、新工具成为智能时代的受益者。

直销业毫无疑问正迎来新一轮变革。这种变革体现在具体的企业生产经营等层面,也体现在企业战略层面。事实上,已经有数家直销企业将人工智能应用于企业发展中。

>>>13.4.1　人工智能的冲击

人工智能(Artificial Intelligence,AI)是指由人制造出来的机器所表现出来的智能,被认为是21世纪三大尖端技术(基因工程、纳米科学、人工智能)之一。包括智能制造、智能工厂、职能产品、智能导购、智能客服和智能医疗等。

1956年,人工智能的概念首次被提出。到如今,人工智能历经62年的发展,已成为新一轮产业变革的核心驱动力,正对世界经济、社会进步和人类生活产生极其深刻的影响。

相比过去历次技术革命,人工智能开启的智能革命对社会带来的冲击或许是空前的。这种冲击,一方面表现在人工智能逐渐成为经济发展的新引擎,而另一方面,人工智能发展的不确定性也给政府、经济安全和社会稳定乃至全球治理带来了新挑战。

面对这种冲击,无论国家还是企业,都必须主动求变应变。近年来,我国为抢抓人工智能发展的重大战略机遇、构筑人工智能发展的先发优势,密集出台了支持人工智能发展的政策,比如给相关企业税收优惠、财政支持等。而且,连续两年的政府工作报告中都提到人工智能,可见中国要把人工智能上升到国家战略的决心。而根据2017年国务院印发的《新一代人工智能发展规划》,到2030年,人工智能核心产业规模将超过1万亿元,人工智能相关产业规模将超过10万亿元。

这种变革体现在具体的生产应用层面,也体现在企业战略层面。事实上,已经有数家直销企业将人工智能应用于企业发展中。"知识经济"聚焦于生产链的不同环节,梳理出人工智能目前在直销业的具体应用以及发展趋势。

一方面,人工智能必将催生出新技术、新产品、新产业、新业态和新模式;另一方面企业的发展也会加速人工智能的落地应用。当智能产品能够采集和记录消费者的数据和状态时,直销企业或许可以发现新的商机,探索出新的商业模式,那就是从智能生产向智能服务方向发展,让产品拥有更长的服务周期和更多的经济价值。这也是人工智能与大数据的真正落地之处。本节仅介绍智能导购和智能客服。

>>>13.4.2　智能导购

我们知道,一个企业的产品要进入消费者手中,需要一个环节,那就是销售。当销售用上人工智能时,就成了智能导购。

智能导购可以根据客户需求快速搜索到相关商品,并作出智能推荐,还可以对用户的基本数据和消费习惯进行分析,建立精准的客户分类,有利于企业与消费者长远关系的打造。

不过,智能导购机器人由于存在场地限制,并没有广泛地应用于直销产品的销售当中。这与直销行业的特性有关:直销是一份分享的事业,是利用人际网络的倍增原理,来扩大产品的销售。所以,目前直销企业引入导购机器人,主要追求的还是品牌价值和推广效益。

2018年初,天狮健康产业中心引进了一批机器人充当导购员和产品宣传。这些智能机器人整合了包括语音识别、语音合成、自然语言理解以及图像、声纹等多项人工智能技术,为公司提供产品宣传。它们具有自主行走、自主定位、语音交互功能,能实现引领导购,也能与消费者通过语音交互进行简单的对话。它们不仅可以为顾客推荐产品,还能够根据顾客使用需求,提供一整套健康方案。

同样,如新也曾经特别为来参观其大中华创新总部园区的人推出了定制化的服务型机器人"小 NU"。"小 NU"可以为参观者介绍现场概况,为想要了解如新事业和产品的人答疑解惑,甚至能进行简单的日常互动。

智能导购尽管还不普遍,但无疑会促进直销业尝试多种营销推广模式,吸引更多人关注,多维度地提升消费者体验。

>>>13.4.3 智能客服

客服工作是公司产品销售的延伸服务,是完善产品性能、满足客户第二需求的有效途径,也是提升公司品牌的重要途径。在智能化浪潮下,"客服+人工智能"会成为未来的趋势。据悉,预计到 2024 年,全球虚拟客服市场规模将超过 13.4 亿美元。

目前,已经有多家直销企业上线了智能客服机器人,如安利智能客服机器人(小安助手)、安然纳米小精灵机器人(安然纳米云服务智能客服系统)、自然阳光智能机器人"小阳君"、北方大陆线上多平台互动智能管家、如新微信智能客服机器人"小如新"、天狮智能客服机器人等。

这些智能客服能为经销商和顾客提供 24 小时不间断的服务:有的提供热门问题解答、产品和业务知识介绍、业绩收入查询;有的可以查询旅游积分、物流分公司、促销活动、公司酒店等信息等。如果有个别问题它们实在无法有效解答,经销商可以转接人工客服。

当然,为经销商和消费者提供更便捷的信息查询,还只是人工智能应用于客服的基础阶段。更重要的是,企业可以通过收集和分析客服大数据,实现产品和服务的改良,在服务好消费者的同时,助力企业发展。比如,阿里巴巴的中央信息处理厨房,将阿里小秘收集的大量客户关注信息整合后,传递给技术人员、研发人员和相关管理层,让相关职能部门快速响应和解决。

直销行业的龙头企业无限极,便将客服的焦点落于大数据的应用这方面。在2017 年度中国大数据与联络中心产业峰会上,无限极客服中心高级经理王晓云表示,无限极客服中心正进入第二个五年规划期。在第一个五年规划期间,无限极客服中心推出了一个服务产品——"顾客之声"电台。它可以将收集到的语音文件转化为文本文件,再反馈给公司管理层以及相关部门,使得公司的研发人员、销售人员、决策人员等都及时知道市场反馈,并做出相应调整。

客服中心如何从成本中心向利润中心转变,是所有业内人士共同关注的话题。

"我们希望'顾客之声'可以对业务产生更大的影响,让公司在做产品设计、品牌规划、业务策略时更加贴近市场。"王晓云说,"未来,无限极客服中心的规划是,将客服中心真正意义地从客户服务转换为数据服务。"

的确,越来越多的企业将智能客服看作拓展市场、服务消费升级的重要措施。比如安然公司,将智能客服系统作为公司进入2.0时代智能化产业布局的重要一环。其推出的纳米精灵机器人可实现智能聊天功能,同时还会对问题进行汇总分析,对后续产品和服务的改进提供合理化建议并提供数据支撑,及时高效地为市场和消费者服务。

综上所述,当今直销行业已深处智能革命带来的时代浪潮中,不少企业已将人工智能和大数据提高到战略层面,并落实到了生产、销售、客服等具体环节。当然,变革之路在我国才刚开始,直销企业应该着眼于行业特性,全方位、多层面地引入适合于直销的人工智能技术,让人工智能真正地赋能直销,为我国人工智能产业贡献直销智慧。

综上所述,直销行业已深处智能革命带来的时代浪潮中,不少企业已将人工智能和大数据提高到战略层面,并落实到了生产、销售、客服等具体环节。当然,变革之路才刚开始,直销企业应该着眼于行业特性,全方位、多层面地引入适合于直销的人工智能技术,让人工智能真正地赋能直销,为我国人工智能产业贡献直销智慧。

13.5 电子商务与直销企业

>>> 13.5.1 电子商务是网络直销的高级阶段

网络直销是指电子商务下的直销,这也是整合营销的一种。电子商务与网络直销是一对紧密相关又具有明显区别的概念,对于初次涉足网络直销领域者,对两个概念很容易造成混淆。比如直销企业建一个普通网站就以为是开展电子商务,或者将网上销售商品称为网络销售等,这些都是不正确的说法。但是我们可以这样说,电子商务是网络直销的高级阶段。网络直销与电子商务的区别主要有两个方面:

第一,网络直销与电子商务研究的范围不同。

电子商务的内涵很广,其核心是电子化交易,电子商务强调的是交易方式和交易过程两个环节。而网络直销注重的是以互联网为主要手段的直销活动。网络营销和电子商务的这种关系也表明,发生在电子交易过程中的网上支付和交易之后的商品配送等问题并不是网络直销所能包括的内容;同样,电子商务体系中所涉及的安全、法律等问题并不是网络直销所能包含的内容,也不适合全部包括在网络直销中。

第二,网络直销与电子商务的关注重点不同。

网络直销的重点在交易的前阶段的宣传和推广,电子商务的标志之一则是实现电子化交易。网络直销的定义已经表明,网络直销是直销企业整体营销战略的一个组成部分,但网络直销本身并不是一个完整的商业交易过程,而是为了促成交易提供支持,因此是电子商务中的一个重要环节,尤其在交易发生之前,网络直销发挥着重要的信息传递作用。从这种意义上说,电子商务可以被看作是网络直销的高级阶段。

所以说,电子商务与网络直销实际上又是密切联系的,网络直销是电子商务的组成部分,开展网络直销并不等于一定实现了电子商务(指实现网上交易),但实现电子商务一定是以开展网络直销为前提,因为网上销售被认为是网络营销的职能之一。电子商务加直销模式将引领传统直销模式走向新的里程。

>>>13.5.2 《电子商务法》助力直销企业

1)《电子商务法》简介

历时5年,历经3次公开征求意见、4次审议,《中华人民共和国电子商务法》(以下简称《电子商务法》)于2018年8月31日在第十三届全国人大常委会第五次会议上获得表决通过,并于2019年1月1日起施行。

《电子商务法》共7章89条,是我国首次以法律形式明确电子支付服务者的责任和义务的综合性法律。该部法律明晰了电子商务经营者的主体分为三大类,分别是电子商务平台经营者、平台内经营者和通过自建网站、其他网络的经营者,对电商经营资质、纳税、处罚标准等方面进行了明确规定。

该法一经审议通过,便引来社会热议。一时间"代购要凉""微商要凉""对跨境电商无实质意义"等论调充斥网络。事实上,微商、跨境电商与直销存在颇多纠葛与渊源,因此,它们的法律化、合规化也使得开展上述业务的直销企业获得更为明确的发展方向,而另一部分没有上述业务的直销企业也将能够在微商与跨境电商的规范调整期获得更多的市场机会。法律作为一种行为规范,其最终目的是规范发展,而不是遏制发展。《电子商务法》的出台将会使微商、跨境电商和直销等新的经济形态迎来更加规范有序的良性发展。

《电子商务法》第九条规定,本法所称电子商务经营者,是指通过互联网等信息网络从事销售商品或者提供服务的经营活动的自然人、法人和非法人组织,包括电子商务平台经营者、平台内经营者以及通过自建网站、其他网络服务销售商品或者提供服务的电子商务经营者。

同时，《电子商务法》也设立了微商准入门槛，如办理登记、纳税、公示营业执照信息等，将不合格经营者拒之门外，起到扶优汰劣的作用，有助于防范和惩治微商领域的违法违规经营行为。

《电子商务法》第十条至十二条规定，电子商务经营者应当依法办理市场主体登记，应当依法履行纳税义务，并依法享受税收优惠；电子商务经营者从事经营活动，依法需要取得相关行政许可的，应当依法取得行政许可。同时，第七十六条规定，电子商务经营者未在首页显著位置公示营业执照信息、行政许可信息、属于不需要办理市场主体登记情形等信息，或者上述信息的链接标识的，由市场监督管理部门责令限期改正，可以处一万元以下的罚款。

直销企业必须办理工商登记，否则将面临最高一万元的罚款，而登记完成后，作为商事主体和经营者，还需要依法纳税。此外，对于电子商务经营者销售的商品、提供的服务，《电子商务法》也规定，应当符合保障人身、财产安全的要求和环保要求，应当全面、真实、准确、及时地披露商品或者服务信息，向经营平台提交其身份、地址、联系方式、行政许可等真实信息。

《电子商务法》对于可追溯查证经营者信息以及商品信息的规定，在一定程度上保障了消费者的知情权、安全权、隐私权等权利，以往消费者维权无门、对侵权者处罚不力等尴尬状态，也将得到有效改善。

2)《电子商务法》促进直销企业发展

《电子商务法》的出台，将从侧面助力直销行业的进一步发展。近几年，微商的疯狂发展和快速裂变，不仅使直销市场受到了冲击，市场份额被瓜分，还由于微商的分销模式与直销存在相似之处，甚至有微商打出"类直销""微直销"等旗号，使得微商每每出现负面舆论，便会连累到直销在公众心目中的形象。

从博弈到融合，直销与微商各自进行了改变与调整之后，逐渐达成了相互靠近、相互借力的平衡局面。《电子商务法》的出台对于直销行业而言，无疑是一大利好。如今，微商规范化势必提高微商的违法成本，这也将倒逼微商从业人员依法依规经营，从而推动微商行业步入正轨，实现良性发展。直销行业也会减少连累，此外，不合格微商退出市场的同时，直销也可借此机会重新收回市场。

不过，还需注意的是，在直销与微商融合渐趋明显的当下，发展微商业务的直销企业也应当根据《电子商务法》的相关规定，依法在工商部门登记，并依法纳税，积极遵守法律规定，为行业营造健康、规范的营商环境。自2015年安利率先提出"互联网战略"，打造线上和线下事业生态体系，并推出自己运营的跨境电商平台后，直销行业逐渐意识到，树立互联网战略思维，与电子商务融合发展是企业的重要出路。为此，越来越多的直销企业建立了自己的跨境电商平台，力争进一步扩大业务范围,获得更多的市场发展机会。

《电子商务法》虽然未能对跨境电商的发展进行细化和明确,但在宏观上为跨境电商的发展提供了良好开端,跨境电商也将迎来有法可依的良性局面,并且从相关条款来看,国家明确支持跨境电商的发展。对于从事跨境电商业务的直销企业来说,其未来的业务发展方向将更加明确。同时,《电子商务法》的出台,也将有利于肃清直销行业的发展环境。

近年来,国内消费者购买境外服务或产品,到境外或通过境外网站交钱参与活动等行为愈发频繁,人们获得丰富产品和享受更多服务的同时,这种现象也滋生了一些非法组织,他们利用监管漏洞,打着所谓"微商""电商""消费投资""旅游互助",甚至直销的名义,以高投资高回报率作为诱饵,看似推销产品和服务,实则从事"拉人头、发展下线"的传销活动。

这些非法行为严重伤害了直销企业的市场形象,也使得直销企业"走出去,引进来"之路变得艰难起来。特别是一些境外传销组织,他们向境内消费者推销境外产品和服务,再通过境外网站,用外币或虚拟货币进行结算,或者怂恿消费者直接到境外交钱加入,以此来逃避中国法律法规和执法部门的约束和监管,导致众多消费者上当受骗,权益受损。针对上述情况,《电子商务法》对跨境电商经营者及其平台进行了相关规定,这不仅体现了国家期望逐渐改变现状、不断规范电子商务发展秩序的立法目标,也有利于政府相关部门依法实施监管,更好地保护消费者合法权益,更有利于我国电子商务产业健康规范发展。跨境电商营商环境的弊端得以肃清,将助力直销企业在跨境电商领域发挥能量,创造新的经济效益和社会效益。

(注:本章主要参考资料为《中国直销经济学》个别章节和互联网上的相关资料。谢谢!)

14 《直销管理条例》解读

在前面章节中概略地介绍了我国直销立法的背景及其历程,并重点阐述了我国首部《直销管理条例》与《禁止传销条例》的基本内容。为了有助于广大读者能更为精准的领悟该《条例》的内涵与意蕴,下面对其《条例》进行了逐条逐句的解读分析。

14.1 总 则

第一条 为规范直销行为,加强对直销活动的监管,防止欺诈,保护消费者的合法权益和社会公共利益,制定本条例。

【解读】

本条规定的是该条例的制定目的和宗旨。根据商务部负责人的讲话可以知道,该条例有两个指导思想:一是条例的内容要符合WTO的有关规定和我国的入世承诺。这样,条例的内容一定要能够满足我国履行入世承诺的需要,要与WTO规则相一致。应该说,现在正式公布的条例的有关规定与WTO规则和我国的入世承诺保持了一致。二是坚持从严监管。买卖双方信息不对称的特点在直销这种经销模式上表现得十分突出,同时,由于目前我国市场发育还不够完善,监管手段也较为落后,群众消费心理尚不成熟,因此,直销过程中很容易出现损害消费者利益的情形。1998年以前传销在我国发展的情况已经证明了这一点。有鉴于此,条例对直销业确立了较为严格的监管制度。这一方面有利于保障消费者的合法权益;另一方面,也有利于直销业的发展。严格的监管制度可以尽量减少违法行为的出现,而只有合法经营,直销业的发展才能获得良好的外部环境,从而走上持续、健康发展的良性发展道路。

再细观法规条文,我们可以看到该条例总共有三个目的。一是规范直销行为。由于我国多年来缺少直销的法律依据,而且群众的自我保护意识淡薄,以至于经常有些用心不良的人或者组织以直销的形式做些违法的勾当。另外,即使是正规的直销企业，在经营中也存在一些不规范的行为。此次该条例的出台提供了直销的行为规范和裁判规范，这将有利于直销行为的合法化，并为法院依法审理直销案件提供了法律依据，使法院摆脱了以前无法可依的局面。

二是加强对直销活动的监管。这与如上所述的指导思想是相一致的，这在一定程度上决定了该条例的行政色彩，而忽略了直销业的发展以及市场经济、商品流通的需要。在当前亟待规范直销业的情况下，作此规定尚属适宜，但需要及时根据直销业的发展状况，调整规范目的，《世界直销商德约法》已经为我们提供了很好的范本，促进直销业的发展，宣传正确的直销理念，方是直销立法的目的，而非监管。当然，这并非否定监管，而是强调哪个更是根本的问题，一旦把促进直销业的发展作为立法目的，那么监管将只成为手段而已。当我国的直销业经过一个时期的发展，市场经济发展到一个新的高度的时候，及时调整监管的力度和直销立法的重心很有必要。

三是防止欺诈，保护消费者的合法权益和社会公共利益。这是《世界直销商德约法》以及各国直销立法的终极目的，我国也不例外。直销行为从法律上界定是一种买卖行为，由于信息不对称和消费者处于弱势地位，因此有保护消费者的必要。防止欺诈，是民法诚实信用原则的体现，是保证公平自主交易的前提，该条例中除了直接规定禁止欺诈、误导外，还规定了冷静期，这在一定程度上也可以避免欺诈行为，至少让欺诈行为的效果不能实现。公共利益，其实是不确定的概念，是由不特定的第三人的利益构成的，只要切实地维护了每个消费者的合法权益，公共利益也就得到了维护和实现。抛开消费者的个人利益，将使公共利益成为空中楼阁，无所附从。

第二条 在中华人民共和国境内从事直销活动，应当遵守本条例。

直销产品的范围由国务院商务主管部门会同国务院工商行政管理部门根据直销业的发展状况和消费者的需求确定、公布。

【解读】

任何法律都具有其适用的范围，本法也不例外。通常法律的适用范围可以从对人标准、对事标准、地域标准以及时间标准四个角度来进行界定，本条文则是对该理论的具体化。

该条例只规定"在中华人民共和国境内从事直销活动，应当遵守本条例"，而没有规定该直销活动的主体，造成适用的主体不明确，这属于法律解释的范畴。根据立法目的，我们可以判断出该条例适用具有普遍性，也就是说，无论任何人，包括我国公民、外国人、无国籍人、港澳台同胞、海外侨胞，或者是任何组织，包括我国的公司、外国公司、或是跨国公司或集团、企业，只要在我国境内从事直销活动，那么他们就都要遵守本条例。

法律是具有主权国家颁布的命令，因此法律通常情况下只能在本国生效，并且只能规范本国领域范围内的活动,该条指出"在中华人民共和国境内从事直销活动,应当遵守本条例",说的就是本条例适用的地域范围。需要注意的是,何谓中华人民共和国境内,按照常人的理解可能是我国的大陆范围内,这样的理解过于狭窄,法律上的解释是:该领域包括我国的领土、领海、领空以及领事馆等空间范围,因此凡是在此范围内的直销活动均受本条例的约束,应当遵守本条例的相关规定。

该条例作为直销管理条例,其核心是针对直销行为,而每个民事主体在不同的情境下有不同的身份和地位,因此,直销企业或者直销人员在我国从事的其他交易或者活动,及与直销无关的行为,则不受本法的调整,系属当然。本条例只规范直销活动,当直销企业和直销人员从事直销活动时,方受本条例的约束和管制。

另外,关于时间范围,虽然本条文中没有涉及,但本条例于最后一条中做出了规定,即于何时该条例生效,自条例生效之日起,在我国国境内的直销活动或者直销纠纷处理,均可适用本条例。

本条第二款规定,直销产品的范围由国务院商务主管部门会同国务院工商行政管理部门根据直销业的发展状况和消费者的需求确定、公布。本款的意思是:直销产品的范围尚未确定,或者虽已确定,但并不由本条例来明确进行列举,其原因在于保持法律的稳定性。诚如条款中所说,直销产品的范围要根据直销业的发展状况和消费者的需求来确定,因此直销产品的范围是随着社会的发展变化而变化的,可能增加,也可能减少,重要的是能够满足消费者的需求和市场的需求。此外,直销产品的范围由国务院商务主管部门和国务院工商行政管理部门共同决定,其他部门无权决定。需要说明的是,这种确定不是随意的、主观的,正如马克思所说,我们的法律不过是在表述经济生活而已,立法不能具有任意性,尤其是有关市场经济的法律,要根据实际需要来做决定,只有主观决定和客观需要相一致,直销业才能有好的前景。

当前,根据国务院商务部和国务院工商总局的确定,被允许从事直销的产品正式锁定为化妆品等5个大类,凡经营超出两部委规定直销品种目录的商品的直销行为将被视为违规行为。根据两部委的公告,允许直销的产品品种为:化妆品(个人护理品、美容美发产品)、保健食品、保洁用品(个人卫生用品及生活用清洁用品)、保健器材、小型厨具。商务部外资司称,商务部和国家工商总局将根据直销业发展状况和消费者的需求,适时调整直销产品的范围。商务部贸易专家指出,此规定将对直销类企业超范围经营的现象起到遏制作用。

第三条　本条例所称直销,是指直销企业招募直销员,由直销员在固定营业场所之外直接向最终消费者(以下简称消费者)推销产品的经销方式。

本条例所称直销企业,是指依照本条例规定经批准采取直销方式销售产品的企业。

本条例所称直销员,是指在固定营业场所之外将产品直接推销给消费者的人员。

【解读】

本条是关于直销的定义性规定。要想对直销的概念进行分析研究,那么首先必须清楚什么是"概念"。逻辑学界对此有多种定义[①]:① 概念是反映事物本质属性的思维形式……所谓本质属性是决定该事物之所以为该事物并区别于他事物的属性。② 概念是反映事物范围、本质的思维形式。③ 概念是反映事物(对象)的属性和范围的思维形式。④ 概念是通过反映事物的本质属性来反映事物的思维形式。

以上第①②④种这三种定义是本质论,是学界的通说。概念,"是指人们头脑中关于某个对象的符号",[②]是事物本质的反映,是一类事物特有的本质属性的信息表征。而第3种定义明显不对,定义过宽。因为很多的属性并不是某一类事物所特有的,如果用这些许多事物所共有的属性来定义某一类事物就会造成混乱,彼此难以分清。[①]

概念是对事物本质属性的反映,是在感知的基础上产生的对事物的概括性认识。概念具有内涵和外延两个方面。概念的内涵是指概念所反映的事物的本质属性的总和,是事物的实质内容,而概念的外延则是指具有该概念所反映的本质属性的一切事物,廓清事物的基本范畴和范围。内涵和外延还存在着相反的关系,也就是说,如果增加一个概念的内涵,其外延就会相对缩小;如果增加一个概念的外延,其内涵就会因此而减少。所以,可以用增加或者减少概念内涵的办法对概念进行限制或概括,从而更加准确地认识该概念,了解该事物。要想真正地掌握一个概念,需要正确地把握它的内涵,同时也需要正确地把握它的外延,否则就会发生不合理地扩大概念或不合理地缩小概念这类错误。

按照传统理论,在确定概念时应当遵循以下规则。第一,概念必须适当,即概念不能过宽,也不能过窄。第二,概念应当尽量避免否定的表述。因为通常采用否定的表述达不到下定义、明白事物性质的目的。第三,概念不能重复,或者说不能循环。第四,概念不能过长。也就是说,概念不能包含多余的东西,只能包含本质特征。第五,概念应该是严格的,即概念用语应当尽量紧凑,表达要清楚明确,特别应避免使用比喻,诙谐的词语也应禁止使用。第六,概念不能含有矛盾,否则便是自相矛盾。

根据以上理论,尤其是结合《禁止传销条例》,我们可以看出,本条例给直销所下的定义:"直销,是指直销企业招募直销员,由直销员在固定营业场所之外直接向最终消费者(以下简称消费者)推销产品的经销方式。"也就是说,直销是直销员与

[①] 何小前,窦栋有.概念定义的修正.湘潭师范学院学报.(社会科学版),2005.3
[②] 梁慧星.民法解释学.北京:中国政法大学出版社,1995

消费者之间的关系，直销员不依附于店铺、超市或者专卖店等具有固定位置的经营场所，他们之间不存在中间商或者第三人，商品直接在二者间流转。通过这层意思我们可以看出，本条例规制的是单层次直销，排除了在许多国家和地区合法存在的多层次直销，这是法定解释，在司法适用中具有绝对的权威。排除了多层次直销，对于规范我国的直销市场将起到何种积极的作用抑或是消极的作用还有待实践的检验。但可以肯定的是，单层次直销易于规范。本条例的出台，将对单层次直销起到至关重要的作用。

根据《禁止传销条例》，传销是指组织者或者经营者发展人员，通过对被发展人员以其直接或者间接发展的人员数量或者销售业绩为依据计算和给付报酬，或者要求被发展人员以交纳一定费用为条件取得加入资格等方式牟取非法利益，扰乱经济秩序，影响社会稳定的行为。传销的主要表现形式有三种：① "拉人头"行为，即组织者或者经营者通过发展人员，要求被发展人员发展其他人员加入，对发展的人员以其直接或者间接发展的人员数量为依据计算和给付报酬，牟取非法利益；② "团队计酬"行为，即组织者或者经营者通过发展人员，要求被发展人员交纳费用或者以认购商品等方式变相交纳费用，取得加入或者发展其他人员加入的资格，牟取非法利益；③ 骗取入门费的行为，即组织者或者经营者通过发展人员，要求被发展人员发展其他人员加入，形成上下线关系，并以下线的销售业绩为依据计算和给付上线报酬，牟取非法利益。国家引导和规范直销，严厉禁止和打击传销。

总的来说，直销和非法传销有根本区别。通过对比可以更好地理解直销的含义，二者的主要区别体现于以下几个方面：

（1）是否以销售产品作为企业运营的基础　直销以销售产品作为公司收益的来源；而非法传销则以"拉人头"发展下线进行牟利或借助销售伪劣或者质次价高的产品变相拉人牟利，甚至根本就没有产品。

（2）产品销售、消费是否强加于销售对象　直销是以销售产品为目的，销售的最终对象是消费者，消费者自愿购买产品；而非法传销往往是向加入传销的销售人员强制销售产品，而此项产品往往并非这些人员所需所用。

（3）有无从业人员高额入门费　直销人员无需向直销企业缴纳任何入门费，也不会被强制认购产品或者购买资料费、培训费等不合理费用，直销人员与消费者之间除了买卖关系，别无其他关系；而非法传销中，参加者参与的条件要么是直接缴纳高额入门费，要么以认购一定数量产品的形式变相缴纳高额入门费，通常都是以不择手段拉人加入以赚取高额利润，传销公司的利润也主要来自入门费，实际上它是一种变相融资行为。而且非法传销的利润主要被融资者所占有，后入会的人员成为上当受骗的牺牲者。在英美国家，传销也被认为构成投资合同，受证券法调整，防止欺诈，保护潜在的投资者。

(4) 从业资格　直销员要与公司签订销售合同,公司要承担执行国家相关法律法规的责任,不能夸大产品性能,先培训后上岗;而非法传销是"金字塔"结构,下线要购买高价产品,声称是"投机发财机会",培训是"传教"式的精神控制、现场作秀和误导,传销员与公司之间没有产品销售合同。

　　(5) 报酬是否采用按劳分配的计酬方式　在合法直销企业中,每位推销人员按其个人销售额计算报酬,不存在上、下线关系;而非法传销通过许下高额回报为诱饵招揽人员从事传销活动,参加者中上线从下线的入会费或"业绩"中提取报酬。

　　(6) 利润的来源　直销的利润来源于正常的销售业绩,属于劳动所得;非法传销利润来源于通过拉人头强制认购产品所形成的"业绩",属于侵占他人的劳动成果,这一点也印证了传销的投资合同的属性。

　　(7) 销售方式　合法的直销是分支机构服务网点加推销员的模式,在一定的时间内可以无条件退货;而非法传销无店铺、隐蔽性强,推销误导他人,干扰社会秩序、他人生活和工作,严重影响社会经济秩序。

　　(8) 有无退出、退货、换货的保障机制　合法的直销中,其直销人员可根据个人意愿自由选择继续经营或退出,企业为直销人员和顾客提供完善的退货、换货保障机制;非法传销则通常强制约定不可退货或退货条件十分苛刻,消费者已认购的产品难以退货,从而达到推销质次价高的产品的目的,损害消费者利益。

　　本条例规定的直销的内涵较为狭窄,其特征在于直销员在固定营业场所之外直接向最终消费者推销产品。固定营业场所之外,可以是消费者的家里、工作地点、或者是公共场合,也可以是家庭聚会的场所。需要注意的是,本条例要求直接推销,而不是经过两手或者三手产品方到达消费者手中。这样更能够降低产品的成本,有利于消费者,而多层次的销售则很难达到物美价廉的效果。

　　第二款和第三款分别对直销企业和直销员进行界定。按照第二款,直销企业是指依照本条例规定经批准采取直销方式销售产品的企业。也就是说,直销企业采取批准制,任何在我国要从事直销的企业都必须经过有关部门的批准。根据整个条例的内容可以看出,本条例在一定程度上充当了直销企业组织法的功能,一个企业要具备哪些条件,依照哪些程序,方能成为直销企业,均有赖于本条例的规定。关于直销员,无需太多解释,但需要予以区分的是直销员和直销企业的员工,直销员需要持证上岗,这在后文将会论述。

　　第四条　在中华人民共和国境内设立的企业(以下简称企业),可以依照本条例规定申请成为以直销方式销售本企业生产的产品以及其母公司、控股公司生产产品的直销企业。

　　直销企业可以依法取得贸易权和分销权。

　　【解读】

　　本条对直销企业的主体性提出要求,并对其权限进行了说明。

根据本条规定,并非所有的企业均能够成为本法所称的直销企业,外国企业就是一例。只有在我国国境内设立的企业,才有可能成为本法所称的直销企业。至于企业的性质,则不做强制性的规定,只要能够满足本法规定的其他条件,不论该企业是公司,或者合伙企业,或者个人独资企业,还是三资企业,均没有问题。但根据相关条文高额的注册资本金及苛刻的申请条件,实际上使得许多中小企业根本无缘直销业。从而,直销企业数目有限,相对来说易于规制,但有可能造成直销业在一定程度上的萎缩。

直销企业作为一种特殊的企业,条例对其销售活动进行了限制,即直销企业销售的产品只能是本企业生产的产品,或者是其母公司生产的产品,亦可是其控股公司生产的产品。条例之所以作此规定,在于母公司和控股公司均能直接或者间接地通过较高的持股、表决权协议或者支配协议以及高级人员的兼职等措施来控制本企业,因此该规定是合理的,是符合经济现实的。同时母公司和控股公司两个公司法术语的并用也说明了二者是不同的公司组织形式,他们存在着不同的标准,但具体标准为何,有待于进一步地澄清。条例规定直销企业只能销售本企业生产的产品以及其母公司、控股公司生产的产品,在一定程度上可以预防假冒,保护消费者的合法权益。直销企业销售的是自己生产的产品或其母公司、控股公司生产的产品,将非常珍惜自己的声誉和品牌形象,这有助于预防直销业中的销售假冒伪劣产品现象和欺诈行为。根据当前条例的规定,最有利的应该是其母公司或者控股公司已经有丰富的产品的企业。以安利为代表,安利母公司产品有一千多种,拿到我国销售的只有一百多种。雅芳在海外同样有丰富的产品,拿到我国销售的只是其中的一小部分。因此,从目前的市场情况来看,获利最大的将是安利、雅芳、如新等外资企业。只要获得了产品分销权,其海外产品便可以打进中国市场,本条第二款即是关于分销权的规定。对于目前市场上从事直销活动的一些企业而言,希望通过自身渠道代理其他公司产品销售,从而完善本企业产品线的尝试违反本条例规定。

当前,许多直销企业都是跨国公司,跨国经营,规定直销企业可以依法取得贸易权和分销权,这扫清了直销企业走出国门、国际经营的障碍,对于直销企业打开国际市场,拓展国际贸易大有裨益。对直销企业而言,如何更好地、更有效率地利用其直销渠道,从而获得在企业中的竞争力,是一个值得研究的课题。一方面,有实力的直销企业可以加大产品的研发投入,拓宽产品线的宽度或延长产品线的长度,从而更好地利用企业的直销渠道。另一方面,就是合理利用条例规定,成立子公司或者取得其他公司的控股权,进而取得贸易权和分销权,销售本公司或者控股公司的产品,这无疑大大拓宽了企业销售产品的范围。从长远考虑,直销企业不但可以更好的提高产品品质、性能,而且利润的空间也会比较大。

第五条 直销企业及其直销员从事直销活动,不得有欺骗、误导等宣传和推销行为。

【解读】

本条属于禁止性条款。其规范的对象是直销企业和直销员,二者是独立的民事主体,但是他们之间存在关联关系,条例和实践经验都告诉人们,直销企业同直销员之间存在合同关系,而且直销员销售的产品是直销企业的产品,因此,可以将二者一并予以规范。

市场经济是信用经济,诚实信用应当是每个商人的行为准则,因此一切与此相悖的行为都应该予以禁止。《世界直销商德约法》也对此做出了规定,内容包括欺骗、误导以及夸大宣传。该条例虽然没有提及夸大宣传行为,但在解释条例和适用条例时也应当作此解释,直销企业及其直销员也不得有夸大宣传行为。欺骗,主要是指直销人员将产品本不具备的品质、优点告诉消费者,即从无到有的过程属于欺骗;误导则是直销人员把 A 说成 B,或者在说 A 时让消费者联想到 B;夸大宣传则是把小优点说成大优点,把小特点说成大特色,直销人员的极度夸张之能事常表现于此情形中。其中宣传行为包括广告宣传、电视宣传、海报宣传、现场宣传等多种形式。其实,直销企业诚实守信,从长远来看,是利大于弊的,因为直销企业的信誉高了,产品、品牌响了,自然商机不断,利润多多。因此直销企业从自身利益着想也是应该坚持诚实信用原则的,切不可为了一时的蝇头小利而行欺骗、误导消费者的行为。否则,直销企业为了一时的利润,将是捡了芝麻,丢了西瓜,得不偿失。从成本利润分析来看,直销企业诚信合法经营也是有百利而无一害。

第六条 国务院商务主管部门和工商行政管理部门依照其职责分工和本条例规定,负责对直销企业和直销员及其直销活动实施监督管理。

【解读】

国务院商务主管部门和工商行政管理部门共同负责直销活动的监管,例如国务院商务主管部门会同工商行政管理部门共同决定直销产品的范围,二者共同决定保证金存入的指定银行。但二者也在一定程度上存在着分工,如本条例第九条规定:"申请人应当通过所在地省、自治区、直辖市商务主管部门向国务院商务主管部门提出申请。省、自治区、直辖市商务主管部门应自收到申请文件、资料之日起 7 日内,将申请文件、资料报送国务院商务主管部门。国务院商务主管部门应当自收到全部申请文件、资料之日起 90 日内,经征求国务院工商行政管理部门的意见,作出批准或者不予批准的决定。予以批准的,由国务院商务主管部门颁发直销经营许可证。申请人持国务院商务主管部门颁发的直销经营许可证,依法向工商行政管理部门申请变更登记。国务院商务主管部门审查颁发直销经营许可证,应当考虑国家安全、社会公共利益和直销业发展状况等因素。"

这些都体现了二者的分工合作,在监管直销的各项活动中不同部门分工合作很有必要,我国打击传销的经验也证明了这一点。但需要注意的是,法律务必使不同部门的权限明确,而不能模棱两可、混淆不清,否则不同部门的协同作战只能导致有利益时争相行使自己的权力,而出现问题时则相互推诿,无人负责,这是我们不愿看到的。从制度建设来看,权利(权力)、义务、责任明确,对于国家行政机关来说很有必要。

14.2 直销企业及其分支机构的设立和变更

第七条 申请成为直销企业,应当具备下列条件:

(一)投资者具有良好的商业信誉,在提出申请前连续5年没有重大违法经营记录;外国投资者还应当有3年以上在中国境外从事直销活动的经验;

(二)实缴注册资本不低于人民币8000万元;

(三)依照本条例规定在指定银行足额缴纳了保证金;

(四)依照规定建立了信息报备和披露制度。

【解读】

本条规定的是从事直销企业的准入条件与机制。为了加强监管,从严整顿,使直销行业规范化、市场化,该条例规定的直销企业的申请条件比较高,甚至比股份公司的基本要求还要高一些。在逐渐降低普通公司成立的标准之时,对直销企业要求如此高的条件,也反映了我国政府对直销企业或者直销业某种程度的不放心,对之持戒备态度。

首先在企业的信誉方面作出规定,投资者要具有良好的商业声誉,这是对内资外资的共同要求,商业信誉良好的企业懂得珍惜其来之不易的品牌,这对于直销业来说尤为重要,过去几年直销业发展的实践已经证明了这一点。声誉较好的企业,相对来说更加注重约束自身的行为,有利于保证市场秩序,保护消费者的合法权益。其次,在提出申请前连续5年没有重大违法经营纪录,这一规定与信誉规定是相通的,其目的相同,只是以一种更具体的形式体现了企业的信誉良好。通常这样的企业能够较好地遵守法律法规,但这只是从历史来推测未来,具有一定的危险性,重要的还是在企业运营中的及时监管。再次,外国投资者还应有3年以上在中国境外从事直销活动的经验。这是对外国投资者的特殊规定,在我国从事直销活动的外资企业主要有雅芳、安利、玫琳凯等几家大型直销企业,这是法律对他们这些较为规范的直销企业过去行为的肯定,同时也是对意图进入中国市场的新的直销企业提出的要求。要求3年以上在中国境外从事直销活动的经验,这对外国投资者三年的考查期并不算太长。这样的规定对于外国投资者和我国消费者都有好处,在此期间,外国投资者可以了解和适应中国直销市场的特点,而中国消费者则可以培养对于其产品的兴趣。积累3年以上的经验,可以使从事直销的外国投资者对其目标顾客更加了解,这将有利于他们在取得直销企业资格后深入细致地开展工作;有助于保证外国投资者合法长期经营的资质,保证外国投资者具有丰富的从业经验以及适应中国市场及监管特点的能力。但需要指出的是,该直销经验是否必须是单层次直销的经验,本条例没有明确其指向。从实际情况来看,国外公司大多从事的是多层次直销,我们可以认为该直销经验应包含多层次直销的经验,否则能够进入中国市场的外国企业就少之又少了。由于条例采用行业准入制,没有营业执照即为非法,因此,在本条例修改前,其他外国投资者(企业)想进入中国的直销市场将会有一定的阻力。

本条例规定了较高的资本要求。申请从事直销的投资者,实缴注册资本不低于人民币8 000万元;另外,直销企业还应当在商务部主管部门和工商行政管理部门共同指定的银行开设专门账户,存入保证金。保证金的数额在直销企业设立时为人民币2 000万元;直销企业运营后,保证金数额应当保持在直销企业上一个月直销产品销售收入15%的水平,但最高不超过人民币1亿元,最低不少于人民币2 000万元。保证金制度比较适合我国的国情,它主要是为了保护消费者和直销员的合法权益。有的直销投资者聚敛了钱财以后,携款潜逃,保证金制度可以有效地避免此种损害消费者行为的发生。也就是说,直销企业在申请成立之时至少应当具备1亿元人民币方能满足本条例的要求。

这对于进入直销市场的企业要求可以说十分苛刻。其目的在于:让大企业、有实力的企业来做直销市场,以保证有足够的实力对消费者负责;当企业出现违规现象时,保证金可有效化解来自直销员和消费者的问题;可以抑制直销开放带来盲目投资和市场过热,保证这一行业持续、健康、快速发展;有效隔离想借直销之名而行传销之实的非法传销者。中国直销市场的长远发展,需要高标准、严要求,这符合我国当前的实际情况。但是,这对于我国民族企业中的中小企业来说无疑是设置了障碍,这将在一定程度上抑制我国民族直销业的发展,对于发展民族经济,增强民族企业的竞争力可能会起到消极作用。

需要注意的是,高额的公司注册资本固然是对直销员和消费者提供了一定的保障,但是,注册资本只是原始的数额,一个符号,是静态的,而对直销员和消费者最终能够起到担保作用的还是直销企业的实际资产和保证金,直销企业的资产又是随着公司运营和市场变化而随时都在变化之中,因此,切实维护直销企业的资产比重视注册资本更为重要,这一点不可不查,证券市场中的悲剧不应再在直销业重演。

信息报备和披露制度的建立,既是申请成为直销企业的前提条件之一,也是直销企业规范化经营的要求和体现。它保证了直销企业成立合法化、经营运作规范化。由于直销交易自身的特点,消费者对直销企业、直销产品以及直销人员的相关信息往往掌握得十分有限,甚至是片面和失真的。而缺乏监管,必然产生较为严重的信息不对称现象,同时非法传销组织也会利用信息不对称,蒙骗群众,扰乱市场秩序。所以,信息报备和信息披露是促进直销业健康持续发展的一个重要而且必需的措施。这主要通过三个以下层面的工作加以保证:

第一,直销企业申请成立时必须报备的信息,即本条例的第八条规定。第八条规定,成立直销企业必须向相关部门提供以下材料:连续5年没有重大违法经营记录和外国投资者具有3年以上在中国境外从事直销活动的经验的证明材料;企业章程,属于中外合资、合作的企业的,还应当提供合资或者合作企业合同;市场计划报告书,包括依照规定拟定的当地县级以上人民政府认可的从事直销活动地区的服务网点方案;符合国家标准的产品说明;拟与直销员签订的推销合同样本;会计师事务所出具的验资报告;企业与指定银行达成的同意依照规定使用保证金的协议。

第二,直销企业成立及经营过程中应当披露的信息。虽然《直销管理条例》中对直销企业应披露的信息及披露方式没有具体规定,然而作为直销企业要通过建立网站等形式向社会真实、准确、及时、完整地披露相关信息:直销企业直销员总数,各省级分支机构直销员总数、名单、直销员证编号;直销企业分支机构名称、地址、联系方式及负责人,服务网点名称、地址、联系方式及负责人;直销产品目录、零售价格、产品质量及其标准说明书;根据国家相关规定直销产品应符合国家认证、许可或强制性标准的,直销企业应披露其取得相关认证、许可或符合标准的证明文件;直销员计酬、奖励制度;直销产品退换货办法及退换货地点;售后服务部门、职能、投诉电话、投诉处理程序;直销企业与直销员签订的推销合同中关于直销企业和直销员的权利、义务,直销员解约制度,直销员退换货办法,计酬办法及奖励制度,劳动争议解决方式,法律责任及其他相关规定;直销员的培训和考试方案;涉及企业的重大诉讼、仲裁事项及处理情况。

第三,政府部门应当披露的信息。信息披露的主体还应包括政府相关部门,他们对直销企业及其所披露的信息形成强有力的制约。政府相关部门在其网站上公布以下信息:直销业有关的法律、法规及规章;直销产品范围公告;直销企业名单及其直销产品名录;直销企业省级分支机构名单及其从事直销的地区、服务网点;直销企业保证金使用情况;直销员证、直销培训员证式样;直销企业、直销培训员及直销员违规及处罚情况;其他需要公布的信息。

以上信息的披露基本上涵盖了企业经营的各个方面,有利于强化对直销企业的监督,可以有效防止个别直销员欺诈、假冒及夸大产品作用,对于减少市场信息不对称,提高市场运行效率,保护消费者的合法权益,促进直销市场快速、稳定、健康发展有非常积极的意义。当然,为保证信息的有效性,应当建立完善的信息披露监管体制,进一步健全信息披露的有关法规,对披露虚假信息的直销企业和直销员依法进行惩处。

针对如此严格的申请条件,中国著名直销专家、北京商业管理干部学院王义教授表示:未来直销在中国可能会出现这样一种格局:由于得不到批准的企业会很多,绝大多数的企业面临四条出路:一是和合法的直销企业合作;二是转入国际市场;三是关门歇业;四是转入地下操作。我认为一大批企业会选择第四种方式。因为合作可能性不大,有品牌的直销企业要保持自己的市场份额和品牌特色不变,不会允许其他企业分享自己的市场;转战国际市场,需要有实力,在国内没有实力,到国外发展更困难;关门歇业是不愿意的,毕竟要生存。所以一大批企业会转入地下无照经营。所以未来中国直销市场上可能会出现公开直销和地下直销并存、内资直销和外资直销并存这样一种格局。消费者对此需要认真识别。

第八条　申请成为直销企业应当填写申请表,并提交下列申请文件、资料:

（一）符合本条例第七条规定条件的证明材料;

（二）企业章程,属于中外合资、合作企业的,还应当提供合资或者合作企业合同;

（三）市场计划报告书,包括依照本条例第十条规定拟定的经当地县级以上人民政府认可的从事直销活动地区的服务网点方案;

（四）符合国家标准的产品说明;

（五）拟与直销员签订的推销合同样本;

（六）会计师事务所出具的验资报告;

（七）企业与指定银行达成的同意依照本条例规定使用保证金的协议。

【解读】

本条例要求企业申请成为直销企业需要提供的文件、信息和资料,并填写申请表格。文件主要分为以下七类:

（1）首先需要提交的是符合本条例第七条规定条件的证明文件,即企业要证明自己信誉良好、资本情况等,这是企业申请的前提条件。国外存在保荐人制度,我国新证券法也有保荐人制度,在出现违法行为时保荐人需要承担一定的责任。但本条例对此未作说明。

（2）需要提交企业章程。章程是一个企业的核心行为准则,对于规范企业治理、员工与股东权益至为重要。其中属于中外合资、合作企业的,还需要提供双方形成企业的合同,这对于工商管理部门全面掌握企业的信息、对企业进行规范管理非常重要。

（3）直销企业成立后要在一个地区开展直销活动,必须提交直销企业的市场计划报告书,并建立服务分支机构和经当地县级以上人民政府认可的从事直销活动地区的网点,以满足消费者、直销员了解产品价格、退换货等要求。规定经销地设置服务网点,有利于直销员与消费者直接与直销公司联系,更方便地获取直销企业和产品的相关信息,使售后服务得以保障。

(4)提交符合国家标准的产品说明。直销企业销售的产品必须属于国务院商务部门和工商行政管理部门共同确定的五类直销产品,并且其质量需要达到国家质检部门规定的质量要求,直销企业对此需要作出详细说明,这有利于国家直销相关部门对直销业进行宏观掌握。

(5)需要提交直销企业拟与直销员签订的推销合同样本。由于直销企业与直销员之间签订的合同属于格式合同,提交合同样本可以在一定程度上保证推销合同的公平性。格式合同是指由一方当事人预先拟定,用于同不特定的多数人订立,而由相对人决定是否接受的合同,法国学者称为附合契约,德国法上称为一般交易条款,在日本称为普通条款,在我国台湾地区称为定型化契约。我国《合同法》也对此作出专门规定,以保护合同相对方的利益。《合同法》规定,合同条款中含有免除己方责任、排除对方当事人主要权利、加重对方责任的条款无效。免除造成对方人身伤害的、免除故意或重大过失造成对方财产损失的条款无效。为了实现保护弱者的需要,立法、司法以及行政体制需要对格式合同进行一定的规制。其实,国务院相关部门除了审查推销合同外,尚可以由官方推出推销合同样本,规范直销企业与直销员的关系,供直销企业和直销员使用。

(6)提交会计师事务所出具的验资报告,这可以一定程度上保证直销企业出资的真实性和确切性。验资报告不能低估更不能高估,从而保证直销企业注册资本能够全部到位,充当公司运营的资金和债权人的担保。虽然,证券业出现了安然、世通等丑闻,但是会计师事务所的功能仍不能小看。

(7)直销企业需要提供供赔偿和退货之用的保证金,因此,需要提交企业与指定银行达成的同意依照本条例规定使用保证金的协议。保证金协议的签署和保证金的到位,将切实督促直销企业合法经营,严格产品质量,并为产品和服务纠纷提供了预先防范解决机制。

该条所规定的具体内容,主要是出于以下目的[①]:一是对申请企业的合法性进行审查,包括企业出资人的相关信息和资信状况,防止不具备相应条件的企业进入直销市场开展业务;二是通过审查申请企业的市场开发计划,发现其可能影响或干扰市场经济正常运行的行为;三是审查申请企业的产品情况和服务状况以及网点的建设情况,确定其是否具备了有效开展直销业务、履行承诺的各种条件。在审查申请企业的有关资料时,每个环节都非常重要。由于直销这一营销渠道方式非常特别,在实际业务开展中存在着较大的信息不对称性,管理不当极容易引起消费者

---

① 坚石.直销企业申请条件和申请程序原因探析.经济参考报.http://www.cdse.com.cn/html/2005/9/ln9144172420272950021061l-0.html,2006年7月15日搜索。

的不满,因而在审批程序上一定要严格把关。尤其在保证金上缴和服务网点建设方面,有关部门需要投入大量的人力、物力进行监控,防止一些企业利用政策空隙从事损害消费者利益的业务。鉴于直销市场特殊的环境和企业运作模式,制定严格的审批程序就显得非常必要,也非常符合中国市场经济发展的现状。

第九条 申请人应当通过所在地省、自治区、直辖市商务主管部门向国务院商务主管部门提出申请。省、自治区、直辖市商务主管部门应当自收到申请文件、资料之日起7日内,将申请文件、资料报送国务院商务主管部门。国务院商务主管部门应当自收到全部申请文件、资料之日起90日内,经征求国务院工商行政管理部门的意见,作出批准或者不予批准的决定。予以批准的,由国务院商务主管部门颁发直销经营许可证。

申请人持国务院商务主管部门颁发的直销经营许可证,依法向工商行政管理部门申请变更登记。

国务院商务主管部门审查颁发直销经营许可证,应当考虑国家安全、社会公共利益和直销业发展状况等因素。

【解读】

企业申请成为直销企业首先需要向所在地的省、自治区、直辖市商务主管部门提出申请,其后由省、自治区、直辖市商务主管部门将相关文件报送国务院商务主管部门。也就是说,直销企业不能直接向国务院商务主管部门提出申请,直接申请者商务部不予受理。需要提及的是,本条同样对省、自治区、直辖市商务主管部门和国务院商务主管部门送报及审核的时间作出了限制性规定,省、自治区、直辖市商务主管部门应当自收到申请文件、资料之日起7日内,将申请文件、资料报送国务院商务主管部门。国务院商务主管部门应当自收到全部申请文件、资料之日起90日内,经征求国务院工商行政管理部门的意见,作出批准或者不予批准的决定。如果商务主管部门未能在规定的时间内送报文件或者作出批准与否的决定,则属违法,申请的企业应当可以申诉。但本条例没有做出相应的规定,是为不足之处。也就是说,申请的企业在此情况下申诉无门,这有违法治精神,需要改进。另外,对于商务主管部门未能在规定的时间内送报文件或者作出批准与否的决定这一违法行为,应当赋予一定的责任,方符合权力和责任相一致的原则,否则,只享有权力,不承担责任,很容易造成滥用权力。孟德斯鸠说过,一切拥有权力的人都容易滥用权力。这也提醒我们对于违法行为、违法之人(包括法人或者行政机关)课以责任的必要性。

申请人持国务院商务主管部门颁发的直销经营许可证,可以向工商行政管理部门申请变更登记为直销企业。申请人虽然已经获得直销经营许可证,但如果没有进行登记变更,同样不能进行直销活动。这一点申请人需要予以注意,切不可以为既然已经获得了直销经营许可证,便万事大吉直接从事直销活动了。

国务院商务主管部门对于申请人的申请,于审查是否颁发直销经营许可证时,应当考虑的因素主要有:国家安全、社会公共利益和直销业发展状况。国家安全、社会公共利益的考虑本身无可厚非,但是将直销业的发展状况列于是否颁发直销经营许可证的最后一个因素,则显得多少有些不妥。实际上,直销业的发展状况、申请人的资质、产品质量、社会对产品的需求等因素更应当放在考虑的首位,应当成为颁发直销经营许可证的积极因素,而国家安全和社会公共利益则是颁发直销经营许可证的消极因素,只要危及国家安全,或者损害了社会公共利益,那么将不予颁发。通常直销企业不会有如此大的危害,而先审查国家安全和社会公共利益将造成行政资源的浪费,不如先审查积极因素,最后审查一下消极因素即可。

第十条 直销企业从事直销活动,必须在拟从事直销活动的省、自治区、直辖市设立负责该行政区域内直销业务的分支机构(以下简称分支机构)。

直销企业在其从事直销活动的地区应当建立便于并满足消费者、直销员了解产品价格、退换货及企业依法提供其他服务的服务网点。服务网点的设立应当符合当地县级以上人民政府的要求。

直销企业申请设立分支机构,应当提供符合前款规定条件的证明文件和资料,并应当依照本条例第九条第一款规定的程序提出申请。获得批准后,依法向工商行政管理部门办理登记。

【解读】

根据本条例直销企业的设立条件,可知直销企业必然是具有上亿资金的大企业。通常的情况是,直销企业的产品相对于其他一般企业,具有更广大的市场,产品市场遍及各地,企业根据业务需要,在各地建立分支机构。而本条规定,直销企业必须在拟从事直销活动的省、自治区、直辖市设立负责该行政区域内直销业务的分支机构。这种规定具有强制性,直销企业必须予以遵守,否则将是违法,这有利于商务部门和工商行政管理部门具体地规范直销企业的行为。同时,也有利于直销企业对消费者就近提供产品和服务,减少交易成本。

直销企业除了建立必要的分支机构外,还需要在其从事直销活动的地区建立便于并满足消费者、直销员了解产品价格、退换货及企业依法提供其他服务的服务网点。随着科学技术的进步和互联网的兴起,大批直销企业已经通过网络展示其企业和产品,并扩展其直销链条。产品价格应当公平合理,而不能由直销企业或者直销员任意定价,将价格公布在网络上,有利于统一直销价格和实行价格监管。在网络上建立退换货机制以及其他服务,将给直销员和消费者带来极大方便,但由于网络的多样性,为了规范服务网点,直销企业设立服务网点时应当符合当地县级以上人民政府的要求。

直销企业申请设立分支机构,除了需要提供符合本条第二款规定条件的证明文件和资料外,其程序与申请从事直销相同。分支机构的成立仍然需要进行登记,直销企业的分支机构不属于独立的法人,不具有独立的民事主体地位,在直销企业的授权范围内可以独立地从事直销活动。

第十一条 直销企业有关本条例第八条所列内容发生重大变更的,应当依照本条例第九条第一款规定的程序报国务院商务主管部门批准。

【解读】

本条例要求,直销企业的资本情况、经营情况、重大投资计划、企业章程、市场计划报告书、生产的产品种类、推销合同样本等项内容的重大变化,都要通过所在地省、自治区、直辖市商务主管部门向国务院商务主管部门提出申请,并最终获得国务院商务主管部门的批准。通常情况下,在直销企业没有出现其他问题,而只是单纯的变更时,不影响直销企业成立的条件及其正常运营,国务院商务主管部门应当批准。此项变更未经批准、登记,不得以其对抗善意第三人。

第十二条 国务院商务主管部门应当将直销企业及其分支机构的名单在政府网站上公布,并及时进行更新。

【解读】

国务院商务主管部门作为直销业的监管部门,应当关注直销业的发展状况和态势,及时地将直销企业及其分支机构的名单在政府网站上公布,并根据变化情况及时更新。这有利于直销企业了解市场行情,及时调整企业规模和产品生产;有利于直销人员了解所服务的公司及其分支机构,从而调整自己的职业选择和发展;有利于消费者了解直销企业及其分支机构的各种情况,从而维护自己的合法权益。这些内容的公布,关涉消费者的利益,政府应当及时快捷地更新,否则即构成不作为,有违法之嫌。

14.3 直销员的招募和培训

第十三条 直销企业及其分支机构可以招募直销员。直销企业及其分支机构以外的任何单位和个人不得招募直销员。

直销员的合法推销活动不以无照经营查处。

【解读】

直销员的招募主体具有特定性,即只有直销企业及其分支机构才能招募直销员,任何其他主体都不得从事这种行为,否则即为违法。这是由直销业的规范发展决定的。一些不法组织和不法分子利用直销的形式,广泛招募所谓的"直销员",通过"拉人头"进行"金字塔"式的传销,有了这条规定,广大群众便可以查看招募企业或其分支机构的营业执照和经营许可证,以确保对方是商事主体,是正当的直销企业。同时,只要不是直销企业或者其分支机构,从事招募直销员的行为都是违法,这种明确禁止性的规定可以在一定程度上起到遏制非法传销的作用。

前几年,非法传销所引发的社会问题引起了我国政府的重视,政府开始关注这个市场,并发布了一些规定来规范其发展,但由于监管的经验不足以及社会问题的日益加重,政府的压力越来越大,终于于1998年4月18日,国务院颁布了《关于禁止传销经营活动的通知》(国发[1998]10号),对传销(包括直销)活动加以全面禁止,禁止一切传销活动。该规定的出台,意味着直销行为是违法行为,直销员的推销自然要按照无照经营查处。通过颁布本条例,重新通过法律手段确认了直销的合法性,直销员的合法推销活动将受到法律的保护,工商行政管理部门不得再对直销员的合法推销活动以无照经营查处。

在法律上重新肯定直销行为的合法性,对于从事直销活动的人员来说无疑是雪中送炭,从而消除了其思想上的负担,可以光明正大地进行直销活动,对于繁荣直销市场,加速直销业的发展是有益的。需要注意的是,本法对合法的直销行为进行了界定,从事直销活动遵守本法的规定方是合法直销,否则,仍然可能构成违法,并要承担相应的法律责任。

第十四条 直销企业及其分支机构不得发布宣传直销员销售报酬的广告,不得以缴纳费用或者购买商品作为成为直销员的条件。

【解读】

一些"金字塔"销售企业对外宣传时,往往会吹嘘本企业销售人员收入如何高,赚钱如何容易,夸大收入以骗人入伙。故而,本条例规定:"直销企业及其分支机构不得发布宣传直销员销售报酬的广告"。我国的《直销管理条例》的规定比较严格,其禁止发布宣传直销员销售报酬的广告,就是指直销公司及其分支机构不能对本企业直销员的收入进行广告宣传,即使是真实的收入情况、有事实及文件作为依据,也是不允许的,否则即构成违法。而《世界直销商德约法》第3.3条规定:"直销公司提供直销人员有关直销创业机会及其权利义务的资料应详尽且正确,直销公司不得对推荐对象提出不实的言论或无法实现的承诺。直销公司不得以错误或不实的方式,向推荐对象表示有关直销创业机会的各种好处。"第3.4条关于收入声明规定:"直销公司及直销人员不得夸大直销人员实际或可能达到的销售业绩及收入。若提及任何收入或销售业绩,均须有事实及文件作根据。"这一点《加拿大传销法》最具代表性。该法规定:传销公司或传销商在对外做宣传时,对其传销网中传销商的收入描述要公正、合理、适中。谈传销商的收益时,只能选择有代表性的传销商为标准,因为只有代表性的传销商的收入才是一般的、正常的情况,可以作为本传销网络中传销商收入的标准。而如果选择个别的、异常情况的、最高收入的传销商作为例子大加宣传,就会有骗人的嫌疑。《加拿大传销法》视其为非法。其处罚规定为:"经起诉定罪,则由法院确定罚款额,判五年以下有期徒刑,或两者并罚。"从解释论的角度看,我们一律禁止宣传,司法实践中也以此来认定合法违法的标准;从解释论的角度看,《世界直销商德约法》的规定更为合理,可以作为我国未来修法的方向。根据实践情况,待我国直销业发展比较规范之时,我们再应用本条文时,也可以作出如此的解释,并不违背立法的目的。

直销企业不得以缴纳费用或者购买商品作为成为直销员的条件。这是直销与传销的重要区别之一。传销企业通常要求销售人员缴纳高额的加入费或者购买商品,从而达到聚敛钱财的目的。《世界直销商德约法》则对加入费用采取了列举性规定,该约法第3.6条规定:"直销公司及直销人员不得向其他直销人员收取明显不合理的高额入会费、训练费、经销权费,业务推广资料的费用或任何有关加入直销业之费用等。"《直销管理条例》则是笼统地使用了"费用"一词涵盖所有的收费项目,在一定程度上更能保护加入者的利益,其意思是只要要求缴纳费用或者通过购买商品这种变相的缴纳费用的方式都是不允许的,这是绝对的不允许收取费用,不存在商量的余地;而《世界直销商德约法》则是禁止收取"明显不合理的高额"费用,对直销人员的保护力度相对于本条例而言,则要差一些。但是,在理解该条规定的"费用"时,参考《世界直销商德约法》,可以加深对费用的理解,即费用是指入会费、训练费、经销权费,业务推广资料的费用或任何有关加入直销业之费用均包括在内。

第十五条 直销企业及其分支机构不得招募下列人员为直销员:
(一)未满18周岁的人员;
(二)无民事行为能力或者限制民事行为能力的人员;
(三)全日制在校学生;
(四)教师、医务人员、公务员和现役军人;
(五)直销企业的正式员工;
(六)境外人员;
(七)法律、行政法规规定不得从事兼职的人员。

【解读】
直销企业及其分支机构在招募直销员的过程中,应以两个层次的约束为指导:一方面,要遵纪守法,严禁招收上述法规规定的禁止从事直销的人员,即未满18周岁的人员;无民事行为能力或者限制民事行为能力的人员;全日制在校学生;教师、医务人员、公务员和现役军人;直销企业的正式员工;境外人员以及法律、行政法规规定不得从事兼职的人员。这种禁止,是出于直销业的特点、上述各类人员的职业特点的考虑,以便更好地规范企业的经营,限制其违法行为,防止直销队伍无序恶性膨胀对社会带来的巨大冲击,维持经济社会和谐发展,保证直销业的健康发展。另一方面,企业要根据自身特点,有效地选择符合企业要求的直销人员。一名合格的直销人员应该全面了解自己所销售的产品,具备一定的相关专业知识;具备与直销有关的专业素质,拥有良好的沟通能力和处理人际关系的技巧,能从容应对工作中的困难和挑战;具备良好的敬业精神,能够将热情融入自己的工作之中,全身心投入,本着认真负责的态度推进自己的本职工作,注重学习和积累,做出成绩。

由于从事直销活动,是一种法律行为,需要当事人具有相应的民事权利能力和行为能力,因此,从这个角度讲,未满18周岁的人员、无民事行为能力或者限制民事行为能力的人员被排除在外。

另外、第三种、第四种类型为全日制在校学生,教师、医务人员、公务员和现役军人,这两类人员,为何不能从事直销活动,欠缺法理上的支持。从社会学角度讲,可以认为本项规定是让学生有精力更好地完成学业;教师、医务人员、公务员和现役军人更好地做好本职工作,当然,如此规定,也可以避免这几类职务人员不当利用其地位、职权,防止消费者尴尬的局面发生。第五种类型为直销企业的正式员工,法律可以对其做出禁止的规定,但欠缺充分的理由。

最后两种类型,法律禁止招募境外人员成为直销员,从境外人员角度观察,可以认为是对境外人员行为能力的限制;法律、行政法规规定不得从事兼职的人员,则表明直销企业有配合执行相关法律的义务,促成相关法律的目的实现。

直销员的招募方式可以委托给专门的招聘公司,尤其是招聘信息的设计、招聘表格的设计、报名表的分析与筛选、面试的方式与内容以及面试组成员等可由专门公司代劳。条件具备的直销企业可以自己独立组织招聘,这属于私法自治的范畴,法规也没有必要介入太多,否则市场将没有生气。

第十六条 直销企业及其分支机构招募直销员应当与其签订推销合同,并保证直销员只在其一个分支机构所在的省、自治区、直辖市行政区域内已设立服务网点的地区开展直销活动。未与直销企业或者其分支机构签订推销合同的人员,不得以任何方式从事直销活动。

【解读】

直销企业及其分支机构与直销员之间的关系是合同关系,而不是雇佣关系、上下级关系,如第十五条所规定的,直销员不能是直销企业的员工,也间接地说明了这一点。双方签订的推销合同,是规范、约束双方权利和义务的法律文件,合同条款应当具体完备,当直销活动发生纠纷或者直销企业与直销员之间发生纠纷时,推销合同在双方当事人之间具有相当于法律的效力。在合同中无约定时,则根据诚实信用原则、交易惯例和本着合同目的的精神进行解释或者进行漏洞补充。《世界直销商德约法》第3.5条规定:"直销公司应提供其直销人员一份须经过双方签署的契约书或声明书,此契约书或声明书应详列双方基本的权利义务关系。直销公司应告知直销人员其应负的法律责任,如营业执照、注册登记及税金等。"该约法的内容加大了直销企业对直销员的告知义务,这样有利于直销员从一开始便合法直销、规范经营。这一点值得我们借鉴。

条例要求，直销企业应当保证直销员只在其一个分支机构所在的省、自治区、直辖市行政区域内已设立服务网点的地区开展直销活动。这通常由企业根据自身的发展状况和实际需要安排直销员在特定区域内进行直销，这也可以通过合同约定。这有利于规范各地直销市场的秩序，否则，直销员到处开发资源，寻找潜在的消费者，将造成恶性竞争。需要注意的是，直销员与直销企业或者其分支机构之间签订的推销合同，也是直销员进行直销活动必备的文件，本条例第二十二条规定直销员向消费者推销产品时必须出示直销员证和推销合同，否则即为违法行为，未签订推销合同的人员不得以任何方式从事直销活动。这些规定保证了直销员身份在直销活动中的唯一性，直销员必须是符合法律规定的各项条件的直销员，只有这样的直销员才能与消费者进行推销活动。

第十七条　直销员自签订推销合同之日起60日内可以随时解除推销合同；60日后，直销员解除推销合同应当提前15日通知直销企业。

【解读】

合同是双方当事人意思表示一致的产物，合同一经成立，即对双方当事人产生约束力，任何一方不得独自对合同内容进行更改、变更或者解除，双方当事人都要受合同效力的约束。这是合同自治的要求，在不与法律的强制性或者禁止性规定相冲突时，合同在双方当事人之间具有优先适用的效力，当然双方可以通过合意对合同进行更改，或者合意废止合同。单方面解除合同，则需要符合法律的规定。

我国《合同法》第九十三条规定：当事人可以约定一方解除合同的条件。解除合同的条件成就时，解除权人可以解除合同。第九十四条规定：有下列情形之一的，当事人可以解除合同：(一)因不可抗力致使不能实现合同目的；(二)在履行期限届满之前，当事人一方明确表示或者以自己的行为表明不履行主要债务；(三)当事人一方迟延履行主要债务，经催告后在合理期限内仍未履行；(四)当事人一方迟延履行债务或者有其他违约行为致使不能实现合同目的；(五)法律规定的其他情形。只有在符合以上这些情况时，享有解除权的一方当事人方能解除合同。

本条文是对解除权作出的特别规定，而且其把解除权的主体确定为直销员，应该说这是法律对直销员的一种优待，通过这种优待，直销员可以更加自主地选择职业、选择合作的直销企业。同消费者的退货冷静期相比，这可以认为是法律对于直销员进入直销领域赋予的"冷静期"。条例分两种情形对直销员的解除权作出规定，即以自签订推销合同之日起60日为界限，在60日内时，直销员可以随时解除推销合同，而不需承担任何责任；60日后，直销员仍然可以解除推销合同，但是应当提前15日通知直销企业，以免给直销企业造成经济上的损失。直销员的解除权在性质上属于法定解除权，是对直销员的特殊保护，是法律的强制性规定。当直销企业与直销员签订的推销合同中作出与此相悖的约定而不利于直销员的自由选择时，其约定无效；但是，当其约定赋予直销员更长的合同解除期间的情况下，因其与本条例保护弱者、保护直销员的精神相一致，法律认可其效力。也就是说，直销企业不能强拉他人进入它的直销队伍，直销人员有权作出是否与直销企业继续合作的决定。

本解除权是直销员单方面的解除权，这就从法律上为直销员提供了权利保障。直销人员在发现拟服务的直销企业提供的合同存在不对等权利时，可以在法规规定的时间之内，随时解除推销合同。直销企业及其分支机构不享有此种解除权，当然，双方可以约定直销企业一方的解除权限，但不得与此规定相抵触。

第十八条　直销企业应当对拟招募的直销员进行业务培训和考试，考试合格后由直销企业颁发直销员证。未取得直销员证，任何人不得从事直销活动。

直销企业进行直销员业务培训和考试，不得收取任何费用。

直销企业以外的单位和个人，不得以任何名义组织直销员业务培训。

【解读】

在新的形势下，市场对直销员提出了更高的要求，任何不求上进的人，都可能在激烈的市场竞争之中被无情地淘汰。直销员应当具备的素质主要有：第一，较高的诚信度。直销员要想得到消费者的认可，让消费者成为产品使用者、爱用者，必须拥有很高的诚信价值度。第二，心理学知识。直销员要面对各种各样的消费者，要让消费者购买其推销的产品或者服务，就必须努力揣测消费者的心理，投其所好，让消费者自愿、高兴地购买推销的产品或者服务，当然，这不是说直销员可以采用欺骗等不正当的手段。第三，资源整合能力。北京大学光华管理学院常务副院长张维迎曾说，资源整合能力是企业做大做强的关键，靠资源垄断不是长久之计。直销员也是如此，他们需要不断加强对资金、人才、物流等资源的整合能力，从而通过理性的分析来确定合适的投资环境，对投资环境进行有效的评估，以制订可行的计划。第四，管理知识。直销员应当对自己的财务、时间、人力资源、市场等有一套细致的管理系统，学会统筹安排，这样才能取得最大的效益。因此，直销企业应当对拟招募的直销员进行相关的业务培训和技能考试，经考试合格，由直销企业直接颁发直销员证。直销员证是进行直销活动的必备证件，直销员向消费者推销产品或者服务时需要出示直销员证，否则即为违法。即使经过培训，但未取得直销员证的人员，或者已经通过培训和考试，但尚未颁发直销员证的人员，同样不允许从事直销活动。

直销企业对拟招募的直销员进行业务培训和考试，是法律的强制性要求，任何直销企业都应当严格执行。直销企业自行组织人员进行培训，并对培训考试合格者颁发直销员证。直销企业只能对本企业培训的直销人员进行考试，而不能越俎代庖，干涉其他企业的直销人员培训与考试。毫无疑问，培训和考试需要成本，但是直销企业不得以各种理由收取任何相关费用。条例如此规定，一则可以避免非法传销组织以培训和考试为名收取高额费用，谋取非法利益；二则，直销员培训出来是为企业服务的,从长远来看,高素质的直销员必然为企业带来不竭的财源,直销企业是培训的最终受益者。只有直销企业可以对拟招募的直销员进行业务培训和考试,其他任何组织和个人不得以任何理由、任何名义组织直销员的业务培训,从上下文来看,尚应包括"考试",即直销企业以外的单位和个人,不得以任何名义组织直销员业务培训和考试,条例对违反该规定的行为规定了行政处罚。

这些规定既保证了直销员的专业性、规范性和合法性,也保证了直销员的合法利益,在一定程度上提高了直销员的专业素质,促进了直销员的全面发展。

第十九条 对直销员进行业务培训的授课人员应当是直销企业的正式员工,并符合下列条件:

(一)在本企业工作1年以上;

(二)具有高等教育本科以上学历和相关的法律、市场营销专业知识;

(三)无因故意犯罪受刑事处罚的记录;

(四)无重大违法经营记录。

直销企业应当向符合前款规定的授课人员颁发直销培训员证,并将取得直销培训员证的人员名单报国务院商务主管部门备案。国务院商务主管部门应当将取得直销培训员证的人员名单在政府网站上公布。

境外人员不得从事直销员业务培训。

【解读】

对直销员进行业务培训的授课人员必须取得直销培训员资格,方能为直销企业进行授课培训。直销培训员必须是直销企业的正式员工,在此基础上,还要同时满足四个条件。

其一,必须在本企业工作一年以上。即使该工作人员在其他类似企业从事相关工作多年也不符合条件。其二,具有高等教育本科以上学历和法律、市场营销相关知识。具体如何理解高等教育本科以上学历,通常以具有双证(毕业证书和学位证书)为标准,专业不一定是法律、市场营销,这种相关知识可以是通过以前的工作经验取得,也可以通过其他学习渠道取得。其三,无故意犯罪受刑事处罚的记录。采文义解释,该条强调故意犯罪并且因该犯罪行为而受过刑事处罚并记录在案的人不能担当直销员培训员,那么可以推论,虽然故意犯罪但没有受刑事处罚的人,例如因为某些事由免于刑事处罚则仍然可以担任直销培训员。从本条例的目的来看,应当采取扩张解释,排除后一种人成为直销培训员的可能。其四,无重大违法经营记录。也就是说轻微的违法经营对成为直销培训员的资格不构成影响。

直销企业需要将直销培训员名单报送国务院商务主管部门备案、公布。也就是说,直销员的培训工作,完全是直销企业的内部事情,任何其他个人和组织,都不得参与、干涉,直销企业也不能将直销员培训工作委托给其他机构或个人,没有取得直销培训员证的任何个人无资格到直销员培训班授课。另外,条例还对直销培训员所处的地理位置进行了限定,即只有中国境内的并且满足上述条件的人员才能从事直销员的业务培训;即使满足本条的四个条件,但身在美国则仍然不能进行直销员业务培训。随着网络和科学技术的进步,通过网络视频授课允许不允许呢?同一工作人员,符合了前四点条件在我国境内可以现场授课,也可以视频授课,那么假如该工作人员出差在美国,是否就无权授课了呢?作者认为,应当允许这种授课行为。如果法律禁止,一是不合常理,二是国家也无法监控。

而所谓境外人员不得从事直销员业务培训,主要是针对外籍人士并且与直销企业不存在雇佣关系的人员,这样可以避免境外一些不健康思想的传播。

第二十条 直销企业颁发的直销员证、直销培训员证应当依照国务院商务主管部门规定的式样印制。

【解读】

国务院商务部发布了2005年第74号《关于发布直销员证式样的公告》和第75号《关于发布直销培训员证式样的公告》。直销企业颁发的直销员证、直销培训员证应当依照国务院商务主管部门规定的这些式样进行印制。

根据《直销管理条例》本条的规定,要求直销员证的式样如下:一、证件正面式样。证件宽11厘米,高16厘米,为聚酯薄膜密封、单页卡式,由正反两面组成。证件底色为蓝色。直销地区是指直销员所隶属的直销企业的分支机构所在的省(自治区、直辖市)设有服务网点的地区。直销产品是指经国务院商务主管部门批准的、直销企业的直销经营许可证上所载明的产品。企业标识是指由企业自行设计,用于代表企业形象的图形、文字、字母或上述元素的组合。企业可自行决定是否将标识印制在证件上。二、证件背面式样。三、证件编码。直销员证号码由工商登记注册的企业字号(规范汉字)、12位阿拉伯数字两部分组成,数字部分由6位地区编码和6位直销员编码组成。地区编码系国家统一的行政区划代码,以《中华人民共和国行政区划代码》(国家标准GB/T2260—2002)为依据,由6位阿拉伯数字组成;直销员编码系直销企业对直销员分配的编码,由6位阿拉伯数字组成。四、证件的制作、生效及使用。直销员证由直销企业按本公告发布的式样制作。直销企业对符合《直销管理条例》有关直销员条件的人员进行培训考试,经考试合格并与之签订推销合同后,向其颁发直销员证。直销员证经直销员本人签名,并加盖直销企业及相关分支机构公章后生效。直销员推销产品时必须佩戴直销员证。

根据本条规定,要求直销培训员证的式样如下:一、证件正面式样。证件宽11厘米,高16厘米,为聚酯薄膜密封、单页卡式,由正反两面组成。证件底色为橙色。企业标识是指由企业自行设计,用于代表企业形象的图形、文字、字母或上述元素的组合。企业可自行决定是否将标识印制在证件上。二、证件背面式样。三、证件编码。直销培训员证号码由工商登记注册的企业字号(规范汉字)、汉字"培"、6位阿拉伯数字三部分组成,数字部分为直销培训员编码。直销培训员编码系直销企业对直销培训员分配的编码。四、证件的制作、生效及使用。直销培训员证由直销企业按本公告发布的式样制作。直销企业对符合《直销管理条例》第十九条规定的人员颁发直销培训员证。直销培训员证经本人签名及加盖企业公章后生效。直销培训员进行直销培训活动时必须佩戴直销培训员证。

第二十一条 直销企业应当对直销员业务培训的合法性、培训秩序和培训场所的安全负责。

直销企业及其直销培训员应当对直销员业务培训授课内容的合法性负责。

直销员业务培训的具体管理办法由国务院商务主管部门、国务院工商行政管理部门会同有关部门另行制定。

【解读】

业务培训授课内容和培训方式的合法性是要遵循的最基本原则，既不能对自己的产品夸大其词，虚假宣传，也不能对其他企业的产品进行诋毁和贬低。要崇尚科学，反对迷信邪说。培训工作要制度化、规范化。同时，企业要根据自己企业及其产品的实际情况，合理设计培训的具体内容，具体可以包括经济合同法规、营销技巧、消费心理、公共关系。培训的方式可以采取课堂讲授、小组讨论、模拟训练等方式。《世界直销商德约法》第 3.10 条关于教育及训练做出了类似的规定："直销公司应提供直销人员适当的教育及训练，使其以诚信的方式经营。可通过训练课程或事业手册、事业指南、视听资料进行教育训练。"

另外，在培训内容方面，如何培养直销员解决问题的能力至关重要，直销员可能遭遇到拒绝从而产生挫折感，或者面对消费者各种各样的问题而不知道如何回答，这些问题在培训中应当重点讲解和例示。

对于直销员的销售行为管理是直销企业管理工作的重中之重。一名直销员的销售行为不仅关系到个人的声誉和业绩，更代表了整个直销企业的行为和形象，销售中出现的欺诈、误导等行为对于直销企业形象是致命的打击，将对企业造成不可挽回的损失。因此，直销企业应该重视对直销员销售行为的规范、管理与监督，制定规章制度和奖罚措施，对销售员进行定期教育，促进其销售行为的进一步规范，督促直销员在销售过程中按章办事，尊重消费者的购买意愿，明码标价，不欺骗和误导消费者等等。直销企业不得允许其直销员不公平地诋毁其他公司的产品、业务计划及其他事项。

直销企业在对直销员进行业务培训时，应当保证培训秩序和培训场所的安全。在进行业务培训时，直销员处于直销企业的支配空间和控制范围内，但由于人数众多，发生纠纷或者口角在所难免，这时需要直销企业发挥主人翁的精神，承担起责任，保证良好的培训秩序。另外，直销企业还应当保证培训场所对人身和财产不存在安全隐患，以保证培训的顺利进行和直销员及相关人员的安全，这是直销企业的安全注意义务。直销企业违反本条规定，由于过失没有发现培训场所存在的安全隐患,则要对所造成的损失承担赔偿责任。我国"台湾地区民法典"第184条第三项规定,违反保护他人之法律者,造成损害的,需要承担侵权赔偿责任。该条规定可以作为法理,对于本项安全注意义务及其责任承担的司法适用具有一定的导引意义。

《世界直销商德约法》是直销企业和直销员之商德行为准则,较好地规范了直销企业和直销员的直销行为,直销企业可以带头遵守该约法,并要求直销人员遵守该约法,这对于提升商业道德、信誉都能起到很好的作用。管理部门要按照规定,定期了解消费者的反馈信息,对直销人员的销售规范进行考核和评级,引导和监督直销人员进行规范销售。

14.4 直销活动

第二十二条 直销员向消费者推销产品,应当遵守下列规定:
(一)出示直销员证和推销合同;
(二)未经消费者同意,不得进入消费者住所强行推销产品,消费者要求其停止推销活动的,应当立即停止,并离开消费者住所;
(三)成交前,向消费者详细介绍本企业的退货制度;
(四)成交后,向消费者提供发票和由直销企业出具的含有退货制度、直销企业当地服务网点地址和电话号码等内容的售货凭证。

【解读】

本条规定的是直销员向消费者推销产品时的强制性行为规范,其目的是通过表明身份制度、尊重隐私权条款、退货制度以及出具售货凭证等规定,更好地保护消费者的合法权益。

首先,直销员在向消费者推销产品时必须出示直销员证和推销合同,也即表明合法的直销身份和所推销产品的企业。该规定与马来西亚《1993年直销法》做出的规定相类似。该法第18条(身份证明)规定:"(1)任何从事挨门挨户直销者都应出示他的身份证和授权经营证。(2)直销人员制造虚假证件则属违法。(3)直销人员出示虚假证件则属违法。"我国的该项条款与该规定可以收到异曲同工之妙,这是防止传销的一个重要规制方法,同时也是维护消费者知情权的重要规定。对直销员表明身份作出规定的典型,还有《世界直销商德约法》第2.2条表明身份条款规定:开始介绍直销计划时,直销人员即应自动向潜在的顾客表明身份并告知其代表的公司、销售的产品及拜访的目的。在聚会销售中,直销人员应向主人及在场参加聚会者表明聚会的目的。日本《访问贩卖法》第三条(访问贩卖者名称之明示)规定:贩卖业者欲从事访问贩卖时,需明示访问贩卖业者姓名、企业名称及商品之种类。韩国《直销法》中递交的身份通知要求包括如下内容:公司的名称、地址、电话,直销商的姓名、身份证、地址、电话,产品的种类,付款的时间和方式,送货时间,产品价格。如果是多层次传销商,还包括该传销商在多层次传销组织中的层位,等等。如果不给消费者通知,或提供假通知,直销商则被判 1 000 万韩元以下罚款,多层次传销商则被判 3 年以下徒刑,或 5 000 万韩元以下罚款。我国没有规定直销员需要出示直销员的身份证,从防止证件的弄虚作假来看,可以在将来修法时,加入该项内容。

  其次,该条例规定,未经消费者允许,不得进入消费者的住所强行推销产品。住所是每个人的私人空间,是个人的隐私权范围,任何人都应当予以尊重,未经允许,任何人,包括国家机关人员都不得进入私人的住所,除非具有法定情形(如搜查证),并出示相关证件。直销员推销产品当然也不例外,只有经过消费者的允许,方得进入其住所,否则消费者可以以侵权为由提起诉讼或者向派出所举报其强入民宅。直销员切不可推销心切,不顾消费者的意愿强行进入消费者的住所。在消费者要求其停止推销活动时,直销员不能强行推销,而应当立即停止,并离开消费者的住所。人员推销的真谛在于,"要成功地推销商品首先要成功地推销自己"。直销员一旦获得消费者的好感和认同,那么推销商品将容易得多,更不会被扫地出门。马来西亚《1993 年直销法》作出了类似规定,并明确规定违反其规定的行为是违法行为。该法第 17 条(直销——挨门挨户销售)规定:"(1) 在非直销日以及在非直销时间,任何人都不能挨门挨户敲门进行直销。(2) 任何挨门挨户敲门直销者,在进屋前都应说明他的访问目的,房主要求他离开时,他应马上离开。(3) 任何违反此规定者被视为违法。"马来西亚立法规定了直销日和直销时间,可以保障消费者更好地工作和休息,这一点值得我国未来修法时借鉴。

  第三,当前我国各行各业都有自己的退货制度,消费者到商场购买了商品后,只要没有损坏,在一定期限内可以退货。作为直销产品也不例外,因为直销产品的销售方式,是人对人、面对面,常常发生直销员夸大产品功效的情况,很多消费者也是在一时冲动的情况下购买。为了保护消费者的利益,条例规定了比较长的无因退货期,这有利于直销市场的健康发展。在成交前,直销员需要向消费者详细介绍本企业的退货制度。在直销这种信息并不是完全对称的渠道中,直销员直接与消费者进行面对面的交流,就可能导致消费者被对方诱导或者情绪被对方感染,最终引发非理性的购买冲动。退货制度旨在防止此种情况的发生,一旦发现有被误导的情形时,可以作出退货的选择。

  就推销员与消费者的关系而言,在直销过程中,商品成交之前,直销员有义务向消费者详细介绍本企业的退货制度;成交之后,还需要向消费者提供发票和由直销企业出具的含有退货制度、直销企业当地服务网点地址和电话号码等内容的售货凭证。作出这样的规定,也是由直销这一渠道的独特性决定的。没有中间商、没有固定营业场所的直销经营方式,事实上存在着一个较严重的信用和担保问题。固定场所和中间商的介入,事实上就是给消费者一种购买的信心和承诺,它比由直销企业的直销人员直接讲述本企业的产品的效果要可靠得多。因此,设立服务网点、提供产品质量说明书、销售许可凭证等,对于直销企业赢得顾客的信赖而言,就显得非常必要。没有退货制度的直销企业是不可能成功,真正的直销企业事实上并不过分担心退货问题,它们关心的主要问题应该是,如何利用有效的退货机制,树立消费者的信心,进而扩大市场占有率、积极有效地开展竞争。

第二十三条 直销企业应当在直销产品上标明产品价格,该价格与服务网点展示的产品价格应当一致。直销员必须按照标明的价格向消费者推销产品。

【解读】

长期以来,直销产品的定价问题一直备受直销界的广泛关注。直销商品价格与其内在价值严重不符,使不少消费者开始怀疑直销企业的诚信状况。《直销管理条例》规定,直销企业应当在直销产品上标明商品价格,该价格与服务网点展示的产品价格应当一致。直销员必须按照标明的价格向消费者推销产品。从而,消费者可以在直销和传统的销售渠道里进行选择。消费者渠道选择的客观性增加,驱使消费者亲身体会传统销售渠道和直销渠道的差别。在短期内,由于消费者对直销企业直销员的销售活动也许存在着信任和接受的困难,而通过对两种不同渠道的辨别,从长期来看,这也恰恰是对消费者的一次良好的直销模式知识的普及和教育,消费者能更好地认识直销渠道的快速与方便性。

同时,该条规定也表明消费者如果发现所购的商品与其市场价格不相符,可以向直销企业专设的服务网点进行换货或退货。这样的规定就从价格上较好地控制了直销向传销异化的可能性。一般来讲,几经转手而以高价成交的传销产品,最终消费者很难得到企业的退货保障。因此,把价格与退货结合在一起,就能够基本保证直销市场的价格一致性和可比性。

第二十四条 直销企业至少应当按月支付直销员报酬。直销企业支付给直销员的报酬只能按照直销员本人直接向消费者销售产品的收入计算,报酬总额(包括佣金、奖金、各种形式的奖励以及其他经济利益等)不得超过直销员本人直接向消费者销售产品收入的30%。

【解读】

本条是保护直销员的劳动报酬的条款,属于强制性规定。直销企业至少应当按月支付直销员报酬,也就是说,直销企业至少每个月发放一次报酬,不得对直销员的报酬进行拖欠。如果直销企业超过一个月而未给付给直销员报酬,则违反本条的规定,与保护直销员的精神相违背,依法要受到惩罚。"至少"的含义表明,直销企业可以半个月发放一次报酬,也可以每周发放一次报酬,这些都是允许的,只要对直销员是有利的。

从各国打击非法传销的经验来看,"金字塔销售"公司很少是由健康的直销公司转型变质而成的,更多的情况是公司从成立之初就是按"金字塔销售"来设计和组织的。"金字塔销售"与正当传销间的主要区别在于其计酬制度的性质。

《直销管理条例》规定:支付直销员的报酬额只能按照直销员本人直接向消费者销售产品的收入计算,报酬总额不得超过直销员本人直接向消费者销售产品收入的30%。上述规定实际上禁止了团队计酬,从计酬制度上严格区分了直销和传销行为。直销员招聘和薪酬核算的相关规定,说明中国目前所允许的直销模式是一种单层次直销模式。

无论是在美国还是在欧洲,直销从业人员多数是兼职,从事直销只不过是为了多挣点"外快",因此他们的心态相对平和。而中国的直销从业者中专职者比例很高,尤其在一些企业和个人的鼓动下,不少人把直销或传销看成自己终生的"事业"。当取消团队计酬模式后,直销员只能根据自己的销售额来领取报酬。这既对直销员提出了挑战,也对直销企业提出了挑战。对于直销员来说,为了能更多地销售自己的产品,直销团队中的销售人员完全由原来多层次传销中的合作者变成了单层次直销中的竞争对手,并且,销售额30%的提成是其报酬的最高限,此报酬是否能保证直销成为自己的专门职业,欲从事直销的人员必须认真分析自己的能力以及产品的市场潜力。对直销企业来说,如何激励自己的直销员在直销法规出台后仍然对企业保持忠诚,并且这种激励又不是通过多层计酬的方式来实现,考验着企业的创新和应变能力。在多层次传销模式下,相关企业对从业人员的报酬模式的基础是人头加销售,即所谓的团队计酬。而在单层直销模式下,企业需要分析,在某一地区,产品会有多大的市场潜力?这一潜力是基于何种价格水平、怎样的产品质量和推广宣传措施?企业需雇佣多少直销员?直销员的最大年人均销量会是多少?这一销量是否能激励相关人员专门从事这一职业?以上问题是企业测算自己盈利模式的基础,也是测算从业人员报酬模式的基础。

禁止团队计酬的规定体现在《禁止传销条例》第七条第三款:以下行为属于传销行为……(三)组织者或经营者通过发展人员,要求被发展人员发展其他人员加入,形成上下线关系,并以下线的销售业绩为依据计算和给付上线报酬。团队计酬在法规中处于明令禁止的状态。然而,现实生活中各直销企业为规避该条的适用早已有了各种破解之法。

早在1998年传销遭禁之时,安利为顺利转型就造出了"经销商"的概念。不是限制基层直销人员只能从销售产品中获得报酬吗?那么变通方法就是将其中业绩优良的直销人员在获得安利公司认可后在工商部门登记注册后成为安利的经销商,经销商管理一个或多个直销团队并从中获酬。就安利而言,此类营销人员全国约有18万,天狮等直销企业如法炮制,业绩不俗。这种用"商"代"员"的做法,就是把个人团队计酬部分转移进入公司,用"法人"的概念规避直销两大条例的管辖。

如果以上做法还能顺利操作的话,不仅《禁止传销条例》第七条第三款形同虚设,就是《直销管理条例》第二十四条规定的30%的计酬上限也将面临致命的重创。30%的上限仅针对的是单个直销员而非经销商。中国的直销又偏偏是以店铺+直销员的模式经营,以玫琳凯公司为例,其直销门店大多都是授权经销商开的,授权经销商是法人,公司与经销商之间采取的是批发零售的合作方式。

如新公司在规避团队计酬的禁令时采用了另一种方式:不设大量经销商,底层直销人员晋级后成为公司员工并一层层升级。把团队计酬划入企业内部薪酬,如新网站上对其内部奖酬制度有着清晰的表述:销售员工可以选择领取ARO(自动循环购货计划)维系奖金或接受职务晋升成为管理层员工,同时获得底薪相对应的调整,任何在培训及领导能力方面表现优异的销售员工都有机会被晋升到最高的管理层职位,如销售主任、高级销售主任、销售经理等,虽然如新公司已公开表态过今后会考虑在《直销管理条例》规定范围内雇佣兼职销售员,遵循30%的计酬上限,但另一方面,公司沿用的是与销售人员签订正式的劳动合同的做法,全职员工的利润提成就变成了员工的薪水,给员工多少薪水,公司则有自主权,如果限制公司只能最多分30%的利润收益的话,是否又与《劳动法》和《公司法》格格不入了呢?关于这一点,已经不存在可能,因为,《直销管理条例》第十五条规定,直销企业及其分支机构不得招募直销企业的正式员工为直销员。也就是说,按照新的条例,一个人,要么是直销企业的员工,要么是与直销企业签订推销合同的直销员,两个身份不能重合,该条例是否就是为了避免如新的这种情况发生,故而禁止在直销企业正式员工中招募直销员呢?可以认为,有这种可能。但是,这样规定的意义不大,因为条例规定的是"正式员工",也就意味着非正式员工可同时也是直销企业的直销员,从而以非正式员工的身份仍然可以像如新公司那样操作。

从上文分析中不难看出,事关团队计酬的变通若不加以明令禁止,将会造成《直销管理条例》条文形同虚设、执行不力,同样也会造成《公司法》、《劳动法》等相关法律的适用尴尬。这也是业内人士万分瞩目解释细则的原因之一。可惜的是,实施细则对多层次直销变通模式只字未提,这就为以法人身份规避直销法适用是否合理留有争辩的空间,为兼职员工是否属于直销法监管范畴留有讨论的余地。这种变通模式从1998年来就一直在使用,立法者不可能不知道,在实施细则中不加禁止是考虑到多层次传销的发展是一个趋势,完全打压不利于发挥新型营销方式带来的成本节约、消费者利益及解决大量就业问题所带来的好处。故而采用此种较为模糊的立法艺术。然而,这是非常不严谨的,最直接的后果就是法律规定不明确,法规的不明确也就等同于法规的不存在。所以有必要禁止一切方式的团队计酬,待今后条件成熟后再进行修改加入多层次直销团队计酬的内容。

第二十五条　直销企业应当建立并实行完善的换货和退货制度。

消费者自购买直销产品之日起30日内,产品未开封的,可以凭直销企业开具的发票或者售货凭证向直销企业及其分支机构、所在地的服务网点或者推销产品的直销员办理换货和退货;直销企业及其分支机构、所在地的服务网点和直销员应当自消费者提出换货或者退货要求之日起7日内,按照发票或者售货凭证标明的价款办理换货和退货。

直销员自购买直销产品之日起30日内,产品未开封的,可以凭直销企业开具的发票或者售货凭证向直销企业及其分支机构或者所在地的服务网点办理换货和退货;直销企业及其分支机构和所在地的服务网点应当自直销员提出换货或者退货要求之日起7日内,按照发票或者售货凭证标明的价款办理换货和退货。

不属于前两款规定情形,消费者、直销员要求换货和退货的,直销企业及其分支机构、所在地的服务网点和直销员应当依照有关法律法规的规定或者合同的约定,办理换货和退货。

【解读】

一般来讲,面对传统的销售渠道,消费者在购买产品之前都有一个需求认定的过程,然后再决定到销售场所去购买产品,并有可能货比三家,因而大部分产品的购买属于理智型购买;而在直销情况下,消费者在购买产品过程中,易受直销员面对面销售方式的影响,有时候会出现不理智的冲动性购买,再加上直销产品一般不做广告或很少做广告,平日消费者很难了解到产品,并且从总体而言,消费者面对直销员,讨价还价的能力一般很弱。因而这在法律上给了消费者评价其购买决策正确与否以及一旦发现有被误导的情形时,可以作出退货的机会选择。从直销员的手中买过商品,到消费者得到允许退货,这段时间就称为冷静期。本条例中的冷静期制度,其性质属于强制性规范,直销企业必须予以无条件地执行和贯彻。一旦消费者或者直销员向直销企业提出退换货意见,直销企业应当及时做出反应,并在规定时间之内做出退换货处理。这在法律上保证了消费者和直销员的正当利益。

第二款规定进一步明确了消费者换货和退货的途径以及直销企业在这个过程中需承担的义务。由于直销是从生产企业到直销员,再由直销员向消费者销售的过程,因而确保直销员从直销企业拿到质量完好、价格合理的货物,并在一旦发现货物有与合同规定不符、可能存在质量或价格问题时,能够在直销企业退货也就显得非常重要。否则,从消费者到直销员,再由直销员到生产企业的退货程序,可能就会发生中断。

当然,直销员也可以充当消费者的角色,《直销管理条例》规定,直销员自购买直销产品之日起30日内,产品未开封的,可以凭直销企业开具的发票或者售货凭证向直销企业及其分支机构或者所在地的服务网点办理换货和退货；直销企业及其分支机构和所在地的服务网点应当自直销员提出换货或者退货要求之日起7日内，按照发票或者售货凭证标明的价款办理换货和退货。这是对直销员换货、退货的冷静期的规定。

条例又规定，不属于前两款规定情形，根据文义判断，这主要是指超过30日冷静期的情形和虽未超过30日冷静期的规定，但是产品已经开封的情形，消费者、直销员要求换货和退货的，直销企业及其分支机构、所在地的服务网点和直销员应当依照有关法律法规的规定或者合同的约定，办理换货和退货；直销企业与直销员、直销企业及其直销员与消费者因换货或者退货发生纠纷的，由前者承担举证责任。这些规定对于规范直销市场，保证直销企业正常开展业务，有着极其重要的意义。直销换退货能否正常进行，关键在于监管。为此，有关部门需要加大对于直销企业的监督，确保直销员和消费者的利益不受损害。

从国际惯例来看，几乎所有的国家，都有无因退货的规定，区别只在于时间长短的不同。概括世界各国关于冷静期的法规内容，其基本意思是：关于消费者自购物之日起一段时间内可以自由退货，而不受任何补偿性罚款。关于退货冷静期各国规定不同，美国是3天，欧洲国家的冷静期法规普遍规定冷静退货时限是7天，例如奥地利、法国、德国、英国、意大利、比利时、荷兰、葡萄牙、西班牙、瑞士等国家都规定的是7天冷静期，只有个别国家如匈牙利，规定的是8天退货冷静期，马来西亚规定的是10天，韩国规定（单层次）直销是10天，多层次传销是20天。对中国尚不完全成熟的直销市场来讲，规定30天的无因退货期，是符合我国现状和国情的。

冷静期法规的直接目的是保护消费者利益。可以说它间接地防止了高压销售，所谓高压销售就是，直销商强迫、哄骗、引诱、缠扰消费者购物。一般直销公司往往不做电视广告、报刊广告、广播广告等，因为直销公司往往是以广大直销商的游说兜售作为自己的广告手段，这些直销商会四处游说，宣传公司的产品。但这些直销商中往往会有一些不良分子为了扩大他的销售业绩，花言巧语，夸张宣传，哄骗、引诱消费者购买他的产品。消费者稍不警惕，头脑一热买了他的产品，过几天头脑冷静后，发觉不想要了，或者发觉产品和直销商讲的不一样，受骗上当了。所以，冷静期顾名思义就是给消费者一个头脑冷静的时间，并给消费者一个退货的权利。当消费者在几天或十几天之内头脑冷静下来后，发觉不想要这个产品了，他可以不讲任何理由地去退货。由于冷静期法规主要是保护消费者利益，所以一些国家的冷静期法规是在消费者权益保护法中设立，如欧洲的法国、奥地利等国。

需要注意的是，不论是消费者，还是直销员，其受30天的冷静期的保护是有条件限制的，即要求产品没有开封，这对于顺利地换货、退货至关重要，不得不察。第四款规定，不属于前两款规定情形，消费者、直销员要求换货和退货的，直销企业及其分支机构、所在地的服务网点和直销员应当依照有关法律法规的规定或者合同的约定,办理换货和退货。也就是说,超过30日冷静期的,或者产品已经开封的,消费者和直销员则只能按照有关法律的规定,或者双方合同的约定要求换货、退货,或者要求合同相对方承担产品质量的瑕疵担保责任,或者请求减少价金。

第二十六条　直销企业与直销员、直销企业及其直销员与消费者因换货或者退货发生纠纷的,由前者承担举证责任。

【解读】

举证责任,是特定的诉讼当事人根据法律规定对一定的特征事实提出证据、加以证明的责任。民事诉讼当事人对自己所提出的主张中需确认的事实,承担提出证据的责任。早在罗马法民事诉讼中,即有关于举证责任的规定,其原则是:谁确认,谁就应当证明;谁要求诉讼保护,谁就一定要证明。这些规则明确了当事人对自己所主张的事实有提出证据加以证明的义务。所以,举证责任又称为举证的必要,这种必要虽然也是一种义务,但不履行这种义务,除承担对自己不利的裁判的法律后果外,不承担其他责任。可以说举证责任是一种不真正义务,当事人不为此种行为时,或者不能成功地为此种行为时,则承担由此产生的不利后果。

在民事诉讼中,举证责任是由双方当事人分担的。这种分担要由证明对象来确定。证明对象指与案件有关的,要求证明的一切法律事实。凡是案件中有争执的民事法律关系据以发生、变更或者消灭的事实,都是证明的对象。在诉讼中,原告与被告的主张不同,所需确认的事实不同,因而他们负责的证明对象和范围也有区别。这种举证责任的分担,一般都是由于当事人主张有利于自己的事实而发生的。但是也有例外情形,主要有:① 事实属于众所周知的;② 事实属于法律或者其他客观事实推定而无反证的;③ 事实为发生法律效力的法律文书中所确定的事实预决的。

通常情况下,举证责任的分配原则是:谁主张,谁举证。所谓举证之所在,败诉之所在。当然,法律有时根据举证的成本和难易度等因素,而规定举证责任倒置。举证责任倒置又称举证责任的转换或分配原则的例外,是指在一定的情形下,不应当按照举证责任的分配原则决定某个案件的举证责任分配,而应当实行与该原则相反的分配,即将原来由原告负担的举证责任予以免除,而就待证事实的反面事实,转由被告负举证责任。本条文是对举证责任的特殊规定,优先于其他相关规定而适用,当直销企业与直销员、直销企业及其直销员与消费者因换货或者退货发生纠纷时,举证责任由前者承担,其原因是考虑前者掌握着更全面的信息或者具有较强的经济实力,由其承担举证责任更有利于降低举证成本,加快解决纠纷,并督促前者提供更好的服务、提供更优质的产品。

第二十七条　直销企业对其直销员的直销行为承担连带责任,能够证明直销员的直销行为与本企业无关的除外。

【解读】

连带责任从概念上分析,连带,即一并承担且相互牵连的意思;责任,是指违反民事义务所承担某种不利的法律后果。连带责任是指多数债务人中的任何一人均须承担违反法定义务或者约定义务的全部强制性法律后果的一种共同责任。连带责任的构成要件有三:一是须有两个以上能独立承担民事责任的主体对同一债权人负有责任;二是数个债务人所承担的责任须为数个独立责任;三是此数个责任须具有使同一债权获得确保及满足的目的。连带责任在现实中意义重大,尤其在经济生活领域,其功能在于维护交易安全与社会秩序。

"信息是个人行为受到监督的基础"。在一个社会中,如果一个人的行为能被一部分人群以相对低的信息成本观察到,而其他人群观察该行为的成本较高,那么,让信息成本较低的人群行使监督的权力就可以大大地节约监督成本。进一步,如果制度规定具有信息优势的人群同时必须对被监督对象的行为承担连带责任(风险),这部分人群也就获得了监督他人的激励和名义(权利)。就整个社会而言,这种基于信息优势的连带责任是一种相对有效的制度安排。[①]

本条文中规定的连带责任就是这种情况,首先,直销员通常经济实力较弱,消费者即使向直销员主张权利,其结果也经常是无所得;其次,由于直销企业选任了直销员,而且在一定程度上可以对其进行监督,而且由于直销员的直销行为增加了企业盈利的机会和数额,获得了利益,因此直销企业对直销员的直销行为承担连带责任亦属应该,所谓享受利益者,要承担风险,就是这个道理。当然,直销企业并不对直销员的任何行为都承担责任,即使是直销行为也不尽然,只要直销企业能够证明直销员的直销行为与本企业无关,也不必承担连带责任。

第二十八条 直销企业应当依照国务院商务主管部门和国务院工商行政管理部门的规定,建立并实行完备的信息报备和披露制度。

直销企业信息报备和披露的内容、方式及相关要求,由国务院商务主管部门和国务院工商行政管理部门另行规定。

【解读】

美国大法官 Brandeis 曾经说过,灯光是最好的警察,阳光是最好的防腐剂。信息披露制度在证券领域对于保护投资者非常重要;同样,在直销领域,要求直销企业建立并实行完备的信息报备和披露制度也是保护消费者的需要。《直销企业信息报备、披露管理办法》已经于 2005 年 10 月 19 日商务部第 15 次部务会议审议通过,并经工商总局同意,自 2005 年 12 月 1 日起施行。直销企业应当按照该办法的相关规定,建立起完善的信息报备和披露制度,及时向社会公众和国务院商务主管部门和国务院工商行政管理部门披露相关信息。

---

① 张维迎,邓峰.信息、激励与连带责任.中国社会科学,2003(3)

14.5 保证金

　　第二十九条　直销企业应当在国务院商务主管部门和国务院工商行政管理部门共同指定的银行开设专门账户,存入保证金。

　　保证金的数额在直销企业设立时为人民币2 000万元;直销企业运营后,保证金应当按月进行调整,其数额应当保持在直销企业上一个月直销产品销售收入15%的水平,但最高不超过人民币1亿元,最低不少于人民币2 000万元。保证金的利息属于直销企业。

【解读】

　　直销企业保证金,是指由直销企业缴纳、行政主管部门管理,用于保障直销员和消费者权益的专用款项。根据《直销企业保证金存缴、使用管理办法》,企业申请直销应提交其在指定银行开设的保证金专门账户凭证,金额为2 000万元人民币。保证金为现金。直销企业与指定银行签订的保证金专门账户协议应包括下述内容:(一)指定银行根据商务部和国家工商行政管理总局(以下简称工商总局)的书面文件决定支付保证金;(二)直销企业不得违反《直销管理条例》擅自动用保证金,不得以保证金对外担保或者违反《直销管理条例》规定用于清偿债务;(三)指定银行应及时向商务部和工商总局通报保证金账户情况,商务部和工商总局可以查询直销企业保证金账户;(四)直销企业和指定银行的权利义务及争议解决方式。企业在申请设立时应提交与指定银行签署的开设保证金专门账户协议。

　　直销企业开始从事直销经营活动3个月后,保证金金额按月进行调整。直销企业于次月15日前将其上月销售额的有效证明文件向指定银行出具,并通过直销行业管理网站向商务部和工商总局备案。直销企业对出具的证明文件的真实性、完整性负责,指定银行应当对证明文件进行形式审查。直销企业保证金金额保持在直销企业上月直销产品销售收入的15%水平,账户余额最低为2 000万元人民币,最高不超过1亿元人民币。根据直销企业月销售额,如需调增保证金金额的,直销企业应当在向指定银行递交月销售额证明文件后5日内将款项划转到其指定银行保证金账户;如需调减保证金金额的,按企业与指定银行签订的协议办理。企业申请时即需要将保证金2 000万元人民币存入国务院商务主管部门和国务院工商行政管理部门共同指定的银行开设专门账户,其通常只能为现金形式。设立保证金的主要原因在于加强直销市场的风险防范,为直销企业在出现不良经营、面临直销员和消费者退货以及发生损害赔偿时提供资金保障。相对于其他消费者而言,直销企业的消费者的合法权益更容易受到侵害。在信息不对称情况下购买产品,通常只有在消费后才能发觉产品的实际效果,并判定直销企业提供的产品是否合格,这本身是一项风险度较高的交易行为。一旦消费者的权益受到损害,不能够及时得到保修、保换或退赔,就会由此产生难以解决的权益纠纷。另外,由于直销企业预收直销产品的款项较大,涉及的直销员和消费者数量较多,社会影响面较广,一旦出现问题,不仅妨碍直销企业自身的发展,损害消费者的合法权益,也会影响到社会和经济的稳定。

保证金属于缴纳的直销企业所有,利息作为货币的法定孳息,当然属于直销企业。条例要求直销企业设立保证金制度的意义在于,它更加有利于政府部门加强对直销市场服务质量的监督和管理,有效地保护直销员和消费者的合法权益,保障各类直销企业的规范经营,维护我国直销业的良好声誉。直销企业设立保证金制度,从国际经济合作与交流的角度分析,既符合WTO规则和国际惯例,又符合我国现阶段直销市场发展的需要,与我国《消费者权益保护法》、《反不正当竞争法》有关规定是一致的。

第三十条 出现下列情形之一,国务院商务主管部门和国务院工商行政管理部门共同决定,可以使用保证金:

(一)无正当理由,直销企业不向直销员支付报酬,或者不向直销员、消费者支付退货款的;

(二)直销企业发生停业、合并、解散、转让、破产等情况,无力向直销员支付报酬或者无力向直销员和消费者支付退货款的;

(三)因直销产品问题给消费者造成损失,依法应当进行赔偿,直销企业无正当理由拒绝赔偿或者无力赔偿的。

【解读】

保证金虽然属于直销企业所有,但是直销企业不能任意支配或者使用,动用保证金的权力属于国务院商务主管部门和国务院工商行政管理部门。这两个部门根据本条的规定和具体情形,作出是否使用保证金的决定。

根据《直销企业保证金存缴、使用管理办法》的阐释,出现下列情形之一,商务部和工商总局共同决定,可以使用保证金:(一)无正当理由,直销企业不向直销员支付报酬,或者不向直销员、消费者支付退货款的。也就是说,如果存在合理理由,则不适用本条,例如,直销员未销售出产品,则不能得到报酬。(二)直销企业发生停业、合并、解散、转让、破产等情况,无力向直销员支付报酬或者无力向直销员和消费者支付退货款的。在此情况下,要优先实现直销员和消费者的退货款,韩国《直销法》第26条第一项规定,当公司暂停经营或者取消注册时,消费者和传销商有权退货退款,并比任何其他债权人优先接受退款。虽然我国的条例未做此规定,但理应如此解释,方能真正保护直销员和消费者的合法权益。(三)因直销产品问题给消费者造成损失,依法应当进行赔偿,直销企业无正当理由拒绝赔偿或者无力赔偿的。

直销员或消费者根据《直销管理条例》和本办法第五条规定要求使用保证金的，应当持法院生效判决书或调解书，向省级商务主管部门或工商行政管理部门提出申请，省级商务主管部门或工商行政管理部门接到申请后10个工作日内将申请材料报送商务部和工商总局。直销员除持法院生效判决书、调解书外，还应出示其身份证、直销员证及其与直销企业签订的推销合同。消费者除持法院生效判决书、调解书外，还应出示其身份证、购货凭证或发票。商务部和工商总局接到申请材料后60个工作日内做出是否使用保证金支付赔偿的决定，并书面文件通知指定银行、直销企业和保证金使用申请人。

直销员违反《禁止传销条例》有关规定的，其申请不予受理。

需要注意的是，直销企业保证金使用情况应当及时通过商务部和工商总局直销行业管理网站向社会披露。直销企业的此项披露义务，有利于监管部门发现问题，更好地对直销企业进行监督和管理；有利于直销员和消费者了解直销企业的经营状况、产品质量和诚信度，从而做出自己的判断，选择直销企业和产品。

第三十一条　保证金依照本条例第三十条规定使用后，直销企业应当在1个月内将保证金的数额补足到本条例第二十九条第二款规定的水平。

【解读】

保证金必须保持满额，支付退货款或者赔偿后，不足部分由直销企业在规定的期限内予以补足。本条使用的是1个月的期间，在实践中容易出现纠纷，而《直销企业保证金存缴、使用管理办法》第七条规定：根据本办法规定支付保证金后，直销企业应当自支付之日起30日内将其保证金专门账户的金额补足到本办法第四条第二款的水平。该办法将1个月量化为30天，在实践中按照30天施行，更具有可操作性。30天的起算应当按照民法通则的规定，即从保证金清偿欠款或者退货款的次日起算。

第三十二条　直销企业不得以保证金对外担保或者违反本条例规定用于清偿债务。

【解读】

如上所述，直销企业的保证金属于专款专用，并且只有国务院商务主管部门和国务院工商行政管理部门共同决定，才可以使用保证金。任何其他组织不得使用保证金，直销企业尤其如此。直销企业虽然享有保证金的最终处分权，但是在经营过程中，不得任意处分。唯有如此，保证金方能发挥其应有的作用。直销企业不能用保证金对外提供担保或者违反本条例的规定而清偿债务，更不能将保证金挪作他用。违反此项规定，对于该项保证金不生效力，否则保证消费者的利益将可能成为一句空话而无法实现。

第三十三条　直销企业不再从事直销活动的，凭国务院商务主管部门和国务院工商行政管理部门出具的凭证,可以向银行取回保证金。

【解读】

根据《直销企业保证金存缴、使用管理办法》第九条,直销企业不再从事直销活动的,凭商务部和工商总局出具的书面文件凭证,可以向指定银行取回保证金。企业申请直销未获批准的,凭商务部出具的书面文件凭证到指定银行办理保证金退回手续。根据民法不当得利的原理,保证金是在直销企业存续期间对外退款或者赔偿的保证,直销企业不再从事直销活动,或者根本没有机会从事此项活动,则交存保证金的目的不达,不具有意义,银行当然应当退还该款项。该项规定既符合常识,又符合民法的基本原理。

第三十四条 国务院商务主管部门和国务院工商行政管理部门共同负责保证金的日常监管工作。

保证金存缴、使用的具体管理办法由国务院商务主管部门、国务院工商行政管理部门会同有关部门另行制定。

【解读】

直销企业交存、使用、补存、公示保证金等各项工作的日常监督管理均由国务院商务主管部门和国务院工商行政管理部门负责。这两个部门已经于2005年10月19日商务部第15次部务会议审议通过,并经工商总局同意,予以发布《直销企业保证金存缴、使用管理办法》。该办法提供了具体的操作规程。该办法自2005年12月1日起施行。关于直销企业保证金的存缴和使用问题,依照该管理办法执行。

14.6 监督管理

第三十五条 工商行政管理部门负责对直销企业和直销员及其直销活动实施日常的监督管理。工商行政管理部门可以采取下列措施进行现场检查:

(一)进入相关企业进行检查;

(二)要求相关企业提供有关文件、资料和证明材料;

(三)询问当事人、利害关系人和其他有关人员,并要求其提供有关材料;

(四)查阅、复制、查封、扣押相关企业与直销活动有关的材料和非法财物;

(五)检查有关人员的直销培训员证、直销员证等证件。

工商行政管理部门依照前款规定进行现场检查时,检查人员不得少于2人,并应当出示合法证件;实施查封、扣押的,必须经县级以上工商行政管理部门主要负责人批准。

【解读】

直销企业和直销员及其直销活动的监督管理由工商行政管理部门负责。为了有效监管，条例赋予了工商行政管理部门一些权力。工商行政管理部门可以要求其认为操作不规范的企业、确信存在违规的企业提供有关文件、资料和证明材料，可以询问当事人、利害关系人和其他有关人员，并要求其提供有关材料，并可以查阅、复制，可以进入相关企业进行现场检查，对相关人员进行证件检查，任何组织和个人不得妨碍和拒绝；经过县级以上工商行政管理部门主要负责人批准，工商行政管理部门可以查封、扣押相关企业与直销活动有关的材料和非法财物。由以上规定可以看出，工商行政管理部门获得了一定程度的司法权。

需要注意的是，工商行政管理部门依法进行现场检查时，检查人员不得少于2人，并应当出示合法证件。马来西亚《1993年直销法》第28条也作出了类似的规定："每一个根据本法令任命的官员，当他根据本法令对任何人采取行动时，应立即对该人宣告他的职务，并出示行使权力的证件。"出示证件是法治社会的要求，工商行政管理部门不能因为是公权力机关，就直接进行检查，出示证件还是必要的，否则极容易造成公权力的滥用，而侵害私权利。实施查封、扣押的，必须经县级以上工商行政管理部门主要负责人批准，这是为了保障查封、扣押的必要性，由主要负责人把好关，防止工商机关人员工作中的任意性行为。

第三十六条 工商行政管理部门实施日常监督管理，发现有关企业有涉嫌违反本条例行为的，经县级以上工商行政管理部门主要负责人批准，可以责令其暂时停止有关的经营活动。

【解读】

任何国家的法律都不允许直销企业违法，否则法律将形同虚设。清末法律家沈家本曾言："有法而不循法，法虽善，不若无法。"一语道破严格执法的必要性。大多数国家均对直销企业采取一定的措施，包括行政措施。条例规定，直销企业违反本条例，一经发现，经县级以上工商行政管理部门主要负责人批准，可以责令直销企业停止经营活动。直销企业只有经营方能有所收入，因此暂停经营对直销企业是不小的制裁。

马来西亚《1993年直销法》则针对直销企业违反直销法的行为做出执照限制，其第9条规定："（1）管理员已掌握第8条所列问题，但若采用取消执照措施，其材料尚未完全充足，管理员可以采用执照限制措施。(a) 对直销执照时间限制。管理员规定一个执照有效期，提出一个执照取消期限。(b) 提出强制措施。管理员为保护该直销公司所损害的购买者的权益而采用的适当和适宜的措施。(c) 时间限制和强制措施并用。

（2）对执照的时间限制将不允许执照有效期自提出之日起持续1年时间以上。管理员可利用这一执照限制时间让直销公司向消费者提供补偿。

(3) 强制措施可体现如下：(a) 约束直销公司的经营活动，即要求直销公司采取某些退让步骤。(b) 禁止直销公司的某些经营活动。

(4) 管理员可以更改和取消任何强制措施及执照有效期的时间限制。

(5) 直销公司拒绝执行强制措施则被取消执照。"由此可见，各国虽然有不同的国情，但规定的制度还是相似的。

第三十七条 工商行政管理部门应当设立并公布举报电话，接受对违反本条例行为的举报和投诉，并及时进行调查处理。

工商行政管理部门应当为举报人保密；对举报有功人员，应当依照国家有关规定给予奖励。

【解读】

直销业务活动涉及社会的方方面面，要落实加强对直销业的监管，既要充分发挥国家相关职能部门的作用，更要让广大群众积极参与，重视群众监督的作用。因为光靠工商行政管理部门的力量是不够的，而人民群众的眼睛是雪亮的，他们无处不在，无时不在。作为消费者，他们更加关注直销企业和直销员的行为是否规范，他们可以在更大范围内发现不法商贩及其违规行为，并作出反应，以充分行使法律赋予他们的举报权，维护自己权益。工商行政管理部门应当设立并公布举报电话，接受广大群众对违反本条例行为的举报和投诉，并及时进行调查处理。各地工商行政管理部门应当尽快将此落实到实处，以方便群众的举报和投诉。

举报保密工作是举报工作中的一项重要内容，保密工作做不好，会导致工商行政管理机关调查违规案件难度增大、举报人遭受打击报复等。举报保密工作，主要是指对举报人和举报内容做好保密工作，这对于维护公民举报权利，保护公民的人身财产安全非常重要。近年来，打击报复举报人的现象时有发生，除了伤害和诬告陷害举报人外，绝大多数是找种种借口刁难和压制举报人。出现这些问题的原因是多方面的，其中最重要的原因就是举报保密工作未做好，泄露了举报机密。如何做好举报保密工作，需要工商行政管理部门和举报人共同努力。从工商行政管理部门来说，开展举报工作，在受理、宣传、奖励、答复等各个环节，都要严格按照保密规定进行，对违反保密规定的行为，要严肃处理，发现泄密漏洞，及时采取措施予以堵塞。对于因泄密造成后果的，一定要严肃处理，以此教育相关人员提高保密意识，自觉遵守保密制度。二是举报人也要做好保密工作，不要向其他无关人员谈及举报事宜，不要随意打听举报案件的查处情况，增加泄密的可能性。需要做好的保密内容主要包括：举报人的姓名、电话号码、工作单位、家庭地址、举报内容等以及其他能够推断出举报人身份的信息。工商行政管理部门对举报有功人员，应当依照国家有关规定给予相应的奖励，这既是对举报人举报行为的肯定，也在一定程度上能加强广大群众举报的积极性。

14.7 法律责任

第三十八条 对直销企业和直销员及其直销活动实施监督管理的有关部门及其工作人员,对不符合本条例规定条件的申请予以许可或者不依照本条例规定履行监督管理职责的,对直接负责的主管人员和其他直接责任人员,依法给予行政处分;构成犯罪的,依法追究刑事责任。对不符合本条例规定条件的申请予以的许可,由作出许可决定的有关部门撤销。

【解读】

本条规定的是监督管理部门及其工作人员的责任。工商行政管理部门和商务部对直销企业和直销员及其直销活动享有监督管理的权力,同时也就意味着作为职权部门其必须严格遵守本条例的规定,而不能疏漏懈怠,权力的消极行使同样构成违法,因此,对不符合本条例规定条件的申请予以许可或者疏于履行本条例规定的监督管理职责,则由上级主管部门给予行政处分,触犯刑法的,依法追究刑事责任。但是,并不是所有的工作人员均要受到处罚或者处分,只有对该项工作直接负责的主管人员和负有直接责任的人员才是主要规范的对象。另外,由于企业不符合申请条件,本不应获得行政许可,基于违法行为取得的许可,将由作出许可决定的有关部门予以撤销。

第三十九条 违反本条例第九条和第十条规定,未经批准从事直销活动的,由工商行政管理部门责令改正,没收直销产品和违法销售收入,处5万元以上30万元以下的罚款;情节严重的,处30万元以上50万元以下的罚款,并依法予以取缔;构成犯罪的,依法追究刑事责任。

【解读】

本条例规定,从事直销活动的企业及其分支机构必须取得直销经营许可证,否则即为违法。也就是说,直销行业是严格市场准入的行业,是政府特许的行业,从事直销活动必须取得相关部门的批准和颁发的执照等证件,并非任何人想从事就可以从事的。对于违反本条例第九条、第十条的规定未经批准并取得直销经营许可证而从事直销活动的,由工商行政管理部门责令其改正,没收直销产品和违法销售所得,处5万元以上30万元以下的罚款;对于情节严重的,没收直销产品和违法销售所得,处30万元以上50万元以下的罚款,并依法予以取缔。条例虽然未言及没收直销产品和违法销售所得,但是根据举轻以明重的原理,应当如此解释;构成犯罪的,在执行前项处罚的基础上,依法追究刑事责任。

第四十条 申请人通过欺骗、贿赂等手段取得本条例第九条和第十条设定的许可的,由工商行政管理部门没收直销产品和违法销售收入,处5万元以上30万元以下的罚款,由国务院商务主管部门撤销其相应的许可,申请人不得再提出申请;情节严重的,处30万元以上50万元以下的罚款,并依法予以取缔;构成犯罪的,依法追究刑事责任。

【解读】

申请人以欺骗、贿赂等非法手段取得本条例第九条和第十条设定的许可的,由国务院商务主管部门撤销其相应的许可,并且基于此等恶劣之行为,申请人不得再提出申请。即使其后该申请人确实满足、具备了本条例规定的其他申请条件,但由于有此前科,不得再提出申请,商务部也不会对其颁发直销经营许可证。针对申请人的此种行为,工商行政管理部门没收直销产品和违法销售所得,处5万元以上30万元以下的罚款;对于情节严重的,没收直销产品和违法销售所得,处30万元以上50万元以下的罚款,并依法予以取缔,条例虽然未言及没收直销产品和违法销售所得,但是根据举轻以明重的原理,应当如此解释;构成犯罪的,在执行前项处罚的基础上,依法追究刑事责任。

第四十一条 直销企业违反本条例第十一条规定的,由工商行政管理部门责令改正,处3万元以上30万元以下的罚款;对不再符合直销经营许可条件的,由国务院商务主管部门吊销其直销经营许可证。

【解读】

直销企业的重大事项,即本条例第八条规定的文件及资料,如企业章程、市场计划报告书、直销产品等内容发生重大变更的,直销企业未依照本条例第九条第一款规定的程序报请国务院商务主管部门批准,工商行政管理部门得责令其改正,并处3万元以上30万元以下的罚款;如果由于本条例第八条规定的文件及资料如企业章程、市场计划报告书、直销产品等内容发生重大变更,而不再符合直销经营许可条件的,由国务院商务主管部门吊销其直销经营许可证。这是理所当然的。既然企业不能保证适于从事直销行业的状态,吊销其直销经营许可证,可以避免不合条件的企业在直销市场上鱼目混珠,从而达到保护消费者的目的。我国的证券市场也遵循这个规则,符合条件可以进入市场,一旦不符合条件便会被强行退出市场。

第四十二条 直销企业违反规定,超出直销产品范围从事直销经营活动的,由工商行政管理部门责令改正,没收直销产品和违法销售收入,处5万元以上30万元以下的罚款;情节严重的,处30万元以上50万元以下的罚款,由工商行政管理部门吊销有违法经营行为的直销企业分支机构的营业执照直至由国务院商务主管部门吊销直销企业的直销经营许可证。

【解读】

法律对直销行业规制比较严格,无论是企业申请条件,还是企业销售的产品,法律或者相关部门均作出了限制。直销企业销售的产品只能是国务院商务部和国务院工商总局确定的五大类产品,即化妆品(个人护理品、美容美发产品)、保健食品、保洁用品(个人卫生用品及生活用清洁用品)、保健器材、小型厨具。凡经营超出两部委规定直销品种目录的商品的直销企业将被视为违规,由工商行政管理部门责令改正,没收直销产品和违法销售收入,处5万元以上30万元以下的罚款;情节严重的,处30万元以上50万元以下的罚款,条例虽然未言及没收直销产品和违法销售所得,但是根据举轻以明重的原理,应当如此解释。工商行政管理部门根据违法的具体情形,吊销有违法经营行为的直销企业分支机构的营业执照直至由国务院商务主管部门吊销直销企业的直销经营许可证。

第四十三条 直销企业及其直销员违反本条例规定,有欺骗、误导等宣传和推销行为的,对直销企业,由工商行政管理部门处3万元以上10万元以下的罚款;情节严重的,处10万元以上30万元以下的罚款,由工商行政管理部门吊销有违法经营行为的直销企业分支机构的营业执照直至由国务院商务主管部门吊销直销企业的直销经营许可证。对直销员,由工商行政管理部门处5万元以下的罚款;情节严重的,责令直销企业撤销其直销员资格。

【解读】

诚信原则是商人的基本准则,当前这一道德准则已经法律化,成为民商法的一大基本原则,并居于统领地位。史尚宽先生称其为帝王条款。直销活动也要遵循这一原则,而欺骗、误导行为是与这一原则相悖的,在某种程度上伤害了消费者的感情,而且,本条例第一条即开明宗义地指出了防止欺诈的宗旨,第五条也明文规定了:"直销企业及其直销员从事直销活动,不得有欺骗、误导等宣传和推销行为。"因此,法律对这种违法行为给予制裁,并且实行双重制裁:对于直销企业,由工商行政管理部门处3万元以上10万元以下的罚款;情节严重的,处10万元以上30万元以下的罚款,由工商行政管理部门吊销有违法经营行为的直销企业分支机构的营业执照直至由国务院商务主管部门吊销直销企业的直销经营许可证。而对于直销员,则由工商行政管理部门处5万元以下的罚款;情节严重的,由工商行政管理部门处5万元以下的罚款,并责令直销企业撤销其直销员资格。条例虽然未言及处以罚款,但是根据举轻以明重的原理,应当如此解释。

第四十四条 直销企业及其分支机构违反本条例规定招募直销员的,由工商行政管理部门责令改正,处3万元以上10万元以下的罚款;情节严重的,处10万元以上30万元以下的罚款,由工商行政管理部门吊销有违法经营行为的直销企业分支机构的营业执照直至由国务院商务主管部门吊销直销企业的直销经营许可证。

【解读】

本条例第十五条属于禁止性规定,故而,直销企业及其分支机构在招募直销员的过程中有一个审查的义务,以确保其所招募的人员不属于法律禁止招募人员的范围。即使这些人员自愿应聘直销员,直销企业及其分支机构也不能招募,招募双方的合意行为并不能成为直销企业一方无需承担法律责任的抗辩事由。而且这种行为一经发现,直销企业及其分支机构则要承担受到处罚的危险,甚至失去直销的权利。条例对此作出了严格的规定,由工商行政管理部门责令改正,并处3万元以上10万元以下的罚款;情节严重的,处10万元以上30万元以下的罚款,并由工商行政管理部门吊销有违法经营行为的直销企业分支机构的营业执照直至由国务院商务主管部门吊销直销企业的直销经营许可证。

第四十五条 违反本条例规定,未取得直销员证从事直销活动的,由工商行政管理部门责令改正,没收直销产品和违法销售收入,可以处2万元以下的罚款;情节严重的,处2万元以上20万元以下的罚款。

【解读】

由于直销行业的特殊性,法律不仅对直销企业作出要求,即直销企业需要取得直销经营许可证方能从事直销活动,而且还对个人行为作出规定,即要从事直销活动的个人必须取得直销员证,否则即为违法。本条例第十三条第二款规定:"直销员的合法推销活动不以无照经营查处。"从反面解释,也就是说,未取得直销员证的直销活动、推销活动,工商行政管理部门可以以无照经营查处。根据本条的规定,工商行政管理部门除了责令该个人改正外,还要没收直销产品和违法销售所得,并可以处2万元以下的罚款;情节严重的,则要处2万元以上20万元以下的罚款。

第四十六条 直销企业进行直销员业务培训违反本条例规定的,由工商行政管理部门责令改正,没收违法所得,处3万元以上10万元以下的罚款;情节严重的,处10万元以上30万元以下的罚款,由工商行政管理部门吊销有违法经营行为的直销企业分支机构的营业执照直至由国务院商务主管部门吊销直销企业的直销经营许可证;对授课人员,由工商行政管理部门处5万元以下的罚款,是直销培训员的,责令直销企业撤销其直销培训员资格。

直销企业以外的单位和个人组织直销员业务培训的,由工商行政管理部门责令改正,没收违法所得,处2万元以上20万元以下的罚款。

【解读】

本条是对违反直销员业务培训的相关规定的处罚规定。

工商行政管理部门除了责令直销企业改正外,还要没收违法所得,处3万元以上10万元以下的罚款;情节严重的,没收违法所得,并处10万元以上30万元以下的罚款,工商行政管理部门根据情形吊销有违法经营行为的直销企业分支机构的营业执照直至由国务院商务主管部门吊销直销企业的直销经营许可证。这从责任方面督促直销企业正当培训、合法培训,对直销企业确实起到了作用,但是未规定相应的民事责任,如果直销企业利用培训而收取高额培训费用,此时没收违法所得,进行罚款,只解决了行政法上的问题,并未对受到损害的直销员进行赔偿,应该对此予以规定,在修法时可以予以考虑:在执行该条例时,可以灵活处理,可以要求其将培训费退还给直销员,并处以罚款。这样才符合立法精神,否则将置直销员于不利的地位。

工商行政管理部门对违反相关规定的授课人员处5万元以下的罚款,取得直销培训员证的授课人员,则由工商行政管理部门责令直销企业撤销其直销培训员资格。这项规定符合任免规则,比较合理。

对于直销企业以外的单位和个人组织直销员业务培训的,由工商行政管理部门责令其改正,没收违法所得,并根据具体情节,处2万元以上20万元以下的罚款。

第四十七条 直销员违反本条例第二十二条规定的,由工商行政管理部门没收违法销售收入,可以处5万元以下的罚款;情节严重的,责令直销企业撤销其直销员资格,并对直销企业处1万元以上10万元以下的罚款。

【解读】

直销员违反本条例第二十二条的表明身份条款、尊重隐私权条款等规定的,工商行政管理部门除了没收直销员的违法销售所得外,还可以处5万元以下的罚款,这两项处罚是选择的关系,由工商行政管理部门决定是否同时采取;对于情节严重的,除了没收直销员的违法销售所得外,可以处5万元以下的罚款,工商行政管理部门还要责令直销企业撤销其直销员资格,并对直销企业处1万元以上10万元以下的罚款。直销企业应当要求直销员遵守法律及相关职业道德,对直销员的行为进行一定的约束,例如《世界直销商德约法》第1.5条规定:"直销人员不直接受制于商德约法,但其直销公司须要求其直销人员遵守商德约法或公司之营业守则,以作为保有公司之直销人员资格的条件。"直销员违法直销,与直销企业的选任、监督不到位存在一定的联系。

第四十八条 直销企业违反本条例第二十三条规定的,依照价格法的有关规定处理。

【解读】

第二十三条规定规定的是产品的价格问题,直销企业应当保证产品的价格适中,符合价格法的相关规定,违反该规定的,依照价格法的有关规定处理。

第四十九条 直销企业违反本条例第二十四条和第二十五条规定的,由工商行政管理部门责令改正,处5万元以上30万元以下的罚款;情节严重的,处30万元以上50万元以下的罚款,由工商行政管理部门吊销有违法经营行为的直销企业分支机构的营业执照直至由国务院商务主管部门吊销直销企业的直销经营许可证。

【解读】

直销员将直销企业的产品推销给消费者,直销企业就应当按时发放报酬。条例第二十四条是保护直销员的条款,第二十五条则是保护消费者和直销员的退货换货制度。直销企业违反这两条规定未按时向直销员支付报酬,或者未及时退货换货的,由工商行政管理部门责令改正,处5万元以上30万元以下的罚款;情节严重的,处30万元以上50万元以下的罚款,由工商行政管理部门吊销有违法经营行为的直销企业分支机构的营业执照直至由国务院商务主管部门吊销直销企业的直销经营许可证。如前所述,本条款所列行政罚款的实施,并不能排除直销企业支付报酬或者退货、换货的义务和责任。

第五十条　直销企业未依照有关规定进行信息报备和披露的,由工商行政管理部门责令限期改正,处10万元以下的罚款;情节严重的,处10万元以上30万元以下的罚款;拒不改正的,由国务院商务主管部门吊销其直销经营许可证。

【解读】

信息报备和披露制度的建立,既是申请成为直销企业的前提条件之一,也是直销企业规范化经营的要求和体现。它保证了直销企业成立合法化、经营运作规范化。由于直销交易自身的特点,消费者对直销企业、直销产品以及直销人员的相关信息往往掌握得十分有限,甚至是片面和失真的。而缺乏监管,必然产生较为严重的信息不对称现象,同时非法传销组织也会利用信息不对称,蒙骗群众,扰乱市场秩序。所以,信息报备和信息披露是促进直销业健康持续发展的一个重要而且必需的措施。直销企业未依照有关规定进行信息报备和披露的,由工商行政管理部门责令限期改正,处10万元以下的罚款;情节严重的,处10万元以上30万元以下的罚款;对于工商行政管理部门责令改正,而拒不改正的直销企业,由国务院商务主管部门吊销其直销经营许可证,取消其从事直销活动的资格。

第五十一条　直销企业违反本条例第五章有关规定的,由工商行政管理部门责令限期改正,处10万元以下的罚款;拒不改正的,处10万元以上30万元以下的罚款,由国务院商务主管部门吊销其直销经营许可证。

【解读】

本条例第五章是关于保证金的规定。保证金对于加强直销市场的风险防范,为直销企业在出现不良经营、面临直销员和消费者退货以及发生损害赔偿时提供资金保障。相对于其他消费者而言,直销企业的消费者的合法权益更容易受到侵害。在信息不对称情况下购买产品,通常只有在消费后才能发觉产品的实际效果,并判定直销企业提供的产品是否合格,这本身是一项风险度较高的交易行为。一旦消费者的权益受到损害,不能够及时得到保修、保换或退赔,就会由此产生难以解决的权益纠纷。而直销企业的保证金则能在一定程度上解决这个问题,一旦出现问题,国务院工商行政管理部门和国务院商务部即可以根据实际情况,共同决定启用保证金,从而保障了消费者和直销员的合法权益。直销企业违反保证金的有关规定的,由工商行政管理部门责令其限期改正,并处10万元以下的罚款;对于拒不改正的,处10万元以上30万元以下的罚款,并由国务院商务主管部门吊销其直销经营许可证,取消其从事直销活动的资格。

第五十二条 违反本条例的违法行为同时违反《禁止传销条例》的,依照《禁止传销条例》有关规定予以处罚。

【解读】

法条竞合是指由于法律对某一行为的综合规定,一个行为同时触犯数个相互存在着的整体或者部分包容关系的法律条文,只能适用其中一个而排斥其他条文适用的情形。该条文说的即是这种情形。根据文义解释,对于违反本条例的违法行为,同时违反《禁止传销条例》的,与《直销管理条例》相比,不论《禁止传销条例》规定的罚则是轻是重,还是采取了完全不同的措施,都依照《禁止传销条例》有关规定予以处罚。但是,一个违法行为,同时违反《直销管理条例》和《禁止传销条例》,应当采用较重的制裁措施,这样才符合两法的目的和精神,以推进合法直销,打击传销,条例中的"管理"、"禁止"的精神即在于此。

14.8 附　　则

第五十三条 直销企业拟成立直销企业协会等社团组织,应当经国务院商务主管部门批准,凭批准文件依法申请登记。

【解读】

按照国际惯例,行业协会主要指的是一个行业的从业企业、从业人员及其与之关系密切的机构共同组建的一种民间性社团组织。这种组织往往通过自愿的方式自发组合,大家以此为平台共同商讨创业发展的共同问题,对企业和企业的纠纷以及从业人员之间的纠纷进行调整和仲裁。与此同时该行业协会的成立,为该行业的从业企业和从业人员需要对外就行业中的普遍问题或者企业发展中的个案问题进行交涉的时候,提供了一条公共的对话和沟通渠道。它是行业协会内的参与人员可以共同利用的一个对外进行交涉的联络窗口。

所谓直销行业协会,顾名思义,它指的是针对直销业的发展而设立的共同行业组织。其在组建过程中按照国际其他行业的组织惯例,采取企业自愿报名、自由参与的原则。

条例规定:"直销企业拟成立直销企业协会等社团组织,应当经国务院商务部门批准,凭批准文件依法申请登记。"也就是说,直销企业协会成立前,必须先经国务院商务主管部门批准同意后,再到工商行政管理部门"凭批准文件"依法申请登记。我国在《直销管理条例》公布前,直销企业协会一直是通过政府民政部门登记注册。在1998年以前,我国直销业当时有专门的媒体,有诸多出版物,还有诸多行业的研究人员。所以从其整个状态和规模看,应当说已经形成了一个行业。

1998年以后，我国针对直销业市场上出现的诸多问题，政府下令全面禁止了多层次直销活动。自此，直销业一下子失去了1998年前一度出现的热闹景象。但是由于依然有10家外资转型企业在公开的层面上进行运作，在灰色地带和地方保护主义之下仍在活动的企业不下于数百家，还有部分地下运作的企业。据有些学者估算，这些企业在市场上运作的实际从业人数加起来不下于1000万人。这一事实反映出直销业在我国发展中的"特殊性"。

强调建立直销企业协会很有必要。首先，直销企业协会的成立势在必行。我们之所以要在直销立法中专门提出直销企业协会组织的成立问题，核心原因之一是直销企业协会的成立势在必行。因为无论是从国际惯例还是从中国直销行业健康发展的需求来看，直销企业协会组织的成立都是非常有必要的，也是国内外直销企业为了自身的健康发展所企盼已久的。其次，直销企业协会是一个重要的行业管理机构。在未来中国直销企业协会的健康发展中，需要两种机构来对直销行业进行有序的管理。其中之一是政府职能管理部门，他们在直销行业的发展过程中，依据各种法律体系来对整个行业进行管理，其管理的重点在行业准入、企业资格认证、直销商的销售行为、企业税收、消费者权益维护，从宏观上和战略上把握住中国直销行业在法制基础上的发展方向。其中之二则是直销企业协会组织，他们在直销业的发展过程中主要依据和会员单位共同参与制定的商德约法来对协会内的每个企业进行约束，其管理的重点主要在行业自律及行业内部企业之间冲突的协调和仲裁。他们二者在不同的层面发挥作用，共同推动行业的健康发展。

第五十四条 香港特别行政区、澳门特别行政区和台湾地区的投资者在境内投资建立直销企业，开展直销活动的，参照本条例有关外国投资者的规定办理。

【解读】

香港、澳门是特别行政区，台湾地区尚未与祖国大陆统一，依照我国立法的惯例，这三地的投资者适用与外国投资者相同的待遇。这三地的投资者在我国境内建立直销企业，开展直销活动的，也不例外。本条文即是此种精神的表达，即这三地投资者在我国境内投资建立直销企业，进行直销活动，参照本条例中有关外国投资者的规定办理。

第五十五条 本条例自2005年12月1日起施行。

【解读】

本条是关于本条例生效时间的规定。《中华人民共和国立法法》第五十一条规定"法律应当明确规定施行日期"，而对法规、规章未作要求。本条例2005年8月10日由国务院第101次常务会议通过，并自2005年12月1日起施行，从公布到实施中间跨越3个多月，有利于对新法的学习、消化以及新法、旧规的衔接、过渡，为贯彻实施本条例预留了一定的时间和空间。

复习思考题

1. 我国颁布《直销管理条例》的目的何在?
2. 我国《直销管理条例》适用的范围,其对人标准、对事标准、地域标准及实践标准是指什么?
3. 直销与非法直销的根本区别体现在哪些方面?
4. 直销活动的主要监管部门有哪些?如何分工?
5. 申请成立直销企业,应具备哪些条件?需办理哪些手续?
6. 直销人员应如何进行合法招募与管理?
7. 直销企业为什么必须建立换货和退货制度?
8. 对未经主管部门批准的企业从事直销活动,应如何进行管理?

15 《关于进一步加强直销监督管理工作的意见》的相关解读

直销专业网讯:2018年4月8日,国家市场监督管理总局发布《关于进一步加强直销监督管理工作的意见》(以下简称《意见》)。这是工商总局和食药监局合并为国家市场监督管理总局后,发布的第一份针对直销行业的文件,《意见》中呈现出一些新的亮点。

15.1 推进"直销员"与"经销商"双轨监管

《意见》中指出:"应充分运用各种监管手段,督促辖区内直销企业经销商不得从事直销活动,不得对产品进行夸大虚假宣传,不得以直销企业名义从事商业宣传、推销等活动,不得组织或参与传销。""对有证据证明经销商的传销行为系按照与直销企业的约定或者由直销企业支持、唆使的,由工商和市场监管部门依据《禁止传销条例》的相关规定,处罚经销商的同时处罚直销企业。"一直以来,直销员和经销商的违法违规问题都是直销监管的难点所在,从2017年全国工商和市场监管部门查办的直销违法案件来看,直销企业经销商的案件占比40%,而在走访和问卷调查中,经销商违法违规案件也排在首位,可见,经销商是当前直销违法案件的查处重点。因为直销经营的特殊性,其销售主体分为两部分:直销员和经销商。直销员是获得直销公司直销员证,并在商务部直销网站备案的经过直销员培训的合格的个体销售人员。经销商是有开店资格,有直销企业产品专营权的经营销售机构或个人。两者的区别是,已备案的直销员可以在固定的营业场所之外将产品推销给消费者,而经销商是和企业签订了合同的专卖店,有工商营业执照、经审批的可经营的店面。一般来说,经销商不得同时兼任直销企业的直销员,如果兼任,需在工商直销市场监管部门进行备案。目前,市场上对经销商和直销员的概念区分不清楚,很多人把直销员和经销商混为一谈,认为两者只是叫法不一样。当前的监管中,是将直销员这个群体和经销商这个群体进行相对独立监管的,直销监管的是直销员群体,而经销商的监管归口是企业的传统业务板块。本次《意见》将这一问题明列出来,表明了国家市场监管中要进一步将"经销商"和"直销员"这两大群体之间的关系明晰化:直销员可以从事直销活动,经销商不能从事直销活动。在《意见》中也着重强调了经销商出问题,直销企业也有连带责任,一并处罚。这一举措势必加快企业建立自检自查的主动机制。接下来,直销企业可能要自觉进行内部梳理,针对直销员和经销商来制定不同的管理体制。

15.2 加强对直销企业合作方、关联方的监管,严查"挂靠"行为

《意见》指出,"工商和市场监管部门应加强对与直销企业有合作协议关系的合作方、关联方的监管。"当下,直销行业不乏"挂靠"现象,其根源在于直销是特许经营行业,直销牌照是一种稀缺资源,想做直销的企业或团队与部分拿牌企业通过"挂靠""牌照租借"进行利益置换,对市场秩序产生了消极影响。此次《意见》出台,正是为了整顿行业秩序,规范直销主体的经营活动。国家市场监督管理总局此次加强对直销企业合作方、关联方的监管,会对目前行业的一些挂靠现象有一定的肃清作用。

15.3 分级分类监管机制,提高监管效率

直销企业的分级分类监管,是原国家工商总局2016年度的重点研究项目,是课题组通过问卷调查、走访调研、座谈交流等多种方式调研的结果。《意见》指出,"整合监管资源,按管辖范围分级开展直销监管工作;构建与分级监管相适应的管理运行机制;建立健全分级监管的信息交换渠道,完善上下联动协调机制等。""根据各地实际,采取不同的分类监管模式。"直销有别于一般的传统经营模式,在监管资源有限的情况下如果采用同一种监管方式,面对直销区域差异化和直销企业内部管理差异化等现实问题,不容易让监管得以很好实施。而通过分区分级,可以达到监管重点的目的,在对直销企业进行分类的基础上,对于运作规范、声誉良好的直销企业,少分配一些监管资源,而对存在运营风险和治理缺陷的直销企业,则多加关注,通过实施更为严厉的措施督促指导这些企业规范运作。而把企业信用状况结合到监管工作中,一方面可以针对重点问题企业做到重点监管;另一方面可以

有效督促企业的自律自检行为。

据悉,目前已有多地区抢先尝试"分类分级",比如,上海工商局考核直销企业满分200,分为A、B、C三级;广东工商局监管之外再出"行业自律公约";湖南工商局明确各级监管职责、内容;成都工商局推行线下线上结合共治;辽宁营口工商局分A、B、C、D四档监管;福建三明按照直销企业信用等级不同,划分为守信企业和失信企业监督管理。此次《意见》正式确立了直销的分级分类监管制度,有利于引导企业诚信、规范经营,提高监管的效率。

15.4 强化舆情事件的事前事中介入,严控群体性事件

《意见》再次强调,要进一步强化直销行业的风险预警与风险化解机制,特别是新批准的直销企业以及举报投诉、案件等问题较多的直销企业。对于直销企业而言,若没有加强企业的风险评估与化解机制,极易出现社情不稳定的情况。没有及时化解的企业风险事件,容易升级为舆情事件。比如2017年闹得沸沸扬扬的"善心汇"事件,"善心汇"成员集体去北京上访,已经由普通的非法传销事件上升为群体性事件、刑事案件。网络传销、非法集资、消费纠纷等引发的外事事件,从发生到闹大有一个过程,最好的办法就是在事情恶化之前请工商部门介入,在发现群体性事件隐患或苗头时,及时处理,而不是等到事情闹大后被动接受处置。国家市场监督管理总局设立以来,连续出台了《关于进一步加强打击传销工作的意见》和《关于进一步加强直销监督管理工作的意见》,以营造一个良好的直销营商环境。可见,在未来,"打击传销,规范直销"仍是国家市场监督管理总局对直销行业的重点监管方向。

15.5 直销行业迎来全新监管局面

"新官上任三把火",自国家市场监督管理总局(简称国家市场监管总局)组建以后(2018年4月10日正式揭牌),为进一步打击传销、规范直销,在短短10多天里,连续发文,体现了国家监管部门强化综合监管执法,持续优化营商环境,增强大市场、大监管的理念。

2018年4月7日,国家市场监管总局发布《关于进一步加强打击传销工作的意见》(以下简称7号文件)。一天后的4月8日,国家市场监管总局发布《关于进一

步加强直销监督管理工作的意见》(以下简称 8 号文件)。半个月后的 4 月 23 号，国家市场监管总局办公厅发布《关于开展查处以直销名义和股权激励、资金盘、投资分红等形式实施传销违法行为专项行动的通知》(以下简称 9 号通知)。多份文件的连续出台，标志着一个全新的市场监管局面正在到来，同时也在中国直销业界引起不小震动。

《知识经济》记者注意到，三份文件的侧重点各有不同，但彼此之间互有关联。

7 号文件着重强调打击非法传销的工作，并确定了一批传销重点整治城市。8 号文件在强调要加强对直销企业、直销员及直销企业经销商、合作方、关联方的监管的同时，明确表示要依法查处与直销相关的各类违法行为，其中明确指出，依法查处非直销企业或团队挂靠直销企业从事违法活动的同时，对有挂靠行为的直销企业也要依法进行查处。9 号通知要求开展查处以直销名义和股权激励、资金盘、投资分红等形式实施传销违法行为专项行动，其中再次明确要求打击通过挂靠行为从事违法活动的直销企业和关联方。有业界媒体人士指出，中国直销行业经过多年的发展，越来越受到国家监管部门的重视，相关监管机构对中国直销行业的了解越来越专业和透彻。多份文件的关键点都集中在打击违法、非法行为，控制群体性事件上。它们的连续出台表明，中国直销行业正迎来最严的监管时期。

1) 经销商界定

不过，对于 8 号文件中关于直销员和经销商市场行为的界定，业内人士看法不一。在《知识经济》记者采访时，多位业界人士发表了自己的意见：中国直销行业"经销商"这一称呼，本是 1998 年至 2005 年国家"一刀切"时期的特殊产物，一些直销企业为了规避风险，于是启用了"经销商"这个名词。经过这些年的发展，业界已经习惯将直销企业的市场从业人员称为"经销商"。国家相关部门对直销员的界定有明确的规定。《直销管理条例》规定，直销员是指在固定营业场所之外将产品直接推销给消费者的人员。但国家相关部门对于经销商的界定，却没有明确的规定。2013 年 10 月 22 日，国家工商总局发布《直销企业履行社会责任指引》，该文件首次提到了"经销商"这一市场群体。但经销商与直销人员有何区别，则没有文件进行明确界定。

而 8 号文件明确要求"督促辖区内直销企业经销商不得从事直销活动"，针对这项规定，业界人士发表了不同观点。有人认为，就目前中国直销行业现状来看，很多直销企经销商与直销员的市场活动并不能完全区分，不少经销商除了设立店铺销售产品，也有发展市场和报单行为。有人认为，进入公司网络系统报单后，监管部门将很难界定经销商与直销员行为上的区别。

因此，这部分业界人士认为，8 号文要求"直销企业经销商不得从事直销活动"这项要求，执法的可操作性不强，甚至有人士认为是文件出现了"笔误"，应该是"督促辖区内直销企业经销商不得从事传销活动"。但这部分人士都认为，国家监管部门未来对直销的监管将更加专业和规范。还有一部分业界人士认为,根据行业现状,每一个从事直销活动的人员包括经销商都应该考取直销员证,但绝大部分直销企业都没有做到这一点。如今8号文明确界定了直销员和经销商的市场行为,直销企业和业内从业人员都应该加强自律,自觉遵守规章制度。

2)严查挂靠

8号、9号文件中特别引起直销业界关注的是中国直销行业的挂靠问题。8号文件将直销企业、直销员、直销企业经销商、合作方以及关联方等放在同等的监管位置,提出因关联方的违法行为要对直销企业进行连带处罚。

9号文件则要求监管部门要重点调查掌握直销企业是否存在事实上的挂靠行为。

8号、9号文件相继出台后,引发业界激烈的争论。

一种声音认为,直销企业接受挂靠,在客观上为不规范的团队或企业提供了庇护所。在发展市场的过程中,这些挂靠关联方更容易出现违规行为,从而扰乱直销市场秩序,同时对那些不接受挂靠的直销企业而言是很不公平的。

因此,这部分人士认为,直销企业的挂靠行为本身就是不合法的,并没有所谓的违规挂靠和合法挂靠之分。虽然8号、9号文没有明确禁止直销企业的挂靠行为,但从国家市场监管总局连续出文的动作可以看出,禁止直销企业挂靠只是时间问题。他们认为,从长远来看,直销企业的挂靠行为不利于行业的健康发展。

另一种声音则认为,目前直销企业的准入门槛太高,不利于中小企业进入直销行业,不符合"大众创业、万众创新"的时代精神。与其让那些目前没有实力获得直销牌照的企业和团队游走在规制之外,增加社会的不稳定因素,不如将他们收编在有牌照的直销企业内,用规则来约束和规范他们的行为。

同时,他们认为7号、8号、9号文并没有明确禁止直销企业接受团队或企业挂靠,只是强调不允许非直销企业或团队通过挂靠从事违法行为。他们认为,这表明监管部门开始正视直销行业的发展,默认非直销企业或团队通过挂靠从事直销的行为,运用"堵不如疏、疏不如导"的原则,实施"宽进严出"的监管理念,引导直销行业规范发展。

"不过,接受非直销企业或团队挂靠的直销企业将承担更多责任。他们需要进一步加强企业内部管理,因为一旦有违法问题出现,国家监管部门在对挂靠关联方处以行政处罚的同时,对直销企业也会依法进行查处。"一位业界人士对《知识经济》记者讲道。

不过,意见双方一致认为,直销企业要积极响应政策号召,坚决抵制利用挂靠从事违法活动的行为,积极维护社会经济的正常发展,营造健康规范的直销行业营商氛围和环境。

3) 专项执法

9号文中的专项执法行动通知,其中明晰化的要求引起业界广泛关注。9号文要求"从2018年5月开始,组织全国工商和市场监管部门开展查处以直销名义和股权激励、资金盘、投资分红等形式实施传销违法行为的专项执法行动。""查处直销企业和挂靠的'直销团队、销售企业'的传销违法行为,引导直销企业敬畏、尊重法律法规,促进直销企业守法规范经营……维护良好的直销市场秩序。"

9号文在开头便指出:近年来,部分直销企业为实现扩大销售业绩的目的,同意所谓的"直销团队、销售企业"挂靠,默认甚至指使其以直销名义或者以直销经营许可为幌子,以股权激励、资金盘、投资分红等形式从事传销违法活动,严重扰乱了直销市场秩序,损害了相关当事方和人员的合法权益,影响了社会和谐稳定。

9号文在执法的操作层面与时间上都提出了明确的要求,不仅规定了地方监管部门在每个阶段的任务,还规定了任务完成的期限。

9号文强调,各地监管部门要有"全国一盘棋、全系统一条线"的意识,对于市场监管总局统一部署的行动要积极落实,对于市场监管总局指定管辖的案件要认真执行,对于市场监管总局要求上报或者通告的案件查办情况要按时、保质保量地完成……实现对跨区域违法行为的一致行动、联合执法,形成信息共享、高效统一的执法合力。

9号文特别强调,要建立风险预警和化解机制,防止大规模群体事件发生。在具体处理群体性事件的时候,可根据实际需要,采取各种方式应对、化解,妥善处置事件,化解风险。

4) 分级分类监管

《知识经济》记者注意到,9号文的执法和分级分类监管措施与8号文中"建立健全直销监管工作机制"相呼应。记者调查发现,分级分类监管工作机制的逐渐成形来源于2017年国家工商总局发布的《直销企业分级分类监管课题调研报告》。

该报告显示,在被调查的所有省市级工商和市场监管部门中,已有部分省、市工商和市场监管部门对直销企业分级分类监管进行了大胆的实践和探索。

在分级管理上,湖南省工商局、广东省工商局和上海市工商局出台了加强和规范直销监督管理工作的意见,从工商和市场监管部门的职责范围、职责分工、监管内容以及监管机制等方面做出了明确规定,防止直销监管中因权责不清、责任不明所带来的乱作为、不作为。

在分类管理上,湖南省工商局、广东省工商局和上海市工商局不约而同地提到,要建立健全企业信用分类监管信息系统,对直销企业的准入、经营和退出进行全过程监管,将直销企业的诚信记录和不良记录纳入信用监管系统,作为评价直销企业信用等级、实施信用分类管理的重要依据。

据了解,重庆市工商局是较早对直销企业实施分类管理的监管部门。2015

年,重庆市工商局制定并出台《在渝直销企业分类管理操作规程》,积极探索对直销市场实行分值考核、分类监管的"两分制"监管模式。

根据日常监管、专项检查、举报投诉、履行社会责任等情况,重庆市工商局对直销企业进行考核评分,按评分高低分为A(高于90分)、B(75～90分)、C(60～75分)、D(低于60分)四类不同信用等级,对不同类别企业实施有针对性的监管措施。

同时,重庆市工商局为在渝直销企业建立内部监管档案,并将每年评价结果记入该档案。按照严格监管、公平公正的原则,对不同类别实施不同的监督检查方式,对A类每年检查一次,对B类每半年至少检查一次,对C类每季度至少检查一次,对D类每两个月至少检查一次。

重庆市工商局还负责分类评价的组织实施,并负责对直销企业、在渝直销企业分支机构、直营店铺进行专项检查和抽查;区县工商(分)局负责按要求对辖区内的直销企业服务网点、直销员、经销商进行专项检查和抽查,并负责对举报投诉情况开展调查。

这些措施的执行帮助直销行业梳理整改了行业存在的问题,有力地规范了直销市场,维护了公平竞争的直销市场秩序。如今,建立健全监管机制呼声渐高,国家监管部门在直销行业建立分级分类工作机制已经成为大势所趋,直销行业将迎来更加细化、严格、专业的监管。

5) 各方声音

(1) 工商界人士　对于近期国家监管部门出台的这些文件,直销行业人员既不要大喜过望,也不要黯然神伤。多份文件的连续下发表明,国家监管部门正下定决心要严打传销和直销行业的违法行为。

对于直销企业的挂靠行为,国家监管部门虽然没有最终定性,但至少明确了一点,国家监管部门将会严格管理直销企业的挂靠。此时正处于风头上,如果直销企业不收敛,撞在枪口上,将会受到严厉惩处。

(2) 市场从业人员　市场从业人员只负责发展市场,规范运作,其他方面由公司负责。同时,市场从业人员相信政府,相信企业,更重要的是自己要自律,行得端,走得正,不做违法的事情,严格遵守各项规章制度。

(3) 业界观察人士　从这几份文件的内容可以明确看出,国家对直销的了解更加深入,同时监管也越来越细,但目前最核心的关键点依然是打击传销违法行为,控制群体性事件。

(4) 部分企业态度

【无限极】

这些文件对于正规的直销企业没有影响,主要是严厉打击直销行业愈演愈烈的"挂靠"经营不正之风,尤其是利用微信等新型互联网工具进行传销和金融诈骗等。

虽然商务部加快了直销企业的发牌速度,但直销牌照本身是一种稀缺资源。

直销企业与未拿牌企业之间形成合作,要么共同成立新公司,要么直销企业收编成立事业部,这种模式很容易出问题,这些所谓的经销商、业务员团队没有工厂,没有研发实力,没有生产资质,很难监控到位。为了获得快速回报,他们利用直销企业的品牌、制度、文化、产品,很容易进行传销违法活动。

正规的直销企业大部分经销商是由直销员(业务员)做到一定程度,要么自愿,要么公司建议注册成独立法人,有自己的固定店铺。由于经销商的经营场所能为直销企业的直销员提供服务,如作为销售网点出货、为消费者提供退换货服务等,所以直销企业将店铺销售总额的5%补贴给这些经销商,另外,直销员自然人注册成法人后,其交纳的增值税也要比自然人低得多,在这种情况下,直销员就有动力去变更为经销商。

值得一提的是,经销商不能招募直销员,直销员由直销企业招募并与直销企业签订推销合同。从这个意义上讲,直销企业经销商并没有参与直销活动。

【如新】

如新作为上市的外资公司,依法合规经营是企业的基本原则。

近年来,在"互联网+"背景下,行业之外延伸出很多新的经营模式,比如微商、互联网金融等。这些新业态在发展过程中,出现一些不同程度的违规违法事件。这不但严重影响到老牌直销企业一直以来努力营建的良性、诚信市场环境,也对直销企业的经营带来很大冲击,其中就包括业界所谓的"挂靠"和"借牌"现象。

国家通过出台相关文件来加强监管,对于合规守法的直销企业来说是好事。直销企业经过漫长的发展和积累,才能培育出独属的"企业文化""企业操守规范"和"DNA"。"挂靠"或者"合作关系"如同择夫嫁女,不是那么简单的事。因此,如新不会轻易尝试该选择。

此外,"经销商"本身就是传统营销模式的一种,而直销模式也是营销模式的一种。不同营销模式,在运作的过程中,所依据的法律法规也不同。在国家不断优化营商环境的改革过程中,国家也充分尊重了直销企业的法律身份,以及直销企业和经销商之间的合作关系。所以,文件中用语"督促"是进一步为直销企业和"经销商"合作关系的"指引、约束"提供了一个明确的依据,这对于双方共同营建良性的市场环境有着重要作用。

【完美】

直销企业的经销商一直没有从事直销活动,它们是通过实体店铺经营事业。按照《直销管理条例》规定,直销是指直销企业招募直销员,由直销员在固定营业场所之外直接向最终消费者推销产品的经销方式。直销员是指在固定营业场所之外将产品直接推销给消费者的人员,他们由直销企业招募,并与直销企业签订推销合同,而不是与经销商签订,经销商有固定的经营场所,所以经销商没有从事直销活动。监管部门出台文件的初衷,是要防范目前愈演愈烈的直销"挂靠"之风,一些非直销企业或团队挂靠直销企业,他们的市场从业人员不是直销企业直接招募,所以不好管理,他们借助公司的产品,很容易演变成传销行为。

另外,直销企业要在一个地区开展直销活动,必须在拟从事直销活动的省级行政区域内设立负责该行政区域内直销业务的分支机构。直销企业设立分支机构有前提条件,即必须在其从事直销活动的地区建立符合县级以上人民政府要求的服务网点,以方便和满足消费者、直销员了解产品价格和退换货及企业依法提供其他服务的需要。而各地的分支机构可以招募直销员,分支机构归属管理是直销企业,并不是经销商。

【富迪】

监管部门加强"打传规直"的举措对于直销行业的发展是有益的。根据市场形势的变化,监管方对监管方式进行相应调整,拿牌直销企业自律经营,接受职能部门监管也更利于行业有序竞争,有利于净化直销环境。

首先,监管部门出台的文件里关于非直销企业与直销公司合作一事,富迪在有选择合作机会的基础上,会全面了解合作方的经营方向,看其是否符合直销条例规定,是否存在涉及违法违规事项。如不存在以上问题,企业将鼓励合作方统一纳入公司管理,参与公司业务运作。针对新出台的文件,富迪下一步将严格往符合监管的方向调整。目前,关于具体的调整方向,企业还在学习和研究当中。

监管部门加强对经销商的管理是一项非常好的举措,毕竟市场主体除了直销企业之外,还有一部分份额是经销商,如果放任企业自己去管理经销商,容易落入监管盲区。监管部门加强对经销商的管理,对规范行业风气,避免不正当竞争及群体性事件的发生都会有积极的作用。

此外,企业也会加强企业管理团队的规范意识,加强对经销商的管理和教育,约束好市场行为,积极配合监管部门监管。

【太阳神】

文件的出台有利于维护直销市场秩序,促进直销市场规范健康有序发展,它们与原来的《直销管理条例》和《禁止传销条例》(简称两个条例)的宗旨是一致的。

根据两个条例规定,从事直销经营必须经商务部批准获得直销经营许可,任何单位和个人未经批准从事直销活动的,将被依法查处。根据《行政许可法》,被许可人(即直销企业)涂改、倒卖、出租、出借行政许可证件,或者以其他形式非法转让行政许可的,行政机关将依法给予行政处罚;构成犯罪的,依法追究刑事责任。

所以,目前直销企业经营生产活动仍参照原来的两条例为依据。

【隆力奇】

隆力奇是一家合法正规的直销企业,一直诚信守法经营,无股权、无投资分红、无资金盘。各运营中心要对经销商进行严格的自审自查,发现苗头及不足之处要及时迅速处理。如近期出现的圆爱系统经销商假借"隆力奇直销"名义运作其他公司业务、"小蜜淘"业务夸大宣传等问题，隆力奇及时做出回应，消除误解和负面影响。

对于假借"隆力奇直销"名义开展业务活动等违规问题，一经发现，严肃处理。禁止任何组织和个人冒用隆力奇名义，通过网页、微信平台进行虚假宣传、非法经营。规范经销商及直销员的夸大宣传行为，对出现"股权""原始股""资本运作""投资""分红""股票""期权""高额回报"等虚假宣传的文章，及时整改。

各分公司将立即开展专项检查活动，凡有上述所列违法违规行为的，一经查实，公司将立即开除处理，解除与其签订的合同，取消其店铺运营资格，并保留追究其法律责任的权利。

隆力奇董事长徐之伟表示：规范直销运营，维护良好的市场运营秩序是隆力奇应尽的义务和责任。隆力奇将为建立良好的直销市场秩序，维护消费者的合法权益，营造和谐、稳定的市场和社会环境不懈努力。

【炎帝】

炎帝公司是一家合法正规的直销企业，一直诚信守法经营，无股权、无投资分红、无资金盘。

炎帝郑重声明：

禁止任何组织和个人冒用炎帝名义，设立网页、微信平台进行虚假宣传、非法经营。

禁止任何组织和个人通过网站、论坛、微博、微信、腾讯QQ、会议推介等任何形式宣传或传播(含转载、转播)炎帝公司有"股权""原始股""资本运作""投资分红""股票""期权""高额回报"等字眼及其他虚假宣传的文章、视频、音频或言行的非法行为，发现后公司一律进行查处。

禁止公司经销商、直销员经营其他公司产品或服务，特别禁止经销商、直销员假借炎帝直销名义，从事其他公司或组织的资金盘运作。

即日起，炎帝公司及分公司将立即开展专项检查。凡有上述所列违法违规行为的，一经查实，公司将立即做出开除处理，解除与其签订的合同，取消其服务店开店资格，并保留追究其法律责任的权利。

【绿叶】

绿叶坚决拥护国家市场监管总局对直企的决策部署，对"直销团队、销售企业"等非法挂靠，以股权激励、资金盘、投资分红等形式从事传销违法活动予以坚决抵制和严厉打击。

绿叶郑重声明：

禁止任何组织和个人利用苏州绿叶名义，进行虚假宣传、非法经营。

禁止通过网站、论坛、微博、微信、QQ、会议推介等形式宣传或传播苏州绿叶有"股权""原始股""资本运作""投资""分红"等字眼及其他虚假宣传的文章、视频、音频或言行的非法行为。

禁止经销商、直销员从事他业,不得假借苏州绿叶直销名义,从事其他公司或组织的资金盘运作等业务。

2018年,绿叶将开展为期半年的专项行动,主要分为四个阶段进行:积极部署和开展自查自纠工作(5~6月份),四部门合力严厉查处违法违规行为(5~6月份),规范市场培训,开展法律法规学习(5~6月份),加强市场宣导,强化整顿市场的行动成果(7月份)。

附 录

附录1 《直销管理条例》

中华人民共和国国务院令 第443号

《直销管理条例》已经2005年8月10日国务院第101次常务会议通过,现予公布,自2005年12月1日起施行。

总理 温家宝
二〇〇五年八月二十三日

直销管理条例

第一章 总 则

第一条 为规范直销行为,加强对直销活动的监管,防止欺诈,保护消费者的合法权益和社会公共利益,制定本条例。

第二条 在中华人民共和国境内从事直销活动,应当遵守本条例。

直销产品的范围由国务院商务主管部门会同国务院工商行政管理部门根据直销的发展状况和消费者的需求确定、公布。

第三条 本条例所称直销,是指直销企业招募直销员,由直销员在固定营业场所之外直接向最终消费者(以下简称消费者)推销产品的经销方式。

本条例所称直销企业,是指依照本条例规定经批准采取直销方式销售产品的企业。

本条例所称直销员,是指在固定营业场所之外将产品直接推销给消费者的人员。

第四条 在中华人民共和国境内设立的企业(以下简称企业),可以依照本条例规定申请成为以直销方式销售本企业生产的产品以及其母公司、控股公司生产产品的直销企业。

直销企业可以依法取得贸易权和分销权。

第五条 直销企业及其直销员从事直销活动,不得有欺骗、误导等宣传和推销行为。

第六条　国务院商务主管部门和工商行政管理部门依照其职责分工和本条例规定,负责对直销企业和直销员及其直销活动实施监督管理。

第二章　直销企业及其分支机构的设立和变更

第七条　申请成为直销企业,应当具备下列条件:

(一) 投资者具有良好的商业信誉,在提出申请前连续5年没有重大违法经营记录;外国投资者还应当有3年以上在中国境外从事直销活动的经验;

(二) 实缴注册资本不低于人民币8 000万元;

(三) 依照本条例规定在指定银行足额缴纳了保证金;

(四) 依照规定建立了信息报备和披露制度。

第八条　申请成为直销企业应当填写申请表,并提交下列申请文件、资料:

(一) 符合本条例第七条规定条件的证明材料;

(二) 企业章程,属于中外合资、合作企业的,还应当提供合资或者合作企业合同;

(三) 市场计划报告书,包括依照本条例第十条规定拟定的经当地县级以上人民政府认可的从事直销活动地区的服务网点方案;

(四) 符合国家标准的产品说明;

(五) 拟与直销员签订的推销合同样本;

(六) 会计师事务所出具的验资报告;

(七) 企业与指定银行达成的同意依照本条例规定使用保证金的协议。

第九条　申请人应当通过所在地省、自治区、直辖市商务主管部门向国务院商务主管部门提出申请。省、自治区、直辖市商务主管部门应当自收到申请文件、资料之日起7日内,将申请文件、资料报送国务院商务主管部门。国务院商务主管部门应当自收到全部申请文件、资料之日起90日内,经征求国务院工商行政管理部门的意见,作出批准或者不予批准的决定。予以批准的,由国务院商务主管部门颁发直销经营许可证。

申请人持国务院商务主管部门颁发的直销经营许可证,依法向工商行政管理部门申请变更登记。

国务院商务主管部门审查颁发直销经营许可证,应当考虑国家安全、社会公共利益和直销发展状况等因素。

第十条　直销企业从事直销活动,必须在拟从事直销活动的省、自治区、直辖市设立负责该行政区域内直销务的分支机构(以下简称分支机构)。

直销企业在其从事直销活动的地区应当建立便于并满足消费者、直销员了解产品价格、退换货及企业依法提供其他服务的服务网点。服务网点的设立应当符合当地县级以上人民政府的要求。

直销企业申请设立分支机构,应当提供符合前款规定条件的证明文件和资料,并应当依照本条例第九条第一款规定的程序提出申请。获得批准后,依法向工商行政管理部门办理登记。

第十一条　直销企业有关本条例第八条所列内容发生重大变更的,应当依照本条例第九条第一款规定的程序报国务院商务主管部门批准。

第十二条　国务院商务主管部门应当将直销企业及其分支机构的名单在政府网站上公布,并及时进行更新。

第三章　直销员的招募和培训

第十三条　直销企业及其分支机构可以招募直销员。直销企业及其分支机构以外的任何单位和个人不得招募直销员。

直销员的合法推销活动不以无照经营查处。

第十四条　直销企业及其分支机构不得发布宣传直销员销售报酬的广告,不得以缴纳费用或者购买商品作为成为直销员的条件。

第十五条　直销企业及其分支机构不得招募下列人员为直销员:

(一) 未满18周岁的人员;

(二) 无民事行为能力或者限制民事行为能力的人员;

(三) 全日制在校学生;

(四) 教师、医务人员、公务员和现役军人;

(五) 直销企业的正式员工;

(六) 境外人员;

(七) 法律、行政法规规定不得从事兼职的人员。

第十六条　直销企业及其分支机构招募直销员应当与其签订推销合同,并保证直销员只在其一个分支机构所在的省、自治区、直辖市行政区域内已设立服务网点的地区开展直销活动。未与直销企业或者其分支机构签订推销合同的人员,不得以任何方式从事直销活动。

第十七条　直销员自签订推销合同之日起60日内可以随时解除推销合同;60日后,直销员解除推销合同应当提前15日通知直销企业。

第十八条　直销企业应当对拟招募的直销员进行业务培训和考试,考试合格后由直销企业颁发直销员证。未取得直销员证,任何人不得从事直销活动。

直销企业进行直销员业务培训和考试,不得收取任何费用。

直销企业以外的单位和个人,不得以任何名义组织直销员业务培训。

第十九条　对直销员进行业务培训的授课人员应当是直销企业的正式员工,并符合下列条件:

（一）在本企业工作 1 年以上；
（二）具有高等教育本科以上学历和相关的法律、市场营销专业知识；
（三）无因故意犯罪受刑事处罚的记录；
（四）无重大违法经营记录。

直销企业应当向符合前款规定的授课人员颁发直销培训员证，并将取得直销培训员证的人员名单报国务院商务主管部门备案。国务院商务主管部门应当将取得直销培训员证的人员名单在政府网站上公布。

境外人员不得从事直销员业务培训。

第二十条　直销企业颁发的直销员证、直销培训员证应当依照国务院商务主管部门规定的式样印制。

第二十一条　直销企业应当对直销员业务培训的合法性、培训秩序和培训场所的安全负责。

直销企业及其直销培训员应当对直销员业务培训授课内容的合法性负责。

直销员业务培训的具体管理办法由国务院商务主管部门、国务院工商行政管理部门会同有关部门另行制定。

第四章　直销活动

第二十二条　直销员向消费者推销产品，应当遵守下列规定：
（一）出示直销员证和推销合同；
（二）未经消费者同意，不得进入消费者住所强行推销产品，消费者要求其停止推销活动的，应当立即停止，并离开消费者住所；
（三）成交前，向消费者详细介绍本企业的退货制度；
（四）成交后，向消费者提供发票和由直销企业出具的含有退货制度、直销企业当地服务网点地址和电话号码等内容的售货凭证。

第二十三条　直销企业应当在直销产品上标明产品价格，该价格与服务网点展示的产品价格应当一致。直销员必须按照标明的价格向消费者推销产品。

第二十四条　直销企业至少应当按月支付直销员报酬。直销企业支付给直销员的报酬只能按照直销员本人直接向消费者销售产品的收入计算，报酬总额（包括佣金、奖金、各种形式的奖励以及其他经济利益等）不得超过直销员本人直接向消费者销售产品收入的 30％。

第二十五条　直销企业应当建立并实行完善的换货和退货制度。

消费者自购买直销产品之日起 30 日内，产品未开封的，可以凭直销企业开具的发票或者售货凭证向直销企业及其分支机构、所在地的服务网点或者推销产品的直销员办理换货和退货；直销企业及其分支机构、所在地的服务网点和直销员应当自消费者提出换货或者退货要求之日起 7 日内，按照发票或者售货凭证标明的价款办理换货和退货。

直销员自购买直销产品之日起30日内,产品未开封的,可以凭直销企业开具的发票或者售货凭证向直销企业及其分支机构或者所在地的服务网点办理换货和退货;直销企业及其分支机构和所在地的服务网点应当自直销员提出换货或者退货要求之日起7日内,按照发票或者售货凭证标明的价款办理换货和退货。

不属于前两款规定情形,消费者、直销员要求换货和退货的,直销企业及其分支机构、所在地的服务网点和直销员应当依照有关法律法规的规定或者合同的约定,办理换货和退货。

第二十六条　直销企业与直销员、直销企业及其直销员与消费者因换货或者退货发生纠纷的,由前者承担举证责任。

第二十七条　直销企业对其直销员的直销行为承担连带责任,能够证明直销员的直销行为与本企业无关的除外。

第二十八条　直销企业应当依照国务院商务主管部门和国务院工商行政管理部门的规定,建立并实行完备的信息报备和披露制度。

直销企业信息报备和披露的内容、方式及相关要求,由国务院商务主管部门和国务院工商行政管理部门另行规定。

第五章　保　证　金

第二十九条　直销企业应当在国务院商务主管部门和国务院工商行政管理部门共同指定的银行开设专门账户,存入保证金。

保证金的数额在直销企业设立时为人民币2 000万元;直销企业运营后,保证金应当按月进行调整,其数额应当保持在直销企业上一个月直销产品销售收入15％的水平,但最高不超过人民币1亿元,最低不少于人民币2 000万元。保证金的利息属于直销企业。

第三十条　出现下列情形之一,国务院商务主管部门和国务院工商行政管理部门共同决定,可以使用保证金:

(一)无正当理由,直销企业不向直销员支付报酬,或者不向直销员、消费者支付退货款的;

(二)直销企业发生停业、合并、解散、转让、破产等情况,无力向直销员支付报酬或者无力向直销员和消费者支付退货款的;

(三)因直销产品问题给消费者造成损失,依法应当进行赔偿,直销企业无正当理由拒绝赔偿或者无力赔偿的。

第三十一条　保证金依照本条例第三十条规定使用后,直销企业应当在一个月内将保证金的数额补足到本条例第二十九条第二款规定的水平。

第三十二条　直销企业不得以保证金对外担保或者违反本条例规定用于清偿

债务。

第三十三条　直销企业不再从事直销活动的,凭国务院商务主管部门和国务院工商行政管理部门出具的凭证,可以向银行取回保证金。

第三十四条　国务院商务主管部门和国务院工商行政管理部门共同负责保证金的日常监管工作。

保证金存缴、使用的具体管理办法由国务院商务主管部门、国务院工商行政管理部门会同有关部门另行制定。

第六章　监督管理

第三十五条　工商行政管理部门负责对直销企业和直销员及其直销活动实施日常的监督管理。工商行政管理部门可以采取下列措施进行现场检查:

(一)进入相关企业进行检查;

(二)要求相关企业提供有关文件、资料和证明材料;

(三)询问当事人、利害关系人和其他有关人员,并要求其提供有关材料;

(四)查阅、复制、查封、扣押相关企业与直销活动有关的材料和非法财物;

(五)检查有关人员的直销培训员证、直销员证等证件。

工商行政管理部门依照前款规定进行现场检查时,检查人员不得少于2人,并应当出示合法证件;实施查封、扣押的,必须经县级以上工商行政管理部门主要负责人批准。

第三十六条　工商行政管理部门实施日常监督管理,发现有关企业有涉嫌违反本条例行为的,经县级以上工商行政管理部门主要负责人批准,可以责令其暂时停止有关的经营活动。

第三十七条　工商行政管理部门应当设立并公布举报电话,接受对违反本条例行为的举报和投诉,并及时进行调查处理。

工商行政管理部门应当为举报人保密;对举报有功人员,应当依照国家有关规定给予奖励。

第七章　法律责任

第三十八条　对直销企业和直销员及其直销活动实施监督管理的有关部门及其工作人员,对不符合本条例规定条件的申请予以许可或者不依照本条例规定履行监督管理职责的,对直接负责的主管人员和其他直接责任人员,依法给予行政处分;构成犯罪的,依法追究刑事责任。对不符合本条例规定条件的申请予以的许可,由作出许可决定的有关部门撤销。

第三十九条　违反本条例第九条和第十条规定,未经批准从事直销活动的,由工商行政管理部门责令改正,没收直销产品和违法销售收入,处5万元以上30万元以下的罚款;情节严重的,处30万元以上50万元以下的罚款,并依法予以取缔;构成犯罪的,依法追究刑事责任。

第四十条 申请人通过欺骗、贿赂等手段取得本条例第九条和第十条设定的许可的,由工商行政管理部门没收直销产品和违法销售收入,处5万元以上30万元以下的罚款,由国务院商务主管部门撤销其相应的许可,申请人不得再提出申请;情节严重的,处30万元以上50万元以下的罚款,并依法予以取缔;构成犯罪的,依法追究刑事责任。

第四十一条 直销企业违反本条例第十一条规定的,由工商行政管理部门责令改正,处3万元以上30万元以下的罚款;对不再符合直销经营许可条件的,由国务院商务主管部门吊销其直销经营许可证。

第四十二条 直销企业违反规定,超出直销产品范围从事直销经营活动的,由工商行政管理部门责令改正,没收直销产品和违法销售收入,处5万元以上30万元以下的罚款;情节严重的,处30万元以上50万元以下的罚款,由工商行政管理部门吊销有违法经营行为的直销企业分支机构的营业执照直至由国务院商务主管部门吊销直销企业的直销经营许可证。

第四十三条 直销企业及其直销员违反本条例规定,有欺骗、误导等宣传和推销行为的,对直销企业,由工商行政管理部门处3万元以上10万元以下的罚款;情节严重的,处10万元以上30万元以下的罚款,由工商行政管理部门吊销有违法经营行为的直销企业分支机构的营业执照直至由国务院商务主管部门吊销直销企业的直销经营许可证。对直销员,由工商行政管理部门处5万元以下的罚款;情节严重的,责令直销企业撤销其直销员资格。

第四十四条 直销企业及其分支机构违反本条例规定招募直销员的,由工商行政管理部门责令改正,处3万元以上10万元以下的罚款;情节严重的,处10万元以上30万元以下的罚款,由工商行政管理部门吊销有违法经营行为的直销企业分支机构的营业执照直至由国务院商务主管部门吊销直销企业的直销经营许可证。

第四十五条 违反本条例规定,未取得直销员证从事直销活动的,由工商行政管理部门责令改正,没收直销产品和违法销售收入,可以处2万元以下的罚款;情节严重的,处2万元以上20万元以下的罚款。

第四十六条 直销企业进行直销员业务培训违反本条例规定的,由工商行政管理部门责令改正,没收违法所得,处3万元以上10万元以下的罚款;情节严重的,处10万元以上30万元以下的罚款,由工商行政管理部门吊销有违法经营行为的直销企业分支机构的营业执照直至由国务院商务主管部门吊销直销企业的直销经营许可证;对授课人员,由工商行政管理部门处5万元以下的罚款,是直销培训员的,责令直销企业撤销其直销培训员资格。

直销企业以外的单位和个人组织直销员业务培训的,由工商行政管理部门责令改正,没收违法所得,处 2 万元以上 20 万元以下的罚款。

第四十七条　直销员违反本条例第二十二条规定的,由工商行政管理部门没收违法销售收入,可以处 5 万元以下的罚款;情节严重的,责令直销企业撤销其直销员资格,并对直销企业处 1 万元以上 10 万元以下的罚款。

第四十八条　直销企业违反本条例第二十三条规定的,依照价格法的有关规定处理。

第四十九条　直销企业违反本条例第二十四条和第二十五条规定的,由工商行政管理部门责令改正,处 5 万元以上 30 万元以下的罚款;情节严重的,处 30 万元以上 50 万元以下的罚款,由工商行政管理部门吊销有违法经营行为的直销企业分支机构的营业执照直至由国务院商务主管部门吊销直销企业的直销经营许可证。

第五十条　直销企业未依照有关规定进行信息报备和披露的,由工商行政管理部门责令限期改正,处 10 万元以下的罚款;情节严重的,处 10 万元以上 30 万元以下的罚款;拒不改正的,由国务院商务主管部门吊销其直销经营许可证。

第五十一条　直销企业违反本条例第五章有关规定的,由工商行政管理部门责令限期改正,处 10 万元以下的罚款;拒不改正的,处 10 万元以上 30 万元以下的罚款,由国务院商务主管部门吊销其直销经营许可证。

第五十二条　违反本条例的违法行为同时违反《禁止传销条例》的,依照《禁止传销条例》有关规定予以处罚。

第八章　附　　则

第五十三条　直销企业拟成立直销企业协会等社团组织,应当经国务院商务主管部门批准,凭批准文件依法申请登记。

第五十四条　香港特别行政区、澳门特别行政区和台湾地区的投资者在境内投资建立直销企业,开展直销活动的,参照本条例有关外国投资者的规定办理。

第五十五条　本条例自 2005 年 12 月 1 日起施行。

附录 2　《禁止传销条例》

中华人民共和国国务院令 第 444 号

《禁止传销条例》已经 2005 年 8 月 10 日国务院第 101 次常务会议通过,现予公布,自 2005 年 11 月 1 日起施行。

总理　温家宝

二〇〇五年八月二十三日

禁止传销条例

第一章 总 则

第一条 为了防止欺诈,保护公民、法人和其他组织的合法权益,维护社会主义市场经济秩序,保持社会稳定,制定本条例。

第二条 本条例所称传销,是指组织者或者经营者发展人员,通过对被发展人员以其直接或者间接发展的人员数量或者销售业绩为依据计算和给付报酬,或者要求被发展人员以交纳一定费用为条件取得加入资格等方式牟取非法利益,扰乱经济秩序,影响社会稳定的行为。

第三条 县级以上地方人民政府应当加强对查处传销工作的领导,支持、督促各有关部门依法履行监督管理职责。

县级以上地方人民政府应当根据需要,建立查处传销工作的协调机制,对查处传销工作中的重大问题及时予以协调、解决。

第四条 工商行政管理部门、公安机关应当依照本条例的规定,在各自的职责范围内查处传销行为。

第五条 工商行政管理部门、公安机关依法查处传销行为,应当坚持教育与处罚相结合的原则,教育公民、法人或者其他组织自觉守法。

第六条 任何单位和个人有权向工商行政管理部门、公安机关举报传销行为。工商行政管理部门、公安机关接到举报后,应当立即调查核实,依法查处,并为举报人保密;经调查属实的,依照国家有关规定对举报人给予奖励。

第二章 传销行为的种类与查处机关

第七条 下列行为,属于传销行为:

(一)组织者或者经营者通过发展人员,要求被发展人员发展其他人员加入,对发展的人员以其直接或者间接滚动发展的人员数量为依据计算和给付报酬(包括物质奖励和其他经济利益,下同),牟取非法利益的;

(二)组织者或者经营者通过发展人员,要求被发展人员交纳费用或者以认购商品等方式变相交纳费用,取得加入或者发展其他人员加入的资格,牟取非法利益的;

(三)组织者或者经营者通过发展人员,要求被发展人员发展其他人员加入,形成上下线关系,并以下线的销售业绩为依据计算和给付上线报酬,牟取非法利益的。

第八条 工商行政管理部门依照本条例的规定,负责查处本条例第七条规定的传销行为。

第九条　利用互联网等媒体发布含有本条例第七条规定的传销信息的,由工商行政管理部门会同电信等有关部门依照本条例的规定查处。

第十条　在传销中以介绍工作、从事经营活动等名义欺骗他人离开居所地非法聚集并限制其人身自由的,由公安机关会同工商行政管理部门依法查处。

第十一条　商务、教育、民政、财政、劳动保障、电信、税务等有关部门和单位,应当依照各自职责和有关法律、行政法规的规定配合工商行政管理部门、公安机关查处传销行为。

第十二条　农村村民委员会、城市居民委员会等基层组织,应当在当地人民政府指导下,协助有关部门查处传销行为。

第十三条　工商行政管理部门查处传销行为,对涉嫌犯罪的,应当依法移送公安机关立案侦查;公安机关立案侦查传销案件,对经侦查不构成犯罪的,应当依法移交工商行政管理部门查处。

第三章　查处措施和程序

第十四条　县级以上工商行政管理部门对涉嫌传销行为进行查处时,可以采取下列措施:

（一）责令停止相关活动;

（二）向涉嫌传销的组织者、经营者和个人调查、了解有关情况;

（三）进入涉嫌传销的经营场所和培训、集会等活动场所,实施现场检查;

（四）查阅、复制、查封、扣押涉嫌传销的有关合同、票据、账簿等资料;

（五）查封、扣押涉嫌专门用于传销的产品（商品）、工具、设备、原材料等财物;

（六）查封涉嫌传销的经营场所;

（七）查询涉嫌传销的组织者或者经营者的账户及与存款有关的会计凭证、账簿、对账单等;

（八）对有证据证明转移或者隐匿违法资金的,可以申请司法机关予以冻结。

工商行政管理部门采取前款规定的措施,应当向县级以上工商行政管理部门主要负责人书面或者口头报告并经批准。遇有紧急情况需要当场采取前款规定措施的,应当在事后立即报告并补办相关手续;其中,实施前款规定的查封、扣押,以及第（七）项、第（八）项规定的措施,应当事先经县级以上工商行政管理部门主要负责人书面批准。

第十五条　工商行政管理部门对涉嫌传销行为进行查处时,执法人员不得少于2人。

执法人员与当事人有直接利害关系的,应当回避。

第十六条　工商行政管理部门的执法人员对涉嫌传销行为进行查处时,应当向当事人或者有关人员出示证件。

第十七条　工商行政管理部门实施查封、扣押,应当向当事人当场交付查封、扣押决定书和查封、扣押财物及资料清单。

在交通不便地区或者不及时实施查封、扣押可能影响案件查处的,可以先行实施查封、扣押,并应当在24小时内补办查封、扣押决定书,送达当事人。

第十八条　工商行政管理部门实施查封、扣押的期限不得超过30日;案件情况复杂的,经县级以上工商行政管理部门主要负责人批准,可以延长15日。

对被查封、扣押的财物,工商行政管理部门应当妥善保管,不得使用或者损毁;造成损失的,应当承担赔偿责任。但是,因不可抗力造成的损失除外。

第十九条　工商行政管理部门实施查封、扣押,应当及时查清事实,在查封、扣押期间作出处理决定。

对于经调查核实属于传销行为的,应当依法没收被查封、扣押的非法财物;对于经调查核实没有传销行为或者不再需要查封、扣押的,应当在作出处理决定后立即解除查封,退还被扣押的财物。

工商行政管理部门逾期未作出处理决定的,被查封的物品视为解除查封,被扣押的财物应当予以退还。拒不退还的,当事人可以向人民法院提起行政诉讼。

第二十条　工商行政管理部门及其工作人员违反本条例的规定使用或者损毁被查封、扣押的财物,造成当事人经济损失的,应当承担赔偿责任。

第二十一条　工商行政管理部门对涉嫌传销行为进行查处时,当事人有权陈述和申辩。

第二十二条　工商行政管理部门对涉嫌传销行为进行查处时,应当制作现场笔录。

现场笔录和查封、扣押清单由当事人、见证人和执法人员签名或者盖章,当事人不在现场或者当事人、见证人拒绝签名或者盖章的,执法人员应当在现场笔录中予以注明。

第二十三条　对于经查证属于传销行为的,工商行政管理部门、公安机关可以向社会公开发布警示、提示。

向社会公开发布警示、提示应当经县级以上工商行政管理部门主要负责人或者公安机关主要负责人批准。

第四章　法律责任

第二十四条　有本条例第七条规定的行为,组织策划传销的,由工商行政管理部门没收非法财物,没收违法所得,处50万元以上200万元以下的罚款;构成犯罪的,依法追究刑事责任。

有本条例第七条规定的行为,介绍、诱骗、胁迫他人参加传销的,由工商行政管理部门责令停止违法行为,没收非法财物,没收违法所得,处10万元以上50万元以下的罚款;构成犯罪的,依法追究刑事责任。

有本条例第七条规定的行为,参加传销的,由工商行政管理部门责令停止违法行为,可以处2 000元以下的罚款。

第二十五条 工商行政管理部门依照本条例第二十四条的规定进行处罚时,可以依照有关法律、行政法规的规定,责令停业整顿或者吊销营业执照。

第二十六条 为本条例第七条规定的传销行为提供经营场所、培训场所、货源、保管、仓储等条件的,由工商行政管理部门责令停止违法行为,没收违法所得,处5万元以上50万元以下的罚款。

为本条例第七条规定的传销行为提供互联网信息服务的,由工商行政管理部门责令停止违法行为,并通知有关部门依照《互联网信息服务管理办法》予以处罚。

第二十七条 当事人擅自动用、调换、转移、损毁被查封、扣押财物的,由工商行政管理部门责令停止违法行为,处被动用、调换、转移、损毁财物价值5%以上20%以下的罚款;拒不改正的,处被动用、调换、转移、损毁财物价值1倍以上3倍以下的罚款。

第二十八条 有本条例第十条规定的行为或者拒绝、阻碍工商行政管理部门的执法人员依法查处传销行为,构成违反治安管理行为的,由公安机关依照治安管理的法律、行政法规规定处罚;构成犯罪的,依法追究刑事责任。

第二十九条 工商行政管理部门、公安机关及其工作人员滥用职权、玩忽职守、徇私舞弊,未依照本条例规定的职责和程序查处传销行为,或者发现传销行为不予查处,或者支持、包庇、纵容传销行为,构成犯罪的,对直接负责的主管人员和其他直接责任人员,依法追究刑事责任;尚不构成犯罪的,依法给予行政处分。

第五章 附 则

第三十条 本条例自2005年11月1日起施行。

附录3 《直销企业保证金存缴、使用管理办法》

商务部、工商总局2005年第22号令

《直销企业保证金存缴、使用管理办法》已经2005年10月19日商务部第15次部务会议审议通过,并经工商总局同意,现予以发布,自2005年12月1日起施行。

二〇〇五年十一月一日

直销企业保证金存缴、使用管理办法

第一条 根据《直销管理条例》第三十四条第二款规定,制定本办法。

第二条 企业申请直销应提交其在指定银行开设的保证金专门账户凭证,金额为2 000万元人民币。保证金为现金。

第三条 直销企业与指定银行签订的保证金专门账户协议应包括下述内容:

(一)指定银行根据商务部和国家工商行政管理总局(以下简称工商总局)的书面决定支付保证金;

(二)直销企业不得违反《直销管理条例》擅自动用保证金,不得以保证金对外担保或者违反《直销管理条例》规定用于清偿债务;

(三)指定银行应及时向商务部和工商总局通报保证金账户情况,商务部和工商总局可以查询直销企业保证金账户;

(四)直销企业和指定银行的权利义务及争议解决方式。

企业在申请设立时应提交与指定银行签署的开设保证金专门账户协议。

第四条 直销企业开始从事直销经营活动3个月后,保证金金额按月进行调整。直销企业于次月15日前将其上月销售额的有效证明文件向指定银行出具,并通过直销行业管理网站向商务部和工商总局备案。直销企业对出具的证明文件的真实性、完整性负责,指定银行应当对证明文件进行形式审查。

直销企业保证金金额保持在直销企业上月直销产品销售收入的15%水平。账户余额最低为2 000万元人民币,最高不超过1亿元人民币。

根据直销企业月销售额,如需调增保证金金额的,直销企业应当在向指定银行递交月销售额证明文件后5日内将款项划转到其指定银行保证金账户;如需调减保证金金额的,按企业与指定银行签订的协议办理。

第五条 出现下列情形之一,商务部和工商总局共同决定,可以使用保证金:

(一)无正当理由,直销企业不向直销员支付报酬,或者不向直销员、消费者支付退货款的;

(二)直销企业发生停业、合并、解散、转让、破产等情况,无力向直销员支付报酬或者无力向直销员和消费者支付退货款的;

(三)因直销产品问题给消费者造成损失,依法应当进行赔偿,直销企业无正当理由拒绝赔偿或者无力赔偿的。

第六条 直销员或消费者根据《直销管理条例》和本办法第五条规定要求使用保证金的,应当持法院生效判决书或调解书,向省级商务主管部门或工商行政管理部门提出申请,省级商务主管部门或工商行政管理部门接到申请后10个工作日内将申请材料报送商务部和工商总局。

直销员除持法院生效判决书、调解书外,还应出示其身份证、直销员证及其与直销企业签订的推销合同。消费者除持法院生效判决书、调解书外,还应出示其身份证、售货凭证或发票。

商务部和工商总局接到申请材料后60个工作日内做出是否使用保证金支付赔偿的决定,并书面通知指定银行、直销企业和保证金使用申请人。

直销员违反《禁止传销条例》有关规定的,其申请不予受理。

第七条　根据本办法规定支付保证金后,直销企业应当自支付之日起30日内将其保证金专门账户的金额补足到本办法第四条第二款规定的水平。

第八条　直销企业保证金使用情况应当及时通过商务部和工商总局直销行业管理网站向社会披露。

第九条　直销企业不再从事直销活动的,凭商务部和工商总局出具的书面凭证,可以向指定银行取回保证金。

企业申请直销未获批准的,凭商务部出具的书面凭证到指定银行办理保证金退回手续。

第十条　直销企业违反本办法规定的,按照《直销管理条例》第五十一条予以处罚。

第十一条　商务部和工商总局共同负责直销企业保证金的日常监管工作。

第十二条　本办法由商务部、工商总局负责解释。

第十三条　本办法自2005年12月1日起施行。

附录4　《直销员业务培训管理办法》

商务部、公安部、工商总局2005年第23号令

《直销员业务培训管理办法》已经2005年10月19日商务部第15次部务会议审议通过,并经公安部、工商总局同意,现予以发布,自2005年12月1日起施行。

二○○五年十一月一日

直销员业务培训管理办法

第一条　根据《直销管理条例》第二十一条第三款规定,制定本办法。

第二条　在中华人民共和国境内举办直销员业务培训(以下简称直销培训)及考试活动,适用本办法。

第三条　本办法所称直销培训,是指直销企业对本企业拟招募的直销员和本企业的直销员进行国家相关法律法规规章、直销基础知识等各种培训活动。

本办法所称直销员考试是指直销企业对本企业拟招募的直销员的考试。

第四条 直销企业向符合《直销管理条例》规定条件的直销员、直销培训员颁发《直销员证》、《直销培训员证》。

直销企业应在每月15日前将本企业上一个月取得《直销培训员证》的人员名册，通过企业所在地省级商务主管部门向商务部备案。未经备案的人员，不得对直销员开展培训。直销培训员只能接受所属企业指派进行培训。

《直销员证》、《直销培训员证》由直销企业按商务部制定的规范式样印制。

第五条 直销员向消费者推销产品时，直销培训员在进行直销培训活动时，应佩戴《直销员证》、《直销培训员证》。

不得伪造、变造、涂改、出租、出借、转让、出卖《直销员证》、《直销培训员证》。

第六条 直销培训内容以《直销管理条例》、《禁止传销条例》、《合同法》、《消费者权益保护法》、《产品质量法》、《反不正当竞争法》等法律法规中的相关内容、直销员道德规范、直销风险揭示以及营销方面的知识为主。

直销员考试应含有上款所规定的内容。

第七条 直销企业进行直销培训和考试，不得收取任何费用。其他单位和个人，不得以任何名义组织直销培训和考试。

第八条 直销培训不得宣扬迷信邪说、色情、淫秽或者渲染暴力；不得扰乱社会秩序，破坏社会稳定；不得对企业产品进行夸大、虚假宣传，贬低同类其他产品，强迫参加培训的人员购买产品；不得以任何方式宣扬直销员以往的收入情况，宣扬大多数参与者将获得成功；不得从事违反国家宪法、法律法规和国家规定禁止的其他活动。

直销企业不得以召开研讨会、激励会、表彰会等形式变相对直销员进行培训。

第九条 直销企业应在本企业设有服务网点的地区组织直销培训。直销培训不得在政府、军队、学校、医院的场所及居民社区、私人住宅内举办。

第十条 直销企业应于直销培训或考试活动7日前将培训或考试计划（包括培训时间、具体地点、内容、人数及直销培训员、培训资料和考试时间、地点、人数）在直销企业中文网站上公布。

第十一条 直销企业应当对每期直销培训讲授内容进行录音，完整保存参加培训的人员名单、直销员考试试卷。录音资料、直销员考试试卷应妥善保管，至少保存3年。

第十二条 直销企业应当于每年1月底前将上一年度举办的直销培训及考试情况通过企业所在地省级商务、工商主管部门报商务部、国家工商行政管理总局备案。备案内容包括：上一年度举办培训期数（每次培训时间、地点、参加人数、直销培训员、培训资料的名称）、上一年度举办考试次数（每次考试时间、地点、试卷、参加人数、合格人数）。

第十三条 商务部门、工商行政管理部门依照《直销管理条例》和本办法负责对直销培训进行监管;商务部负责制定《直销员证》、《直销培训员证》的规范式样。

第十四条 参加直销培训的人员,如发现直销企业组织的培训、直销培训员讲授的内容违反法律法规或本办法的规定,有权当场指出,并向培训所在地县级以上工商行政管理部门举报。

第十五条 直销企业、直销培训员进行直销培训,违反《直销管理条例》或本办法的,以及直销企业以外的单位和个人组织直销培训的,按照《直销管理条例》第四十六条规定予以查处。

第十六条 直销企业开展直销培训和考试活动,构成违反治安管理行为的,由公安机关依法予以查处;构成犯罪的,依法追究其刑事责任。

第十七条 各级商务、工商、公安机关应建立联系制度,定期通报直销企业培训和查处违规培训情况。

第十八条 本办法自 2005 年 12 月 1 日起施行。

附录5 《直销企业信息报备、披露管理办法》

商务部、工商总局2005年第24号令

《直销企业信息报备、披露管理办法》已经 2005 年 10 月 19 日商务部第 15 次部务会议审议通过,并经工商总局同意,现予以发布,自 2005 年 12 月 1 日起施行。

二○○五年十一月一日

直销企业信息报备、披露管理办法

第一条 根据《直销管理条例》第二十八条规定,制定本办法。

第二条 直销企业应建立完备的信息报备和披露制度,并接受政府相关部门的监管检查和社会公众的监督。

第三条 商务部和国家工商行政管理总局(以下简称工商总局)直销行业管理网站向社会公布下列内容:

(一)有关法律、法规及规章;

(二)直销产品范围公告;

(三)直销企业名单及其直销产品名录;

(四)直销企业省级分支机构名单及其从事直销的地区、服务网点;

(五)直销企业保证金使用情况;

(六)直销员证、直销培训员证式样;

(七)直销企业、直销培训员及直销员违规及处罚情况;

（八）其他需要公布的信息。

第四条　直销企业通过其建立的中文网站向社会披露信息。直销企业建立的中文网站是直销企业信息报备和披露的重要组成部分，并应在取得直销经营许可证之日起3个月内与直销行业管理网站链接。

第五条　直销企业设立后应真实、准确、及时、完整地向社会公众披露以下信息：

（一）直销企业直销员总数，各省级分支机构直销员总数、名单、直销员证编号、职业及与直销企业解除推销合同人员名单；

（二）直销企业及其分支机构名称、地址、联系方式及负责人，服务网点名称、地址、联系方式及负责人；

（三）直销产品目录、零售价格、产品质量及标准说明书以及直销产品的主要成分、适宜人群、使用注意事项等应当让消费者事先知晓的内容。

根据国家相关规定直销产品应符合国家认证、许可或强制性标准的，直销企业应披露其取得相关认证、许可或符合标准的证明文件。

（四）直销员计酬、奖励制度；

（五）直销产品退换货办法、退换货地点及退换货情况；

（六）售后服务部门、职能、投诉电话、投诉处理程序；

（七）直销企业与直销员签订的推销合同中关于直销企业和直销员的权利、义务，直销员解约制度，直销员退换货办法，计酬办法及奖励制度，法律责任及其他相关规定；

（八）直销培训员名单、直销员培训和考试方案；

（九）涉及企业的重大诉讼、仲裁事项及处理情况。

上述内容若有变动，直销企业应在相关内容变动（涉及行政许可的应在获得许可）后1个月内及时更新网站资料。

第六条　直销企业设立后，每月15日前须通过直销行业管理网站向商务部、工商总局报备以下上月内容：

（一）保证金存缴情况；

（二）直销员直销经营收入及纳税明细情况；

1. 直销员按月直销经营收入及纳税金额；

2. 直销员直销经营收入金额占直销员本人直接向消费者销售产品收入的比例。

（三）企业每月销售业绩及纳税情况；

（四）直销培训员备案；

（五）其他需要报备的内容。

第七条　直销企业应于每年4月份以企业年报的方式公布本办法第五条所列内容。

第八条　直销企业及直销员所使用的产品说明和任何宣传材料须与直销企业披露的信息内容一致。

第九条　直销企业未按照《直销管理条例》和本办法进行信息披露,或直销企业披露的信息存在虚假、严重误导性陈述或重大遗漏的,按照《直销管理条例》第五十条规定予以处罚。

第十条　本办法由商务部和工商总局负责解释。

第十一条　本办法自 2005 年 12 月 1 日起实施。

附录6　世界直销商德约法有关顾客之营业守则

(1994 年 5 月 18 日经世界直销协会联盟理事会通过)

1. 通则

1.1　范围

有关顾客的世界直销商德约法是世界直销协会联盟为其遍及全世界的各国直销协会会员所制定,仅供参考。本商德约法一方面是有关直销公司与直销人员之间,另一方面是有关与消费者之间的相互关系而制订。

本商德约法的制订宗旨为:

——满足消费者的需求并维护消费者的权益;

——于自由企业体制中提倡公平竞争的经营理念;

——提高直销的公众形象。

1.2　专门用语

商德约法之专门用语解释如下:

直销:直接于消费者家中或他人家中、工作地点或零售商店以外的地方进行消费品的营销,通常是由直销人员于现场对产品详细说明或示范。

直销协会:直销协会是直销公司的全国性协会,代表一个国家的直销。

直销公司:直销公司是通过直销系统来销售其产品的商业组织,拥有自己的产品商标、服务标章或其他识别标章的直销协会会员。

直销人员:直销人员是直销公司的直销体系中的成员。直销人员可以是代理商、承包商、经营商或批发商,受雇或独立经营,经特许授权等。

产品:包括有形及无形的商品及服务。

销售:销售行为包括访问潜在顾客,介绍并示范产品使用方法,接受订单并于买卖成交后送货收款。

家庭聚会:由一位直销人员到邀请了其他人聚会的女主人家中介绍并示范产

品使用方法以销售产品。

订购单：包括印刷或手写的订单、收据及合约。

推荐活动：任何为介绍他人成为直销人员的活动。

商德约法督导人：由直销协会指派的独立个人或团体，其任务是督导会员公司对商德约法的遵循，同时根据商德约法负责处理申诉案件。

1.3　协会

每一个国家的直销协会须承诺采用商德约法的主要条文作为营业守则，以作为加入并继续持有世界直销协会联盟会员资格的条件。

1.4　直销公司

每一个直销协会的会员公司均须遵守商德约法方可成为或继续为直销协会的会员。

1.5　直销人员

直销人员不直接受制于商德约法，但其直销公司须要求其直销人员遵守商德约法或公司之营业守则作为持有公司会员资格的条件。

1.6　自律

商德约法是直销自律的准则，并非法令，其所要求的职责是一种超乎法令所要求的商业道德，不遵守商德约法并不直接产生民事责任。直销公司之直销协会会员资格被除者，即不再受制于此商德约法。

1.7　法令

直销公司及直销人员理应遵守法令，本商德约法并不重述所有法令的要求。

1.8　准则

商德约法含有直销公司和直销商之商德行为的准则，各国直销协会可修改这些准则，但须维持商德约法之基本精神或法令。

商德约法可作为直销的准则根据。

2. 有关顾客之营业守则

2.1　禁止行为

直销人员不得有误导、欺骗或不公平的销售行为。

2.2　表明身份

开始介绍直销计划时，直销人员即应主动向潜在的顾客表明身份，并告知其所属公司、销售的产品及访问目的。在家庭聚会中，直销人员应向女主人及在场参加聚会者表明聚会目的。

2.3　说明及示范

产品的说明及示范应正确及完整，尤其是关于产品价格或分期付款价格、付款方式、犹豫期或退货权利、品质保证及售后服务、送货等事项。

2.4　答复问题

直销人员应明确答复顾客所提出的有关产品及买卖的问题。

2.5 订单

于买卖成交时应给予顾客一份书面订单，上面应列出直销人员及公司的全名、永久住址及电话号码，并应详列买卖条款。所有条款须清楚易懂。

2.6 口头承诺

直销人员应在公司授权的范围内作口头承诺。

2.7 犹豫期及退货

不论是否法令有规定，直销公司及直销人员应在订单上明列顾客可在一定期间内随时解约并取回所有货款的犹豫期条款。若直销公司或直销人员所提供的是无条件退货者，则应以书面明列之。

2.8 品质保证及售后服务

订单或其他附件产品上应明列品质保证条件、售后服务的方式及范围，保证人的姓名住址，买方所享有的保证期限及补偿办法。

2.9 文宣

促销文宣、广告或信件均不得刊载夸大不实的产品介绍、产品声誉或插图，而应印有公司或直销人员之全名及地址或电话。

2.10 见证资料

直销公司及直销人员不得引用未经授权、不实、过期或已作废的证明书或担保书来误导消费者。

2.11 比较及诋毁

直销公司及直销人员不得使用容易误导且有违公平竞争原则的比较方式。作为比较的论点须公平且根据事实有明确证据。直销公司及直销人员不得以直接或影射方式来诋毁任何公司或产品，直销公司及直销人员不得冒用其他公司的名称或产品的商标以获取不当的利益。

2.12 尊重隐私权

直销人员应选择适当时机且以得体的态度进行个人拜访或电话拜访，以避免妨碍对方，并应于消费者要求停止时立即中止产品示范或直销计划说明。

2.13 正直原则

直销人不得滥用消费者的信赖，应顾及对方商业经验的不足，不得利用对方之高龄、疾病、理解力不足或缺乏语言能力。

2.14 引介式推销

直销公司及直销人员不得以介绍买主给卖方即可享受折扣或折现方式来引诱顾客购买产品或服务，尤其是此种折扣或折现优待并无任何保障时。

2.15 送货

直销公司及直销人员应确保顾客所订购产品能准时送达。

3. 商德约法之施行

3.1 直销公司之职责

直销公司之首要职责即遵守本商德约法。若有违反商德约法的情形发生,直销公司应在合理范围内尽可能满足申诉者之要求。

3.2 直销协会职责

直销协会应指派负责人员负责处理申诉案件。协会应在合理的范围尽可能妥善处理案件。

3.3 商德约法督导人

直销协会应指派一独立个人或团体担任商德约法督导人之职。商德约法督导人应采取适当行动督导直销公司遵守商德约法,并应妥善处理因违反商德约法而产生的顾客申诉案件。

3.4 处分

处分可由直销公司、直销协会或商德约法督导人自行决定,其中包括取消订单、退回购品、返还价金或其他适当的处分,包括告诫涉及违反的直销人员,终止直销人员与直销公司之契约关系,告诫涉及违反的直销公司,解除协会会员资格,及公布该处分。

3.5 申诉之处理

直销公司、直销协会及商德约法督导人应订定一套申诉处理程序,确保申诉案件的上诉迅速且于合理期限内提出解决方案,并免费处理顾客申诉案件。

3.6 商德约法推广

直销协会应公布推广本商德约法,使其广为人知,该文免费赠阅。

附录7 世界直销商德约法有关直销人员及直销公司之营业守则

(1994年5月18日经世界直销协会联盟理事会通过)

A. 通则

A.a 范围

有关直销人员及直销公司之间的世界直销商德约法是世界直销协会联盟为其遍及全世界的各国直销协会会员所制定公布的。本商德约法是有关直销公司与直销人员之间、直销人员与直销人员之间及直销公司彼此的相关系而制定。

本商德约法的制定宗旨为:

——维护直销人员的权益;

——于自由企业体制中提倡公平竞争的经营理念;

——提高直销的公众形象；

——直销的创业机会的道德表征。

A.b　专门用语

商德约法中之专门用语解释如下：

直销：直接于消费家中或他人家中，工作地点或零售商店以外的地方进行消费品的营销，通常是由直销人员于现场对产品详细说明或示范。

直销协会：直销协会是直销公司的全国性协会，代表一个国家的直销。

直销公司：直销公司是通过直销系统来销售其产品的商业组织，拥有自己的产品商标、服务标章或其他识别标章的直销协会会员。

直销人员：直销人员是直销公司的直销体系中的成员。直销人员可以是代理商、承包商、经营商或批发商，受雇或独立经营，经特许授权等。

产品：包括有形及无形的商品及服务。

推荐活动：任何为介绍他人成为直销人员的活动。

商德约法督导人：由直销协会指派的独立个人或团体，其任务是督导会员公司对商德约法的遵循，同时根据商德约法负责处理申诉案件。

A.c　协会

每一个国家的直销协会须承诺采用商德约法的主要条文作为营业守则，以作为加入并继续持有世界直销协会联盟会员资格的条件。

A.d　直销公司

每一个直销协会的会员公司均须遵守商德约法方可成为或继续为直销协会的会员。

A.e　直销人员

直销人员不直接受制于商德约法，但其直销公司须要求其直销人员遵守商德约法或公司之营业守则作为持有公司会员资格的条件。

A.f　自律

商德约法是直销自律的准则，并非法令，其所要求的职责是一种超乎法令所要求的商业道德，不遵守商德约法并不直接产生民事责任。直销公司之直销协会会员资格被除者，即不再受制于此商德约法。

A.g　法令

直销公司及直销人员理应遵守法令，本商德约法并不重述所有法令的要求。

A.h　准则

商德约法含有直销公司和直销商之商德行为的准则，各国直销协会可修改这些准则，但须维持商德约法之基本精神或法令。

商德约法可作为直销的准则根据。

B. 直销人员之营业守则

B.a 直销人员之遵循

直销公司应要求其直销人员遵守商德约法或相类同的营业守则,以作为加入公司的直销体系成为直销人员的条件。

B.b 推荐活动

直销公司及直销人员不得有误导、欺骗或不公平的推荐行为。

B.c 资讯

直销公司提供其直销人员有关直销创业机会及其权利义务的资料应详细且正确。直销公司不得对推荐对象提出不实的言论或无法实现的承诺。直销公司不得用错误或不实的方式向推荐对象表示有关直销创业机会的各种好处。

B.d 收入声明

直销公司及直销人员不得夸大直销人员的实际或可能达到的销售业绩及收入。任何收入或销售业绩均须有事实及文件作根据。

B.e 契约关系

直销公司应提供直销人员一份须经过双方签署的契约或一份声明,此契约书或声明书应详列双方基本的权利义务关系。直销公司应告知直销人员应负的法律责任,如营业执照、注册登记及税金等。

B.f 费用

直销公司及直销人员不得向其他直销人员收取不合理的高额入会费、训练费、经销权费、业务推广资料的费用或任何有关加入直销之费用等。

B.g 终止契约

终止直销人员之契约时,直销公司应向直销人员买回可供再销售之存货,包括业务推广资料、辅销器材及创业资料等,并依据原先购买金额,可扣最高点10%的手续费及根据直销人员购买该批存货时所获得的奖金。

B.h 存货

直销公司不得要求或鼓励直销人员购买过量之存货。下列为合理存货应考虑的重点:产品市场竞争之性质及市场状况及直销公司之退货及退费之制度。

B.i 奖金及奖金清单

直销公司应提供一份定期性的各项奖金清单予直销人员,包括销售、购买、所得细目、佣金、奖金、折扣、运费、取消订单及其他相关的事项,并应根据直销公司的直销人员间的安排,所有付款项应准时支付且不得有不合理的扣留。

B.j 教育及训练

直销公司应提供直销人员应当的教育及训练,使其以诚信的方式经营。教育训练可通过训练课程或事业手册指南,或视听资料。

C. 直销公司之间的营业守则

C.a 原则

直销之会员公司应对其他会员公司公平相待。

C.b 直销公司及直销人员不得向其他公司的直销人员以有计划的诱导方式来怂恿、离间甚或劝诱其加入自己的组织。

C.c 诋毁

直销公司不得且不允许其直销人员不公平地诋毁其他公司的产品、业务计划或该公司的其他事项。

D. 商德约法之施行

D.a 直销公司之职责

直销公司之首要职责即遵守本商德约法。若有违反商德约法的情形发生，直销公司应在合理范围内尽可能满足申诉者之要求。

D.b 直销协会职责

直销协会应指派负责人员负责处理申诉案件。协会应在合理的范围尽可能妥善处理案件。

D.c 商德约法督导人

直销协会应指派一独立个人或团体担任商德约法督导人之职。商德约法督导人应采取适当行动督导直销公司遵守商德约法，并应妥善处理因违反商德约法而产生的顾客申诉案件。

D.d 处分

处分可由直销公司、直销协会或商德约法督导人自行决定，其中包括取消订单、退回购品、返还价金或其他适当的处分，包括告诫涉及违反的直销人员，终止直销人员与直销公司之契约关系，告诫涉及违反的直销公司，解除协会会员资格，及时公布该处分。

D.e 申诉之处理

直销公司、直销协会及商德约法督导人应订定一套申诉处理程序，确保申诉案件的上件迅速且于合理期限内提出解决方案，并免费处理顾客申诉案件。

D.f 直销公司之申诉

直销公司对另一直销公司或直销协会之申诉应交由商德约法督导人或独立仲裁者处理，直销协会须制定处理的程序。

D.g 商德约法推广

直销协会应公布推广本商德约法，使其广为人知，该文免费赠阅。

附录8 《关于进一步加强直销监督管理工作的意见》

国市监竞争〔2018〕8号

各省、自治区、直辖市工商行政管理局、市场监督管理部门：

为适应商事制度改革带来的监管方式转变，做到在"放管服"改革大背景下，维护直销市场秩序，促进直销市场规范健康有序发展，根据《直销管理条例》《禁止传销条例》及有关法律、法规、规章规定，现就进一步加强直销监督管理工作提出如下意见：

一、加强对直销企业、直销员及直销企业经销商、合作方、关联方的监管

（一）加强对直销企业、直销员及其直销活动的监管。各地工商和市场监管部门应按照《直销管理条例》等法律法规要求，加强对直销经营主体的监管，关注其是否获得直销活动区域许可，是否及时变更直销经营许可和企业登记注册事项等；加强对直销员招募活动的监管，关注招募主体、招募对象和招募广告内容是否合法，是否以交纳费用或购买商品作为发展直销员的条件；加强对直销培训活动的监管，关注直销培训员是否持证上岗，培训内容和方式是否合法；加强对直销经营活动的监管，关注退换货制度是否有效执行，直销产品是否超出产品核准范围，是否有夸大或虚假宣传及欺诈消费者等情形；加强对计酬行为的监管，关注计酬奖励制度是否合法，是否存在团队计酬等违法行为。

（二）加强对直销企业经销商的监管。各地工商和市场监管部门应加强对分销直销企业产品的经销商及各类经营主体的监管，督促直销企业对其经销商的经营行为进行指引和约束。应对辖区内直销企业的经销商的注册登记信息加强了解，关注其是否有固定经营场所，是否具有合法营业执照，是否与直销企业签订经销合同，是否在经营场所醒目位置摆放营业执照，是否在经营活动中遵守各项法律规定，保障消费者合法权益等。应充分运用各种监管手段，督促辖区内直销企业经销商不得从事直销活动，不得对产品进行夸大虚假宣传，不得以直销企业名义从事商业宣传、推销等活动，不得组织或参与传销。对有证据证明经销商的传销行为系按照与直销企业的约定或者由直销企业支持、唆使的，由工商和市场监管部门依据《禁止传销条例》的相关规定，处罚经销商的同时处罚直销企业。

（三）加强对直销企业合作方、关联方的监管。工商和市场监管部门应加强对与直销企业有合作协议关系的合作方、关联方的监管。如有合作方、关联方挂靠直销企业，打着直销企业旗号或借助直销牌照影响力从事传销，而直销企业提供支持、帮助、纵容或默许的，对合作方、关联方以从事传销活动进行查处的同时，对直

销企业以为传销活动提供便利条件进行查处,情节严重的,对直销企业以传销共同违法行为人进行查处;如直销企业负责人为合作方、关联方违法活动站台、宣传或提供帮助、便利,又难以追究直销企业责任时,对该负责人个人追究为传销活动提供便利条件的责任或共同违法责任。

（四）加强对各类直销会议的监管。工商和市场监管部门应加强对直销企业及其分支机构组织召开的含有产品推介、营销方式、计酬制度、加入方式等内容的直销会议(包括但不限于研讨会、激励会、表彰会、产品推介会、业务沟通会、美容或者营养讲座等)及经销商组织的各种会议的监管。会议的内容不应存在夸大产品功效、夸大奖励回报等欺骗、误导的宣传和推销行为。

二、依法查处与直销相关的各类违法行为

（五）工商和市场监管部门应依法查处直销企业、直销员及其相关经营主体的下列违法行为:违反《直销管理条例》的违法行为;违反《禁止传销条例》的违法行为;违反《反不正当竞争法》《广告法》等其他工商和市场监管法律法规的违法行为。

（六）依法查处以直销名义从事的传销、非法集资等违法行为。通过各种渠道及时掌握打着直销企业名义,欺骗、误导、引诱群众从事传销、非法集资等行为线索,发现违反工商和市场监管法律法规的,立案查处,发现违反其他领域法律法规的,及时移送。

（七）依法查处以直销企业名义从事的违法行为。对直销行业的新动向、新经营手法应保持关注,如发现非直销企业或团队挂靠直销企业,利用直销企业的产品、销售队伍、物流体系、结算平台等资源从事违法活动的,在对非直销企业或团队处以行政处罚的同时,对直销企业也要依法进行查处。

（八）综合运用工商和市场监管领域法律法规。工商和市场监管部门不仅要查处违法直销、传销等行为,如发现有虚假宣传、违法广告、违反企业登记注册等领域规定的违法活动,应综合、全面运用各项工商和市场监管法律法规,一并查处。

（九）充分运用现代化执法办案手段。工商和市场监管部门在查处违法活动时,应充分运用各项法律法规赋予的权限,充分运用各种执法办案手段,搜集证据。在违法行为发现环节,充分依靠日常监管信息、投诉举报信息,充分运用网络监测、大数据等手段;在违法证据搜集和固定环节,在注重传统办案方式的同时,充分运用电子数据取证、远程取证等现代化方式,固定核心证据。

三、建立健全直销监管工作机制

（十）分级分类监管机制。分级监管是指在工商和市场监管部门内部实行分级监管。主要内容是:整合监管资源,按管辖范围分级开展直销监管工作;构建与分级监管相适应的管理运行机制;建立健全分级监管的信息交换渠道,完善上下联动协调机制等。

分类监管是指对直销企业实行动态分类监管。主要思路是：科学分配监管资源，提高监管效能。根据各地实际，采取不同的分类监管模式。如基于直销企业、直销企业分支机构、服务网点、经销商等监管主体不同进行分类；基于直销企业守法等信用状况进行分类等。对守法、诚信记录较好、投诉举报较少的直销企业、分支机构、服务网点及经销商，在工作中保持关注；对违法行为多发、诚信记录不良或投诉举报较多的直销企业、分支机构、服务网点及经销商，在工作中要作为重点对象进行监管。

（十一）行政指导机制。及时掌握监管信息，加强行政指导。发挥网络监管便捷优势，登录国家市场监督管理总局打击传销规范直销信息系统、企业信息披露网站，查阅企业报备披露信息，处理举报投诉等，及时掌握有关直销企业的监管信息，建立以信息化手段为主的直销监管方式。针对直销企业经营中存在的不规范现象，采取行政提示、行政告诫、行政建议等多种方式，指导企业整改、规范。针对问题突出的直销企业，可采取集体约谈或个别约谈的方式，及时约谈企业负责人，提出警示，并给予相关的意见和建议，指导企业及时查找并解决存在的问题。

（十二）企业信息公示和"双随机、一公开"机制。直销企业的注册、年报、监管等信息，应及时在国家企业信用信息公示系统公示。在"双随机、一公开"工作中，对国家市场监督管理总局清单列明的直销抽查项目需认真检查，对清单未列入的直销抽查项目可根据工作需要决定是否进行检查。在检查中发现的重大问题，应及时调查核实，并依法作出处理。

（十三）宣传工作机制。在规范直销宣传工作中，应充分依托新闻媒体的力量，发挥直销企业能动性，在传统媒体和互联网、微信、APP上，通过多种方式向社会公众宣传直销与传销的区别、直销监管制度、直销行业现状、直销热点问题、直销监管重点，提高社会公众认识，争取做到宣传覆盖面广、宣传有实效。

（十四）风险预警和化解机制。强化直销行业风险预警。对新批准的直销企业加强宣传、教育与指导；对举报投诉、案件等问题较多的直销企业及时提醒、告诫，避免出现违规经营所引发的群体性事件。各地工商和市场监管部门要逐步建立案件预警和风险评估制度，对可能引发群体性事件的案件，立案查处前要制定预案，防止出现导致社情不稳定的情况。

强化直销行业风险化解。对涉及直销企业的群体上访、信访、抗议、集会、静坐、示威等事件，应基于部门职责，对属于工商和市场监管职责范围内的事项，依法处理；对不属于工商和市场监管职责范围内的事项，耐心向群众解释，属于民商事纠纷的，引导群众通过诉讼方式解决，属于其他部门管辖的，引导其向有管辖权的部门反映，或将线索转交有管辖权的部门。各地工商和市场监管部门在发现群体性事件隐患或苗头时，应及时处理，防止扩大升级；在具体处理群体性事件时，应根据实际需要,采取各种方式应对、化解,妥善处置事件,化解风险。

国家市场监督管理总局
2018 年 4 月 8 日

附录9 《关于进一步加强打击传销工作的意见》

国市监竞争〔2018〕7 号

各省、自治区、直辖市及计划单列市、副省级市工商行政管理局、市场监督管理部门:

为贯彻落实近期党中央国务院重要会议、全国"两会"和中央领导同志有关指示精神,根据全国工商和市场监管工作会议关于打击传销工作部署,现就进一步做好有关工作提出如下意见:

一、提高思想认识,高度重视打击传销工作

近期,中央经济工作会议和政府工作报告提出要加强整治传销这一突出问题,以维护国家安全和公共安全,同时兜牢民生底线,不断提升人民群众的获得感、幸福感、安全感。全国工商和市场监管工作会议也对今后打击传销工作作出了具体工作部署。各级工商和市场监管部门要充分认识到,当前打击传销工作形势依然十分严峻,网络传销违法犯罪活动蔓延态势迅猛,亟需采取更有力措施加以整治,异地聚集式传销活动虽总体可控,但在一些重点地区仍较为突出。要提高思想认识,坚决贯彻落实党中央、国务院的决策,按照全国工商和市场监管工作会议对打击传销工作的部署,全国公安、工商机关网络传销违法犯罪活动联合整治部署会议提出的具体要求,迅速组织开展网络传销集中整治和重点地区整治,牢固树立不发生系统性风险的底线思维,全力推动打击传销工作再上新台阶。

二、全面落实打击整治网络传销"四步工作法"

"线上监测、线下实证、多措处置、稳妥善后"的打击整治网络传销"四步工作法",是对近年来全系统开展监测查处网络传销工作经验的总结提炼,是今后一段时期内打击整治网络传销工作的重要行动指引。各级工商和市场监管部门要加强研究,准确领会,在打击整治网络传销工作中全面落实"四步工作法"要求,并在实践中进一步丰富完善。

线上监测,是指运用互联网技术监测发现网络传销案源线索。重庆、浙江、泉州、深圳等总局网络传销监测点单位要不断丰富数据归集渠道,完善监测模型,完善风险指数,监测发现网络涉传行为及信息,准确研判;各地工商和市场监管部门要不断完善传销监测预警平台,依托系统内网监、互联网广告监测等职能,嵌入网络传销监测功能模块,借助互联网公司技术优势,增强网络传销监测发现能力。

线下实证,是指案源线索及监测成果的查证和运用。各地工商和市场监管部门接到上级单位转办、外地移送的案源线索后,要建立台账,迅速开展线下实证工作,并及时向总局竞争执法局汇报实证结果。线下实证的主要方法有:一是与公安、金融等部门进行信息比对;二是与银监部门合作,查询对公账户及参与人员账户,分析资金交易流水;三是与12315投诉举报信息、政府公开信息、工商和市场监管部门日常监管档案信息等进行比对实证;四是收集分公司、关联公司注册登记情况;五是进行实地检查,实施现场查证等。

多措处置,是指根据线下实证结果,区分情形分类进行处置。一是对有苗头尚未实施传销行为或违法情节和社会危害程度较轻的,要灵活运用提醒、约谈、告诫、行政查处、发布风险预警提示等多种干预措施,配合运用企业登记注册、商标注册、广告监管等围栏手段,努力消灭传销苗头隐患,避免坐大成势;二是对违法情节和社会危害程度较大,但未达到刑事追诉标准的,要加强行政查处;三是对违法情节和社会危害程度严重,达到刑事追诉标准或涉嫌刑事犯罪的,要及时果断移送公安机关,协同打击。

稳妥善后,是指在查处传销案件过程中,特别是对公安机关采取刑事措施打击的重大传销犯罪案件,各地工商和市场监管部门要积极配合公安机关做好教育遣返、维稳等后续处置工作。要加强舆情信息收集,密切关注涉稳动态,突出属地维稳责任,在党委政府领导下会同相关部门开展善后工作,严防出现大规模群体性事件。

三、广泛开展无传销创建工作

开展创建"无传销社区(村)"活动已有10余年,实践证明,这是打击整治聚集式传销行之有效的方法。基层社区、村镇是打击聚集式传销的第一线,是无传销创建的基本单元,各地工商和市场监管部门要持续开展"无传销社区(村)"创建活动,继续调动基层组织的积极性,群防群控,齐抓共管,全力挤压传销活动生存空间。

在做好"无传销社区(村)"创建的同时,今年各级工商和市场监管部门要大张旗鼓开展"无传销网络平台"创建工作,作为探索应对网络传销泛滥蔓延的一项重要举措。通过对网络传销传播的重要载体——互联网平台实施积极引导和监管,压实互联网平台企业责任,减少网络传销信息源,切断网络传销传播扩散渠道,深度净化网络空间,营造风清气正网络环境。

"无传销网络平台"创建工作以深圳网络传销监测治理基地与腾讯微信平台监测合作为起点。总局竞争执法局及各网络传销监测点单位、监测治理基地负责全国性有重大影响力的互联网平台,各省级工商和市场监管部门负责本辖区各类互联网平台,按照平台功能甄别分类,加强监管,强化平台对信息内容的自我审查职责,引导其开展行业自律,自觉履行社会责任,通过关键词过滤、敏感词屏蔽等手段,净化网络空间环境,努力构建无传销网络。对出现的问题要及时约谈整改,经提醒拒不整改或整改不力的,要会同有关部门依法严肃处理。同时,要加强与互联网平台方的合作,引导平台企业履行社会责任,积极配合执法机关查处网络传销违法行为,全面铺开网络反传销宣传工作,助力执法机关网上网下打击传销工作。

各地工商和市场监管部门要加强横向之间及与平台企业的信息交流与互动,分享"无传销网络平台"创建经验心得,交流涉传打传信息,促进形成政企联合"以网管网"的群防群控态势,及时消灭和阻断网络传销信息传播的途径和载体,最大限度压缩网络传销发展蔓延的空间。

四、确定一批传销重点整治城市

经过多年打击整治,异地聚集式传销在全国范围内已经得到明显遏制,但在一些地区仍然顽固存在。根据 2017 年传销举报投诉情况,现将廊坊、北海、南宁、南京、武汉、长沙、南昌、贵阳、合肥、西安、桂林市列为 2018 年传销重点整治城市。2017 年已经取得较大成效的廊坊、合肥等城市要巩固已有成果,严防传销反弹。其他城市工商和市场监管部门要主动向党委政府汇报,尽快提升完善打击传销领导机制和工作格局,会同公安等部门采取果断措施加大打击力度,扭转不利现状,务求取得突破。重点城市名单每年更新一次,总局竞争执法局适时对重点城市开展督导检查和验收,并根据情况对名单进行调整。对整治工作长期不见起效的城市可直接约谈党政主要领导,责令限期整改,并在一定范围内予以严肃通报批评。各省级工商和市场监管部门也可根据实际情况,确定本地区传销重点整治市(地、州)、县(区),开展督导整治。

五、完善部门间信息共享、协作查处工作机制

各级工商和市场监管部门要以提升共建共治共享的社会综合治理水平为目标,以今年全国公安工商机关网络传销违法犯罪活动联合整治工作为契机,加强与公安以及银监、金融、通信管理、网信管理、教育等部门的交流沟通,建立完善部门间信息互通会商制度,明确具体联系人,实行专人专责,定期不定期召集会议,开展分析研判,部署查处行动。对传销与集资诈骗等其他违法犯罪相交织的行为,一旦发现线索苗头,及时召集相关部门会议,研究定性,协调处置,加强联控严打。要加强对可能发生的群体性事件的分析研判和后续处置,努力消除部门壁垒,不断完善地方党委政府主导下的传销属地联防联控严打工作机制,落实联防联控严打传销的属地责任。

国家市场监督管理总局
2018 年 4 月 3 日

参考文献及网站

[1] 秦绪文.直销中国.北京：地震出版社,2004
[2] 唐军秋.直销点石成金.北京：海洋出版社,2004
[3] 旷强.直销大洗牌.汕头：汕头大学出版社,2004
[4] 陈企华.直销员必读全书.北京：中国纺织出版社,2004
[5] 远江.中国直销立法中18个核心问题及其解决思路.北京：民族出版社,2004
[6] 路思拓直销研究中心.直销人员第一本书.北京：同心出版社,2004
[7] 陈企盛.最成功的直销经验.北京：中国纺织出版社,2004
[8] 何全胜.直销的本质.北京：新华出版社,2004
[9] 郑星季.天狮——一个直销企业的崛起.北京：中国纺织出版社,2005
[10] 张卫星.直销安利.北京：中国民航出版社,2004
[11] 郑星季.如新——一个直销企业的传奇.北京：中国纺织出版社,2005
[12] 金源.李金元和天狮集团.北京：中国文史出版社,2003
[13] 刘迎秋,李金元.新置换理论——企业跨越式发展的战略与策略.北京：中国社会科学技术出版社,2003
[14] 王鑫.直销冠军：神奇有效的9个数字法则.北京：中国民航出版社,2005
[15] 郑星秀.直销八巨头.哈尔滨：黑龙江人民出版社,2005
[16] 冯章,李平.我直销我致富.呼和浩特：内蒙古人民出版社,2005
[17] 邢淑清.直销本质揭秘.北京：中国经济出版社,2005
[18] 欧阳文章.法制下的中国直销.广州：广东经济出版社,2006
[19] 禹路.直销在中国的命运.广州：广东经济出版社,2005
[20] 李华.直销似水.广州：广东经济出版社,2006
[21] 陈乃兆.直销案例解剖.北京：中国经济出版社,2005
[22] 林力源,原中伟.中国式直销.北京：中国工人出版社,2006
[23] 陈伟民.直销致富的11个理由.北京：中国市场出版社,2005
[24] 唐静.直销团队建设.北京：中国经济出版社,2005
[25] 徐鼎亚.现代营销理论与实务.北京：中国金融出版社,2003
[26] 欧阳文章.中国直销经济学.北京：北京大学出版社,2007
[27] 刘金章.服务营销.北京：中国水利水电出版社,2011

[28] 网络传销"七十二变"迷人眼.经济参考报,2013年2月26日
[29] 新型传销披上马甲骗人.天津日报,2016年3月23日
[30] 金融传销来势凶猛.报刊文摘,2008年6月6日
[31] 警惕部分传销组织向黑社会性质演变——夺命案一再发生.报刊文摘,2007年10月28日
[32] 以人民的名义围歼传销.今晚报,2012年8月12日
[33] 警方解密:广西一号传销大案——警惕传销借名"国家项目".人民日报,2014年5月16日
[34] 揭开"慈心汇"非法传销真面目.天津日报,2017年7月29日
[35] "善心汇"戴慈善面具敛财.今晚报,2017年7月29日
[36] 网络传销每日吸金24亿——"红通"网络特大传销案.天津日报,2012年10月30日
[37] 传销"经济邪教"本质日益凸显.经济参考报,2017年1月15日
[38] 最高检:坚决查处利用互联网实施的组织领导传销活动等犯罪.天津日报,2017年8月22日
[39] 程小琴.电子商务法如何助力直销.知识经济(中国直销),2018,10
[40] 程小琴.整治会销规范直销——重庆在行动.知识经济(中国直销),2018,07
[41] 张洋.警惕传销借名"国家项目".人民网-人民日报,2014年05月16日
[42] 张凯.天狮欧洲区启动"一体多翼项目".知识经济(中国直销),2018,07

官方管理机构、企业协会、学术组织、媒体组织网站

[43] 中国工商行政管理总局.http://www.saic.gov.cn
[44] 中国商务部.http://www.mofcom.gov.cn
[45] 中国连锁经营协会.http://www.ccfa.org.cn
[46] 世界直销协会联盟.http://www.wfdsa.org
[47] 香港直销协会.http://www.hkdsa.org.hk
[48] 台湾直销协会.http://www.dsa.org.tw
[49] 台湾直销学术研发中心.http://www.dsrc.nsysu.edu.tw
[50] 中国直销联盟社区.http://www.cnmlm.com/bbs

知名直销企业网站

[51] 安利(中国)公司.http://www.amway.com.cn
[52] 安达高集团.http://www.alticor.com
[53] 美国安利公司.http://www.amway.com
[54] 安利QUIXTAR(捷星)公司.http://www.quixtar.com

[55] 中山完美公司.http：//www.perfect99.com
[56] 天狮集团.http：//www.tianshi.com
[57] 玫琳凯(中国)公司.http：//marykay.com.cn
[58] 仙妮蕾德公司.http：//www.sunrider.com
[59] 南方李锦记.http：//www.infinitus.com.cn
[60] 天津尚赫公司.http：//sunhope.net.cn
[61] 如新公司.http：//www.nuskin.com
[62] 如新大行星网络科技.http：//www.bigplanet.com